JN427083

보험업법 개론

: 몇 가지 쟁점을 중심으로

본 저술은 2011년도 전북대학교 저술장려연구비 지원으로 이루어진 것입니다.

보험업법 개론

: 몇 가지 쟁점을 중심으로

양기진 지음

전북대학교 출판문화원

보험업법 개론

지은이 양기진
펴낸이 서거석
펴낸곳 전북대학교 출판문화원

초판 1쇄 인쇄 2013년 5월 25일
초판 1쇄 발행 2013년 5월 30일

전북대학교 출판문화원
주 소 전라북도 전주시 완산구 어진길 32 (풍남동2가)
내용문의 (063) 219-5321~2
구입문의 (063) 219-5321~2
팩 스 (063) 219-5323
출판등록 2012년 8월 20일 제465-2012-000021호

Copyright ⓒ 양기진

저자 및 출판사의 허락 없이 이 책의 일부 또는 전부를
무단 복제·발췌할 수 없습니다.

값 20,000원

ISBN 978-89-98534-04-2 93360

이 도서의 국립중앙도서관 출판시도서목록(CIP)은 서지정보유통지원시스템 홈페이지(http://seoji.nl.go.kr)와 국가자료공동목록시스템(http://www.nl.go.kr/kolisnet)에서 이용하실 수 있습니다.(CIP제어번호 : CIP2013006906)

머리말

시중에서 보험법 서적은 어느 정도 출간되어 있으나 보험업법 서적은 그다지 많이 나와 있지 않다. 보험법의 경우 상법 보험편을 널리 공부하는 법과대학 학생들과 법학전문대학원 학생들, 그리고 보험관련 분쟁의 처리에 몸담고 있는 사람들이 주된 수요층일 것으로 짐작할 수 있다. 그러나 보험법 서적과 달리 보험업법 서적의 종류가 적나는 사실로는 보험업법의 중요성이 적다고 평가하거나 보험업법에 관심을 갖는 사람들이 적다고 볼 수는 없다고 생각한다. 현행 보험업법은 보험회사 감독에 관한 다양한 사항과 아울러 영업관련규제 중 상법 보험편이 해결하지 못하는 중요한 사항을 규정하고 있는 등 상법을 보완하는 기능도 담당하고 있기 때문이다. 따라서 상법의 영역을 확장하여 보험업법에 관한 공부 역시 필요함을 자연스럽게 느끼게 되었다.

본 보험업법 개론은 방대한 보험업법 전부를 망라하는 방식을 지양하고 저자가 보험업법을 공부하면서 중요하다고 느낀 몇 가지 주제를 위주로 저술되었다. 우선 제1장 보험감독의 개요에서는 보험업에 관한 감독권, 보험업법의 연혁, 보험상품의 종류와 보험업 허가, 보험회사의 설립부터 청산까지의 감독개관을 다루고 있다.

제2장은 보험소비자의 보호에 주목하여 보험모집 종사자의 제한, 보험모집시의 영업행위 규제와 관련하여 보험안내자료의 규제, 설명의무, 적합성원칙에 대하여 소개 · 분석하고, 소송 외의 방법으로 널리 이용되는 금융분쟁조정제도를 소개하였다.

제3장은 보험회사의 재무건전성에 관하여, 보험회사의 자산운용 규제를 소개하고 근래의 리스크중심 보험감독체제와 관련하여 리스크기준 자기자본(RBC) 제도를 소개하고 준비금의 적립의무와 지급여력제도 등을 소개하였다.

제4장에서는 보험회사의 건전성과 보험소비자 일반을 다 같이 위협하는 보험사기의 문제를 다루었다. 제4장은 보험사기의 현황 및 보험사기 방지책 등을 기술하면서 보험사기의 대표적 사례도 소개하고 있다.

바쁘신 와중에도 이 책의 집필 과정에서 수고하여 주신 전북대학교 출판문화원의 여러 관계자와 수고로이 교정을 봐준 조교 정재훈에게 감사한다.

2013년 5월

전북대학교에서 저자 양기진

목차

제 1 장

보험감독의 개요

1. 보험업의 감독권 | 2. 보험업법의 연혁 | 3. 보험상품과 보험업 | 4. 보험회사의 감독개관

1. 보험업의 감독권

(1) 보험회사의 감독기관

① 금융위원회

2008년 「금융위원회의 설치 등에 관한 법률」(이하 금융위원회등설치법)의 개정으로 우리나라 금융업에 대한 감독은 금융위원회와 금융감독원이 담당한다. 2008년 금융위원회등설치법에 따라 국무총리 소속으로 설립된 금융위원회는 그 전신이던 금융감독위원회에 비하여 국내 금융관련 정책 및 감독에 관한 훨씬 광범위한 업무를 수행한다(법 제3조제1항). 예컨대 금융위원회는 금융관계법 제 · 개정의 제안, 금융관계법의 시행령 및 시행규칙의 재 · 개정을 통하여 금융제도를 제정 또는 개선하는 역할을 할 뿐만 아니라 금융감독원의 업무를 지시 · 감독한다(금융위원회등설치법 제3조 제1항 및 제18조). 금융위원회는 금융에 관한 정책 및 제도, 금융기관 감독 및 검사 · 제재, 금융기관의 설립 · 합병 · 전환 · 영업 양수도 및 경영 등의 인 · 허가, 자본시장의 관리 · 감독 및 감시, 금융중심지의 조성 · 발전에 관한 사항 등을 소관사무로 하고 있다(금융위원회등설치법 제17조). 이처럼 금융위원회는 보험업법의 개정 제안, 동법 시행령 및 시행규칙의 개정, 보험업감독규정의 개정을 통하여 보험감독제도를 개선하고 보험업 허가로부터 보험업 경영전반에 이르는 감독업무를 담당한다.

② 금융감독원

금융감독원의 주 업무는 검사대상 기관의 업무 및 재산상황에 대한 검사를 주 업무이므로 보험회사에 관하여도 보험회사의 업무 및 자산상황에 관한 검사를 수행한다(금융위원회등설치법 제24조제1항). 금융감독원장은 검사와 관련하여 필요한 경우 보험회사에 대하여 업무 또는 자산에 관한 보고, 자료의 제출, 관계인의 출석 및 의견의 진술을 요구할 수 있다(금융위원회등설치법 제40조제1항). 금융감독원장은 검사결과 위법행위 등이 발견되는 경우 금융위원회에 위법행위 중지나 6개월 범위내 업무의 전부·일부 정지 등의 조치를 명할 것을 건의할 수 있다(금융위원회등설치법 제43조).

(2) 보험경영의 감독장치

① 재무건전성기준

보험업을 규제하는 궁극적인 목표는 보험회사를 건실히 유지하고 보험업을 취지에 맞게 운영함으로써 보험계약자를 보호하기 위함이다. 보험회사가 파산할 경우 보험계약자들은 납입한 보험료의 일부를 돌려받지 못할 뿐만 아니라 보험혜택을 누리지 못하게 된다. 보험회사의 파산을 예방하기 위한 방법으로는 두 가지가 대표적으로 이용되고 있는데, 보험회사 경영에 대하여 사전규제하는 방법과, 보험회사의 재무건전성에 대하여 포괄적으로 사후규제하는 것이다. 최근에는 RBC 제도의 도입 등 후자가 보험업 규제의 핵심이 되고 있는 추세이다.

② 공시

보험회사는 보험계약자의 보호를 위하여 필요한 일정한 사항을 금융위원회가 정하는 바에 따라 즉시 공시하여야 한다(보험업법 제124조). 공시제도는 보험회사 및 보험상품에 관한 많은 정보를 일반인 또는 보험가입을 하고자 하는 사람들에게 제공함으로써 보험회사와 보험가입자간 정보의 비대칭성 문제를 완화하는 기능을 한다.

③ 보험상품 개발규제

보험회사는 원칙적으로 내부 선임계리사의 검증·확인만을 거쳐 자율적으로 기초서류의 변경, 즉 새로운 보험상품의 개발을 할 수 있다.

금융위원회는 이 같은 자율상품에 대해 매분기 종료일의 다음 달 10일 까지 분기별 보험상품 판매목록을 제출하게 할 수 있다(보험업법 제181조). 금융위원회는 보험회사가 신고한 기초서류의 변경내용이 법령에 위반되거나 보험계약자에게 불리한 내용이 있다고 인정되는 경우에는 기초서류의 변경을 권고할 수 있다(법 제127조의2).

④ 상호협정 인가 및 정관변경 보고

보험은 거대위험의 경우 한 보험회사가 그 위험을 모두 인수하기 곤란하므로 다수의 보험회사가 공동으로 인수할 필요가 있다. 이러한 보험의 본질적인 특성을 감안하여 보험업법은 보험회사가 금융위원회의 인가를 받아 공동행위를 할 수 있도록 하고 있다(법 제125조). 이 범위내에서는 보험업법은 공정거래법의 적용을 배제하므로 보험업법에 의하여 유효한 공동행위는 공정거래법에 저촉되더라도 위법하지 않다. 정관은 회사의 조직과 활동에 관한 근본규칙이므로 보험회사는 정관을 변경한 경우 7일 이내에 금융위원회에 알려야 하며(법 제126조) 감독당국은 보험회사가 보험관련 법령에서 정하는 바에 부합하게 정관을 정하고 있는지 여부를 확인하게 된다.

(3) 금융위원회의 포괄적인 일반감독권

금융위원회는 보험경영 전반에 걸쳐 필요한 감독상의 명령을 내리거나, 보험회사로부터 자료제출을 받고 금융감독원으로 하여금 검사토록 하는 등 보험회사에 대한 포괄적인 감독권을 행사한다. 한편, 보험업법 및 관련 명령 또는 조치 위반 사실이 있거나 공익 또는 건전한 보험거래질서의 확립을 위하여 필요한 경우에는 보험회사를 비롯하여 위반행위에 관계된 자를 조사할 수 있다(법 제162조).

① 일반 명령권

금융위원회는 보험회사의 업무운영이 부적정하거나 자산상황이 불량하여, 보험계약자 및 피보험자 등의 권익을 해칠 우려가 있는 경우 일정한 조치를 명할 수 있다(법 제131조제1항 본문). 이러한 조치 내용으로는 업무집행방법의 변경, 금융위원회가 지정하는 기관에의 자산의 예탁, 자산의 장부가격의 변경, 불건전한 자산에 대한 적립금의 보유, 부실자산의 손실처리 등의 조치가 있다(법 제131조제1항 각호).

② 기초서류 변경명령

금융위원회는 보험회사의 업무 및 자산상황, 그 밖의 사정의 변경으로 공익 또는 보험계약자의 보호와 보험회사의 건전한 경영을 크게 해할 우려가 있거나 보험회사의 기초서류에 법령을 위반하거나 보험계약자에게 불리한 내용이 있다고 인정하는 경우 청문을 거쳐서 기초서류에 대한 변경 또는 사용정지를 명령할 수 있다(법 제131조제2항). 이 경우 금융위원회는 기초서류의 변경을 명하면서 특히 필요하다고 인정하면 이미 체결된 보험계약에 대해서도 잠재를 향하여 그 변경의 효력을 미치게 할 수 있다(법 제131조제3항).

③ 검사 및 제재조치

가. 자료제출

금융위원회는 공익 또는 보험계약자등의 보호를 위하여 보험업법이 정하는 감독업무의 수행과 관련한 주주의 현황 그 밖에 사업에 관한 보고 또는 자료제출을 보험회사에 대하여 명할 수 있다(법 제133조제11항).

나. 검사

보험회사는 그 업무 및 자산상황에 관하여 금융감독원의 검사를 받아야 한다(법 제133조제2항). 금융감독원장은 검사를 함에 있어서 필요하다고 인정하는 경우에는 보험회사에 대하여 업무 또는 자산에 관한 보고, 자료의 제출, 관계인의 출석 및 의견의 진술을 요구할 수 있다(법 제133조제3항).

다. 허가취소등 제재

금융위원회는 보험회사가 허위 그 밖에 부정한 방법으로 보험업의 허가를 받은 경우, 허가내용 또는 허가조건을 위반한 경우, 영업의 정지기간 중에 그 영업을 한 경우, 위반행위에 대한 시정명령을 이행하지 아니한 경우에는 청문을 거쳐 보험업의 허가를 취소할 수 있다(법 제134조제2항). 한편, 보험회사가 보험업법 또는 관계규정 등에 위반하여 건전한 보험업을 운영하지 못할 우려가 있는 경우에는 보험회사에 대한 주의·경고 또는 그 임·직원에 대한 주의·경고·문책의 요구, 해당 위반행위에 대한 시정명령, 임원의 해임권고·직무정지의 요구, 6개월 이내의 영업의 일부정지의 조치를 취할 수 있다(법 제134조제1항).

④ 관계자에 대한 조사

금융위원회는 보험업법 및 관계 명령 또는 조치에 위반한 사실이 있거나 공익 또는 건전한 보험거래질서의 확립을 위하여 필요한 경우 보험회사, 보험계약자, 피보험자 등 관계자를 조사할 수 있다(법 제162조제1항). 관계자의 위법행위 등을 효율적으로 조사하기 위하여 금융위원회에 보험조사협의회를 둘 수 있다(법 제163조). 보험사기를 예방하기 위하여 금융위원회는 보건복지부, 금융감독원, 보험관련기관 및 단체 등으로 구성되는 보험사기 등 보험거래질서를 문란하게 하는 행위의 유형과 실례에 관한 자료 등을 공표할 필요가 있다(법 제164조). 이 때 공표할 수 있는 내용은 관계자에 대한 조사실적·처리결과 그 밖에 관계자의 위법행위를 예방하는데 필요한 정보 및 자료이다(법 제164조). 금융위원회는 조사대상 행위의 유형 및 조사의 처리결과에 관한 통계자료와 위법행위의 예방에 필요한 홍보자료를 신문·방송 또는 인터넷 홈페이지 등을 통하여 공표할 수 있다(영 제79조).

2. 보험업법의 연혁

(1) 보험업법 제정이전

1962년 제정이후 2003년 전문개정까지 보험업법은 19차례 개정되었다. 1962년 1월 15일 보험업법이 제정되기 이전의 보험업은 1910년 일제치하의 制令 제13호로 공포 · 시행된 회사령이었다. 회사령은 1920년 4월 1일 폐지되었으나, 경과규정에 의하여 1947년까지 계속 보험업의 규제법률로 기능하였다. 미군정시대에는 1947년 4월 8일자 당시 군정고문관인 C. Stanton 소령의 지시에 의하여 일본의 보험업법 및 시행규칙을 우리나라 보험업법에 의용하였다.[1)]

(2) 보험업법 제정(1962년 1월 15일, 법률 제973호)

보험업법의 제정은 새로이 상법이 제정됨에 따라 종래 시행상 많은 문제가 되어온 보험관계법령을 정비하여 보험사업자의 합법적 지도감독과 보험계약자 · 피보험자 기타 이해관계인의 이익을 보호함으로써 국민경제의 건전한 발전을 도모하려는 목적으로 행해졌다.

제정 보험업법의 주된 내용은 다음과 같다.[2)]

(i) 보험사업은 재무부장관의 면허를 얻도록 하고 재무부장관은 필요하다고 인정할 때에는 면허신청자에게 상당한 금액을 공탁시킬 수 있게 하였고, (ii) 보험사업은 자본금 또는 기금의 총액 5억환이상의 주식회사 또는 상호회사로서 그 2분의 1이상을 납입하지 아니하면 이를 영위할 수 없도록 하였으며, (iii) 보험회사의 타사업겸영을 제한하고, 그 임원이 타업무에 종사하고자 할 때에는 재무부장관의 인가를 받도록 하며, 보험회사가 생명보험사업과 손해보험사업을 겸영할 수

---

1) 성대규, 「한국보험업법」, 두남, 2012, 16면.

2) 제정 보험업법의 제정이유를 참고함. 출처: 국가법령정보센터(http://www.law.go.kr).

없도록 하였다.

또한 (iv) 재무부장관은 보험회사에 대하여 보고의 요구 및 서류등의 검사권을 가지며 필요한 경우 업무집행방법의 변경 또는 재산의 공탁 기타 감독상 필요한 명령을 할 수 있도록 하였고, (v) 보험회사의 기초서류의 변경은 재무부장관의 인가사항으로 하고 보험회사의 상호협정은 신고사항으로 하며, 재무부장관은 필요한 경우 기초서류의 변경명령, 상호협정명령을 할 수 있도록 하며 보험회사가 법령등에 위반할 경우와 공익저해시 임원의 해임, 사업정지 · 면허취소등을 할 수 있도록 하고, (vi) 보험회사는 주주총회 또는 사원총회의 의결을 거쳐 계약으로써 다른 보험회사에 그 업무와 재산의 관리를 위탁할 수 있도록 하고 이에 필요한 사항을 정하였으며, (vii) 재무부장관은 보험회사의 업무 또는 재산상태에 의하여 타보험회사와의 합병 · 업무와 재산관리의 위탁 또는 계약의 이전등을 권고할 수 있도록 하며 그 사업의 계속이 곤란하다고 인정할 경우등에는 사업의 정지등 정리명령을 할 수 있도록 하고, (viii) 보험회사의 합병, 해산 및 청산에 관하여 필요한 절차 등을 규정하였다.

(3) 보험업법의 중요 개정연혁

① **제3차 보험업법 개정**(1977년 12월 31일 전부개정, 법률 제 3043호)

제3차 개정목적은 우리 경제와 사회여건이 양적 및 질적으로 크게 변화하여 국민경제상 보험의 중요성이 날로 증대하는 상황에서, 보험의 사회보장 및 내자(內資)동원기능을 확충하고 보험가입자의 보호를 위한 제반제도를 보강하며 보험사업의 국제경쟁을 강화하고 보험업에 대한 관리감독체계를 개선하기 위한 것이다. 제3차 개정시에 보험업에 대한 관리감독체계를 일원화할 필요가 있어 "외국보험사업자에 관한 법률", "보험모집단속법" 및 "대한재보험공사법"을 폐지하고 제3차 개정 보험업법에 통합시켰다.[3)]

제3차 개정의 주된 내용은 다음과 같다.[4]

(i) 보험모집인과 보험대리점의 자격요건 및 책임을 강화하여 보험모집질서의 정화를 도모하고 선진국에서 발달된 보험중개인제도를 도입하여 모집조직의 다변화를 기하도록 하였고, (ii) 인보험회사와 손해보험회사의 겸영범위를 확대하여 질병보험과 기타 특정한 보험에 있어서 서로 겸영할 수 있도록 허용하였으며, (iii) 경영진의 자질을 향상하기 위하여 보험회사임원의 결격사유를 규정하고, 그 임기를 이사는 3년, 감사는 2년으로 하고, (iv) 대한재보험공사를 민영화하고, 공익기능중심의 한국보험공사를 신설하되, 동공사는 무자본특수법인으로 하여 보험사업자에 대한 검사, 기초서류의 심의, 보험모집인의 등록 및 관리등 보험사업의 지도 · 육성업무를 주기능으로 하고, 부차적으로 그 성격상 민영보험이 인수하기 어려운 특수비영리보험사업을 제한적으로 영위하되, 공사가 영위하는 보험사업을 위하여는 별도의 기금을 설치 · 운용하도록 하였다. 또한 (v) 임의단체로 되어 있던 보험요율심의위원회를 법정기관으로 하여 전보험종목에 대한 요율, 약관등 기초서류의 사전심의를 담당하도록 하였고, (vi) 손해사정인제를 신설하여 그 자격기준과 책임을 규정하고, 보험에 관한 수리업무를 행하는 보험계리인의 자격요건도 강화하였고, (vii) 외국보험회사의 국내진출을 위한 공탁금을 영업기금으로 전환하고, 자산운용 · 해외재보험거래등도 국내회사와 동일하게 규제받도록 하고, (viii) 외국보험사업자에관한법률 · 보험모집단속법 및 대한재보험공사법을 각각 폐지하였다.

② **제7차 보험업법 개정**(1995년 1월 5일 일부개정, 법률 제4865호)

제7차 보험업법의 개정목적은 금융산업의 개방화 · 국제화 · 자유화

---

3) 성대규, 앞의 책, 17면.

4) 제3차 보험업법의 개정이유를 참고함. 출처: 국가법령정보센터(http://www.law.go.kr/).

추진등 급변하는 환경변화에 능동적으로 대처하기 위하여 보험행정규제를 완화하고 현행법상의 미비점이나 불합리한 사항을 정비 · 보완함으로써 보험산업의 지속적인 발전 지원 및 선진화를 도모하려는 것이었다.

제7차 개정의 주된 내용은 다음과 같다.[5)]

(i) 외국보험사업자의 국내지점에 대한 차별적 규정(대표자 변경시 신고등)을 폐지하여 내국보험사업자와 동등하게 대우하도록 하였고, (ii) 보험회사 점포의 설치 · 이전 · 폐쇄는 종전의 인가제에서 신고제로, 보험대리점은 종전의 허가제에서 등록제로 변경하여 규제를 완화하였고, (iii) 금융기관간 경쟁심화 및 금리자유화로 인한 자산운용의 불확실성 증대등 보험경영상의 위험이 증대되고 있음을 감안하여 종전의 책임준비금세노외에 별도로 지급여력을 쌓도록 하였으며, (iv) 보험상품종류상호간의 내부보조를 차단하기 위하여 분리계정을 도입하고, 보험상품종류별로 자산 · 부채 및 손익을 구분경리 및 관리할 수 있는 근거를 두도록 하였다.

또한 (v) 보험사업허가 당시에 주주자격의 제한대상이었던 자는 그 후 제한대상에 해당하지 아니하게 된 경우에도 계속 주주자격의 제한을 받도록 되어 있는 종전의 규정은 과도한 소급제한이기 때문에 이를 폐지하였고, (vi) 보험분쟁조정신청사안을 신속하고 능률적으로 처리할 수 있는 근거를 마련하였으며, (vii) 보험계리업 및 손해사정업의 등록기관을 재무부에서 보험감독원으로 변경하고, 손해사정인의 업무를 보다 명확히 규정하였고 나아가 (viii) 보험업법상의 벌칙을 현실에 맞게 상향조정하였다.

5) 제7차 보험업법의 개정이유를 참고함. 출처: 국가법령정보센터(http://www.law.go.kr/).

③ **제11차 보험업법 개정**(1998년 1월 13일 일부개정, 법률 제5500호)

제11차 개정의 목적은 「금융감독기구의 설치 등에 관한 법률」의 제정에 따라 당시 재정경제원장관의 권한중 보험회사의 설립 · 해산 관련권한을 제외한 보험사업자에 대한 감독권한을 금융감독위원회로 이관하고, 보험감독원의 권한에 속하는 사항을 금융감독원으로 이관함으로써 보험감독기능을 효율적으로 수행하도록 하려는 것이었다.

제11차 개정의 주된 내용은 다음과 같다.[6)]

(i) 재정경제원장관의 보험사업자에 대한 명령권등을 금융감독위원회로 이관하고, 보험심의위원회를 폐지하였다(법 제3조 및 제15조등). 그리고 (ii) 보험감독원을 폐지하고 보험감독원이 수행하던 보험보증기금의 관리 · 운용업무는 예금보험공사로, 보험사업자에 대한 검사권등은 금융감독원으로 이관하는 작업이 행해졌다(법 제160조 및 제180조등).

④ **제17차 보험업법 개정**(2000년 1월 21일 일부개정, 법률 제6175호)

제17차 개정의 목적은 보험사업의 허가 및 감독에 관한 기본적인 사항을 법률에서 직접 규정하고, 보험사업자의 건전한 경영을 도모하기 위하여 사외이사제도 · 감사위원회제도를 도입하는 한편, 소수주주권의 행사요건을 완화하는 등 보험사업자의 건전성과 자율성을 제고하기 위한 제도적 장치를 마련하려는 것이었다.

제17차 개정의 주된 내용은 다음과 같다.[7)]

(i) 보험사업의 허가요건등 허가에 관한 기본적인 사항을 법률에서 직접 규정함으로써 보험사업의 허가가 보다 객관적이고 투명하게 이루어질 수 있도록 하였고(법 제5조의3 신설), (ii) 종전에는 300억원이상의 자본금 또는 기금을 보유하여야만 보험사업을 영위할 수 있도록

---

6) 제11차 보험업법의 개정이유를 참고함. 출처: 국가법령정보센터(http://www.law.go.kr/).

7) 제17차 보험업법의 개정이유를 참고함. 출처: 국가법령정보센터(http://www.law.go.kr/).

하였으나, 보험사업중 일부만을 영위하는 보험사업자의 경우에는 100억원이상의 범위에서 자본금 또는 기금의 액수를 달리 정할 수 있도록 하였으며(법 제6조제1항), (iii) 보험사업자에 대한 건전성 감독이 보다 투명하게 이루어질 수 있도록 하기 위하여 종전에 금융감독위원회가 정하였던 보험사업자에 대한 경영지도기준을 대통령령으로 정하도록 하였다(법 제6조의3).

또한 (vi) 보험사업자의 경영의 독립성과 투명성을 제고하기 위하여 일정 규모이상의 보험사업자는 전체 이사의 2분의 1이상을 사외이사로 선임하도록 하고, 이사회에는 반드시 상법에 의한 감사위원회를 설치하도록 하였고(법 제12조의2 및 제12조의3 신설), (vii) 대규모기업집단에 속하는 보험사업자가 법령에 의한 재산운용한도를 회피하기 위하여 다른 대규모기업집단에 속하는 금융기관 또는 회사와 서로 담합하여 신용을 공여하거나 주식 등을 취득하는 행위를 금지하였다(법 제19조의3 신설). (viii) 부실경영에 대한 소수주주의 견제기능을 강화하기 위하여 보험사업자의 소수주주에 대하여는 상법에 의한 소수주주권의 행사요건을 크게 완화하였다(법 제25조 신설 및 법 제65조).

⑤ **제19차 보험업법 개정**(2003년 5월 29일 전부개정, 법률 제06891호)

제19차 개정의 목적은 자산운용과 보험상품의 개발 등에 관한 규제완화와 금융기관에 대한 보험상품의 판매허용을 통하여 경영의 자율성을 제고하고 금융겸업화에 대비하는 한편, 불공정 보험모집행위를 예방하기 위한 제도를 정비하고, 의무보험의 제3자에 대한 손해를 보장할 수 있도록 하는 등 보험계약자 및 피해자 보호를 강화하는 것이었다.

제19차 개정의 주된 내용은 다음과 같다.[8)]

(i) 통신판매를 전문으로 하는 보험회사의 최저자본금을 일반 보험

8) 제19차 보험업법의 개정이유를 참고함. 출처: 국가법령정보센터(http://www.law.go.kr/).

회사의 최저자본금의 3분의 2로 인하하여 보험업에 대한 진입규제를 완화하였고(법 제9조제2항), (ii) 보험회사가 부수업무를 영위하는 경우 종전에는 금융감독위원회의 허가를 받도록 하던 것을 폐지함으로써 보험회사로 하여금 금융겸업화에 대응할 수 있도록 하였고(법 제11조제1항), (iii) 보험모집과 관련하여 특별이익을 제공한 자에 대한 형사처벌을 강화하고 과징금을 병과할 수 있도록 하여 보험관련 부정행위를 근절하도록 하였다(법 제98조 · 제196조제1항 및 제202조).

또한 (iv) 금융기관인 보험대리점이 우월적 지위를 이용하여 보험상품을 판매하지 못하도록 하는 등 보험계약자 보호장치를 마련하였고(법 제100조), (v) 보험회사의 자산운용의 방법과 비율을 정하는 한편 현행 자산운용에 대한 규제를 완화함으로써 자율성을 제고하였으며(법 제104조 내지 제110조), (vi) 대주주에 대한 투융자한도의 기준을 총자산에서 자기자본으로 변경하고, 대주주와의 거래내역을 공시하도록 하는 등 대주주에 대한 감독을 강화하였다(법 제106조제1항제5호 · 제6호 및 제111조).

(vii) 보험계약에 관한 비교 · 공시제고를 도입하는 등 공시제도를 보완함으로써 보험계약자의 합리적인 보험상품선택을 지원하였고(법 제124조제2항) (viii) 보험회사가 영위하고자 하는 보험종목별 사업방법서 · 보험약관 등 기초서류를 변경하고자 하는 경우 종전에는 금융감독위원회의 인가를 받도록 하던 것을 금융감독위원회에 신고하도록 하였으며(법 제127조 및 제128조), (ix) 법령에 의하여 가입이 강제되는 손해보험계약의 경우 보험회사가 손해를 입은 제3자에게 보험금을 지급할 수 없게 된 때에는 손해보험협회를 통하여 이를 지급받을 수 있도록 하는 피해자 보호장치를 마련하였다(법 제165조 내지 제174조).

제19차 개정시에 보험계약자보호예탁금제도 및 임원의 임기에 관한 규정을 폐지함과 함께, 「금융산업의 구조개선에 관한 법률」 및 「금융감독기구의 설치등에 관한 법률」과 중복되는 보험업법 관련조항을 삭

제 · 정비하였다.[9)]

⑥ **제24차 보험업법 개정**(2007년 7월 19일 일부개정, 법률 제8520호)

제24차 개정은 대주주 관련개념을 정비하여 현행 제도의 운영상 나타난 일부 미비점을 개선 · 보완하려는 것이었다.

제24차 개정의 주된 내용은 다음과 같다.[10)]

(i) 대주주 · 주요출자자 및 지배주주로 나뉘어 있던 개념을 대주주로 통일하고 대주주를 최대주주와 주요주주로 구분하였고, (ii) 최대주주는 보험회사의 의결권 있는 발행주식 총수를 기준으로 본인 및 그의 특수관계인이 누구의 명의로 하든지 자기의 계산으로 소유하는 주식을 합하여 그 수가 가장 많은 경우의 그 본인으로 정하며, (iii) 주요주주는 누구의 명의로 하든지 자기의 계산으로 보험회사의 의결권 있는 발행주식 총수의 100분의 10 이상의 주식을 소유하는 자 또는 임원의 임면 등의 방법으로 그 보험회사의 주요 경영사항에 대하여 사실상의 영향력을 행사하는 주주로서 대통령령이 정하는 자로 정하였다.

⑦ **제32차 보험업법 개정**(2010년 7월 23일 일부개정, 법률 제10394호)

제32차 개정은 다음의 목적으로 행해졌다.

보험소비자에 대한 보호를 강화하고 보험상품의 불완전 판매를 예방하기 위하여 보험상품을 판매할 때 보험계약에 관한 주요 사항에 대하여 설명의무를 부과하고, 보험회사 또는 보험의 모집에 종사하는 자가 보험상품에 관하여 광고를 하는 경우 준수사항을 규정하며, 보험계약자 등을 대상으로 보험약관의 이해도를 평가하고 그 결과를 공시할 수 있도록 근거를 마련하고, 현재 규정이 미비되어 있는 보험상품 · 생명보험상품 · 손해보험상품 · 제3보험상품 · 보험사기행위에 대한 정의

---

9) 성대규, 앞의 책, 21면. 자세한 정비내용은 같은 책, 21면의 표를 보라.

10) 제24차 보험업법의 개정이유를 참고함. 출처: 국가법령정보센터(http://www.law.go.kr/).

규정을 각각 신설하여 법 해석의 명확성을 높이는 한편, 어려운 용어를 쉬운 우리말로 풀어쓰며 복잡한 문장은 체계를 정리하여 간결하게 다듬음으로써 쉽게 읽고 잘 이해할 수 있도록 정비하려는 것이었다.[11)]

제32차 개정의 주된 내용은 다음과 같다.[12)]

(i) 보험상품에 대한 정의를 법에 도입하고 보험상품을 생명보험상품, 손해보험상품, 제3보험상품으로 각각 구분하여 정의하는 규정을 신설하였으며(제2조제1호 신설), (ii) 사외이사의 결격요건을 강화하는 등 사외이사 관련 규정을 개선하고, 감사위원회 관련 규정을 이에 맞추어 정비하였다(제15조 및 제16조).

보험상품의 불완전판매 예방과 보험소비자 보호 강화를 위하여, (iii) 보험상품을 판매할 때 보험계약에 관한 주요 사항에 대하여 설명의무를 부과하고, 소비자가 그 설명을 이해하였음을 서명 등을 통하여 확인하도록 하였고(제95조의2 신설), (iv) 보험회사 또는 보험의 모집에 종사하는 자가 보험상품에 관하여 광고를 하는 경우 준수사항을 정하였고(제95조의4 신설), (v) 보험회사 또는 보험의 모집에 종사하는 자는 모집하려는 보험계약과 동일한 위험을 보장하는 보험계약을 체결하고 있는지를 확인하여 보험계약자가 되려는 자에게 즉시 알리도록 하였으며(제95조의5 신설), (vi) 보험계약자가 계약을 체결하기 전에 통신수단을 이용한 계약 해지에 동의한 경우에는 통신수단을 이용해서 계약을 해지할 수 있도록 하였다(제96조제2항).

나아가 (vii) 보험회사가 취급 보험상품에 대한 기초서류를 작성하도록 하면서 일정한 상품은 자율상품으로 하여 확인절차 대신 보험회사의 내부통제 절차만 거치면 자율적으로 개발 · 판매할 수 있도록 하

---

11) 당시의 정부안에는 보험회사 지급결제 허용, 보험판매전문회사 도입 등도 포함되었으나 국회 논의 과정에서 이견대립이 커서 입법되지 못하였다. 성대규, 앞의 책, 23면.

12) 제32차 보험업법의 개정이유를 참고함. 출처: 국가법령정보센터(http://www.law.go.kr/).

고(제127조 및 제128조, 제127조의2, 제128조의2 및 제128조의3 신설), (viii) 금융위원회가 보험계약자 등을 대상으로 보험약관의 이해도를 평가하고 그 결과를 공시할 수 있도록 근거를 마련하였다(제128조의4 신설).

3. 보험상품과 보험업

(1) 보험상품의 정의 및 종류

보험은 크게 공보험(public insurance)과 사보험(private insurance)로 분류된다. 공보험은 사회정책보험과 경제정책보험으로 나뉠 수 있는데, 사회정책보험은 산업재해보험, 국민건강보험, 연금보험, 고용보험으로 나뉘며, 빈곤층에 대한 생활비 보조나 의료지원 등과 같은 공적부조와 함께 사회보장제도의 중요한 축을 이룬다.[13)]

사회안전망이라는 목적적 기능을 하는 사회보장제도에 속하는 사회정책보험이나 수출보험, 체신보험, 예금보험과 같은 경제정책보험은 사보험의 영역이 미치지 않는 곳에서 운영되고 특별법으로 설치 · 규율되는 경우가 많으므로 상법의 보험편이 적용될 여지가 적다.[14)] 또한 보험업법 역시 보험상품의 정의를 규율하면서 「고용보험법」에 따른 고용보험, 「국민건강보험법」에 따른 건강보험, 「국민연금법」에 따른 국민연금, 「노인장기요양보험법」에 따른 장기요양보험, 「산업재해보상보험법」에 따른 산업재해보상보험, 「할부거래에 관한 법률」 제2조제2호에 따른 선불식 할부계약은 동법상 보험상품의 범주에서 제외시킴으로써(법 제2조제1호 및 영 제1조의2제1항), 공보험 영역에 속하는 일정한 보험을 규율하지 않고 있다.

보험의 규율은 크게 상법과 보험업법, 기타 일정한 사회정책보험이

13) 장덕조, 「보험법」, 법문사, 2011, 23면.
14) 장덕조, 위의 책, 23-24면.

나 경제정책보험 등 특수보험을 규율하는 특별법으로 나뉘고 있다. 이 중 상법은 보험의 정의와 관련하여 "보험계약은 당사자 일방이 약정한 보험료를 지급하고 상대방이 재산 또는 생명이나 신체에 관하여 불확정한 사고가 생길 경우에 일정한 보험금액 기타의 급여를 지급할 것을 약정함으로써 효력이 생긴다"고 규정함으로써 보험계약의 주된 내용적 특질 및 그 계약의 효력 발생 측면에서 규정하고 있으나(법 제638조), 반면 보험업법은 보험상품을 정의하면서 동법상 보험상품을 위험보장을 목적으로 우연한 사건 발생에 관하여 금전 및 그 밖의 급여를 지급할 것을 약정하고 대가를 수수(授受)하는 계약[15]으로 그 종류를 제시하고 있다(법 제2조제1호).

〈보험업법상 보험상품의 분류〉

- **생명보험상품**: 위험보장을 목적으로 사람의 생존 또는 사망에 관하여 약정한 금전 및 그 밖의 급여를 지급할 것을 약속하고 대가를 수수하는 계약
- **손해보험상품**: 위험보장을 목적으로 우연한 사건(다목에 따른 질병·상해 및 간병은 제외한다)으로 발생하는 손해(계약상 채무불이행 또는 법령상 의무불이행으로 발생하는 손해를 포함한다)에 관하여 금전 및 그 밖의 급여를 지급할 것을 약속하고 대가를 수수하는 계약
- **제3보험상품**: 위험보장을 목적으로 사람의 질병·상해 또는 이에 따른 간병에 관하여 금전 및 그 밖의 급여를 지급할 것을 약속하고 대가를 수수하는 계약

이를 구체화하여 보험업법시행령은 생명보험상품으로 생명보험계약 및 연금보험계약(퇴직보험계약을 포함)을 규정하고(영 제1조의2제2항), 손

15) 「국민건강보험법」에 따른 건강보험, 「고용보험법」에 따른 고용보험 등 보험계약자의 보호 필요성 및 금융거래 관행 등을 고려하여 대통령령으로 정하는 것은 제외한다.

해보험상품으로서 화재보험계약, 해상보험계약(항공 · 운송보험계약을 포함), 자동차보험계약, 보증보험계약, 재보험계약, 책임보험계약, 기술보험계약, 권리보험계약, 도난보험계약, 유리보험계약, 동물보험계약, 원자력보험계약, 비용보험계약, 날씨보험계약을 규정한다(영 제1조의2 제3항). 또한 제3보험상품으로서 시행령은 상해보험계약, 질병보험계약, 간병보험계약을 규정한다(영 제1조의2 제4항).

반면 상법은 보험계약을 인보험과 손해보험으로 구분하며 별도의 정의를 두고 있지 않으나 각 보험자(보험업법상 보험회사)의 책임을 규정하는 상법의 정의를 고려하여 인보험계약 및 손해보험계약의 정의를 다음과 같이 할 수 있다.

〈상법상 인보험 및 손해보험〉

- 인보험계약 : 보험자가 피보험자의 생명 또는 신체에 관하여 보험사고가 생길 경우에 보험계약의 정하는 바에 따라 보험금액 기타의 급여를 할 책임이 있는 보험계약(법 제727조).
- 손해보험계약 : 보험자가 보험사고로 인하여 생길 피보험자의 재산상의 손해를 보상할 책임이 있는 보험계약(법 제665조).

(2) 보험업의 정의 및 종류

보험업이란 보험상품의 취급과 관련하여 발생하는 보험의 인수(引受), 보험료 수수 및 보험금 지급 등을 영업으로 하는 것으로 다음과 같이 3가지로 분류된다(법 제2조제2호).

- "생명보험업"이란 생명보험상품의 취급과 관련하여 발생하는 보험의 인수, 보험료 수수 및 보험금 지급 등을 영업으로 하는 것을 말한다.
- "손해보험업"이란 손해보험상품의 취급과 관련하여 발생하는 보험의 인수, 보험료 수수 및 보험금 지급 등을 영업으로 하는 것을 말한다.

• "제3보험업"이란 제3보험상품의 취급과 관련하여 발생하는 보험의 인수, 보험료 수수 및 보험금 지급 등을 영업으로 하는 것을 말한다.

(3) 보험업 허가

보험업을 영위하기 위하여는 보험종목별로 금융위원회의 허가를 받아야 한다(법 제2조제6호 및 제4조)[16]. 이 경우 금융위원회는 허가에 조건을 붙일 수 있다(법 제4조제7항). 보험업법상 보험종목은 다음과 같다(법 제4조, 영 제8조, 규정 제1-2조의2 및 별표1).

종류	보험종목(계약)	구분기준
생명보험	생명보험(계약)	사람의 생존 또는 사망에 관하여 약정한 금전 및 그 밖의 급여를 지급할 것을 약속하고 대가를 수수하는 보험(계약). 다만, 연금보험(계약) 및 퇴직보험(계약)을 제외
	연금보험(계약), [퇴직보험(계약) 포함]	사람의 생존 또는 퇴직에 관하여 약정한 금전 및 그 밖의 급여를 연금 또는 일시금(퇴직보험계약인 경우만 해당한다)으로 지급할 것을 약속하고 대가를 수수하는 보험(계약)
손해보험	화재보험(계약)	화재로 인하여 발생하는 손해에 관하여 금전 및 그 밖의 급여를 지급할 것을 약속하고 대가를 수수하는 보험(계약)
	해상보험(계약) (항공 · 운송보험 계약포함)	해상사업에 관한 사고로 인하여 발생하는 손해에 관하여 금전 및 그 밖의 급여를 지급할 것을 약속하고 대가를 수수하는 보험(계약). 이 경우 항공기 · 육상운송물 · 인공위성 등에 관하여 사고로 인하여 생긴 손해를 보상하는 항공 · 운송보험(계약)은 해상보험(계약)으로 간주.

16) 보험종목별 보험업 허가제도는 2003년에 행해졌다. 성대규, 앞의 책, 102면.

종류	보험종목(계약)	구분기준
	자동차보험(계약)	자동차를 소유·사용·관리하는 것과 관련한 사고로 인하여 발생하는 손해에 관하여 금전 및 그 밖의 급여를 지급할 것을 약속하고 대가를 수수하는 보험(계약)
	보증보험(계약)	계약에 따른 채무의 불이행 또는 법령에 따른 의무의 불이행으로 발생하는 손해에 관하여 금전 및 그 밖의 급여를 지급할 것을 약속하고 대가를 수수하는 보험(계약)
	재보험(계약)	보험회사가 인수한 보험계약상의 보험금 지급 등 기타 급여책임의 일부 또는 전부를 다시 다른 보험자에 전가하는 보험(계약)
	책임보험(계약)	피보험자가 사고로 인하여 제3자에게 배상책임을 지게됨으로써 발생하는 손해에 관하여 금전 및 그 밖의 급여를 지급할 것을 약속하고 대가를 수수하는 보험(계약)
	기술보험(계약)	기계설비 및 장치, 전자기기, 조립공사, 건설공사 등 이와 유사한 목석물과 관련된 사고로 인하여 발생하는 손해에 관하여 금전 및 그 밖의 급여를 지급할 것을 약속하고 대가를 수수하는 보험(계약)
	권리보험(계약)	동산·부동산에 대한 권리상의 하자로 인하여 발생하는 손해에 관하여 금전 및 그 밖의 급여를 지급할 것을 약속하고 대가를 수수하는 보험(계약)
	도난보험(계약)	도난으로 인하여 발생하는 손해에 관하여 금전 및 그 밖의 급여를 지급할 것을 약속하고 대가를 수수하는 보험(계약)
	유리보험(계약)	유리파손으로 인하여 발생하는 손해에 관하여 금전 및 그 밖의 급여를 지급할 것을 약속하고 대가를 수수하는 보험(계약)

종류	보험종목(계약)	구분기준
	동물보험(계약)	동물에 발생한 사고로 인하여 발생한 손해에 관하여 금전 및 그 밖의 급여를 지급할 것을 약속하고 대가를 수수하는 보험(계약)
	원자력보험(계약)	원자력손해배상법에 의한 배상책임을 지게 됨으로써 발생하는 손해에 관하여 금전 및 그 밖의 급여를 지급할 것을 약속하고 대가를 수수하는 보험(계약)
	비용보험(계약)	상금, 상품, 소송비용, 기타비용을 발생시키는 사고로 인하여 발생하는 손해에 관하여 금전 및 그 밖의 급여를 지급할 것을 약속하고 대가를 수수하는 보험(계약). 이 경우 법률서비스나 법률서비스의 비용을 발생시키는 사고로 인하여 발생한 손해를 보상하는 법률비용보험(계약)을 포함한다.
	날씨보험(계약)	날씨로 인하여 발생하는 손해에 관하여 금전 및 그 밖의 급여를 지급할 것을 약속하고 대가를 수수하는 보험(계약)
제3보험업	상해보험(계약)	사람의 신체에 입은 상해에 대하여 치료에 소요되는 비용 및 상해의 결과에 따른 사망 등의 위험에 관하여 금전 및 그 밖의 급여를 지급할 것을 약속하고 대가를 수수하는 보험(계약)
	질병보험(계약)	사람의 질병 또는 질병으로 인한 입원·수술 등의 위험(질병으로 인한 사망을 제외한다)에 관하여 금전 및 그 밖의 급여를 지급할 것을 약속하고 대가를 수수하는 보험(계약)
	간병보험(계약)	치매 또는 일상생활장해 등 타인의 간병을 필요로 하는 상태 및 이로 인한 치료 등의 위험에 관하여 금전 및 그 밖의 급여를 지급할 것을 약속하고 대가를 수수하는 보험(계약)

보험업의 허가와 관련하여 보험업법은 허가를 의제하는 제도를 두고 있다. 우선 보험업법 제4조제1항에 따라 종목별 허가를 받은 자는 해당 보험종목의 재보험에 대한 허가를 받은 것으로 의제된다(법 제4조제2항). 생명보험업이나 손해보험업에 해당하는 보험종목의 전부(제1항제2호라목에 따른 보증보험 및 같은 호 마목에 따른 재보험은 제외한다)에 관하여 법 제4조제1항의 허가를 받은 자는 제3보험업에 해당하는 보험종목에 대한 허가를 받은 것으로 의제된다(법 제4조제3항).

또한 생명보험업 또는 손해보험업에 해당하는 보험종목의 전부(보증보험 및 재보험은 제외)에 관하여 보험업법 제4조제1항의 허가를 받은 자는 경제질서의 건전성을 해친 사실이 없으면 해당 생명보험업 또는 손해보험업의 종목으로 신설되는 보험종목에 대한 허가를 받은 것으로 의제된다(법 제4조제4항).

나아가 제3보험업에 관하여 보험업법 제4조제1항의 허가를 받은 자는 일정한 기준[17]에 따라 제3보험의 보험종목에 부가되는 보험을 취급할 수 있다(법 제4조제5항 및 영 제15조제2항). 보험업의 허가를 받을 수 있는 자는 주식회사, 상호회사 및 외국보험회사로 제한하며, 제1항에 따라 허가를 받은 외국보험회사의 국내지점은 보험업법에 따른 보험회사로 본다(법 제4조제6항).

보험회사의 법적 형태에는 주식회사만 존재하는 것이 아니라 상호회사도 있다. 상호회사란 보험업을 경영할 목적으로 이 법에 따라 설립된 회사로서 보험계약자를 사원(社員)으로 하는 회사를 말한다(법 제2조제7호).

---

17) 이 경우의 일정한 기준이란 손해보험업의 보험종목 전부를 취급하는 손해보험회사가 질병을 원인으로 하는 사망을 제3보험의 특약 형식으로 담보하는 보험으로서 (i) 보험만기는 80세 이하일 것, (ii) 보험금액의 한도는 개인당 2억원 이내일 것, (iii) 만기 시에 지급하는 환급금은 납입보험료 합계액의 범위 내인 보험을 말한다(영 제15조제2항).

국내보험회사가 아닌 외국보험회사에 대하여 보험업법은 외국의 법령에 따라 설립되어 대한민국 이외의 국가에서 보험업을 경영하는 회사로 정의한다(법 제2조제8호). 보험업의 허가를 받을 수 있는 자는 주식회사, 상호회사 및 외국보험회사로 제한되는데, 보험업 허가를 받은 외국보험회사의 국내지점은 보험업법에 따른 보험회사로 의제되어 규율된다(법 제4조제6항).

(4) 공제의 문제

공제사업에 관한 감독 일원화의 문제도 꾸준히 제기되고 있다. 일반인 대상의 공제사업은 보험업과 유사한 업무를 하면서도 보험업법의 적용을 받지 않아 가입자 보호에 사각지대를 남기며 공제조합과 민영보험사와 불공정한 경쟁이 발생하고 있다.

동일한 기능을 수행하는 금융업 사이에 적용법규가 다를 경우 규제사각이나 규제차익을 남길 수 있다. 따라서 상법 보험평개정(안)(의안번호 3629번)은 공제 역시 보험의 규제 범위 내로 명시 적으로 포함시키고 있다.

[표 1] 현행상법 및 상법 개정(안) 비교

현행 상법	상법 보험편개정(안)
제664조(상호보험에의 준용) 이 편의 규정은 그 성질이 상반되지 아니하는 한도에서 상호보험에 준용한다.	제664조(상호보험, 공제 등에의 준용) 이 편(編)의 규정은 그 성질에 반하지 아니하는 범위에서 상호보험(相互保險), 공제(共濟), 그 밖에 이에 준하는 계약에 준용한다.

현행 보험업법상으로도 역시 공제업은 금융위원회의 감독대상이 아니다. 다만 금융위원회는 법률에 따라 운영되는 공제업과 이 법에 따

른 보험업 간의 균형 있는 발전을 위하여 필요하다고 인정하는 경우에는 그 공제업을 운영하는 자에게 기초서류에 해당하는 사항에 관한 협의를 요구할 권한을 규정할 따름이다(법 제193조).

이에 따라 공제에 대해서도 보험업에 유사한 규제를 받도록 하자는 의견이 꾸준히 지적되며 공제에 대해 규제를 강화하자는 취지로 국회에 계류중인 관련 보험업법(안)은 다음과 같다.

[표 2] 보험업법 개정(안) 비교

현행 보험업법	보험업법 개정(안)[18]
제193조(공제에 대한 협의) ① 금융위원회는 법률에 따라 운영되는 공제업과 이 법에 따른 보험업 간의 균형 있는 발전을 위하여 필요하다고 인정하는 경우에는 그 공제업을 운영하는 자에게 기초서류에 해당하는 사항에 관한 협의를 요구할 수 있다. 〈후단 신설〉	제193조(공제에 대한 협의 및 재무건전성 검사) ① --. 이 경우 요구를 받은 자는 정당한 사유가 없으면 그 요구에 따라야 한다. ② 금융위원회는 제1항에 따른 공제업을 감독하는 중앙행정기관의 장으로부터 공제사업의 재무건전성에 관한 검사를 요청받은 경우에는 해당 공제사업의 재무건전성에 관한 검사를 실시하고 그 결과를 중앙행정기관의 장에게 통보하여야 한다. 이 경우 검사의 범위 및 방법 등에 필요한 사항은 대통령령으로 정한다. ③ 제2항은 금융위원회의 공제사업 재무건전성 검사에 관하여 다

	른 법률에 특별한 규정이 있는 경우에는 이를 적용하지 아니한다.

보험업법 개정(안)에 의하면 공제에 관한 기존 중앙행정기관의 감독은 계속 유지하되 금융위원회가 해당 중앙행정기관의 장으로부터 요청받은 경우에 해당 공제사업의 재무건전성에 관한 검사를 실시할 수 있게 된다.

4. 보험회사의 감독개관

(1) 보험회사의 설립

① 보험회사의 회사종류

가. 회사종류

현행 보험업법상 보험업의 허가를 받을 수 있는 자는 주식회사, 상호회사 및 외국보험회사로 제한되며, 보험업 허가를 받은 외국보험회사의 국내지점은 보험업법의 보험회사로 간주되어(법 제6조제6항) 보험업법의 규제를 받고 보험업을 수행할 수 있다. 즉 보험업법상 보험회사란 금융위원회로부터 보험업에 대한 허가를 받은 주식회사, 상호회사, 외국보험회사(외국보험회사의 국내지점 포함)이 이에 해당된다.

나. 상호회사

보험업법은 상호회사라는 상법에서 인정하지 않는 특수한 형태의 회사를 인정하고 있다. 상호회사란 보험업을 경영할 목적으로 이 법에 따라 설립된 회사로서 보험계약자를 사원(社員)으로 하는 회사이며(법 제2조제7호) 즉 보험계약자가 보험계약의 체결과 동시에 그 회사의 주

18) 보험업법 개정안(의안번호: 3834), 정희수의원 대표발의 (발의일자: 2013.2.22), 국회의안정보시스템.

인이 되는 비영리조합 또는 비영리회사를 말한다.[19] 상호회사는 100명 이상의 사원으로써 설립하므로(법 제37조) 설립을 위하여는 최소 100명의 사원이 필수적이며 가입 가능한 사원의 수의 최대한에 제한이 없다. 상호회사의 사원은 회사의 채권자에 대하여 직접적인 의무를 지지 아니하며(법 제46조), 상호회사의 채무에 관한 사원의 책임은 보험료를 한도로 한다(법 제47조).

상호회사는 사원총회를 두지 않고 이를 갈음할 기관을 정관으로 정할 수 있으며 사원총회 대행기관을 정한 경우 동 기관에 대하여는 사원총회에 관한 규정을 준용하게 된다(법 제54조). 또한 상호회사의 사원은 사원총회에서 각각 1개의 의결권을 가지나 정관에 특별한 규정이 있는 경우에는 그러하지 아니하다(법 제55조). 상호회사의 사원은 (i) 정관으로 정하는 퇴사사유가 발생하거나, (ii) 보험관계가 소멸될 경우 자동퇴사하게 된다(법 제66조). 그러나 상호회사의 사원의 사망은 퇴사사유가 아니며 사원이 사망한 경우 그 상속인이 그 지분을 승계하여 사원이 된다(법 제66조제2항 및 상법 제283조). 상호회사에서 퇴사한 사원은 정관이나 보험약관으로 정하는 바에 따라 그 권리에 따른 금액의 환급을 청구할 수 있고, 퇴사한 사원이 회사에 대하여 부담한 채무가 있는 경우에는 회사는 제1항의 금액에서 그 채무액을 공제할 수 있다(법 제67조).

보험업법은 상호회사의 이사, 감사, 사원총회에 대하여 상법의 주식회사에 관한 규정을 상당수 준용하나(법 제59조, 제73조 등), 상호회사의 특성상 상호회사의 설립, 사원의 권리와 의무, 상호회사의 계산과

19) 보험업법상의 상호회사는 상법의 유한회사와 주식회사의 성격이 혼합되어 있으면서도 사원의 수에 한도가 없는 물적회사라는 점에서 그 성격이 주식회사에 더 가깝다고 보는 견해가 있으나(성대규, 232-233면), 2012년 시행된 개정상법은 유한회사의 사원수를 제한하는 규정을 폐지하고 지분양도성을 원칙적으로 긍정하는 등 유한회사에 관하여 개편을 단행하였다.

기관, 정관의 변경, 사원의 퇴사, 해산 및 청산에 대하여 보험업법은 별도의 규정을 두고 있다(법 제3장제3절).

현재 우리나라에 보험업의 영위와 관련하여 상호회사로 허가받은 회사는 없으며 그간 보험업법중 상호회사편(법 제3장제3절)을 삭제하여야 한다는 주장이 있어왔다.[20] 그러나 상호회사 조항을 존치시키자는 주장은 다음과 같은 이유를 제시한다. (i) 상호회사는 보험회사의 기원이며 (ii) 수협공제, 신협공제 등 각종 공제의 경우 상호회사로 전환가능성이 있으며, (iii) 그 외에도 잠재적인 수요자가 원할 경우 대응하기 위하여 상호회사를 존치시킬 필요가 있다고 한다.[21]

② 보험업의 허가

보험업에 대한 허가는 보험종목별로 금융위원회로부터 받아야 한다(법 제4조). 이 경우 허가를 받을 수 있는 보험종목은 생명보험업, 손해보험업, 제3보험업으로 구분된다(법 제4조). 생명보험업이나 손해보험업에 해당하는 보험종목의 전부(보증보험과 재보험은 제외)에 관하여 보험업 허가를 받은 자는 제3보험업에 해당하는 보험종목에 대한 허가를 받은 것으로 본다(법 제4조제3항).

③ 자본금 또는 기금

모든 보험종목을 영위하는 보험회사는 300억원, 일부 보험종목을 영위하는 보험회사는 50억원 이상의 일정한 금액을 자본금 또는 기금으로 납입하여야 보험영업을 개시할 수 있다(법 제9조 및 영 제12조). 외국보험회사가 대한민국에서 보험업을 경영하려는 경우에는 영업기금을 제1항 또는 제2항의 자본금 또는 기금으로 보며 이 경우 영업기금은 30억원 이상으로 한다(법 제9조제3항 및 영 제14조).

20) 성대규, 앞의 책, 233면.
21) 성대규, 위의 책, 233-234면.

〈보험종목별 납입하여야 할 자본금 또는 기금〉(시행령 제12조제1항)

1. 생명보험 : 200억원
2. 연금보험(퇴직보험을 포함한다) : 200억원
3. 화재보험 : 100억원
4. 해상보험(항공 · 운송보험을 포함한다) : 150억원
5. 자동차보험 : 200억원
6. 보증보험 : 300억원
7. 재보험 : 300억원[22)]
8. 책임보험 : 100억원
9. 기술보험 : 50억원
10. 권리보험 : 50억원
11. 상해보험 : 100억원
12. 질병보험 : 100억원
13. 간병보험 : 100억원
14. 기타의 보험종목 : 50억원

보험회사가 이상의 보험종목 중 둘 이상의 보험종목을 취급하려는 경우에는 이상의 구분에 따른 금액의 합계액을 자본금 또는 기금으로 하며 그 합계액이 300억원 이상인 경우에는 300억원으로 한다(영 제12조제3항).

그럼에도 불구하고 전화 · 우편 · 컴퓨터통신 등 통신수단을 이용하여 모집을 하는 보험회사는 일반보험회사의 최저자본금 또는 기금의 3분의2에 상당하는 금액만을 자본금이나 기금으로 납입하여 보험업을 시작할 수 있다(법 제9조제2항).

22) 재보험을 전업(專業)으로 하려는 보험회사에 한정하여 적용한다. 다만, 취급하고 있는 보험종목에 대한 재보험을 하려는 경우에는 그러하지 아니하다(영 제9조제2항).

(2) 보험회사의 겸영 제한

① 생명보험업 및 손해보험업의 영위 분리

보험업법은 보험회사가 생명보험업과 손해보험업을 겸영하는 것을 금지한다(법 제10조제1항). 그 이유로 일반적으로 생명보험은 소액의 정액보험, 손해보험은 다액의 실손보험을 주로 취급하기 때문에 경영상의 위험에 큰 차이가 있다고 제시된다.[23] 생명보험업과 손해보험업을 겸영할 경우 한 업무에 큰 손해나 이익이 날 경우 다른 분야에도 큰 영향을 미쳐 보험계약자의 적절한 보호가 곤란할 뿐만 아니라 보험계약자간의 형평문제도 발생할 수 있다고 지적된다.[24]

그러나 보험업법은 일정한 경우 보험업 겸영제한에 예외를 두고 있다. 우선, 생명보험회사는 생명보험의 재보험은 물론, 제3보험의 재보험 역시 취급할 수 있다(법 제10조제1호). 두 번째로, 보험업법이 아닌 다른 법령에서 생·손보사가 겸영할 수 있도록 허용하는 경우는 겸영금지의 예외가 인정된다(법 제10조제2호). 이와 관련하여 동법시행령은 (i)「조세특례제한법」에 따른 연금저축계약, (ii)「근로자퇴직급여 보장법」에 따른 보험계약 및 동법 부칙에 따른 퇴직보험계약을 겸영이 가능한 경우로 규정하고 있다(영 제15조제1항). 그러나 이 경우에도 손해보험업의 보험종목(재보험과 보증보험은 제외한다. 이하 이 조에서 같다) 일부만을 취급하는 보험회사와 제3보험업만을 경영하는 보험회사는 겸영할 수 없다(영 제15조제1항 단서).

세 번째로 제3보험의 보험종목에 부가되는 보험에 대하여 생명보험회사 또는 손해보험회사가 이를 겸영할 수 있다(법 제10조제3호). 다만 이 경우 제3보험의 보험종목에 부가되는 보험이란 손해보험업의 보험종목 전부를 취급하는 손해보험회사가 질병을 원인으로 하는 사망을

---

23) 성대규, 앞의 책, 26면.

24) 성대규, 위의 책, 26면.

제3보험의 특약 형식으로 담보하는 보험으로서 일정한 요건[25]을 충족하는 보험을 말한다(영 제15조제2항).

② 보험업 외의 업무

보험회사는 다른 금융법령에서 보험회사가 영위토록 허용한 업무, 금융위원회가 인가한 금융업무, 그 밖에 보험회사의 경영건전성을 해치거나 보험계약자 보호 및 건전한 거래질서를 해칠 우려가 없다고 인정되는 일정한 금융업무를 겸영할 수 있다(법 제11조 및 영 제16조). 또한 보험회사는 보험회사의 경영건전성을 해치지 않고 보험계약자 보호에 지장이 없으며 금융시장의 안정성을 해치지 않는 업무를 부수업무로 영위할 수 있다(법 제11조의2제1항 및 제2항). 보험회사가 보험업 외의 업무를 영위하는 경우에는 그 업무를 보험업과 구분하여 계리하여야 한다(법 제11조의3).

(3) 보험회사의 지배구조

① 보험회사의 임원에 관한 규율

가. 임원이 결격요건

보험회사도 '회사'로서 고유한 지배구조의 문제를 갖고 있으며 주식회사인 보험회사의 경우 상법상 주식회사의 지배구조에 관한 규제는 물론 보험업법에 따른 규제를 받게 된다. 우선 보험회사가 수행하는 업무의 중요성과 관련하여 보험회사 임원의 자격에 법적 제한이 있으며, 이해상충을 방지하기 위하여 임원의 겸직은 제한된다.

상법은 임원의 결격 요건을 특별히 정하고 있지 않고 있으나[26], 보

25) 그 일정한 요건으로는, (i) 보험만기는 80세 이하일 것, (ii) 보험금액의 한도는 개인당 2억원 이내일 것, (iii) 만기 시에 지급하는 환급금은 납입보험료 합계액의 범위 내일 것이다(영 제15조제2항 각호).

26) 상법은 감사에 관하여 회사 및 자회사의 이사 또는 지배인 기타의 사용인의 직

험업법상 임원결격요건은 엄격하게 규정되어 있다. 우선 보험업법이 임원결격요건으로 정하는 임원의 적용대상은 등기이사와 등기감사는 물론 "사실상 이와 동등한 지위에 있는 자"도 포함된다(법 제13조). 이 경우의 사실상 이와 동등한 지위에 있는 자란 상법 제401조의2의 업무집행지시자[27]를 말한다(영 제19조제1항).

보험업법은 총 9가지의 임원결격요건을 열거하고 있는데(법 제13조제1항), 9가지 결격요건은 크게 행위무능력자, 사회적 신용이 낮은 자, 금융업 영위에 적합하지 않은 자로 분류할 수 있다.

〈보험업법상 임원의 결격요건〉 (법 제13조제1항 각호)

1. 미성년자 · 금치산자 또는 한정치산자
2. 파산선고를 받은 자로서 복권되지 아니한 자
3. 금고 이상의 실형을 선고받고 그 집행이 끝나거나(집행이 끝난 것으로 보는 경우를 포함) 집행이 면제된 날부터 5년이 지나지 아니한 자
4. 보험업법 등에 따라서 벌금 이상의 형을 선고받고 그 집행이 끝나거나(집행이 끝난 것으로 보는 경우를 포함) 집행이 면제된 날부터 5년이 지나지 아니한 자
5. 금고 이상의 형의 집행유예를 선고받고 그 유예기간 중에 있는 자
6. 보험업법 등에 따라 영업의 인가 · 허가 등이 취소된 회사나 법인의 임직원이었던 자(그 취소사유의 발생에 직접 또는 이에 상응하는 책임이 있는 자로서 대통령령으로 정하는 자만 해당한다)로서 그 회사나 법인에 대한 취소처분이 있었던 날부터 5년이 지나지 아니한 자

무를 겸하지 못한다(법 제411조)라고 규정하는 정도에 그친다.

27) 업무집행지시자란 책임추궁에 있어서 이사와 마찬가지의 책임을 지는 자로서, (i) 회사에 대한 자신의 영향력을 이용하여 이사에게 업무집행을 지시한 자, (ii) 이사의 이름으로 직접 업무를 집행한 자, (iii) 이사가 아니면서 명예회장 · 회장 · 사장 · 부사장 · 전무 · 상무 · 이사 기타 업무를 집행할 권한이 있는 것으로 인정될 만한 명칭을 사용하여 회사의 업무를 집행한 자를 말한다(상법 제401조의2제1항).

> 7. 「금융산업의 구조개선에 관한 법률」에 따라 금융위원회로부터 적기시정조치를 받거나 같은 법에 따라 계약이전의 결정 등 행정처분(이하 "적기시정조치등"이라 한다)을 받은 금융기관의 임직원으로 재직하거나 재직하였던 자(그 적기시정조치등을 받게 된 원인에 대하여 직접 또는 이에 상응하는 책임이 있는 자로서 대통령령으로 정하는 자만 해당한다)로서 그 적기시정조치등을 받은 날부터 2년이 지나지 아니한 자
> 8. 보험업법 등에 따라 해임되거나 징계면직된 자로서 해임 또는 징계면직된 날부터 5년이 지나지 아니한 자
> 9. 보험업법 제135조[28] 등에 따라 재임 또는 재직 중이었더라면 해임 또는 징계면직의 조치를 받았을 것으로 통보된 퇴임한 임원 또는 퇴직한 직원으로서 그 통보가 있었던 날부터 5년[29]이 지나지 아니한 자

만일 보험회사의 임원으로 선임(選任)된 자가 제1항 각 호의 어느 하나에 해당하게 되거나 선임 당시 그에 해당하는 자이었음이 밝혀지면 당연 해임된다(법 제13조제4항). 다만 법적 안정성을 위하여 법 제13조제4항에 따라 당연 해임된 임원이 해임 전에 한 행위는 그 효력을 유지한다고 하여(법 제13조제5항) 해임임원이 한 행위는 소급적으로 무효화시키지 않는다.

그 외에도 보험회사의 임원은 보험업의 공익성 및 건전경영과 거래질서를 해칠 우려가 없는 자이어야 한다(법 제13조제2항).

나. 임원의 겸직금지

보험회사의 상근임원은 다른 영리법인의 상시적인 업무에 종사할

---

28) 금융위원회는 보험회사의 퇴임한 임원 또는 퇴직한 직원이 재임 또는 재직 중이었더라면, 보험회사 임직원에 대한 주의 · 경고 · 문책의 요구, 또는 임원의 해임권고 · 직무정지의 요구에 해당하는 조치를 받았을 것으로 인정되는 경우 그 조치의 내용을 금융감독원장으로 하여금 그 보험회사의 장에게 통보하도록 할 수 있다(법 제135조제1항).

29) 통보가 있었던 날부터 5년이 되는 날이 퇴임 또는 퇴직한 날부터 7년을 넘는 경우에는 퇴임 또는 퇴직한 날부터 7년으로 한다(법 제13조제1항제9호).

수 없는 것이 원칙이다(법 제14조 본문). 다만, 보험업법이 정하는 일정한 경우에는 상근임원의 겸직금지에도 불구하고 겸직이 가능한데 그러한 경우로는 (i) 해당 보험회사를 자회사로 하는 「금융지주회사법」에 따른 금융지주회사의 임원 또는 사용인이 되는 경우, (ii) 「채무자회생 및 파산에 관한 법률」에 따라 관리인으로 선임되는 경우, (iii) 자회사의 임원 또는 사용인이 되는 경우, (iv) 「금융산업의 구조개선에 관한 법률」 제10조제1항제4호에 따라 관리인으로 선임되는 경우이다(법 제14조단서 및 동조 각호 및 영 제20조). 그러나 (iii)의 경우에도 「금융산업의 구조개선에 관한 법률」에 따른 금융기관의 상근임원 또는 사용인은 될 수 없다(영 제20조제1항).

이상과 같이 보험업법이 보험회사의 상임임원이 다른 영리법인의 상무에 종사하는 것을 금지하는 이유는, 보험경영에의 전념을 추구하고 보험계약자의 이익을 해할 우려 때문이다.[30] 보험업법상 겸직이 금지되는 자는 상근임원이므로 사외이사와 같은 비상근임원은 겸직금지 의무를 지지 않는다. 또한, 보험회사의 상근임원이 겸직하는 일이 비영리법인의 상무인 경우 또는 영리법인이라 하더라도 상무에 종사하지 않을 경우에는 겸직금지의 규제를 받지 않는다.[31]

다. 사외이사

또한 보험업법은 사외이사 선임에 관하여 상법과 다른 특칙을 두고 있으며 사외이사의 수, 선출방법, 자격 등에 관한 규율을 강화하고 있다. 최근 사업연도 말 현재 자산총액이 2조원 이상인 보험회사는 상시적인 업무에 종사하지 아니하는 사외이사를 이사회에 3명 이상 두어야 하며, 사외이사의 수는 전체 이사수의 2분의 1 이상이어야 한다(법 제15조제1항 및 영 제21조). 사외이사후보의 추천은 사외이사가 총위원

30) 성대규, 앞의 책, 27면.
31) 성대규, 위의 책, 27면.

의 2분의 1 이상으로 구성된 후보추천위원회에서 행해져야 하며 사외이사후보추천위원회의 추천을 받은 자 중 주주총회 또는 사원총회에서 선임한다(법 제15조제2항 및 제3항).

주식회사인 보험회사는 보험업법 외에도 상법의 적용을 받으므로 주식회사인 보험회사의 사외이사는 상법상의 사외이사결격사유 겸 사외이사직 당연상실사유의 적용을 받는다(상법 제382조제3항). 또한 상장회사인 보험회사의 경우 최근 사업연도 말 현재 자산총액이 2조원 미만이라서 보험업법 제15조의 적용을 받지 않을지라도[32] 상법상 상장회사 특례가 적용되므로 상법상 예외사유[33]에 해당하지 않는한 이사총수의 4분의 1 이상을 사외이사로 하여야 한다(상법 제542조의8제1항).[34]

〈사외이사 후보 결격사유 및 사외이사직의 당연상실사유〉

• **보험회사의 경우**

〈자산총액 2조원 이상의 보험회사(상장 · 비상상 불문)의 경우: 보험업법 제15조제4항 및 영 제21조〉

1. 법 제13조제1항 각호의 보험업법상 임원의 결격요건에 해당하는 자

---

32) 최근 사업연도말 자산총액이 2조원 이상일 경우에는 보험업법 제15조제1항의 적용을 받게 된다.

33) 이사 총수의 4분의 1 이상을 사외이사로 하여야 한다는 상법 제542조의8제1항의 적용을 받지 않는 예외로서, 상법시행령은 (i) 「벤처기업육성에 관한 특별조치법」에 따른 벤처기업 중 최근 사업연도 말 현재의 자산총액이 1천억원 미만으로서 코스닥시장에 상장된 주권을 발행한 벤처기업, (ii) 「채무자 회생 및 파산에 관한 법률」에 따른 회생절차가 개시되었거나 파산선고를 받은 상장회사, (iii) 3. 유가증권시장 또는 코스닥시장에 주권을 신규로 상장한 상장회사, (iv) 「부동산투자회사법」에 따른 기업구조조정 부동산투자회사, (v) 해산을 결의한 상장회사를 규정하고 있다(상법시행령 제34조).

34) 그러나 비상장회사인 보험회사로서 자산총액이 2조원 미만인 경우에는 보험업법 제13조제1항의 임원결격사유 외에는 보험업법 제15조제1항이나 상법 제542조의 8에 의한 사외이사에 관한 제한을 적용받지 않게 된다.

2. 최대주주

3. 최대주주의 특수관계인

4. 주요주주 및 그의 배우자와 직계 존속·비속

5. 그 보험회사 또는 계열회사의 상근(常勤) 임직원이거나 최근 2년 이내에 상근 임직원이었던 자

6. 그 보험회사의 상근 임원의 배우자 및 직계 존속·비속

7. 그 보험회사와 대통령령으로 정하는 중요한 거래관계가 있거나, 사업상 경쟁관계 또는 협력관계에 있는 법인의 상근 임직원이거나 최근 2년 이내에 상근 임직원이었던 자

8. 그 보험회사의 상근 임직원이 비상임이사로 있는 회사의 상근 임직원

9. 그 밖에 사외이사로서의 직무를 충실하게 이행하기 어렵거나 그 보험회사와 이해관계가 있거나 경영에 영향을 미칠 수 있는 자[35)]

- **주식회사 일반의 경우**

〈주식회사 사외이사의 경우: 상법 제382조제3항 각호〉

1. 회사의 상무에 종사하는 이사·집행임원 및 피용자 또는 최근 2년 이내에 회사의 상무에 종사한 이사·감사·집행임원 및 피용자

2. 최대주주가 자연인인 경우 본인과 그 배우자 및 직계 존속·비속

3. 최대주주가 법인인 경우 그 법인의 이사·감사·집행임원 및 피용자

4. 이사·감사·집행임원의 배우자 및 직계 존속·비속

5. 회사의 모회사 또는 자회사의 이사·감사·집행임원 및 피용자

6. 회사와 거래관계 등 중요한 이해관계에 있는 법인의 이사·감사·집행임원 및 피용자

7. 회사의 이사·집행임원 및 피용자가 이사·집행임원으로 있는 다른 회사의 이사·감사·집행임원 및 피용자

- **상장회사인 주식회사 일반의 경우**

〈상장회사인 보험회사 사외이사의 경우: 상법 제542조의8 제2항〉

1. 미성년자, 금치산자 또는 한정치산자

2. 파산선고를 받고 복권되지 아니한 자

3. 금고 이상의 형을 선고받고 그 집행이 끝나거나 집행이 면제된 후

2년이 지나지 아니한 자

4. 대통령령으로 별도로 정하는 법률을 위반하여 해임되거나 면직된 후 2년이 지나지 아니한 자

5. 상장회사의 주주로서 의결권 없는 주식을 제외한 발행주식총수를 기준으로 본인 및 그와 대통령령으로 정하는 특수한 관계에 있는 자(이하 "특수관계인"이라 한다)가 소유하는 주식의 수가 가장 많은 경우 그 본인(이하 "최대주주"라 한다) 및 그의 특수관계인

6. 주요주주[36] 및 그의 배우자와 직계 존속·비속

7. 그 밖에 사외이사로서의 직무를 충실하게 수행하기 곤란하거나 상장회사의 경영에 영향을 미칠 수 있는 자[37]

※ 이상의 사외이사 결격사유는 중복·적용될 수 있다.

---

35) 이에 관하여 보험업법시행령은 다음 사항을 정하고 있다(영 제21조의2제9항).

1. 해당 보험회사 외에 2개 이상의 다른 주권상장법인의 사외이사, 비상임이사 또는 비상임감사로 재임 중인 사람
2. 해당 보험회사에 대한 회계감사 또는 세무대리를 하거나 해당 보험회사와 법률자문, 경영자문 등의 자문계약을 체결하고 있는 변호사, 공인회계사, 세무사, 그 밖의 자문용역을 제공하고 있는 사람
3. 해당 보험회사의 발행주식 총수 또는 출자총액의 100분의 1 이상에 해당하는 주식 또는 지분을 보유(「자본시장과 금융투자업에 관한 법률」 제133조제3항에 따른 보유를 말한다)하고 있는 사람
4. 제3호 외에 해당 보험회사와의 거래(「약관의 규제에 관한 법률」에 따른 약관에 따라 이루어지는 그 보험회사와의 정형화된 거래는 제외한다) 잔액이 1억원 이상인 사람
5. 다음 각 목의 어느 하나에 해당하는 단체에 소속된 변호사, 공인회계사 및 세무사 또는 최근 2년 이내에 그 단체에 소속되었던 변호사, 공인회계사 및 세무사
   가. 해당 보험회사와 법률자문, 경영자문 등의 자문계약을 체결하고 있는 법률사무소(「변호사법」 제31조제2항에 따른 법률사무소를 말한다)
   나. 해당 보험회사와 법률자문, 경영자문 등의 자문계약을 체결하고 있는 법무조합(「변호사법」 제58조의18에 따른 법무조합을 말한다)
   다. 해당 보험회사의 회계감사인으로 선임된 감사반(「주식회사의 외부감사에 관한 법률」 제3조제1항제3호에 따른 감사반을 말한다)

36) 누구의 명의로 하든지 자기의 계산으로 의결권 없는 주식을 제외한 발행주식총수의 100분의 10 이상의 주식을 소유하거나 이사·집행임원·감사의 선임과 해임 등 상장회사의 주요 경영사항에 대하여 사실상의 영향력을 행사하는 주주를 말한다(상법 제542조의8제2항제6호).

라. 감사 또는 감사위원회

보험업법은 보험회사의 감사에 대하여 특별한 규정을 두고 있지 않으므로 주식회사인 보험회사에 관하여는 상법상 감사에 관한 조항이 적용된다. 감사는 주주총회에서 선임되며, 단 자본금의 총액이 10억원 미만인 회사의 경우에는 감사를 선임하지 아니할 수 있다(상법 제409조 제1항 및 제4항).

주식회사는 감사에 갈음하여 정관이 정한 바에 따라 이사회내 위원회로서 감사위원회를 설치할 수 있다(상법 제415조의2제1항). 그러나 최근 사업연도 말 현재의 자산총액이 1천억원 이상인 상장회사인 보험회사의 경우로서 감사위원회를 설치하지 않는 경우에는 주주총회 결의에 의하여 회사에 상근하면서 감사업무를 수행하는 상근감사를 1명 이상 두어야 한다(상법 제542조의10 및 영 제36조).

나아가 보험업법은 대규모 상장회사인 보험회사에서의 감사위원회 설치와 관련하여, 최근 사업연도 말 현재 자산총액이 2조원 이상인 보험회사는 상장회사가 아닌 경우에도 상법에 따른 감사위원회[38]를 설치하도록 하고 있다(보험업법 제16조제1항 및 영 제21조). 상법에 의할 경우 최근 사업연도 말 현재 자산총액이 2조원 이상이라도 상장회사의 경우에만 감사위원회 설치의무가 있고 자산총액 요건에 부합하더라도 비상장회사일 경우에는 설치의무를 부여하고 있지 않으나(상법 제542조의11제1항 및 영 제37조), 보험업법은 이에 대한 특칙을 두고 있는 것이다.

---

37) 해당 상장회사의 계열회사의 상무에 종사하는 이사 · 집행임원 · 감사 및 피용자이거나 최근 2년 이내에 계열회사의 상무에 종사하는 이사 · 집행임원 · 감사 및 피용자였던 자 등이며 자세한 것은 상법시행령 제34조제5항을 참조하라.

38) 상법 제415조의2제1항의 감사위원회를 말한다. 그러나 상법상 모든 주식회사가 감사위원회를 설치할 의무가 있는 것은 아니며, 최근 사업연도 말 현재의 자산총액이 2조원 이상인 상장회사만이 감사위원회를 설치할 '의무'를 부담한다(상법 제415조의2제1항 및 영 제37조제1항).

최근 사업연도 말 현재 자산총액이 2조원 이상인 보험회사가 상장회사일 경우에는 감사위원회위원을 선임하거나 해임하는 권한은 주주총회에 있다(상법 제542조의12제1항).

감사의 선임 과정에서 대주주의 영향력을 줄이기 위하여, 의결권없는 주식을 제외한 발행주식의 총수의 100분의 3을 초과하는 수의 주식을 가진 주주는 그 초과하는 주식에 관하여 감사의 선임에 있어서는 의결권을 행사하지 못하며, 회사는 정관으로 그보다 더 낮은 비율을 정할 수 있다(상법 제409조제2항 및 제3항). 그러나 상장회사의 경우 대주주의 감사선임과정에 관하여 더 엄격한 제한이 적용된다. 즉, 상장회사의 최대주주, 최대주주의 특수관계인 등이 소유하는 해당 회사의 의결권 있는 주식의 합계가 그 회사의 의결권 없는 주식을 제외한 발행주식총수의 100분의 3[39]을 초과하는 경우 그 주주는 그 초과하는 주식에 관하여 감사 또는 사외이사가 아닌 감사위원회위원을 선임하거나 해임할 때에는 의결권을 행사하지 못한다(상법 제542조의12제3항). 사외이사인 감사위원회위원의 선임시에는 이미 살펴본 사외이사 선출에 관한 규정을 적용받는다.

최근 사업연도 말 현재 자산총액이 2조원 이상인 보험회사가 보험업법상 감사위원회를 설치할 경우, (i) 총 위원의 3분의 2 이상이 사외이사이어야 하며, (ii) 위원 중 1명 이상은 회계 또는 재무 전문가이어야 한다(법 제16조제2항). 또한 상장회사인 보험회사의 경우 상법에 따라 사외이사가 감사위원회의 대표를 하여야 한다(상법 제542조의11 및 영 제37조제2항제2호).

상법상 감사위원회를 설치한 경우에는 감사를 둘 수 없고 감사위원회는 3명 이상의 이사로 구성되어야 하며, 감사위원회의 위원의 해임

---

39) 정관에서 이보다 낮은 주식 보유비율을 정하는 것이 가능하다(상법 제542조의12 제3항).

에 관한 이사회의 결의는 이사 총수의 3분의2 이상의 결의로 하여야 한다(상법 제415조의2제1항 내지 제3항). 그러나 보험업법 제16조제1항에 따른 감사위원회의 구성에 관하여는 감사위원회를 둘 경우 사외이사가 위원의 3분의 2 이상이어야 한다는 상법 제415조의2제2항 단서를 적용하지 아니한다(법 제16조제5항).

감사는 직무의 독립성을 위하여 회사 및 자회사의 이사 또는 지배인 기타의 사용인의 직무를 겸하는 것이 금지되어 있다(상법 제411조). 감사위원회의 감사위원의 경우에는 감사와 달리 회사 및 자회사의 이사 또는 지배인 기타의 사용인의 직무를 겸하는 것이 금지되지 않으나(상법 제415조의2제7항에서 제411조를 준용하지 않음), 감사위원 중 사외이사의 경우에는 회사의 상무에 종사하는 이사·집행임원 및 피용자 등이 될 경우 그 자체로 사외이사의 자격을 당연 상실하므로 직무겸직을 하지 못한다(상법 제382조의3제3항).

주식회사인 보험회사의 경우에는 주식회사 일반에 관한 상법의 적용을 받으므로 앞에서 살펴본 사외이사에 관한 결격사유와 함께, 보험업법이 사외이사인 감사위원회위원에 관하여 정하는 결격사유 및 당연 감사위원직에 관한 상실사유를 적용받는다(법 제16조제3항). 나아가 사외이사 '아닌' 감사위원회위원의 경우, 상장회사인 보험회사의 경우에는 상근감사 또는 사외이사 아닌 감사위원회위원에 관한 상법상 결격사유를 적용받으며(상법 제542조의10 및 상법 제542조의11), 보험회사가 비상장회사인 경우 사외이사 아닌 감사위원회위원의 결격사유에 관하여 상법상 특별한 규정은 없으나 보험업법상 임원결격사유(법 제13조제1항) 등에 저촉되지 않아야 한다.

• 보험회사의 경우

〈사외이사인 감사위원회위원에 관한 결격사유 및 당연 감사위원직 상실

사유〉 보험업법 제16조제3항

1. 법 제13조제1항 각호의 보험업법상 임원의 결격요건에 해당하는 자
2. 최대주주
3. 최대주주의 특수관계인
4. 주요주주 및 그의 배우자와 직계 존속·비속
5. 그 보험회사의 상근 임직워이거나 최근 2년 이내에 상근 임식원이었던 자
3. 그 밖에 그 보험회사의 경영에 영향을 미칠 수 있는 자[40]

• **주식회사 일반의 경우**

〈최근 사업연도 말 현재의 자산총액이 1천억원 이상인 상장회사에서 상근감사 결격사유〉 상법 제542조의10제2항 및 영 제36조제2항

1. 미성년자, 금치산자 또는 한정치산자
2. 파산선고를 받고 복권되지 아니한 자
3. 금고 이상의 형을 선고받고 그 집행이 끝나거나 집행이 면제된 후 2년이 지나지 아니한 자
4. 일정한 법률[41]을 위반하여 해임되거나 면직된 후 2년이 지나지 아니한 자
5. 누구의 명의로 하든지 자기의 계산으로 의결권 없는 주식을 제외한 발행주식총수의 100분의 10 이상의 주식을 소유하거나 이사·집행임원·감사의 선임과 해임 등 상장회사의 주요 경영사항에 대하여 사실상의 영향력을 행사하는 주주(이하 "주요주주"라 한다) 및 그의 배우자와 직계 존속·비속
6. 회사의 상무(常務)에 종사하는 이사·집행임원 및 피용자 또는 최근 2년 이내에 회사의 상무에 종사한 이사·집행임원 및 피용자. 다만, 이 절에 따른 감사위원회위원으로 재임 중이거나 재임하였던 이사는 제외한다.
7. 해당 회사의 상무에 종사하는 이사·집행임원의 배우자 및 직계존속·비속
8. 계열회사의 상무에 종사하는 이사·집행임원 및 피용자이거나 최근

2년 이내에 상무에 종사한 이사·집행임원 및 피용자

〈상장회사에 있어서 사외이사 아닌 감사위원회위원 결격사유 및 감사위원회위원직 당연상실사유〉 상법 제542조의11제3항 및 제542조의10제2항

- 위의 최근 사업연도 말 현재의 자산총액이 1천억원 이상인 상장회사에서 상근감사 결격사유와 같음

② 내부통제

상법은 상장회사 중 최근 사업연도 말 현재의 자산총액이 5천억원 이상인 회사는 준법통제에 관한 별도의 의무를 두고 있다. 즉 최근 사업연도 말 현재의 자산총액이 5천억원 이상인 회사는 법령을 준수하고 회사경영을 적정하게 하기 위하여 임직원이 그 직무를 수행함에 있어서 따라야 할 준법통제기준을 마련하여야 하며 준법통제기준의 준수에 관한 업무를 담당하는 준법지원인을 1명 이상 두어야 한다(상법 제542조의13제1항 및 제2항 및 영 제39조).

보험업법 역시 보험회사에 대하여 법령을 준수하고 자산운용을 건전하게 하며 보험계약자를 보호하기 위하여 그 임직원이 직무를 수행할 때 따라야 할 기본적인 절차와 기준인 내부통제기준을 정하도록 하고 있고, 또한 내부통제기준의 준수 여부를 점검하고, 그 위반사항을 조사하여 감사 또는 감사위원회에 보고하는 준법감시인을 1명 이상 두도록 하고 있다(보험업법 제17조제1항 및 제2항).

상법상의 준법지원인과 보험업법상의 준법감시인의 역할이 상당부분 유사하므로, 상법은 다른 법률에 따라 내부통제기준 및 준법감시인

---

40) 보험업법시행령은 감사위원 결격사유로, (i) 주요주주의 배우자와 직계 존속·비속, (ii) 상근임원의 배우자와 직계 존속·비속, (iii) 계열회사의 상근 임직원 또는 최근 2년 이내에 상근 임직원이었던 사람을 정하고 있다(영 제21조의3제2항).

41) 상법시행령은 이와 관련하여 은행법, 보험업법, 자본시장법 등 다수의 법률을 규정하고 있다(영 제34조제3항).

을 두어야 하는 상장회사의 경우에는 준법통제기준 마련의무 및 준법지원인 설치의무를 면제하고 있다(상법시행령 제39조제1항 단서).

보험업법에 의하면 외국보험회사국내지점의 경우가 아닌 한 보험회사가 준법감시인을 임면하려면 이사회의 의결을 거쳐야 한다(법 제17조제3항). 보험업법은 준법감시인에 대하여 일정한 자격 및 결격요건을 규정하고 있다(법 제17조제4항).

준법감시인은 선량한 관리자의 주의로 그 직무를 수행하여야 하며, 직무의 성격상 (i) 자산운용에 관한 업무, (ii) 해당 보험회사가 취급하는 보험에 관한 업무로서 일정한 업무[42]와 그에 딸린 업무, (iii) 그 외에 해당 보험회사가 겸영하는 금융업무를 담당하여서는 아니 된다(법 제17조제5항).

준법감시인이 임무수행하는 것을 저해하지 않기 위하여, 보험회사는 준법감시인이 그 직무를 수행할 때 임직원에게 자료나 정보의 제출을 요구하는 경우 그 임직원으로 하여금 성실히 따르도록 하여야 하며(법 제17조제5항), 보험회사는 준법감시인이었던 자에게 그 직무수행과 관련된 이유로 인사(人事)에서 부당한 불이익을 줄 수 없다(법 제17조제6항).

내부통제기준에 포함되어야 할 사항으로 보험업법의 위임을 받아서 보험업법시행령은 일정한 사항을 정하고 있다(법 제17조제9항 및 영 제22조제1항). 만일 보험회사가 내부통제기준을 제정하거나 변경하려는 경우에는 이사회의 결의를 거쳐야 하며(영 제22조제2항), 금융위원회는 금융감독원의 검사 결과 법령을 위반한 사실이 드러난 보험회사에 대하여 위반행위의 재발 방지를 위하여 내부통제기준의 변경을 권고할

42) 그러한 업무로 보험업법시행령은 (i) 보험상품 개발에 관한 업무, (ii) 보험계리에 관한 업무, (iii) 모집 및 보험계약 체결에 관한 업무, (iv) 보험계약 인수에 관한 업무, (v) 보험계약 관리에 관한 업무, (vi) 보험금 지급에 관한 업무, (vii) 재보험에 관한 업무 등을 규정하고 있다(영 제23조제2항).

수 있다(영 제22조제3항).

> **〈내부통제기준에 포함될 사항〉 영 제22조제1항**
>
> 1. 업무 분장 및 조직구조에 관한 사항
> 2. 자산의 운용 또는 업무의 수행 과정에서 발생하는 위험의 관리에 관한 사항
> 3. 임원 또는 직원이 업무를 수행할 때 반드시 지켜야 하는 절차에 관한 사항
> 4. 경영의사결정에 필요한 정보가 효율적으로 전달될 수 있는 체제 구축에 관한 사항
> 5. 임원 또는 직원의 내부통제기준 준수 여부를 확인하는 절차·방법 및 내부통제기준을 위반한 임원 또는 직원의 처리에 관한 사항
> 6. 임원 또는 직원의 유가증권 거래내용의 보고 등 불공정거래행위를 방지하기 위한 절차나 기준에 관한 사항
> 7. 내부통제기준의 제정 또는 변경 절차에 관한 사항
> 8. 준법감시인의 임면절차에 관한 사항 등

(4) 보험회사의 계산

① 책임준비금 및 비상위험준비금

보험회사는 결산기마다 보험계약의 종류에 따라 일정한 책임준비금과 비상위험준비금을 계상(計上)하고 따로 작성한 장부에 각각 기재하여야 한다(법 제120조). 보험회사가 계상하여야 할 책임준비금은 장래에 지급할 보험금·환급금 및 계약자배당금의 지급에 충당하기 위한 것으로 다음 항목에 대하여 계상하여야 한다(영 제63조제1항).

> **〈책임준비금으로 계상할 의무있는 항목〉**
>
> 1. 매 결산기 말 현재 보험금등의 지급사유가 발생하지 아니한 계약과

관련하여 다음 각 목의 금액

가. 보험금을 일정 수준 이상으로 지급하기 위하여 적립한 금액

나. 보험종목별 또는 계약기간 경과별로 보험료 및 책임준비금 산출방법서에서 정하는 바에 따라 계산한 보험료 적립금과 미경과 보험료

2. 매 결산기 말 현재 보험금등의 지급사유가 발생한 계약에 대하여 보험금등에 관한 소송이 계속 중인 금액이나 지급이 확정된 금액과 보험금 지급사유가 이미 발생하였으나 보험금 지급금액의 미확정으로 인하여 아직 지급하지 아니한 금액

3. 보험회사가 보험계약자에게 배당하기 위하여 적립한 금액

이처럼 책임준비금은 크게 보증준비금, 보험료 적립금과 미경과보험료, 지급준비금, 계약자배당준비금으로 크게 구분된다(영 제63조제1항). 다만, 재보험으로서 (i) 보험위험의 전가가 있고 (ii) 해당 재보험계약으로 인하여 재보험을 받은 회사에 손실 발생 가능성이 있는 경우, 재보험을 받은 보험회사는 재보험을 받은 부분에 대한 책임준비금을 적립하여야 하며, 보험회사는 재보험을 받은 보험회사가 적립한 책임준비금을 재보험자산으로 표기하여야 한다(영 제63조제2항).

또한 손해보험업을 경영하는 보험회사는 해당 사업연도의 보험료 합계액의 100분의 50의 범위에서 금융위원회가 정하여 고시하는 기준에 따라 비상위험준비금을 계상하여야 한다(법 제120조제1항 및 영 제63조제4항).

책임준비금과 비상위험준비금은 보험금의 안정적인 지급에 중요한 요소이므로, 금융위원회는 책임준비금과 비상위험준비금의 적정한 계상과 관련하여 보험회사의 자산 및 비용, 장래의 손실 보전을 목적으로 하는 준비금의 적립에 관한 사항, 책임준비금 및 비상위험준비금의 계상과 관련된 손익의 처리사항에 관한 회계처리기준을 정할 수 있다

(법 제120조제3항 및 영 제63조제5항).

금융위원회는 보험의 특성인 책임준비금과 비상위험준비금제도 등을 매개로 사실상 보험회계처리에 관한 모든 기준을 정할 수 있으며, 보험회계기준은 기업회계기준에 대하여 특별법적인 성격을 가지므로 기업회계기준에 우선한다.[43)]

② 구분계리

배당보험계약이란 해당 보험계약으로부터 발생하는 이익의 일부를 보험회사가 보험계약자에게 배당하기로 약정한 보험계약을 말한다(법 제121조제1항). 배당보험계약이 있는 경우 정확한 배당산정을 위하여 보험회사는 매 결산기말에 배당보험계약의 손익과 무배당보험계약의 손익을 구분하여 계리하여야 하며(법 제121조제1항 및 영 제64조제1항), 이 경우 배당보험계약 이익의 계약자지분 중 일부는 금융위원회가 정하여 고시하는 범위에서 배당보험계약의 손실 보전을 위한 준비금으로 적립할 수 있다(영 제64조제1항). 배당보험계약 이외의 보험계약의 경우에 보험회사는 자산의 효율적 관리와 계약자 보호를 위하여 보험계약별로 배당보험계약자의 이익과 보험회사의 재무건전성 등을 고려하여 정하여진 일정한 기준[44)]에 따라 금융위원회의 승인을 받아 자산 또는 손익을 구분하여 계리할 수 있다(법 제121조제2항 및 제3항).

보험회사는 보험계약에서 정한 바에 따라 배당보험계약의 보험계약

43) 성대규, 앞의 책, 30면.

44) 이와 관련하여 보험업법시행령은 (i) 자산을 보험계약별로 구분하지 아니하고 통합하여 운용하되, 이 경우 발생한 손익을 전체 보험계약의 평균 책임준비금에 대한 보험계약별 평균 책임준비금의 비율을 기준으로 구분하여 보험계약별로 배분하는 방식, (ii) 자산을 보험계약별로 구분하지 아니하고 통합하여 운용하되, 이 경우 발생한 손익을 자산을 취득할 때 필요한 자금에 대한 보험계약별로 조성된 자금의 비율을 기준으로 구분하여 보험계약별로 배분하는 방식, (iii) 자산을 보험계약별로 구분하여 운용하되, 이 경우 발생한 손익을 보험계약별로 직접 배분하는 방식 등을 정하고 있다(영 제64조의2제1항).

자에게 계약자배당을 할 수 있으며 이 경우 이익 발생에 대한 기여도, 보험회사의 재무건전성 등을 고려하여 정해진 기준에 따라 계약자지분과 주주지분을 정하여야 한다(법 제121조제2항 및 영 제64조제2항).

(5) 보험회사의 해산 및 청산

① 해산

가. 해산사유 및 요건

보험업법상 주식회사인 보험회사의 해산사유[45]로, 존립기간의 만료 그 밖에 정관이 정하는 사유의 발생, 주주총회의 결의, 회사의 합병, 보험계약 전부의 이전, 회사의 파산, 보험업 허가의 취소, 해산을 명하는 재판이 있는 경우 해당 보험회사는 해산한다(법 제137조제1항).

주식회사인 보험회사의 해산·합병과 보험계약의 이전에 관한 결의는 주주총회의 특별결의로써 행해져야 하며(법 제138조), 해산의 결의·합병과 보험계약의 이전은 금융위원회의 인가를 받아야 한다(법 제139조).

나. 다른 회사로의 보험계약의 이전

보험회사는 계약의 방법으로 책임준비금 산출의 기초가 같은 보험계약의 전부를 포괄하여 다른 보험회사에 이전할 수 있으며 이러한 이전 계약에서 회사자산을 이전할 것을 정할 수 있다(법 제140조).[46]

보험계약을 이전하려는 보험회사는 그 이전에 관한 결의를 한 날부터 2주일 이내에 계약이전의 요지와 각 보험회사의 대차대조표를 공고하여야 한다(법 제141조제1항). 계약이전을 알리는 공고에는 이전될 보

45) 상호회사인 보험회사에 대한 해산은 현재 우리나라에 상호회사인 보험회사가 없으므로 별도로 다루지 않는다.

46) 금융위원회가 그 보험회사의 채권자의 이익을 보호하기 위하여 필요하다고 인정하는 자산은 유보하여야 한다(법 제140조제2항 단서).

험계약자로서 이의가 있는 자는 일정한 기간내(1개월 이상)에 이의를 제출할 수 있다는 뜻을 부기하여야 한다(법 제141조제2항). 이러한 이의제출기간 내에 이의를 제출한 보험계약자가 이전될 보험계약자총수의 10분의 1을 초과하거나 그 보험금액이 이전될 보험금총액의 10분의 1을 초과하는 경우에는 보험계약의 이전을 하지 못한다(법 제141조제3항).[47]

보험계약을 이전하고자 하는 보험회사는 주주총회의 결의가 있은 때부터 보험계약의 이전을 하거나 하지 아니하게 될 때까지 그 이전하고자 하는 보험계약과 동종의 보험계약을 하지 못한다(법 제142조). 이는 보험회사가 동종의 신계약을 체결할 수 있다면 기존에 체결한 보험계약의 이전과 관련된 절차를 완료할 수 없기 때문이다.[48]

보험회사는 보험계약의 전부를 이전하는 경우에 이전할 보험계약에 관하여 이전계약의 내용으로 (i) 계산의 기초의 변경, (ii) 보험금액의 삭감과 장래 보험료의 감액, (iii) 계약조항의 변경에 관한 사항을 정할 수 있다(법 제143조). 만일 이전계약의 내용으로 보험금액 삭감을 정한 경우 보험계약을 이전하려는 보험회사는 주주총회등의 결의가 있었던 때부터 보험계약을 이전하거나 이전하지 아니하게 될 때까지 그 자산을 처분하거나 채무를 부담하려는 행위를 하지 못한다(법 제144조제1항).

보험회사는 보험계약을 이전한 경우 또는 보험계약을 이전하지 아니하게 된 경우에 7일 이내에 그 취지를 공고하여야 한다(법 제145조). 보험계약의 이전을 한 보험회사가 그 보험계약에 관하여 가진 권리와 의무는 이전을 받은 보험회사가 이를 승계하며 이전계약으로써 이전

47) 만일 보험업법 제143조에 따라 계약조항의 변경을 정하는 경우에 이의를 제기한 보험계약자로서 그 변경을 받을 자가 변경을 받을 보험계약자 총수의 10분의 1을 초과하거나 그 보험금액이 변경을 받을 보험계약자의 보험금 총액의 10분의 1을 초과하는 경우에도 또한 같다(법 제141조제3항 단서).

48) 성대규, 앞의 책, 31면.

할 것을 정한 자산에 관하여도 또한 같다(법 제146조제1항). 또한 보험계약 이전의 결의를 한 후 아직 이전하지 않은 경우에 이전할 보험계약에 관하여 발생한 수지(收支)나 그 밖에 이전할 보험계약 또는 자산에 관하여 발생한 변경은 이전을 받은 보험회사에 귀속된다(법 제146조제2항).

또한 보험회사는 해산한 후에도 3개월 이내에는 보험계약 이전을 결의할 수 있다(법 제148조제1항). 이 때 계약이전이 있던 경우에는 보험금지급의무가 계약이전받은 회사에 이전되므로 보험금 지급 사유가 해산한 날부터 3개월 이내에 발생한 경우 보험금을 지급하여야 한다는 법 제158조를 적용하지 않는다(법 제148조제2항).

다. 합병

보험회사가 합병의 결의를 한 때에는 그 결의를 한 날부터 2주일 이내에 합병계약의 요지와 합병당사자인 각 보험회사의 대차대조표를 공고하여야 한다(법 제151조제1항). 합병을 알리는 공고에는 이전될 보험계약자로서 이의가 있는 자는 일정한 기간내(1개월 이상)에 이의를 제출할 수 있다는 뜻을 부기하여야 한다(법 제151조제2항 및 제141조제2항). 이러한 이의제출기간 내에 이의를 제출한 보험계약자가 보험계약자총수의 10분의 1을 초과하거나 그 보험금액이 보험금총액의 10분의 1을 초과하는 경우에는 합병을 하지 못한다(법 제151조제2항 및 법 제141조제3항).[49]

보험회사가 합병을 하는 경우에는 합병계약으로써 그 보험계약에 관한 계산의 기초 또는 계약조항의 변경을 정할 수 있고, 이에 따라서 계약조항의 변경을 정하는 경우 그 변경을 하려는 보험회사에 관하여

---

49) 만일 보험업법 제143조에 따라 계약조항의 변경을 정하는 경우에 이의를 제기한 보험계약자로서 그 변경을 받을 자가 변경을 받을 보험계약자 총수의 10분의 1을 초과하거나 그 보험금액이 변경을 받을 보험계약자의 보험금 총액의 10분의 1을 초과하는 경우에도 또한 같다(법 제141조제3항 단서).

는 합병주주총회등의 결의시점부터 보험계약의 이전 또는 불이전 시점까지 그 이전하려는 보험계약과 동종의 보험계약을 하지 못한다(법 제152조제1항 및 제142조). 보험회사는 합병을 하게 된 경우 또는 합병을 하지 아니하게 된 경우 7일 이내에 그 취지를 공고하여야 한다(법 제151조제2항 및 법 제145조).

법률적으로 합병은 합병등기로서 행해지는데 합병의 효과로서 피합병 보험회사가 갖던 권리와 의무는 합병후 신설 또는 존속하는 보험회사에게 포괄적으로 승계된다. 나아가 보험업법은 보험회사간 합병이 있는 경우 보험계약 이전결의의 공고와 이의제기, 보험계약 이전의 공고 등의 보험업법상 법정절차를 거친 합병은 이의를 제출한 보험계약자 그 밖에 보험계약으로 인하여 발생한 권리를 가진 자에 대하여도 그 효력이 미친다고 규정한다(법 제151조제3항).

② 청산

가. 청산인

주식회사의 청산인은 합병·분할·분할합병 또는 파산의 경우를 제외하고 정관에 다른 정함이 있거나 주주총회에서 타인을 선임한 때가 아닌 한 이사가 되나(상법 제531조제1항), 보험업법은 일정한 경우에 금융위원회가 보험회사의 청산인을 선임할 수 있도록 한다. 보험업법상 금융위원회가 청산인을 선임할 수 있는 경우로는 보험회사가 보험업의 허가의 취소로 인하여 해산한 때, 설립무효의 판결 또는 설립취소의 판결이 확정된 때, 법원이 청산인을 선임할 경우 및 청산인이 없는 때이다(법 제156조제1항 및 제2항).

금융위원회는 감사의 청구, 또는 3월전부터 계속하여 자본금의 100분의 5이상의 주식을 가진 주주 또는 100분의 5이상의 사원의 청구에 의하여 청산인을 해임할 수 있다(법 제156조제4항). 다만, 중요한 사유가 있으면 금융위원회는 감사 등의 청구가 없어도 청산인을 해임할 수 있다(법 제156조제6항).

나. 해산후의 보험금지급 등

보험회사가 주주총회 등의 결의, 보험업의 허가취소, 해산을 명하는 재판으로 해산한 경우 보험회사는 보험금을 지급할 수 있으나 해산후의 보험금 지급 사유가 해산한 날부터 3개월 이내에 발생한 경우에만 보험금을 지급하여야 한다(법 제158조제1항). 보험회사가 해산한 날부터 3개월이 지난 후에는 피보험자를 위하여 적립한 금액이나 아직 지나지 아니한 기간에 대한 보험료를 되돌려주어야 한다(법 제158조제2항).

청산인에 대하여 상법상 청산인에 관한 규정이 일반적으로 적용되며, 상법상으로 보험회사는 채권신고기간내에는 채권자에 대하여 변제를 하지 못하나 그 변제의 지연으로 인한 손해배상의 책임을 져야 한다(상법 제536조제1항). 그러나 청산인은 채권신고 기간의 경우라도 소액의 채권, 담보있는 채권 기타 변제로 인하여 다른 채권자를 해할 염려가 없는 채권에 대하여는 법원이 아닌 금융위원회의 허가를 얻어 이를 변제할 수 있다(상법 제536조제2항 및 보험업법 제159조).

보험업법에 의거하여 금융위원회는 해산한 보험회사의 업무 및 자산상황으로 보아 필요하다고 인정하는 경우 해산 후의 강제관리조치로서 업무와 자산의 관리를 명할 수 있다(법 제161조제1항).

(6) 영업양도 등

상법상으로는 주식회사가 그 영업의 양수 · 도를 할 경우에 해당 회사의 주주총회 특별결의를 거치면 되나(상법 제374조), 보험회사는 영업을 양도 · 양수하려면 보험업법에 의거하여 금융위원회의 인가를 받아야 한다(법 제150조).

제 2 장

보험소비자의 보호

1. 도입

2010년 ~ 2012년을 통틀어 금융감독당국에 제기된 각종 금융상담 및 민원통계중 분쟁민원의 경우에 보험민원은 2010년 40,334건, 2011년 40,801건, 2012년 48,471건으로 은행 · 비은행, 금융투자에 관한 민원보다 월등하게 많은 위치를 차지하고 있다.

[표 3] 2012년 중 금융상담 및 민원 통계[50)]

구 분	2010년		2011년		2012년	
	건 수	구성비	건 수	구성비	건 수	구성비
금 융 상 담	308,520	72.5	383,108	73.6	397,446	71.7
금 융 민 원	72,169	17.0	84,731	16.3	94,794	17.1
(분 쟁 민 원)	(25,888)	(6.1)	(33,453)	(6.4)	(36,242)	(6.5)
은 행 · 비은행	27,760	6.5	39,998	7.7	42,791	7.7
보 험	40,334	9.5	40,801	7.8	48,471	8.7
금융투자	4,075	1.0	3,932	0.8	3,532	0.6
상속인 조회	44,825	10.5	52,677	10.1	61,972	11.2
총 계	425,514	100.0	520,516	100.0	554,212	100.0

특히 2012년 중에 민원이 최다 제기된 유형은 아래 [표]에서 보이듯이 모든 금융권역을 통틀어서 2012년 기준으로 상위 10개 유형중 5개 유형이 보험과 관련된 것이다.

---

50) 금융감독원, "2012년중 금융감독원의 금융상담 및 민원동향 분석," 보도자료(2013.3.20), 8면의 "2012년 중 금융상담 및 민원동향 관련 주요 통계"에서 일부 인용.

[표 4] 2012년중 최다발생 민원 유형[51]

(단위: 건, %)

순위	민원 유형	권 역	민원 건수	전년대비 증감	증감율
①	보험모집	보 험	13,493	2,607	23.9
②	보험금 산정 및 지급	보 험	13,000	4,023	44.8
③	여 신	은행 · 비은행	10,775	1,999	22.8
④	신용카드	은행 · 비은행	8,585	1,666	24.1
⑤	저축은행 후순위채권	은행 · 비은행	5,400	△467	△8.0
⑥	면 · 부책 결정	보 험	3,924	△262	△6.3
⑦	계약의 성립 및 실효	보 험	3,862	740	23.7
⑧	신용정보	은행 · 비은행	2,859	△680	△19.2
⑨	예 · 적금	은행 · 비은행	2,015	△81	△3.9
⑩	고지 및 통지의무위반	보 험	1,819	△412	△18.5

이처럼 보험모집은 최근 3년간의 동향을 보면 전체 금융권역의 민원발생유형을 통틀어서 민원 최다 발생유형에 해당하고 있다. 보험상품이 복잡하고 알기 어려울 때가 많아서 보험소비자는 보험모집인에게 상당부분 의존하고 있으므로 보험소비자 보호와 관련하여 보험모집에 관한 부분이 상당히 중요한 위치를 차지한다. 이에 따라 보험업법은 보험모집에 관한 다양한 규제를 두고 있다.

2. 보험모집 종사자의 제한

(1) 보험모집을 할 수 있는 자

보험계약의 체결을 중개하거나 대리하는 것을 모집이라고 한다(법 제2조제12호). 보험계약에 관한 모집을 할 수 있는 자, 즉 보험계약의

51) 금융감독원, 위의 보도자료(2013.3.20), 5면.

체결을 중개 또는 대리할 수 있는 자는 보험설계사, 보험대리점, 보험중개사 및 보험회사의 임원 또는 직원이다(법 제83조제1항). 이 경우 보험회사의 대표이사·사외이사·감사 및 감사위원 은 보험모집을 할 수 없다(법 제83조제1항제4호).

보험설계사란 보험회사·보험대리점 또는 보험중개사에 소속되어 보험계약의 체결을 중개하는 자(비법인사단 및 비법인재단을 포함)로서 금융위원회에 등록된 자를 말하며(법 제2조제9호), 보험대리점이란 보험회사를 위하여 보험계약의 체결을 대리하는 자(법인이 아닌 사단과 재단을 포함한다)로서 보험업법에 따라서 금융위원회에 등록된 자를 말하며(법 제2조제10호), 보험중개사란 독립적으로 보험계약의 체결을 중개하는 자(법인이 아닌 사단과 재단을 포함한다)로서 금융위원회에 등록된 자를 말한다(법 제2조제11호).

[표 5] 보험유통채널의 변경[52)]

기간	생보	손보
1960년 이전	직급위주 모집제도	
1960년대	모집인 (1962)	직급제도 대리점 (1962)
1970년대	직급제도 (1978)	모집인 (1978)
1980년대	겸영대리점 (1983)	
1990년대	복수대리점 (1994) 독립대리점 (1997) 생보중개사 (1998)	복수대리점 (1993) 독립대리점 (1996) 손보중개사 (1997)
2001년	통신판매 (TM · CM)	자동차직판 전업사 도입
2003년	방카슈랑스 (2003) TV홈슈랑스 (2003)	
2005년~2008년	독립대리점 (GA) 대형화 보험설계사 교차모집 (2008)	
2009년 이후	보험판매전문회사 논의[53)] 마트슈랑스 활용	

2010년 개정된 보험업법은 보험모직조직에 관한 내용을 대폭 개정하면서 보험모집인 명칭을 보험설계사로 일원화하였다.

종래에는 보험회사 소속의 보험설계사와 마찬가지로, 보험대리점이나 보험중개사 소속의 모집사용인은 통상적으로 고용관계가 아닌 위촉계약을 체결하고 있으나 보험업법은 그러한 실질적 법률관계를 반영하지 못하고 있었다.[54] 즉 보험대리점, 보험중개사에 소속된 모집사용인이 불법행위를 저질러도 이를 해당 소속 대리점이나 중개사의 행위로 보아서 소속 대리점이나 중개사를 직접 제재할 수 없었다.[55]

2010년 개정 보험업법은 보험설계사를 보험회사 · 보험대리점 또는 보험중개사에 소속되어 보험계약의 체결을 중개하는 자(법인이 아닌 사단(社團)과 재단을 포함)로서 금융위원회에 등록된 자로 정의함으로써(법 제2조제9호), 보험대리점이나 보험중개사에 소속된 모집사용인의 명칭을 보험설계사로 일원화하였다. 이에 따라서 소속 기관의 형태와 관계없이 모집종사자에 대해 동일한 규제체계를 적용하게 되었다.[56]

(2) 보험설계사

① 등록의무

보험설계사가 되어서 모집을 하기 위해서는 보험회사 · 보험대리점 및 보험중개사(이하 보험회사등)에 소속되어야 한다. 보험회사등은 그 소속 보험설계사가 되려는 자를 금융위원회에 등록하여야 한다(법 제84조제1항).

---

52) 안철경, "보험상품 유통채널의 평가 및 정책대응", 조사연구 Review 제33호, 금융감독원 (2011.3), 43면.

53) 2010년 7월 개정된 보험업법은 보험판매전문회사를 도입하지 않았다.

54) 김인호, "보험업법 개정에 따른 모집제도의 변화와 영향(1)", 월간생명보험 (2011.3), 46면.

55) 김인호, 위의 글(1), 46면.

56) 김인호, 위의 글(1), 46면.

보험설계사가 되기 위해서는 보험업법이 정하는 보험설계사의 결격요건에 해당하지 않아야 한다(법 제84조제2항). 보험업법이 보험설계사가 될 수 없다고 정하는 결격요건에는, (i) 금치산자 또는 한정치산자, (ii) 파산선고를 받은 자로서 복권되지 아니한 자, (iii) 보험업법에 따라 벌금 이상의 형을 선고받고 그 집행이 끝나거나(집행이 끝난 것으로 보는 경우를 포함) 집행이 면제된 날부터 2년이 지나지 아니한 사, (iv) 이 법에 따라 금고 이상의 형의 집행유예를 선고받고 그 유예기간 중에 있는 자에 해당하는 경우 등 일반적인 결격요건이 있다.

또한 (v) 보험업법에 따라 보험설계사 · 보험대리점 또는 보험중개사의 등록이 취소된 후 2년이 지나지 아니한 자 또는 그럼에도 불구하고 보험업법에 따라 보험설계사 · 보험대리점 또는 보험중개사 등록취소 처분을 2회 이상 받은 경우로서 최종 등록취소 처분을 받은 날부터 3년이 지나지 아니한 자, (vi) 보험업법에 따라 과태료 또는 과징금 처분을 받고 이를 미납하거나 업무정지 및 등록취소 처분을 받은 보험대리점 · 보험중개사 소속의 임직원이었던 자[57]로서 과대료 · 과징금 · 업무정지 및 등록취소 처분이 있었던 날부터 2년이 지나지 아니한 자, (vii) 영업에 관하여 성년자와 같은 능력을 가지지 아니한 미성년자로서 그 법정대리인이 이상의 보험설계자의 결격사유 중 어느 하나에 해당하지 않아야 한다.

만일 (viii) 법인 또는 법인이 아닌 사단이나 재단으로서 그 임원이나 관리인 중에 위 (i) ~ (vi)의 어느 하나에 해당하는 자가 있는 자, (ix) 이전에 모집과 관련하여 받은 보험료, 대출금 또는 보험금을 다른 용도에 유용(流用)한 후 3년이 지나지 아니한 자의 경우에도 보험설계사의 결격요건에 해당된다(법 제84조제2항 각호).

57) 처분사유의 발생에 관하여 직접 또는 이에 상응하는 책임이 있는 자로서 대통령령으로 정하는 자만 해당한다(보험업법 제84조제2항제7호).

보험설계사는 생명보험설계사, 손해보험설계사 및 제3보험설계사로 구분되며(영 제27조제1항), 실제로 금융위원회에 보험설계사로 등록하기 위하여는, 생명보험 · 손해보험 · 제3보험별로 소정의 연수과정을 이수하였거나 일정한 종사경력 등이 필요하다(법 제84조제3항, 영 제27조제2항 및 별표3).

구분	보험설계사의 등록요건(영 별표 3)
생명보험설계사	다음 각 목의 어느 하나에 해당하는 사람 가. 금융위원회가 정하여 고시하는 바에 따라 생명보험 모집에 관한 연수과정을 이수한 사람 나. 금융위원회가 정하여 고시하는 생명보험 관계 업무에 1년 이상 종사한 경력이 있는 사람(등록신청일부터 3년 이내에 해당 업무에 종사한 사람으로 한정한다)으로서 별표 4에 따른 교육을 이수한 사람 다. 개인인 생명보험대리점의 등록요건을 갖춘 사람(법인보험대리점의 소속 보험설계사가 되려는 사람만 해당한다) 라. 개인인 생명보험중개사의 등록요건을 갖춘 사람(법인보험중개사의 소속 보험설계사가 되려는 사람만 해당한다)
손해보험설계사	다음 각 목의 어느 하나에 해당하는 사람 가. 금융위원회가 정하여 고시하는 바에 따라 손해보험 모집에 관한 연수과정을 이수한 사람 나. 금융위원회가 정하여 고시하는 손해보험 관계 업무에 1년 이상 종사한 경력이 있는 사람(등록신청일부터 3년 이내에 해당 업무에 종사한 사람으로 한정한다)으로서 별표 4에 따른 교육을 이수한 사람 다. 개인인 손해보험대리점의 등록요건을 갖춘 사람(법인보험대리점의 소속 보험설계사가 되려는 사람만

	해당한다) 라. 개인인 손해보험중개사의 등록요건을 갖춘 사람(법인보험중개사의 소속 보험설계사가 되려는 사람만 해당한다)
제3보험설계사	다음 각 목의 어느 하나에 해당하는 사람 가. 금융위원회가 정하여 고시하는 바에 따라 제3보험 모집에 관한 연수과정을 이수한 사람 나. 금융위원회가 정하여 고시하는 제3보험 관계 업무에 1년 이상 종사한 경력이 있는 사람(등록신청일부터 3년 이내에 해당 업무에 종사한 사람으로 한정한다)으로서 별표 4에 따른 교육을 이수한 사람 다. 개인인 제3보험대리점의 등록요건을 갖춘 사람(법인보험대리점의 소속 보험설계사가 되려는 사람만 해당한다) 라. 개인인 제3보험중개사의 등록요건을 갖춘 사람(법인보험중개사의 소속 보험설계사가 되려는 사람만 해당한다)

② 영입

보험회사등은 다른 보험회사등에 소속된 보험설계사에게 모집을 위탁하지 못하며 마찬가지로 보험설계사는 자기가 소속된 보험회사등 이외의 자를 위하여 모집을 하지 못한다(법 제85조제1항 및 제2항). 이는 보험모집질서의 혼란을 방지하기 위한 것이다.[58] 이처럼 보험설계사가 법 제85조제3항에 따라 소속 보험회사 외의 보험회사를 위하여 모집하는 것을 교차모집이라고 한다(영 제29조제1항).

그럼에도 불구하고 2003년 보험업법 개정시에 다음의 경우에는 교차모집을 허용하는 근거를 도입하였다(법 제85조제3항).

---

58) 정찬형 외 9인, 「주석 금융법(Ⅱ)[보험업법 2]」, 한국사법행정학회, 2007, 76면.

1. 생명보험회사 또는 제3보험업을 전업(專業)으로 하는 보험회사에 소속된 보험설계사가 1개의 손해보험회사를 위하여 모집을 하는 경우
2. 손해보험회사 또는 제3보험업을 전업으로 하는 보험회사에 소속된 보험설계사가 1개의 생명보험회사를 위하여 모집을 하는 경우
3. 생명보험회사나 손해보험회사에 소속된 보험설계사가 1개의 제3보험업을 전업으로 하는 보험회사를 위하여 모집을 하는 경우

보험설계사가 교차모집이 허용되어 교차모집을 하는 법 경우 교차모집을 하려는 보험회사의 명칭 등 금융위원회가 정하여 고시하는 사항을 적은 서류를 보험협회에 제출하여야 한다(법 제95조제4항 및 영 제29조제1항). 또한 교차모집을 하려는 교차모집보험설계사는 모집하려는 보험계약의 종류에 따라 각 등록요건을 갖추어 보험협회에 보험설계사 등록을 하여야 한다(법 제85조제4항 및 영 제29조제2항).

교차모집보험설계사는 둘 이상의 보험회사를 위하여 모집을 하므로 이러한 중에 불공정행위를 할 수 있다. 따라서 보험업법은 교차모집보험설계사가 할 수 없는 일정한 행위를 정하고 있는바, (i) 업무상 알게 된 특정 보험회사의 정보를 다른 보험회사에 제공하는 행위, (ii) 보험계약을 체결하려는 자의 의사에 반하여 다른 보험회사와의 보험계약 체결을 권유하는 등 모집을 위탁한 보험회사 중 어느 한 쪽의 보험회사만을 위하여 모집하는 행위, (iii) 모집을 위탁한 보험회사에 대하여 회사가 정한 수수료 · 수당 외에 추가로 대가를 지급하도록 요구하는 행위, (iv) 교차모집을 위탁한 보험회사에 대하여 합리적 근거 없이 다른 보험설계사보다 우대하여 줄 것을 요구하는 행위, (v) 교차모집을 위탁한 보험회사에 대하여 다른 교차모집보험설계사 유치를 조건으로 대가를 요구하는 행위, (vi) 교차모집 관련 보험계약 정보를 외부에 유출하는 행위이다(법 제85조제4항, 영 제29조제4항 및 시행규칙 제16조제2항).

또한 교차모집보험설계사의 소속 보험회사 또는 교차모집을 위탁한

보험회사 역시 일정한 행위를 하는 것이 금지되며, 이러한 금지행위에는 (i) 교차모집보험설계사에게 자사 소속의 보험설계사로 전환하도록 권유하는 행위, (ii) 교차모집보험설계사에게 자사를 위하여 모집하는 경우 보험회사가 정한 수수료·수당 외에 추가로 대가를 지급하기로 약속하거나 이를 지급하는 행위, (iii) 교차모집보험설계사가 다른 보험회사를 위하여 모집한 보험계약을 자사의 보험계약으로 처리하도록 유도하는 행위, (iv) 교차모집보험설계사에게 정당한 사유 없이 위탁계약 해지, 위탁범위 제한 등 불이익을 주는 행위, (v) 교차모집보험설계사의 소속 영업소를 변경하거나 모집한 계약의 관리자를 변경하는 등 교차모집을 제약·방해하는 행위, (vi) 소속 보험설계사에게 특정 보험회사를 지정하여 교차모집에 관한 위탁계약의 체결을 강요하는 행위, (vii) 소속 보험설계사에게 교차모집보험설계사가 될 자의 유치를 강요하는 행위, (viii) 합리적 근거 없이 교차모집보험설계사를 소속 보험설계사보다 우대하는 행위 등이 있다(법 제85조제4항, 영 제29조제3항 및 시행규칙 제16조제1항).

보험회사등은 보험설계사에게 보험계약의 모집을 위탁할 때 일정한 행위를 하는 것이 금지되며 이러한 금지사항으로는, (i) 보험모집 위탁계약서를 교부하지 아니하는 행위, (ii) 위탁계약서상 계약사항을 이행하지 아니하는 행위, (iii) 위탁계약서에서 정한 해지요건 외의 사유로 위탁계약을 해지하는 행위, (iv) 정당한 사유 없이 보험설계사가 요청한 위탁계약 해지를 거부하는 행위, (v) 위탁계약서에서 정한 위탁업무 외의 업무를 강요하는 행위, (vi) 정당한 사유 없이 보험설계사에게 지급되어야 할 수수료의 일부 또는 전부를 지급하지 아니하거나 지연하여 지급하는 행위, (vii) 정당한 사유 없이 보험설계사에게 지급한 수수료를 환수하는 행위, (viii) 보험설계사에게 보험료 대납(代納)을 강요하는 행위가 있다(법 제85조의3제1항, 영 제29조의3). 보험회사에 대한 관계에서 보험설계사의 지위가 취약하므로 이를 악용하여 보험회사가 소속 보험설계사에게 불공정행위 하는 것을 방지하려는 것이다. 이와 관련하여 보험협회는 보험설계사에 대한 보험회사등의 불공정한 모집 위탁행위를 막기 위하여 보험회사등이 지켜야 할 규약을 정할 수 있다(법 제85조의3제2항).

③ 등록취소

보험설계사가 등록한 이후 일정한 등록결격사유에 해당하는 경우이거나 또는 등록당시 등록결격사유에 해당하는 것으로 판명되는 경우에는 등록이 취소된다(법 제86조).

보험설계사의 등록취소 요건으로, (i) 보험업법 제84조제2항에 따른 보험설계사의 결격요건, (ii) 등록 당시 법 제84조제2항 각 호의 어느 하나에 해당하는 자이었음이 밝혀진 경우, (iii) 거짓이나 그 밖의 부정한 방법으로 법 제84조에 따른 등록을 한 경우, (iv) 보험업법에 따라 업무정지 처분을 2회 이상 받은 경우가 있으며, 등록취소 요건에 해당할 경우 금융위원회는 그 등록을 취소할 의무를 진다(법 제86조제1항).

보험설계사에 관한 업무정지명령이나 등록취소가 가능한 경우로는, 모집에 관한 이 법의 규정을 위반한 경우, 또는 이 법에 따른 명령이나 처분을 위반한 경우, 또는 이 법에 따라 과태료 처분을 2회 이상 받은 경우가 해당된다(법 제86조제2항).

보험설계사에 관한 등록취소나 업무정지명령은 불이익한 행정행위이므로 금융위원회는 등록을 취소하거나 업무의 정지를 명하려면 보험설계사에 대하여 청문을 하여야 하며(법 제86조제3항), 금융위원회는 보험설계사의 등록을 취소하거나 업무의 정지를 명한 경우에는 지체없이 그 이유를 적은 문서로 보험설계사 및 해당 보험설계사가 소속된 보험회사등에 그 뜻을 알려야 한다(법 제86조제4항).

(3) 보험대리점

① 등록의무

보험대리점은 개인보험대리점과 법인보험대리점으로 구분되며, 이는 다시 각각 생명보험대리점, 손해보험대리점과 제3보험대리점으로 구분된다(영 제30조제1항 및 제31조). 보험대리점으로 활동하기 위해서는 개인보험대리점일 경우와 법인보험대리점인 경우로 구분하여 금융위원회에 등록하여야 한다(법 제87조제1항).

이 경우 기술한 보험설계사의 자격요건(법 제84조제2항)에 미달하는 자, 보험설계사 또는 보험중개사로 이미 등록된 자, 보험중개사 또는 다른 보험대리점의 임·직원, 외국의 법령에 의하여 보험설계사가 될 수 없는 자 및 경쟁의 실질적 제한 등 불공정 모집행위를 할 우려가 있는 일정한 자는 보험대리점이 될 수 없다(법 제87조제2항). 이 중 경쟁의 실질적 제한 등 불공정 모집행위를 할 우려 있는 일정한 자란, (i) 국가기관과 특별법에 따라 설립된 기관 및 그 기관의 퇴직자로 구성된 법인 또는 단체, (ii) 위 (i)의 법인 또는 단체, 그리고 「금융지주회사법」에 따른 금융지주회사 또는 법 제91조제1항 각 호의 금융기관[59]이 출연·출자하는 등 금융위원회가 정하여 고시하는 방법과 기준에 따라 사실상의 지배력을 행사하고 있다고 인정되는 법인 또는 단체가 포함된다.

또한 경쟁의 실질적 제한 등 불공정 모집행위를 할 우려 있는 일정한 자에는, (iii)「금융위원회의 설치 등에 관한 법률」 제38조 각 호의 기관(법 제91조제1항 각 호의 금융기관은 제외), (iv) 이상의 법인·단체 또는 기관의 임원 또는 직원, (v) 그 밖에 보험대리점을 운영하는 것이 공정한 보험거래질서 확립 및 보험대리점 육성을 저해한다고 금

59) 겸영업무로 「자본시장과 금융투자업에 관한 법률」에 따른 투자매매업 또는 투자중개업 인가를 받은 보험회사는 제외한다(영 제32조제2호).

융위원회가 인정하는 자[60]가 해당된다(영 제32조).

구분		보험대리점의 등록요건(영 별표 3)
개인보험 대리점	생명보험 대리점	다음 각 목의 어느 하나에 해당하는 사람 가. 금융위원회가 정하여 고시하는 바에 따라 생명보험 대리점에 관한 연수과정을 이수한 사람 나. 금융위원회가 정하여 고시하는 생명보험 관계 업무에 2년 이상 종사한 경력이 있는 사람(등록신청일부터 4년 이내에 해당 업무에 종사한 사람으로 한정한다)으로서 별표 4에 따른 교육을 이수한 사람
	손해보험 대리점	다음 각 목의 어느 하나에 해당하는 사람 가. 금융위원회가 정하여 고시하는 바에 따라 손해보험 대리점에 관한 연수과정을 이수한 사람 나. 금융위원회가 정하여 고시하는 손해보험 관계 업무에 2년 이상 종사한 경력이 있는 사람(등록신청일부터 4년 이내에 해당 업무에 종사한 사람으로 한정한다)으로서 별표 4에 따른 교육을 이수한 사람
	제3보험 대리점	다음 각 목의 어느 하나에 해당하는 사람 가. 금융위원회가 정하여 고시하는 바에 따라 손해보험 대리점에 관한 연수과정을 이수한 사람

60) 이 경우 "금융위원회가 인정하는 자"라 함은 (i) 비영리법인 또는 단체, (ii) 손해보험대리점의 경우 「화물자동차운수사업법」 제3조제3항 또는「여객자동차운수사업법」제4조제1항의 규정에 의한 운송사업자와 이에 소속된 임직원, (iii)「방문판매등에관한법률」에 의하여 등록된 다단계판매업자 및 이에 소속된 임직원, (iv) 손해보험대리점의 경우 자동차제조업자 또는 자동차판매업자(다만, 중고차 또는 수입차 판매업자는 제외한다) 등 보험판매와 밀접한 관련이 있는 법인 또는 단체, (v) 보험업법 제101조의 규정에 의한 자기계약을 주된 목적으로 하는 보험대리점을 운영하려는 자, (vi) 감독원장 또는 당해 보험회사로부터 이 법 또는 이 법에 의한 명령이나 처분을 위반하여 정직이상의 처분을 받은 자로서 그 처분을 받은 날부터 2년(업무정지 처분을 받은 경우에는 업무정지기간)이 경과하지 아니한 자를 말한다(감독규정 제4-6조제2항).

		나. 금융위원회가 정하여 고시하는 제3보험 관계 업무에 2년 이상 종사한 경력이 있는 사람(등록신청일부터 4년 이내에 해당 업무에 종사한 사람으로 한정한다)으로서 별표 4에 따른 교육을 이수한 사람
법인보험대리점	생명보험대리점	다음 각 목의 요건을 모두 갖춘 법인 가. 개인인 생명보험대리점의 등록요건 가목 및 나목의 어느 하나에 해당하는 사람을 1명 이상 두고 있는 법인 나. 임직원 수가 100명 이상인 법인(법 제91조제1항 각 호의 금융기관은 제외한다)의 경우 소속 임직원의 10분의 1 이상이 법 제84조에 따른 보험설계사 등록요건을 갖춘 법인
	손해보험대리점	다음 각 목의 요건을 모두 갖춘 법인 가. 개인인 손해보험대리점의 등록요건 가목 및 나목의 어느 하나에 해당하는 사람을 1명 이상 두고 있는 법인 나. 임직원 수가 100명 이상인 법인(법 제91조제1항 각 호의 금융기관은 제외한다)의 경우 소속 임직원의 10분의 1 이상이 법 제84조에 따른 보험설계사 등록요건을 갖춘 법인
	제3보험대리점	다음 각 목의 요건을 모두 갖춘 법인 가. 개인인 제3보험대리점의 등록요건 가목 및 나목의 어느 하나에 해당하는 사람을 1명 이상 두고 있는 법인 나. 임직원 수가 100명 이상인 법인(법 제91조제1항 각 호의 금융기관은 제외한다)의 경우 소속 임직원의 10분의 1 이상이 법 제84조에 따른 보험설계사 등록요건을 갖춘 법인

② 법인보험대리점의 규제 강화

대리점의 대형화가 빠르게 진행되는 가운데 최근 보험판매채널에서 비중이 증가하고 있는 법인보험대리점은 우월적 지위를 이용한 불공정 행위 및 불완전판매 가능성, 판매자의 책임 부재 등 건전한 모집질서에 부정적인 영향을 미칠 수 있다. 따라서 2010년 7월 개정 보험업법은 법인보험대리점에 대한 규제를 통해 판매자 책임을 강화하고 건전한 영업풍토를 조성하기 위해 법인보험대리점의 임원자격기준, 영업기준 및 공시의무 등을 신설하였다.

가. 법인대리점 임원자격 요건

법인보험대리점의 임원 자격요건을 신설하여 공익성과 거래질서를 해할 우려가 있는 자가 임원이 되는 것을 제한하고 있다. 법인보험대리점 업무수행의 건전성 확보를 위해 보험회사 임원과 동등한 요건을 부여하고 구체적인 자격요건은 시행령에서 정하도록 하였는데 법에서 정한 요건은 다음과 같다(법 제87조의2제1항 각호).

- 위법 · 부당행위로 보험설계사 · 보험대리점의 등록취소 처분이 있었던 날로부터 2년간 임원등록 제한
- 과태료 처분을 받고 납부하지 않은 경우, 과태료 처분이 있었던 날로부터 2년간 임원등록 제한
- 등록취소 처분을 2회 이상 받은 경우, 최종 등록취소 처분을 받은 날로부터 3년간 임원등록 제한
- 위법 · 부당행위로 영업정지 · 등록취소 처분을 받고 2년이 경과하지 않은 보험대리점 · 중개사의 임직원에 대해서도 2년간 임원등록 제한 (단, 시행령에서 정하는 책임있는 자로 한정)

나. 법인대리점의 업무범위 제한

법인보험대리점의 업무범위는 보험모집업무 및 보험계약자 보호 등을 해칠 우려가 없는 업무 중심으로 제한되어 「방문판매 등에 관한 법

률」에 등록된 다단계 판매업, 「대부업 등의 등록 및 금융이용자 보호에 관한 법률」에 등록된 대부업 또는 대부중개업 등의 업무가 제한된다(법 제87조의3제1항 및 영 제33조의4제1항).

③ 법인보험대리점에 대한 공시의무

법인보험대리점은 경영현황 등 업무상 주요 사항을 공시하고 금융위원회에 알려야 한다(법 제87조의3제2항). 보험대리점 비중이 지속적으로 증가하고 이에 비례하여 불완전판매에 대한 우려 또한 증가하고 있어 판매자로서의 책임과 의무를 부여함과 동시에 보험소비자에게 보험대리점에 대한 기본적인 정보를 제공함으로써 우량한 대리점을 선택할 수 있는 토대가 될 수 있다.[61]

법인보험대리점이 공시할 업무상 주요사항에는 업무의 종류, 모집조직 및 모집실적에 관한 사항은 물론, 대표자의 성명과 주소, 임원에 관한 사항, 감독원장이 정하는 바에 따른 보험계약의 불완전판매비율, 모집위탁계약을 체결한 보험회사에 관한 사항이 포함된다(감독규정 제4-12조제1항).

법인보험대리점은 이상의 업무상 주요사항을 보험협회의 인터넷 홈페이지 등을 통하여 반기별로 공시하여야 한다(영 제33조의4제4항). 법인보험대리점이 주요사항을 매 반기 종료일로부터 2개월 이내에 홈페이지 등을 통하여 공시하고 금융위원회(금융감독원 위임)에 통지하도록 하였다(감독규정 제4-12제2항). 다만 금융기관보험대리점에 대해서는 공시의무의 적용을 배제하였다.

이러한 법인보험대리점에 관한 공시의무는 개정 보험업법에 의한 것으로 개정 보험업법시행령 시행후 최초로 도래하는 사업연도, 2011 사업연도 상반기 결산자료 (2011년 9월말 기준으로 작성)부터 적용한다

---

61) 김인호, 앞의 글(1), 50면.

(부칙 제7조).

④ **대형 법인보험대리점**(소속 설계사 500명 이상)**에 대한 강화된 의무**

보험소비자에 대한 영향력이 크고 시장지배력이 높은 대형 법인보험대리점에 대해 강화된 의무가 적용된다. 즉 매 분기말 현재 소속설계사 500인 이상으로 해당 요건 충족 후 3개월이 경과한 대형 법인보험대리점은 별도의 영업기준을 두고 있다. 즉, 대형 법인보험대리점은 (i) 법령을 준수하고 보험계약자 보호를 위한 업무지침(내부통제기준)을 마련하고 (ii) 이러한 내부통제기준 준수여부를 점검하고 그 위반사항을 조사하는 상근 준법감시인(1인 이상)을 두어야 하며 (iii) 보험계약자를 보호하고 보험계약의 모집업무를 수행하기 위하여 필요한 전산설비 등 물적 시설을 충분히 구비하도록 하였다(영 제33조의2제1항 및 감독규정 제4-11조).

〈보험설계사 500인 이상 법인보험대리점이 구비할 요건〉 (시행령 제33조의2 및 감독규정 제4-11조 제1항) - 법규준수 및 보험계약자 보호를 위한 내부통제기준 마련 및 운용 - 내부통제기준 준수 여부를 점검하고, 그 위반사항을 조사·확인하는 준법감시인을 1인 이상 보유 - 보험계약자 보호 및 모집업무의 효율적 수행을 위해 필요한 전산시스템 등 물적 시설 보유

⑤ **영업**

금융위원회는 등록한 보험대리점으로 하여금 금융위원회가 지정하는 기관에 영업보증금을 예탁하게 할 수 있으며(법 제87조제3항), 이 경우 금융위원회가 지정하는 기관이란 보험대리점의 경우에는 대리점계약을 체결한 당해 보험회사, 보험중개사의 경우에는 금융감독원을 말한다(감독규정 제4-10조). 영업보증금이란 보험가입자의 보호를 위한

것으로 보험료 등의 보호를 위한 최소한도의 보호책이 된다.[62)]

보험대리점의 영업보증금은 1억원(법인보험대리점의 경우에는 3억원)[63)]의 범위에서 보험회사와 대리점이 협의하여 정할 수 있으며, 다만 금융기관보험대리점에 대해서는 영업보증금 예탁의무를 면제한다(법 제87조제4항 및 영 제33조).

보험대리점의 등록을 한 자는 그 영업보증금을 금융위원회가 지성하는 영업보증금예탁기관에 예탁하여야만 영업을 시작할 수 있다(영 제33조제3항). 이 경우 영업보증금은 반드시 현금에 제한되지 않으며 (i) 자본시장법상의 채무증권 중 국채증권, 지방채증권, 특수채증권, 사채권, (ii) 자본시장법상 집합투자증권(다만 사모투자전문회사의 집합투자증권은 제외) 중 채권형 집합투자증권, (iii) 자본시장법에 따라 신탁업자가 발행하는 수익증권 중 공사채형 수익증권으로도 예탁할 수 있다(영 제33조제4항 및 감독규정 제4-10조제2항).

만일 예탁된 증권 등이 그 평가액의 변동으로 기준금액에 미치지 못하게 되었을 때에는 금융위원회가 정하는 기간 내에 그 부족한 금액을 보전하여야 한다(영 제33조제5항). 보험대리점의 영업보증금 명목으로 예탁된 증권 등의 평가방법 및 평가액 결정은 금융감독원장이 정하는 바에 따른다(영 제33조제6항).

⑥ 등록취소

보험대리점이 일정한 사유에 해당하게 된 경우 금융위원회는 그 등록을 취소하여야 하는데, 등록취소 사유로는 (i) 보험대리점이 될 수 없는 결격사유에 해당하게 된 경우, (ii) 등록 당시 결격사유 중 어느 하나에 해당하는 자이었음이 밝혀진 경우, (iii) 거짓이나 그 밖에 부정

62) 정찬형 외 9인, 앞의 책, 81면.

63) 금융위원회는 보험계약자의 보호와 모집질서의 유지를 위하여 필요하다고 인정하면 제1항에도 불구하고 영업보증금의 증액을 명할 수 있다(영 제33조제2항).

한 방법으로 제87조에 따른 등록을 한 경우, (iv) 법인보험대리점의 업무범위에 관한 제한(법 제87조의3제1항)을 위반한 경우, (v) 자기계약의 금지(법 제101조)를 위반한 경우이다(법 제88조제1항).

이 중 자기계약 또는 자기물건계약(실무용어)이란 보험대리점 또는 보험중개사는 자기 또는 자기를 고용하고 있는 자를 보험계약자 또는 피보험자로 하는 보험계약을 말하며(법 제101조제1항), 이러한 자기계약은 민법상 자기계약과는 다른 개념이다. 민법상 자기계약은 대리인이 본인을 위하여 자기와 법률행위를 하는 것을 말하며 본인의 허락이 없으면 금지된다(민법 제124조).

이러한 자기계약의 모집이 제한되는 주체는 보험대리점 및 보험중개사이므로, 보험설계사에는 적용되지 않는다(법 제101조제1항). 따라서 보험설계사는 자기 또는 자기를 고용하고 있는 자를 보험계약자 또는 피보험자로 하는 보험계약을 그가 소속한 보험회사를 위하여 중개하는 것이 허용되나, 이 경우에도 보험설계사가 보험회사로부터 받은 모집수수료의 전부 · 일부를 그 보험계약자나 피보험자에게 지급하면 특별이익 제공금지 규정(법 제98조)에 위반하게 된다.[64]

보험계약의 체결 또는 모집에 종사하는 자는 그 체결 또는 모집과 관련하여 보험계약자나 피보험자에게 일정한 이익(특별이익)을 제공하거나 제공하기로 약속하는 것이 금지되는데(법 제98조), 보험업법상 금지되는 특별이익이란 (i) 일정한 액수를 초과한 금품, (ii) 기초서류에서 정한 사유에 근거하지 아니한 보험료의 할인 또는 수수료의 지급, (iii) 기초서류에서 정한 보험금액보다 많은 보험금액의 지급 약속, (iv) 보험계약자나 피보험자를 위한 보험료의 대납(代納), (v) 보험계약자나 피보험자가 해당 보험회사로부터 받은 대출금에 대한 이자의 대납, (vi) 보험료로 받은 수표 또는 어음에 대한 이자 상당액의 대납, (vii)

64) 정찬형 외 9인, 앞의 책, 199면.

상법 제682조에 따른 제3자에 대한 청구권 대위행사의 포기가 이에 해당한다(법 제98조 각호). 금품의 경우 보험계약 체결 시부터 최초 1년간 납입되는 보험료의 10%와 3만원 중 적은 금액에 해당하는 금품은 법에서 금지하는 특별이익에 해당하지 않으므로 이의 제공 또는 제공의 약속이 허용된다(영 제46조).

이 중 보험료로 받은 수표에 관한 대납(代納)에서 수표란 지급증권으로서 이자 지급의 문제가 생기지 않는다.[65] 따라서 특별이익과 관련하여 거론되는 수표란 어음처럼 신용증권 기능을 수행하는 선일자수표를 의미한다.[66] 선일자수표로 최초보험료를 납부한 경우에 어느 시점에 최초보험료를 납부한 것이 되는가에 관하여 판례는 최초보험료를 선일자수표로 지급할 목적으로 교부하였다 할지라도 그 날을 최초보험료 수령일자로 보지 않는다.

■ 최초의 보험료를 선일자수표로 지급한 경우 보험자의 보험금지급 책임의 발생시기 [대법원 1989.11.28. 선고 88다카33367 판결]

선일자수표는 대부분의 경우 당해 발행일자 이후의 제시기간내의 제시에 따라 결제되는 것이라고 보아야 하므로 선일자수표가 발행 교부된 날에 액면금의 지급효과가 발생된다고 볼 수 없으니, 보험약관상 보험자가 제1회 보험료를 받은 후 보험청약에 대한 승낙이 있기 전에 보험사고가 발생한 때에는 제1회 보험료를 받은 때에 소급하여 그때부터 보험자의 보험금 지급책임이 생긴다고 되어 있는 경우에 있어서 보험모집인이 청약의 의사표시를 한 보험계약자로부터 제1회 보험료로서 선일자수표를 발행받고 보험료 가수증을 해주었더라도 그가 선일자수표를 받은 날을 보험자의 책임발생 시점이 되는 제1회 보험료의 수령일로 보아서는 안 된다.

65) 이자지급의 기재를 하여도 무익적 기재사항이다(수표법 제7조).

66) 정찬형 외 9인, 앞의 책, 160면.

또한 보험계약자나 피보험자를 위한 보험료 대납은 보험업법상 금지되는 행위에 속하나(영 제46조), 그 사법(私法)상의 효력에는 영향이 없다. 다만 민법상 모집종사자는 보험료 대납에 관하여 이해관계 있는 제3자에 속하지 않으므로 보험계약자나 (일정한 경우) 피보험자와 같은 보험계약상 보험료 채무자의 의사에 반하여 변제하는 특수한 경우에는 그 변제의 효력은 없게 된다(민법 제469조제2항).[67]

자기계약에 해당하더라도 그 자체가 무조건 금지되는 것은 아니며 자기계약을 '주된 목적'으로 하지 않는 이상 보험업법에 의한 금지대상은 아니다(법 제101조제1항). 따라서 어느 경우가 동법상의 주된 목적에 해당하는지가 문제가 될 수 있는데, 보험업법은 보험대리점 또는 보험중개사가 모집한 자기 또는 자기를 고용하고 있는 자를 보험계약자나 피보험자로 하는 보험의 보험료 누계액(累計額)을 기준으로 하여 해당 보험료 누계액이 그 보험대리점 또는 보험중개사가 모집한 보험의 보험료의 50%를 초과하게 된 경우에는 그 보험대리점 또는 보험중개사는 금지되는 자기계약에 해당하는지 여부를 판단함에 있어서 자기계약을 그 주된 목적으로 한 것으로 본다(법 제101조제2항).

또다른 등록취소 가능한 사유로, 보험대리점이 (i) 모집에 관한 보험업법의 규정을 위반한 경우, (ii) 보험업법에 따른 명령이나 처분을 위반한 경우, (iii) 해당 보험대리점 소속 보험설계사가 보험대리점이 될 수 없는 결격사유에 해당하게 된 경우이거나 등록 당시 결격사유 중 어느 하나에 해당하는 자이었음이 밝혀진 경우가 있으며, 이 경우 금융위원회는 6개월 이내의 기간을 정하여 그 업무의 정지를 명하거나 그 등록을 취소할 수 있다(법 제88조제2항).

보험대리점에 관하여 금융위원회가 등록을 취소하거나 업무의 정지를 명하려면 해당 보험대리점에 대하여 청문을 하여야 하며, 금융위원

67) 동지로서, 정찬형 외 9인, 위의 책, 160면.

회는 보험대리점의 등록을 취소하거나 업무의 정지를 명한 경우에는 지체 없이 그 이유를 적은 문서로 보험대리점 및 해당 보험대리점이 그 보험계약의 체결을 대리하는 보험회사등에 그 뜻을 알려야 한다(법 제88조제3항).

(4) 보험중개사

① 등록

보험중개사가 되고자 하는 자 역시 개인중개사와 법인중개사를 구분하여 금융위원회에 등록하여야 한다(법 제89조제1항). 보험중개사는 보험회사의 임직원이 될 수 없으며, 보험계약의 체결을 중개하면서 보험회사 · 보험설계사 · 보험대리점 · 보험계리사 및 손해사정사의 업무를 겸할 수 없다(법 제92조제2항).

보험중개사의 결격사유는, 법 제84조제2항 각호의 보험설계사의 결격요건에 해당하는 자, 보험설계사 또는 보험대리점으로 등록된 자, 다른 보험회사등의 임직원인 자, 외국의 법령에 따라 보험설계사의 결격요건에 해당하는 것으로 취급되는 자, 경쟁을 실질적으로 제한하는 등 불공정한 모집행위를 할 우려가 있는 자로서 대통령령으로 정하는 자, 부채가 자산을 초과하는 법인이다(법 제89조제2항).

구분		등록요건(영 별표 3)
개인보험 중개사	생명보험 중개사	다음 각 목의 어느 하나에 해당하는 사람 가. 별표 4에 따른 교육을 이수하고 생명보험중개사 시험에 합격한 사람 나. 개인인 생명보험중개사로 2년 이상 종사한 경력이 있는 사람(등록신청일부터 4년 이내에 해당 업무에 종사한 사람으로 한정한다)으로서 별표 4에 따른 교육을 이수한 사람

	다. 가목의 요건을 충족하는 사람으로서 법인보험중개사의 소속 보험설계사로 2년 이상 종사한 경력이 있는 사람(등록신청일로부터 4년 이내에 해당 업무에 종사한 사람으로 한정한다)으로서 별표 4에 따른 교육을 이수한 사람
손해보험 중개사	다음 각 목의 어느 하나에 해당하는 사람 가. 별표 4에 따른 교육을 이수하고 손해보험중개사 시험에 합격한 사람 나. 개인인 손해보험중개사로 2년 이상 종사한 경력이 있는 사람(등록신청일부터 4년 이내에 해당 업무에 종사한 사람으로 한정한다)으로서 별표 4에 따른 교육을 이수한 사람 다. 가목의 요건을 충족하는 사람으로서 법인보험중개사의 소속 보험설계사로 2년 이상 종사한 경력이 있는 사람(등록신청일로부터 4년 이내에 해당 업무에 종사한 사람으로 한정한다)으로서 별표 4에 따른 교육을 이수한 사람
제3보험 중개사	다음 각 목의 어느 하나에 해당하는 사람 가. 별표 4에 따른 교육을 이수하고 제3보험중개사 시험에 합격한 사람 나. 개인인 제3보험중개사로 2년 이상 종사한 경력이 있는 사람(등록신청일부터 4년 이내에 해당 업무에 종사한 사람으로 한정한다)으로서 별표 4에 따른 교육을 이수한 사람 다. 가목의 요건을 충족하는 사람으로서 법인보험중개사의 소속 보험설계사로 2년 이상 종사한 경력이 있는 사람(등록신청일로부터 4년 이내에 해당업무에 종사한 사람으로 한정한다)으로서 별표 4에 따른 교육을 이수한 사람

법인보험 중개사	생명보험 중개사	임직원의 3분의 1 이상이 개인생명보험중개사 가목에 해당하는 자격을 갖추고 상근하는 법인
	손해보험 중개사	임직원의 3분의 1 이상이 개인손해보험중개사 가목에 해당하는 자격을 갖추고 상근하는 법인
	제3보험 중개사	임직원의 3분의 1 이상이 개인제3보험중개사 가목에 해당하는 자격을 갖추고 상근하는 법인

② 영업보증금

금융위원회는 등록한 보험중개사가 보험계약 체결 중개와 관련하여 보험계약자에게 입힌 손해의 배상을 보장하기 위하여 보험중개사로 하여금 금융위원회가 지정하는 기관에 영업보증금을 예탁하게 하거나 보험 가입, 그 밖에 필요한 조치를 하게 할 수 있다(법 제89조제3항). 이에 따라 보험중개사의 영업보증금은 개인은 1억원 이상, 법인은 3억원 이상으로 하되 하며, 그 구체적인 금액은 해당 보험중개사의 영업규모를 고려하여 총리령[68]으로 정한다(영 제37조제1항 본문 및 시행규칙 제19조). 다만, 금융기관보험중개사에 대해서는 영업보증금 예탁의무를 면제한다(영 제37조제1항 단서).

그럼에도 불구하고 금융위원회는 보험계약자의 보호와 모집질서의 유지를 위하여 필요하다고 인정하면 제1항에도 불구하고 최근 사업연도의 보험중개와 관련된 총수입금액의 5배의 범위에서 영업보증금의 증액을 명할 수 있다.(영 제37조제2항).

68) 영 제37조제1항에 따른 보험중개사의 영업보증금은 영업 개시일부터 최초의 사업연도(금융위원회가 정하는 사업연도를 기준으로 한다)가 끝난 후 3월 14일까지는 영 제37조제1항에서 정한 영업보증금(이하 이 조에서"최저영업보증금"이라 한다)으로 하고, 그 기간이 지난 후부터는 1년 단위로 해당 보험중개사의 최근 2개 사업연도의 보험중개와 관련된 수입금액 중 큰 금액으로 한다. 다만, 그 금액이 최저영업보증금보다 적은 경우에는 최저영업보증금으로 하고, 100억원보다 큰 경우에는 100억원으로 한다(시행규칙 제19조).

보험중개사의 보험계약 체결의 중개행위와 관련하여 손해를 입은 보험계약자 등은 그 보험중개사의 영업보증금의 한도에서 영업보증금 예탁기관에 손해배상금의 지급을 신청할 수 있다(영 제38조제1항). 영업보증금예탁기관의 장은 제1항에 따른 손해배상금의 지급신청을 받았을 때에는 해당 보험중개사의 영업보증금에서 손해배상금의 전부 또는 일부를 지급할 수 있다(영 제38조제2항). 이 경우 보험중개사는 영업보증금예탁기관의 장으로부터 손해배상금의 전부 또는 일부를 지급받은 보험계약자 등에 대하여 그 금액만큼 손해배상책임을 면한다(영 제38조제3항).

금융위원회는 보험중개사가 (i) 보험중개사가 보험중개업무를 폐지한 경우, (ii) 보험중개사인 개인이 사망한 경우, (iii) 보험중개사인 법인이 파산 또는 해산하거나 합병으로 소멸한 경우, (iv) 보험중개사의 등록이 취소된 경우, (v) 보험중개사의 업무상황 변화 등으로 이미 예탁한 영업보증금이 예탁하여야 할 영업보증금을 초과하게 된 경우에는 영업보증금의 전부 또는 일부를 반환한다(영 제37조제3항). 보험중개사의 영업보증금의 예탁방법 등에 관하여는 보험설계사의 영업보증금에 관한 사항이 준용된다(영 제37조제4항). 따라서 보험중개사의 영업보증금은 반드시 현금에 제한되지 않으며 (i) 자본시장법상의 채무증권 중 국채증권, 지방채증권, 특수채증권, 사채권, (ii) 자본시장법상 집합투자증권(다만 사모투자전문회사의 집합투자증권은 제외) 중 채권형 집합투자증권, (iii) 자본시장법에 따라 신탁업자가 발행하는 수익증권 중 공사채형 수익증권으로도 예탁할 수 있다(영 제33조제4항 및 감독규정 제4-10조제2항). 만일 보험중개사가 예탁기관에 예탁한 증권 등이 그 평가액의 변동으로 기준금액에 미치지 못하게 되었을 때에는 금융위원회가 정하는 기간 내에 그 부족한 금액을 보전하여야 한다(영 제33조제5항). 보험중개사의 영업보증금 명목으로 예탁된 증권 등의 평가방법 및 평가액 결정은 금융감독원장이 정하는 바에 따른다(영 제33조제6항).

③ 영업

보험중개사의 구분, 등록요건, 영업기준 및 영업보증금의 한도액 등에 관하여 필요한 사항 중 하나로, 법인보험중개사로서 금융위원회가 정하여 고시하는 법인보험중개사가 갖춰야 할 요건에는, (i) 법령을 준수하고 보험계약자를 보호하기 위한 업무지침을 정할 것, (ii) 업무지침의 준수 여부를 점검하고 그 위반사항을 조사하는 임원 또는 직원을 1명 이상 둘 것, (iii) 보험계약자를 보호하고 보험계약의 모집 업무를 수행하기 위하여 필요한 전산설비 등 물적 시설을 충분히 갖출 것이 모두 필요하다(법 제89조제4항 및 영 제36조제1항).

보험중개사는 다른 보험설계사나 보험대리점과 혼동될 수 있으므로, 보험중개사와 그 보험중개사에 소속된 임직원 및 보험설계사는 보험안내자료 등 보험계약의 중개를 위하여 소비자에게 제공하는 자료 및 보험상품에 관한 광고에서 보험중개사의 상호를 사용할 경우에는 그 상호 중에 "보험중개사"라는 글자를 사용하여야 한다(영 제36조제2항). 또한 보험중개사는 그 보험중개사에 소속된 보험설계사와의 위탁계약서, 수입 및 지출 명세에 관한 회계장부 등을 보관하고 관리하여야 한다(영 제36조제3항).

보험중개사는 보험계약의 체결을 중개할 때 그 중개와 관련된 내용을 장부에 적고 보험계약자에게 알려야 한다(법 제92조제1항). 이 경우 보험중개사가 장부에 적어야 할 사항은 (i) 상법 제96조에 따라 중개인이 작성 · 교부하는 결약서의 기재사항으로서 일정한 사항[69], (ii) 보험계약 체결의 중개와 관련하여 해당 보험중개사가 받은 수수료 · 보

69) 이와 관련하여 보험업 감독규정은, (i) 보험중개사의 상호 또는 명칭, 주소 및 대표자의 성명, (ii) 보험중개사의 등록번호, (iii) 인수보험회사의 상호 또는 명칭 및 주소, (iv) 보험계약자, 피보험자 및 보험금을 수취하여야 할 자의 상호 또는 명칭, 성명, (v) 보험계약체결일, (vi) 보험계약의 종류 및 그 내용, (vii) 보험의 목적 및 그 가액, (viii) 보험가입금액, (ix) 보험기간의 시기와 종기, (x) 보험료 및 그 납부방법으로 정하고 있다(감독규정 제4-25조).

수와 그 밖의 대가, (iii) 자기계약을 금지하는 보험업법 제101조에 따른 자기 또는 자기를 고용하고 있는 자를 보험계약자 또는 피보험자로 하는 보험계약의 체결을 중개한 경우에는 그 내용이다(영 제41조제1항). 또한 보험중개사는 그 수수료에 관한 사항을 비치하여 보험계약자가 열람할 수 있도록 하여야 한다(법 제92조제1항). 이에 따라서 보험중개사는 결약서 사본, 보험계약 체결의 중개와 관련하여 해당 보험중개사가 받은 수수료 · 보수와 그 밖의 대가 및 법 제101조에 따른 자기계약의 경우 그 내용에 관한 사항을 적은 서류, 보험계약의 체결시에 보험계약자에게 발급한 서류(영 제41조제3항의 서면[70]), 보험회사와 중개업무계약을 체결하거나 보험계약자와 보수계약을 체결한 경우의 그 계약서를 비치할 의무가 있다(영 제41조제2항).

보험중개사는 보험계약자가 요청하는 경우에는 보험계약체결의 중개와 관련하여 보험회사로부터 받은 수수료 · 보수와 그 밖의 대가를 알려 주어야 한다(영 제41조제4항). 또한 보험중개사는 영 제41조제2항에 따른 비치장부 또는 서류를 보험계약자나 이해당사자가 열람할 수 있도록 하여야 하고 보험계약자 등이 요청할 때에는 그 내용에 대한 증명서를 발급하여야 한다(영 제41조제5항).

④ 등록취소

금융위원회는 보험중개사가 일정한 등록취소 사유에 해당하는 경우에는 그 등록을 취소하여야 한다(법 제90조제1항). 보험중개사의 등록취소사유에는, (i) 보험중개사 결격요건(법 제89조제2항 각 호) 중 어느 하나에 해당하게 된 경우[71], (ii) 등록 당시 자격결격요건 중 어느 하

70) 영 제41조제3항에 따른 서면에는, (i) 보험중개사의 상호 또는 명칭, 대표자의 성명 및 주소, (ii) 총리령으로 정하는 보험중개사의 권한과 지위에 관한 사항, (iii) 총리령으로 정하는 보험중개사의 손해배상에 관한 사항, (iv) 보험회사로부터 위임받은 권한이 있는 경우에는 그 내용, 그리고 (v) 총리령으로 정하는 보험중개사의 준수사항이 포함되어야 한다(영 제41조제3항).

나에 해당하는 자이었음이 밝혀진 경우, (iii) 거짓이나 그 밖의 부정한 방법으로 보험중개사 등록을 한 경우, (iv) 법인보험중개사가 법 제89조의3제1항에 의거하여 그 허용된 업무 범위를 벗어나 업무를 한 경우, (v) 자기계약의 금지에 관한 법 제101조를 위반한 경우가 있다(법 제90조제1항 각호).

또한 금융위원회는 보험중개사가 (i) 모집에 관한 보험업법의 규정을 위반한 경우, (ii) 보험업법에 따른 명령이나 처분을 위반한 경우, 또는 (ii) 해당 보험중개사 소속 보험설계사가 모집에 관한 보험업법의 규정을 위반하거나 보험업법에 따른 명령이나 처분을 위반한 경우에 해당할 경우 6개월 이내의 기간을 정하여 그 업무의 정지를 명하거나 그 등록을 취소할 수 있다(법 제90조제2항).

보험중개사에 관하여 금융위원회가 등록을 취소하거나 업무의 정지를 명하려면 해당 보험중개사에 대하여 청문을 하여야 하며, 금융위원회는 보험중개사의 등록을 취소하거나 업무의 정지를 명한 경우에는 지체 없이 그 이유를 적은 문서로 보험중개사 및 해당 보험중개사가 보험계약의 체결을 중개하는 보험회사등에 그 뜻을 알려야 한다(법 제90조제3항).

(5) 금융기관보험대리점 및 금융기관보험중개사

① 도입배경

2003년 보험업법 개정시 방카슈랑스, 즉 보험회사가 아닌 금융회사에 의한 보험상품 판매를 허용하는 근거조항이 도입되었다. 방카슈랑스(Bancassurance)는 겸업금융시스템 형태의 일종으로 은행(Banq) 및

71) 다만, 결격요건 중 법 제89조제2항제5호의 경우 일시적으로 부채가 자산을 초과하는 법인으로서 대통령령으로 정하는 법인인 경우에는 그러하지 아니하다(법 제90조제1항제1호 단서).

보험(Assurance)의 프랑스식 합성어인데, 프랑스에서는 생명보험의 60% 정도가 은행지점을 통하여 판매된다.[72] 방카슈랑스에 대하여 은행에 의한 보험업의 겸업, 또는 은행이 보험업을 영위하는 자회사를 설립 등으로 확장·이해하는 것이 가능하지만, 우리나라에서는 보험상품의 은행창구를 통한 판매 형태의 방카슈랑스가 허용되고 이것이 금융기관보험대리점등의 형태로 보험업법에 들어오게 된 것이다.[73]

② 등록의무

보험업법상 금융기관보험대리점등이란, 보험회사 외의 금융회사로서 보험상품을 보험대리점 또는 보험중개사로 등록하여 판매할 수 있는 금융회사를 말한다(영 제26조제1항). 금융기관보험대리점등이 될 수 있는 금융회사는 은행법에 의하여 설립된 은행, 자본시장법에 따른 투자매매업자 또는 투자중개업자, 상호저축은행법에 의한 상호저축은행, 「한국산업은행법」에 따라 설립된 한국산업은행, 「중소기업은행법」에 따라 설립된 중소기업은행, 「여신전문금융업법」에 따라 허가를 받은 신용카드업자(겸영여신업자는 제외), 「농업협동조합법」에 따라 설립된 조합 및 농협은행이 있다(법 제91조제1항 및 영 제40조제1항).

보험업법 제91조에 의하여 금융위원회에 등록된 금융기관 보험대리점은 모집에 종사할 자를 협회에 보고하여야 한다(감독규정 제4-9조제1항). 이 경우 보험대리점 소속 보험설계사는 해당 보험회사의 임직원, 다른 보험대리점·보험중개사의 임직원을 겸직할 수 없으며, 또한 보험대리점은 일정한 자[74]를 임직원 또는 보험설계사로 둘 수 없다(감독

72) 정홍주, "방카슈랑스," 보험산업과 증권산업, 증권(2003), 24-25면(정찬형 외 9인, 앞의 책, 90면에서 재인용).

73) 정찬형 외 9인, 위의 책, 90면.

74) (i) 영 제32조 제1호부터 제3호까지의 법인·단체 또는 기관의 임원 또는 직원, (ii) 그 밖에 보험대리점을 운영하는 것이 공정한 보험거래질서 확립 및 보험대리점 육성을 저해한다고 금융위원회가 인정하는 자가 해당된다(감독규정 제4-9

규정 제4-9조제2항 및 제3항).

금융기관보험대리점등은 그 자체가 법인대리점등에 해당함에도 불구하고, 법인보험대리점에서의 임원 자격을 제한하는 법 제87조의2제1항 및 법인보험대리점의 업무범위에 관한 법 제87조의3을 적용받지 않는다(법 제91조의2).

이들 금융기관보험대리점등 중 「여신전문금융업법」에 따라 허가를 받은 신용카드업자(겸영여신업자는 제외) 및 「농업협동조합법」에 따라 설립된 조합 및 농협은행은 모집관련 또다른 특칙을 적용받는데, 즉 신용카드업자와 농협협동조합법에 따른 조합 및 농협은행은 소속 임직원이 아닌 자로 하여금 모집을 하게 하거나 보험계약 체결과 관련한 상담 또는 소개를 하게 하고 상담 또는 소개의 대가를 지급할 수 있다(영 제26조제1항). 조합 및 농협은행의 경우에 그 조합의 소속 임직원 아닌 보험설계사로서 보험을 모집하거나 보험계약을 상담 또는 소개할 수 있는 자는 「농업협동조합 공제사업감독기준」에 따라 2009년 10월 28일 현재 조합을 위하여 공제를 모집하는 공제상담사 인원 범위 내에서 협회에 보고한 소속 보험설계사를 말한다(영 제26조제2항 및 감독규정 제4-9조).

③ 영업

가. 모집방법 및 모집제한

금융회사보험대리점등은 (i) 해당 금융기관보험대리점등의 점포 내의 지정된 장소에서 보험계약자와 직접 대면하여 모집하는 방법, (ii) 인터넷 홈페이지를 이용하여 불특정 다수를 대상으로 보험상품을 안내하거나 설명하여 모집하는 방법으로 보험상품을 안내 또는 설명하여 모집할 수 있다(법 제91조제3항 및 영 제40조제3항). 그러나 전화, 우

조제3항).

편, 컴퓨터통신 등의 통신수단을 이용하여 모집하는 방법은 신용카드업자만 가능하다(영 제40조제3항 단서). 즉 신용카드업자 이외의 금융회사보험대리점 등은 점포 내에서 전화를 이용하여 격지에 있는 일반인에 대하여 보험상품을 모집하거나 우편 등의 방법으로 보험상품을 모집할 수 없다.

다만 최근 사업연도 말 현재 자산총액이 2조원 이상인 금융기관보험대리점등의 경우에는 모집총액의 제한을 적용받으며, 이러한 대형 금융기관보험대리점등이 모집할 수 있는 1개 생명보험회사 또는 1개 손해보험회사 상품의 모집액은 매 사업연도별로 해당 금융기관보험대리점등이 신규로 모집하는 생명보험회사 상품의 모집총액 또는 손해보험회사 상품의 모집총액 각각의 100분의 25를 초과할 수 없다(영 제40조제6항). 이 경우 1개 보험회사 상품의 모집액을 산정할 때에 금융기관보험대리점등과 대리점계약을 체결한 보험회사(체약보험회사)와 일정한 관계[75]에 있는 보험회사 상품의 모집액은 합산하여 계산하며 이 경우 합산되는 모집액은 매 사업연도별로 해당 금융기관보험대리점등이 신규로 모집하는 생명보험회사 상품의 모집총액 또는 손해보험회사 상품의 모집총액 각각의 100분의 33을 초과할 수 없다(영 제40조제6항 및 제7항).

나. 모집시의 금지행위

금융기관보험대리점등은 모집을 할 때 다음의 어느 하나에 해당하는 행위를 하여서는 아니된다(법 제100조제1항, 영 제48조제1항, 감독규정 제4-39조제1항).

---

75) 보험업법시행령은 모집합산이 적용되는 일정한 관계에 대하여 (i) 최대주주가 동일한 보험회사, (ii) 체약보험회사 지분의 100분의 15 이상을 소유한 금융기관보험대리점등이 지분의 100분의 15 이상을 소유한 보험회사, (iii) 체약보험회사 지분의 100분의 15 이상을 소유한 금융기관보험대리점등의 지주회사가 지분의 100분의 15 이상을 소유한 보험회사 등을 정하고 있다(영 제40조제7항).

1. 대출 등 해당 금융기관이 제공하는 용역(이하 대출등)을 제공하는 조건으로 대출등을 받는 자에게 그 금융기관이 대리 또는 중개하는 보험계약을 체결할 것을 요구하거나 특정한 보험회사와 보험계약을 체결할 것을 요구하는 행위
2. 대출등을 받는 자의 동의를 미리 받지 아니하고 보험료를 대출등의 거래에 포함시키는 행위
3. 해당 금융기관의 임직원(제83조에 따라 모집할 수 있는 자는 제외한다)에게 모집을 하도록 하거나 이를 용인하는 행위
4. 해당 금융기관의 점포 외의 장소에서 모집을 하는 행위
5. 모집과 관련이 없는 금융거래를 통하여 취득한 개인정보를 미리 그 개인의 동의를 받지 아니하고 모집에 이용하는 행위
6. 적법한 모집종사자[76] 외에 소속 임직원으로 하여금 보험상품의 구입에 대한 상담 또는 소개를 하게 하거나 상담 또는 소개의 대가를 지불하는 행위
7. 대출을 조건으로 차주의 의사에 반하여 보험가입을 강요하는 행위
8. 대출을 실행함에 있어 차주에게 과중한 부담을 주는 보험계약(이하 구속성 보험계약)의 체결을 요구하는 행위
9. 대출취급 또는 보험계약체결과 관련하여 백지수표를 징구하는 등 불건전한 영업행위
10. 대출과 관련하여 차주의 의사에 반하여 보험료납입방법을 일시납, 연납 또는 선납으로 강요하는 행위
11. 보험가입이 되지 아니한 사실을 이유로 대출을 거절하는 행위

다. 금융기관보험대리점등의 준수행위

금융기관보험대리점등은 모집을 할 때 다음 사항을 지켜야 한다(법

76) 금융기관보험대리점등(신용카드업자는 제외)은 그 금융기관보험대리점등의 본점 · 지점 등 점포별로 2명(보험설계사 자격을 갖춘 사람으로서 금융위원회가 정한 기준과 방법에 따라 채용된 사람은 제외)의 범위에서 법 제84조제1항에 따라 등록된 소속 임원 또는 직원으로 하여금 모집에 종사하게 할 수 있다(영 제40조 제4항).

제100조제2항 및 영 제48조).

> 1. 해당 금융기관이 대출등을 받는 자에게 보험계약의 청약을 권유하는 경우 대출등을 받는 자가 그 금융기관이 대리하거나 중개하는 보험계약을 체결하지 아니하더라도 대출등을 받는 데 영향이 없음을 알릴 것
> 2. 해당 금융기관이 보험회사가 아니라 보험대리점 또는 보험중개사라는 사실과 보험계약의 이행에 따른 지급책임은 보험회사에 있음을 보험계약을 청약하는 자에게 알릴 것
> 3. 보험을 모집하는 장소와 대출등을 취급하는 장소를 보험계약을 청약하는 자가 쉽게 알 수 있을 정도로 분리할 것
> 4. 보험계약자 등의 보험민원을 접수하여 처리할 전담창구를 해당 금융기관의 본점에 설치 · 운영할 것

라. 대(對)보험회사 관련 금지행위

금융기관보험대리점등이나 금융기관보험대리점등이 되려는 자는 보험계약 체결을 대리하거나 중개하는 조건으로 보험회사에 대하여 다음의 행위를 하여서는 아니된다(법 제100조제3항 및 제4항, 영 제48조제4항 및 제5항, 감독규정 제4-39조제4항제1호).

> 1. 해당 금융기관을 계약자로 하는 보험계약의 할인을 요구하거나 그 금융기관에 대한 신용공여, 자금지원 및 보험료 등의 예탁을 요구하는 행위
> 2. 보험계약 체결을 대리하거나 중개하면서 발생하는 비용 또는 손실을 보험회사에 부당하게 떠넘기는 행위
> 3. 금융기관보험대리점등이 요구하는 행위가 일반적인 거래조건에 비추어 명백히 보험회사의 이익에 반하는 것으로 인정될 수 있을 것
> 4. 해당 행위가 보험회사의 경영건전성이나 보험계약자의 이익, 그 밖에 건전한 모집질서를 명백히 해치는 것으로 인정될 수 있을 것
> 5. 당해 금융기관 보험대리점 등의 본점, 지점 등 점포 내에 보험회사

임직원, 보험설계사 또는 다른 보험대리점, 보험중개사를 입주시켜 모집(이하 금융기관 내 입점방식에 의한 모집)을 하게 하는 행위
6. 보험회사 경영에 부당한 영향력을 행사하는 다음의 행위
- 당해 금융기관 대리점 등 또는 제3자의 용역 · 물품 등 구입요구 행위
- 적법한 절차없이 보험계약자 등 제3자의 개인정보를 요구하는 행위
- 일방적으로 전산시스템의 변경을 요구하는 행위
- 모집한 보험계약을 통해 형성된 보험회사의 자산에 일정한 제한을 요구하는 행위

또한 금융기관보험대리점등이 보험회사에 대하여 준수하여야 할 사항은 다음과 같다(법 제100조제3항 및 제4항, 영 제48조제4항 및 제5항, 감독규정 제4-39조제4항제2호).

1. 법 제100조제2항제3호의 규정에 의한 모집장소는 안내판을 설치하는 등의 방법으로 청약자가 쉽게 식별할 수 있도록 할 것
2. 보험계약을 청약하는 자가 영 제40조제3항의 규정에 의한 모집에 종사할 수 있는 임원 또는 직원을 쉽게 알 수 있도록 할 것
3. 보험계약 체결의 대리 또는 중개와 관련하여 직접 또는 간접적으로 발생한 수익 · 비용과 금융기관 보험대리점 등과 보험회사간의 채권 · 채무관계를 반영하여 구분되게 회계처리 할 것
4. 법 제100조제1항,제2항의 규정에 의한 사항을 보험상품을 판매하기 전에 구두, 서면 또는 전자방식으로 알릴 것
5. 보험계약자 등이 금융기관 보험대리점 등에서 판매하는 보험상품을 당해 금융기관 보험대리점 등의 상품으로 오인되지 않도록 할 것
6. 금융기관보험대리점등은 보험계약의 체결을 대리하거나 중개할 때에는 보험계약자에게 설명하여야 할 사항(영 제40조제9항)의 하나로서, 금융기관보험대리점등이 대리 또는 중개 계약을 체결한 보험회사의 동종 또는 유사한 보험상품 중 3개 이상[77]을 비교 · 설명하고 설명내용에 대한 확인서를 받을 것

7. 금융기관보험대리점등은 보험계약의 체결을 대리하거나 중개할 때에 보험계약자에게 설명하여야 할 사항 중 하나(영 제40조제9항제3호)로서,

· 보험금의 종류 및 지급사유

· 보험금을 지급하지 아니하는 보험사고의 종류 및 내용

· 청약철회 및 계약취소에 관한 사항

· 대출 등과 보험계약의 체결은 관계가 없다는 사항

8. 우월적 지위 남용방지를 위한 기준 등의 준수(영 제48조제5항 및 별표 7-2)

9. 조합(영 제48조제1항제4호)의 경우 보험민원을 접수하여 처리하는 전담창구를 농업협동조합중앙회가 대신하여 운영하고 있다는 사실을 보험계약자에게 구두, 서면 또는 전자방식으로 알릴 것

(6) 보험설계사등에 대한 교육의무

그 동안 보험설계사 등 모집종사자에 대한 교육은 실질적으로 보험회사나 대리점의 자율에 맡겨왔으나 회사별로 교육실시의 질적, 양적 편차가 크고, 특히 보험관계 법규 등 불완전판매 방지를 위한 교육이 체계적으로 이루어지지 않아 모집종사자 자질에 따른 부실모집 논란이 지속되어 왔다. 이에 따라 모집종사자의 전문성 강화를 통한 불완전판매 방지와 소비자 보호를 위해 업계 공통의 교육기준을 2010년 개정 보험업법에 반영하였다.

주요내용을 살펴보면 다음과 같다.

가. 교육의무

이전에 보험설계사 등 모집종사자에 대한 교육은 실질적으로 보험회사나 대리점의 자율에 맡겨 왔으나 회사별 질적 · 양적 차이가 크고 특히 불완전판매 방지를 위한 교육이 체계적이지 않아 모집종사자의

77) 비교 가능한 상품이 3개 이상일 경우에는 3개 이상, 3개 미만일 경우에는 전 상품을 말하며, 비교대상 상품은 다른 보험회사의 상품을 말한다(감독규정 제4-39조제4항제2호바목).

자질에 따르나 부실모집 논란이 지속되어 왔다.[78] 따라서 개정 보험업법은 보험회사 등(보험회사, 법인보험대리점, 법인보험중개사)에게 소속 보험설계사[79]에 대한 교육의무를 부여하였으며, 개인보험대리점 및 개인보험주액사에게도 동일한 교육이수를 의무화하였다(법 제85조의2).

이에 따라서 보험모집종사자가 보험설계사 등으로 등록하기 위해서는 20시간의 등록교육을 이수해야 함은 물론, 등록한 날로부터 매 2년마다 경과일로부터 6개월 이내에 역시 20시간의 보수교육을 이수하여야 한다(영 제29조의2 제1항 및 제2항).

보험협회 및 보험회사 등이 모집종사자 교육을 위하여 「모집종사자 교육협의회」를 구성할 수 있다(영 제29조의2제3항, 감독규정 제4-2조). 모집종사자교육협의회는 교육기관이 적용할 표준교육과정 마련, 외부교육기관, 외부강사 지정 및 취소, 교육계획 확인 및 교육결과 점검 등의 업무를 수행한다(감독규정 제4-2조제4항).

외부교육은 외부교육기관이나 외부강사가 실시하며 외부교육기관으로는 보험연수원, 보험관련학과가 설립된지 3년이 경과한 기관, 그리고 보험연구원이 이에 해당한다(감독규정 제4-5조제1항 및 제2항). 이때 외부교육의 강사는 외부교육기관 소속 강사(모집종사자협의회 인정), 금융감독원, 협회, 보험요율 산출기관, 보험모집 관련 윤리교육 및 보험법규 업무 등에 3년 이상 종사자, 보험관련 명예교수 및 시간강사 등이다(감독규정 제4-5조제2항).

등록교육과 보수교육 모두 20시간의 교육중 5시간 이상은 외부교육을 이수토록 하였는데 5시간의 외부교육은 보험연수원이나 '모집종사자 교육협의회'가 지정한 대학교 및 보험연구원을 통하거나 외부강사

---

78) 김인호, 앞의 글(1), 46-47면.

79) 기존의 모집사용인(구 보험업법 제83조제1항제5호)의 용어가 삭제됨에 따라서 보험설계사로 명칭을 일원화하고 보험회사, 보험대리점 및 보험중개사 소속으로 각각 구분하였다.

를 초빙하여 이수할 수 있으며 외부기관을 통할 경우 사이버 교육도 가능하며 해당 교육과정은 모집관련 법규, 모집종사자 윤리와 분쟁사례 등이다.[80] 그 외에 세부적인 모집종사자별 등록·보수교육의 교육과목 및 교육시간에 대한 표준교육과정 및 이수기준 등에 대해서는 모집종사자 교육협의회에서 정한 「모집종사자 교육 등에 관한 지침」을 따르도록 되어 있다.[81]

나. 교육 주체 및 대상

보험회사, 보험대리점 및 보험중개사는 소속 보험설계사가 금융위원회에 등록한 날부터 2년이 지날 때마다 2년이 된 날부터 6개월 이내에 소속 보험설계사에 대한 교육을 실시할 의무가 있다(법 제85조의2제1항 및 영 제29조의2제1항). 이 경우 법인이 아닌 보험대리점 및 보험중개사는 등록한 날부터 2년이 지날 때마다 2년이 된 날부터 6개월 이내에 별표 4의 기준에 따라 교육을 받아야 한다(법 제85조의2제2항 및 영 제29조의2제2항).

소속 보험설계사에게 실시할 보험계약 모집관련 교육의 내용은 법정되어 있으며(영 제29조의2 및 별표 4)

〈보험설계사·보험대리점 및 보험중개사의 교육기준〉(영 별표 4)

구분	교육기준
1. 교육 과목	가. 보험모집과 관련한 윤리교육 나. 보험 관련 법령 및 분쟁 사례 다. 보험상품(생명보험상품, 손해보험상품, 제3보험상품) 라. 회계원리 및 위험관리론(보험중개사 및 개인인 생명·손해·제3보험중개사의 등록요건을 갖춘 사람(법인보험중개사의 소속 보험설계사가 되려는 사람만 해당)

80) 김인호, 앞의 글(1), 47면.
81) 김인호, 앞의 글(1), 47면.

2. 교육 기관	보험회사, 제59조제1항제6호에 따라 보험에 관한 교육을 위하여 소유하는 자회사, 법 제178조제3항제2호에 따라 회원에 대한 연수·교육을 위하여 설립된 단체 및 금융위원회가 정하여 고시하는 교육기관
3. 교육 방법	집합교육 또는 사이버교육
4. 교육 시간	20시간 이상. 이 경우 외부 교육 시간을 5시간 이상 포함하여야 한다.

교육대상과 관련해서는 협회에 보험설계사 또는 보험대리점으로 등록되어 있는 경우 모두 해당되며 실제 모집을 하지 않는 소위 SM(Sales Manager)이나 사업가형 점포장도 해당된다.[82] 그러나 현실적으로 영세한 개인대리점 등이 정해진 기간에 교육을 체계적으로 이수할 지 여부에 대해서는 논란이 있을 수 있어 감독당국과 교육협의회 등에서 이들에 대한 효율적인 교육관리 방안을 마련할 필요가 있다.[83]

다. 등록요건의 강화(영 제27조 및 별표 3)

보험설계사에 대한 교육 강화와 함께 신규 및 경력등록 모두 종전의 요건에 교육을 추가적으로 이수토록 하고, 경력등록의 경우 종전에는 오래 전의 경력을 가지고도 말소시점에 관계없이 시험이나 교육의 절차없이 등록이 가능하였으나 시행령 개정으로 등록신청일로부터 일정기간(3년 이내)의 경력만 인정토록 하였으며 별도로 등록교육을 이수하여야 하며, 등록신청 유효기간도 종전에 연수과정(협회 시험합격) 이수 후 1년에서 연수과정 또는 교육이수 후 6개월로 이내로 단축시켰다.[84]

82) 김인호, 앞의 글(1), 48면.
83) 김인호, 위의 글(1), 48면.
84) 김인호, 위의 글(1), 48면.

〈보험설계사 등의 경력등록요건〉 (영 별표 3 중 일부)

구분	경력등록요건
생명보험설계사	금융위원회가 정하여 고시하는 생명보험관계업무에 1년 이상 종사한 경력이 있는 사람(등록신청일로부터 3년 이내에 해당업무에 종사한 사람으로 한정한다)으로서 별표4에 따른 교육을 이수한 사람
생명보험대리점	금융위원회가 정하여 고시하는 생명보험관계업무에 2년 이상 종사한 경력이 있는 사람(등록신청일로부터 3년 이내에 해당업무에 종사한 사람으로 한정한다)으로서 별표4에 따른 교육을 이수한 사람

(7) 통신수단을 이용한 모집준수사항

보험업법은 통신수단을 이용하여 모집을 하는 방법과 통신수단을 이용한 청약 철회 등을 하는 방법을 일정한 경우에 허용한다.

우선 전화 · 우편 · 컴퓨터통신 등 통신수단을 이용하여 모집을 하는 경우(통신판매), 통신수단을 이용한 모집은 보험업법상 모집할 수 있는 자, 즉 보험설계사, 보험대리점, 보험중개사, 또는 보험회사의 임 · 직원(다만 대표이사 · 사외이사 · 감사 및 감사위원은 제외)에 의하여야 한다(법 제96조제1항). 통신판매의 성격상 모집 과정에서 다른 사람의 평온한 생활을 침해하는 방법으로 모집하는 것은 금지된다(법 제96조제1항).

이 경우 통신수단을 이용한 모집은 모든 자를 대상으로 할 수 있는 것이 아니며, (i) 통신수단을 이용한 모집에 대하여 동의를 한 자, (ii) 통신수단을 이용하여 모집하는 자가 소속되거나 통신수단을 이용하여 모집하는 자에게 모집을 위탁한 위탁보험회사와 보험계약을 체결한 실적이 있는 보험계약자 또는 피보험자(통신수단을 이용한 모집 당시 보험계약이 유효한 피보험자만 해당), (iii) 통신수단을 이용하여 모집하는 보험중개사가 보험계약을 중개한 실적이 있는 보험계약자 또는 피보험자, 또는 (iv) 위탁보험회사, 보험설계사, 보험대리점 또는 보험중개사가 적법한 절차에 따라 개인정보를 제공받거나 개인정보의 활용에 관하여 동의를 받은 경우의 해당 개인을 대상으로 하여야 한다(법 제96조제3항 및 영 제43조제1항).

통신수단 중 전화를 이용하여 모집하는 자는 보험계약의 청약이 있는 경우 보험계약자의 동의를 받아 청약 내용, 보험료의 납입, 보험기간, 고지의무, 약관의 주요 내용 등 보험계약 체결을 위하여 필요한 사항을 질문 또는 설명하고 그에 대한 보험계약자의 답변 및 확인 내용을 음성녹음하는 등 증거자료를 확보·유지하여야 하며, 우편이나 팩스 등을 통하여 지체 없이 보험계약자로부터 청약서에 자필서명을 받아야 한다(영 제43조제2항). 그러나 자필서명을 요구하는 규정(영 제43조제2항)에도 불구하고 청약자의 신원을 확인할 수 있는 증명자료가 있는 등 금융위원회가 정하여 고시하는 경우[85]에는 자필서명을 받지 아니할 수 있다(영 제43조제3항).

---

85) 전화를 이용한 모집시 자필서명 면제와 관련하여 감독규정은 다음 각호의 사항이 충족되는 경우를 자필서명이 면제되는 경우로 규정한다(감독규정 제4-37조).
1. 다음 각목의 1에 해당하는 보험계약
가. 사망 또는 장해를 보장하지 아니하는 보험계약
나. 사망 또는 장해를 보장하는 보험계약으로서 보험계약자, 피보험자 및 보험수익자가 동일하거나 보험계약자와 피보험자가 동일하고 보험수익자가 법정상속인인 보험계약
다. 신용생명보험계약 또는 신용손해보험계약
라. 보험계약자와 피보험자가 동일하고 보험금이 비영리법인에게 기부되는 보험계약
2. 본인확인내용, 보험청약내용, 보험료납입, 보험기간, 고지의무, 보험약관의 주요내용 등 보험계약 체결을 위하여 필요한 사항을 질문 또는 설명하고 그에 대한 보험계약자의 답변, 확인내용을 음성녹음하는 등 그 증거자료를 확보, 유지하는 시스템을 갖출 것
3. 제2호에 따른 음성녹음 내용을 다음 각 목의 방법에 의해 보험계약자 및 피보험자가 확인할 수 있을 것
가. 전화
나. 인터넷 홈페이지
다. 문서화된 확인서(보험계약자 및 피보험자가 요청한 경우에 한하며, 모집에 종사하는 자는 보험계약자 또는 피보험자에게 문서화된 확인서를 요청할 수 있음을 보험계약 체결전에 알려야 한다)

금융위원회는 통신수단을 이용한 모집, 청약 내용의 확인, 청약의 철회, 계약 내용의 확인, 계약의 해지 및 사이버몰의 표시사항에 필요한 세부 사항을 정하여 고시할 수 있으며(영 제43조제10항 본문), 이에 따라 보험업감독규정은 통신판매에 관한 다양한 사항을 규정하고 있다. 다만, 「전자상거래 등에서의 소비자보호에 관한 법률」 등 소비자 관련 법령에서 규율하고 있는 사항에 대해서는 금융위원회의 고시권한사항에서 제외된다(영 제43조제10항 단서).

통신판매와 관련하여 보험업감독규정은, 전화 · 우편 · 컴퓨터 등의 통신매체를 이용하여 보험상품을 통신판매할 경우 개인정보 유출의 위험성이 상존하므로 통신판매 업무를 영위하는 자는 개인정보의 수집 · 활용 · 제공에 있어 관계법령을 준수하도록 하며, 또한 개인정보가 유출되지 않도록 통신판매종사자에 대한 교육 및 보안에 만전을 기할 의무를 규정한다(감독규정 제4-36조제2항).

또한 보험회사는 전화를 이용한 보험모집시 준수해야 할 상품별 표준상품설명대본을 작성하고 모집종사자가 표준상품설명대본에 따라 통신판매가 이루어지도록 하여야 한다(감독규정 제4-36조제3항). 전화를 이용하여 보험을 모집하는 경우 보험회사 및 모집종사자는 보험계약자와 최초 통화내용부터 청약이 완료될 때까지 모든 과정을 음성녹음하고 이를 보관하여야 한다(감독규정 제4-36조제5항).

근래 사이버몰을 통한 보험의 모집도 일반화되었다. 사이버몰[86]을 이용하여 모집하는 자는 일정한 사항을 준수하여야 하며, 보험업법시행령은 이러한 준수사항으로 (i) 모집을 위하여 설치하는 사이버몰은 모집을 위탁한 보험회사의 심사를 거쳐 관리번호를 부여받은 후 이용

86) 사이버몰이란 컴퓨터 등과 정보통신설비를 이용하여 재화등을 거래할 수 있도록 설정된 가상의 영업장을 말한다(「전자상거래 등에서의 소비자보호에 관한 법률」 제2조제4호).

할 것, (ii) 사이버몰에는 보험약관의 주요 내용을 표시하여야 하며 보험계약자의 청약 내용에 대해서는 「전자서명법」에 따른 공인전자서명을 받지 않는 한 보험계약자로부터 자필서명을 받을 것, (iii) 보험약관 또는 보험증권을 전자문서로 발급하는 경우에는 보험계약자가 해당 문서를 수령하였는지를 확인하여야 하며 보험계약자가 서면으로 발급해 줄 것을 요청하는 경우에는 서면으로 발급할 것을 규정하고 있다(영 제43조제4항).

또한 보험업감독규정은 보험 모집을 위한 사이버몰에는 다음의 사항을 이용자가 쉽게 알 수 있도록 표시하도록 정하고 있다(감독규정 제4-38조제1항).

1. 사이버몰을 설치한 자의 성명 또는 상호나 명칭, 전화번호, 주소, 위탁 보험회사의 상호나 명칭 및 영 제43조제4항제1호의 규정에 의한 관리번호
2. 자필(전자)서명, 고지의무 위반시 불이익 등 보험계약청약시 유의사항
3. 청약철회, 보험료 미납시 계약해지, 보험료납입 유예 및 계약부활, 통지의무 등 계약변동에 관한 사항
4. 예금자보호제도, 보험상담 및 분쟁조정 등 보험계약자 보호에 관한 사항
5. 해약환급금이 적은 이유 등 보험료 환급에 관한 사항
6. 보장내용, 가입자격의 범위 및 보상하지 아니하는 손해의 내용 등 보험상품의 중요사항

또한 컴퓨터 등 전자적 수단으로 보험계약의 체결 및 대출 등을 하고자 하는 보험회사는 그 거래의 안정성과 보험서비스 이용자의 보호를 위하여 보험회사와 보험서비스 이용자간의 권리와 의무를 정한 약관을 마련하여 사용하도록 하고 있다(감독규정 제4-38조제2항).

이상과 같이 보험의 모집 이외에도, 보험계약자의 편의를 위하여 보험업법은 일정한 경우 통신수단을 이용할 수 있도록 하는 경우를 규정한다(법 제96조제2항). 구체적으로 보험업법은 보험계약자의 편의를 위하여 통신수단 이용이 가능한 경우로서 (i) 보험계약을 청약한 자가 청약의 내용을 확인 · 정정 요청하거나 청약을 철회하고자 하는 경우, (ii) 보험계약자가 체결한 계약의 내용을 확인하고자 하는 경우, (iii) 보험계약자가 체결한 계약을 해지하고자 하는 경우를 규정한다(법 제96조제2항 각호). 다만 보험계약자가 체결한 계약을 해지하고자 하는 경우는 해당 보험계약자가 계약을 체결하기 전에 통신수단을 이용한 계약해지에 동의한 경우에 한한다(법 제96조제2항제3호).

보험회사는 보험계약을 청약한 자가 전화를 이용하여 청약의 내용을 확인 · 정정 요청하거나 청약을 철회하려는 경우 상대방의 동의를 받아 청약 내용, 청약자 본인인지를 확인하고 그 내용을 음성녹음하는 등 증거자료를 확보 · 유지하여야 한다(영 제43조제5항). 또한 보험회사는 보험계약을 청약한 자가 컴퓨터통신을 이용하여 청약의 내용을 확인 · 정정 요청하거나 청약을 철회하려는 경우 「전자서명법」상의 공인전자서명을 이용하여 청약자 본인인지를 확인하여야 한다(영 제43조제6항). 만일 보험계약자가 전화를 이용하여 체결한 계약의 내용을 확인하려는 경우라면 보험회사는 상대방의 동의를 받아 보험계약자 본인인지를 확인하고 그 내용을 음성녹음하는 등 증거자료를 확보 · 유지하여야 한다(영 제43조제7항).

또한 보험회사는 보험계약자가 전화를 이용하여 체결한 계약을 해지할 수 있는 경우(법 제96조제2항제3호)로서 전화로 계약을 해지하려는 경우에는 상대방의 동의를 받아 (i) 보험계약자 본인인지 여부 및 (ii) 계약체결 전에 통신수단을 이용한 계약해지에 동의하였는지 여부를 확인하고 그 내용을 음성녹음하는 등 증거자료를 확보 · 유지하여야 한다(영 제43조제8항).

보험회사는 보험계약자가 컴퓨터통신을 이용하여 체결한 계약을 해지하려는 경우에는 (i) 보험계약자 본인인지 여부를 「전자서명법」상 공인전자서명으로 확인하고, (ii) 계약체결 전에 통신수단을 이용한 계약해지에 동의하였는지 여부를 확인하여야 한다(영 제43조제9항).

(8) 기타 신고사항

보험업법은 보험모집 종사자들의 실태 파악 및 관리를 도모하기 위하여 보험설계사·보험대리점 또는 보험중개사에 대하여 일정한 경우 금융위원회에 그 사실을 지체없이 신고하도록 하고 있다(법 제93조제1항).

이러한 신고사항으로는, (i) 보험설계사·보험대리점 또는 보험중개사 등록신청시에 제출한 서류에 적힌 사항이 변경된 경우, (ii) 보험설계사의 결격사유(법 제84조제2항 각호)에 해당하게 된 경우, (iii) 모집업무를 폐지한 경우, (iv) 개인의 경우에는 본인이 사망한 경우, (v) 법인의 경우에는 그 법인이 해산한 경우, (vi) 법인이 아닌 사단 또는 재단의 경우에는 그 단체가 소멸한 경우, (vii) 보험대리점 또는 보험중개사가 소속 보험설계사와 보험모집에 관한 위탁을 해지한 경우, (viii) 교차판매를 허용하는 조항(법 제85조제3항)에 따라 보험설계사가 다른 보험회사를 위하여 모집을 한 경우나, 보험대리점 또는 보험중개사가 생명보험계약의 모집과 손해보험계약의 모집을 겸하게 된 경우이다(법 제93조제1항).

3. 보험모집시 영업행위 규제 1 : 안내자료의 규제

(1) 보험안내자료의 규제

> 보험업법 제95조(보험안내자료) ① 모집을 위하여 사용하는 보험안내자료(이하 "보험안내자료"라 한다)에는 다음 각 호의 사항을 명백하고 알기

쉽게 적어야 한다.

1. 보험회사의 상호나 명칭 또는 보험설계사·보험대리점 또는 보험중개사의 이름·상호나 명칭
2. 보험 가입에 따른 권리·의무에 관한 주요 사항
3. 보험약관으로 정하는 보장에 관한 사항

3의2. 보험금 지급제한 조건에 관한 사항

4. 해약환급금에 관한 사항
5. 「예금자보호법」에 따른 예금자보호와 관련된 사항
6. 그 밖에 보험계약자를 보호하기 위하여 대통령령으로 정하는 사항

② 보험안내자료에 보험회사의 자산과 부채에 관한 사항을 적는 경우에는 제118조에 따라 금융위원회에 제출한 서류에 적힌 사항과 다른 내용의 것을 적지 못한다.

③ 보험안내자료에는 보험회사의 장래의 이익 배당 또는 잉여금 분배에 대한 예상에 관한 사항을 적지 못한다. 다만, 보험계약자의 이해를 돕기 위하여 금융위원회가 필요하다고 인정하여 정하는 경우에는 그러하지 아니하다.

④ 방송·인터넷 홈페이지 등 그 밖의 방법으로 모집을 위하여 보험회사의 자산 및 부채에 관한 사항과 장래의 이익 배당 또는 잉여금 분배에 대한 예상에 관한 사항을 불특정다수인에게 알리는 경우에는 제2항 및 제3항을 준용한다.

① 정의 및 규제의 필요성

일반적으로 보험안내자료란 보험회사나 그 모집종사자가 보험계약의 청약을 권유할 목적으로 일반인(잠재적인 보험계약자)에게 제시하는 것으로서, 보험안내서, 상품요약서, 가입설계서, 변액보험운용설명서 등의 각종 문서 또는 방송, 광고나 인터넷 등에 의한 상품홍보물 등 보험상품을 안내하기 위한 일체의 자료를 말한다.[87]

87) 정찬형 외 9인, 앞의 책, 102면.

만일 보험안내자료에 허위 · 과장사항이 기재되는 것을 방치하게 되면, 보험계약자 등 보험가입자에게 예상하지 못한 불이익을 줄 위험이 있고, 보험모집을 두고 경쟁하는 보험관계자들은 모집실적에 급급하여 보험계약자 등 보험가입자를 기망하는 자료를 양산할 것이고, 이로 말미암아 사회의 보험에 대한 불신을 가중시켜서 보험제도의 존폐에 관한 위기를 초래할 것이다.[88)]

② 「표시 · 광고의 공정화에 관한 법률」과의 관계

보험안내자료는 「표시 · 광고의 공정화에 관한 법률」에 의한 사업자 또는 사업자단체가 상품 또는 용역에 관하여 (i) 자기 또는 다른 사업자등에 관한 사항 또는 (ii) 자기 또는 다른 사업자등의 상품등의 내용 · 거래조건 기타 그 거래에 관한 사항을 소비자[89)]에게 알리기 위하여 사용하는 표시 또는 마찬가지의 사항을 소비자에게 널리 알리거나 제시하는 광고에 해당하기도 한다(법 제2조제1호 및 제2호). 그러나 「표시 · 광고의 공정화에 관한 법률」의 사업자는 「독점규제 및 공정거래에 관한 법률」(이하 독점규제법) 제2조제1호의 규정에 의한 사업자, 즉 제주업, 서비스업, 기타 사업을 행하는 자로 정의된다(법 제2조제3호). 그러나 보험 모집에 관한 규제대상인 보험설계사 또는 보험회사의 임 · 직원이 언제나 독점규제법에 의한 사업자에 해당하는 것은 아니므로 어느 경우나 「표시 · 광고의 공정화에 관한 법률」의 규제대상인 것은 아니다.[90)]

---

88) 정찬형 외 9인, 위의 책, 102면.

89) "소비자"라 함은 사업자등이 생산 또는 제공하는 상품등을 사용하거나 이용하는 자를 말한다(「표시 · 광고의 공정화에 관한 법률」 제2조제5호).

90) 다만 사업자의 이익을 위한 행위를 하는 임원 · 종업원 · 대리인 기타의 자는 사업자단체에 관한 규정의 적용에 있어서는 이를 사업자로 보므로(독점규제법 제2조제1호제2문), 독점규제법 제26조제1항의 사업자단체에 관한 금지행위의 규정을 적용받을 수 있을 것이다. 그러나 동법 제26조제1항의 금지행위는 (i) 부당한 공동행위의 금지(법 제19조), (ii) 일정한 거래분야에 있어서 현재 또는 장래의

③ 보험안내자료 기재사항

보험업법은 모집을 위하여 사용하는 보험안내자료에 기재되어야 할 사항을 법정하고 있다. 보험안내자료에 기재되어야 할 사항은 보험회사의 상호나 명칭 또는 보험설계사·보험대리점 또는 보험중개사의 이름·상호나 명칭, 보험 가입에 따른 권리·의무에 관한 주요 사항, 보험약관으로 정하는 보장에 관한 사항, 보험금 지급제한 조건에 관한 사항, 해약환급금에 관한 사항, 「예금자보호법」에 따른 예금자보호와 관련된 사항 등이며 이들 사항은 명백하고 알기 쉽게 기재되어야 한다(법 제95조제1항).

보험안내자료에는 보험계약자의 이해를 돕기 위하여 금융위원회가 필요하다고 인정하여 정하는 경우가 아닌한 보험회사의 장래의 이익배당 또는 잉여금 분배에 대한 예상에 관한 사항을 적지 못한다(법 제95조제3항). 그 외에도 방송·인터넷 홈페이지 등 그 밖의 방법으로 모집을 위하여 보험회사의 자산 및 부채에 관한 사항과 장래의 이익 배당 또는 잉여금 분배에 대한 예상에 관한 사항을 불특정다수인에게 알리는 경우에도 법 제95조제3항의 내용이 준용된다(법 제95조제4항).

보험안내자료에 기재될 사항은 다음과 같다(법 제95조제1항 각호 및 영 제42조제3항).

1. 보험회사의 상호나 명칭 또는 보험설계사·보험대리점 또는 보험중개사의 이름·상호나 명칭
2. 보험 가입에 따른 권리·의무에 관한 주요 사항

사업자수를 제한하는 행위, (iii) 구성사업자(사업자단체의 구성원인 사업자)의 사업내용 또는 활동을 부당하게 제한하는 행위, (iv) 사업자에게 불공정거래행위(법 제23조) 또는 재판매가격유지행위의 제한(법 제29조)의 규정에 의한 재판매가격유지행위를 하게 하거나 이를 방조하는 행위로 제한적으로 규정되어 있어서 보험모집에 관한 모든 행위 유형에 적용되기에는 부적절하다.

3. 보험약관으로 정하는 보장에 관한 사항
4. 보험금 지급제한 조건에 관한 사항
5. 해약환급금에 관한 사항
6. 「예금자보호법」에 따른 예금자보호와 관련된 사항
7. 보험금이 금리에 연동되는 보험상품의 경우 적용금리 및 보험금 변동에 관한 사항
8. 보험금 지급제한 조건
9. 보험안내자료의 제작자 · 제작일, 보험안내자료에 대한 보험회사의 심사 또는 관리번호
10. 보험 상담 및 분쟁의 해결에 관한 사항

보험대리점과 그 보험대리점에 소속된 임직원 및 보험설계사는 보험안내자료나 보험상품에 관한 광고에 보험대리점의 상호를 사용하는 경우에는 '보험대리점'이라는 글자를 반드시 사용하도록 함으로써, 소비자가 보험대리점이나 그 소속 임직원과 보험설계사를 보험회사 전속채널로 오인하지 않도록 함과 동시에 대리점의 판매사 책임을 보완하였다.

보험 가입에 따른 권리 · 의무에 관한 주요 사항으로는, 청약의 철회, 보험금 지급, 약관대출, 보험료 납입, 계약전의 고지의무, 계약후의 위험변경 · 증가통지의무 등에 관한 사항을 들 수 있다.[91] 보험안내자료 중 「예금자보호법」에 따른 예금자보호 관련사항은, 「예금자보호법」에 의하면 보험회사 역시 예금보험의 적용대상기관이기 때문이다. 부보금융기관인 보험회사가 보험계약에 따라 수입한 수입보험료와 자본시장법 제103조제3항에 따라 원본이 보전되는 금전신탁 등을 통하여 조달한 금전은 부보대상이 된다(예금자보호법 제2조제2호다목).

금융위원회는 보험계약자를 보호하고 정보취득자의 오해를 방지하

91) 정찬형 외 9인, 앞의 책, 103면.

기 위하여 보험안내자료의 작성 및 관리 등에 필요한 사항을 정하여 고시할 수 있으며(영 제42조제4항), 이에 따라 금융위원회가 정한 보험업감독규정에 의하여 보험안내자료의 의무적 기재사항으로 추가되는 사항이 있다. 즉, (i) 화재보험계약의 경우 보험료와 보험가입금액 감액청구 방법 · 절차 및 재조달가액담보특별약관의 내용, 보험가입금액 및 보험가액에 따라 보험금이 다르게 결정된다는 내용, (ii) 기타 감독원장이 보험계약자 등의 보호를 위하여 필요하다고 인정하는 내용이 포함된다(감독규정 제4-34조제1항제4호). 보험업감독업무시행세칙은 이상의 사항 외에도 보험안내자료에 포함되어야 할 사항을 상세하게 규정하고 있다(시행세칙 제5-11조).[92]

---

92) 보험업감독업무 시행세칙은 상품요약서, 가입설계서, 변액보험, 보험계약 관리내용, 상품설명서에 관하여 각각 기재되어야 할 사항을 세부적으로 정하고 있다(시행세칙 제5-11조).

1. 상품요약서
   가. 가입자격제한 등 상품별 특이사항
   나. 보험금 지급사유, 지급금액 및 지급제한사항
   다. 보험료 분석표 예시(일반손해보험에 한함)
   라. 공시이율 (다만, 일반손해보험은 보험료산출기초 예시)
   마. 저축성보험(금리확정형보험 제외) : 보험계약 체결에 사용할 목적으로 부가된 금액 등 감독규정 제7-45조제8항제1호 내지 제7호에 관한 사항
   바. 보장성보험 및 금리확정형 저축성보험 : 보험료지수와 보장위험별 연간보험료 예시
   사. 저축성보험(금리확정형 여부 불문) : 모집수수료율 예시(다만, 일반손해보험은 제외)
   아. 계약자배당에 관한 사항(계약자배당의 종류, 계약자배당금 산출기준, 과거 5년간의 배당율 및 배당실적, 계약자배당준비금 부리이율 등)
   자. 해지환급금에 관한 사항(해지환급금 산출기준 및 예시, 해지환급금이 적은 이유 등)
2. 가입설계서
   가. 보험가입조건
   나. 보험료 및 해지환급금
   다. 보장내용 및 보험금
   라. 저축성보험(금리확정형보험 제외) : 보험계약 체결에 사용할 목적으로 부가된 금액 등 감독규정 제7-45조제8항제1호 내지 제7호에 관한 사항
   마. 보장성보험 및 금리확정형 저축성보험 : 보험료지수와 보장위험별 연간보험료 예시

특히 변액보험계약의 경우 보험안내자료에 의무적으로 추가기재되어야 할 사항으로는, (i) 변액보험자산의 운용성과에 따라 납입한 보험료의 원금에 손실이 발생할 수 있으며 그 손실은 보험계약자에게 귀

바. 금리연동형보험(감독규정 제5-6조제1항제6호에 의한 계약 포함)의 경우 직선1년간 적용한 적용이율의 변동현황

4. 변액보험(퇴직연금실적배당보험 포함) 운용설명서

가. 변액보험(퇴직연금실적배당보험 포함) 가입시 유의사항

나. 변액보험(퇴직연금실적배당보험 포함)의 개요 및 상품구조

다. 변액보험(퇴직연금실적배당보험 포함) 특별계정별 자산의 운용 및 평가

라. 특별계정 운용과 관련하여 부가 · 집행하는 각종 보수 및 수수료(귀속주체별로 구분한다)

마. 최근 3개년의 변액보험(퇴직연금실적배당보험 포함) 특별계정운용실적

5. 보험계약관리 내용

가. 보험계약자와 피보험자의 성명, 연령 및 성별

나. 보험회사의 상호, 본점 또는 점포의 주소와 전화번호

다. 보험계약의 내용에 관한 사항

라. 보험료 납입에 관한 사항

마. 계약자배당에 관한 사항

바. 보험계약자에 대한 대출금액 및 대출이율에 관한 사항

사. 금리연동형보험(감독규정 제5-6조제1항제6호에 의한 계약 포함)의 경우 직전연도에 적용한 적용이율의 변동현황

아. 직업 · 직무변경 등 통지의무에 관한 사항

자. 저축성보험(금리확정형보험은 제외)의 사업비, 위험보장을 위해 부가된 금액의 총액, 특별계정에 투입되거나 적용이율로 부리되는 금액의 총액 및 납입보험료 대비 수익률

6. 상품설명서

가. 영 제42조의2 제1항 각 호의 사항

나. 감독규정 제4-35조의2 제1항 각호의 사항

다. 보험가입자의 권리 · 의무

라. 보험금 지급관련 특히 유의할 사항(보험금 지급관련 소비자의 오해를 유발할 수 있는 사항, 다른 상품에서 일반적으로 보장하는 손해를 보장하지 않는 경우의 보장내용, 보험계약 해석과 관련하여 민원이 유발되고 있는 사항 등)

마. 보험계약 관련 특히 유의할 사항

바. 기타 소비자보호에 관한 사항(예금자보호에 관한 사항, 보험상담 및 분쟁의 해결에 관한 사항, 보험계약 전환에 관한 사항, 변액보험에 관한 사항 등)

사. 감독규정 제5-6조제1항제6호의 계약은 적용이율 산출과정에 대한 설명

아. 변액보험계약과 저축성보험(금리확정형보험은 제외)계약의 경우 협회의 장이 정하는 핵심설명 사항

속된다는 사실, 그리고 (ii) 최저로 보장되는 보험금이 설정되어 있는 경우에는 그 내용이 포함된다(영 제42조제1항). 또한 보험업감독업무시행세칙에 의하여 변액보험(퇴직연금실적배당보험 포함)계약의 보험계약관리내용에는 보험업법, 동법시행령, 감독규정에 의하여 기재될 사항 외에도 (i) 보험금액 변동에 관한 사항, (ii) 납입구좌, 구좌당 기준가격 및 해지시 해지환급금, (iii) 가입한 특별계정의 종류 및 특별계정별 계약자적립금 내역, (iv) 특별계정 운용과 관련하여 부가·집행하는 각종 보수 및 수수료(귀속주체별로 구분), (v) 직전 사업년도말 기준 변액보험(퇴직연금실적배당보험 포함)의 특별계정 결산사항 등이 포함되어야 한다(시행세칙 제5-11조제2항).

또한 보험안내자료에 기재되어서는 안 되는 사항은 다음과 같다(영 제42조제2항).

1. 부당하게 거래를 거절하거나 거래의 상대방을 차별하여 취급하는 행위
2. 부당하게 경쟁자를 배제하는 행위
3. 부당하게 경쟁자의 고객을 자기와 거래하도록 유인하거나 강제하는 행위
4. 자기의 거래상의 지위를 부당하게 이용하여 상대방과 거래하는 행위
5. 거래의 상대방의 사업활동을 부당하게 구속하는 조건으로 거래하거나 다른 사업자의 사업활동을 방해하는 행위
6. 부당하게 특수관계인 또는 다른 회사에 대하여 가지급금·대여금·인력·부동산·유가증권·상품·용역·무체재산권 등을 제공하거나 현저히 유리한 조건으로 거래하여 특수관계인 또는 다른 회사를 지원하는 행위
7. 이상의 사항 이외의 행위로서 공정한 거래를 저해할 우려가 있는 행위
8. 보험계약의 내용과 다른 사항
9. 보험계약자에게 유리한 내용만을 골라 안내하거나 다른 보험회사 상품과 비교한 사항

10. 확정되지 아니한 사항이나 사실에 근거하지 아니한 사항을 기초로 다른 보험회사 상품에 비하여 유리하게 비교한 사항

이상의 기재금지 사항 외에도 보험업감독규정은 추가적으로 보험회사가 보험안내자료를 작성함에 있어서 특정 보험계약자에게만 혜택을 준다는 내용 등 정보취득자의 오해를 유발할 수 있는 사항을 기재하는 것을 금지한다(감독규정 제4-34조제2항).

장래의 사항의 경우 현재로서는 확정되지 않은 사항이지만 이를 이용하여 보험계약자 등을 오신시켜서 보험에 가입하도록 유도할 위험성이 있다. 따라서 보험업법은 보험안내자료에 보험회사의 장래의 이익 배당 또는 잉여금 분배에 대한 예상에 관한 사항을 적는 것을 금지하면서도, 보험계약자의 이해를 돕기 위하여 계약자 배당이 있는 연금보험의 경우에 한하여 직전 5개년도 실적을 근거로 장래의 계약자배당을 예시할 수 있도록 허용하고 있다(법 제95조제3항 및 감독규정 제4-34조제3항). 이 경우에 장래의 계약자배당금액은 예상금액이므로 실제금액과 차이가 있을 수 있음을 명시하여야 한다(감독규정 제4-34조제3항제2문).

(2) 안내자료와 약관 불일치의 경우

만일 보험안내자료와 보험약관이 일치하지 않는 경우에는 어느 것이 우선할 것인가. 보험안내자료는 보험계약의 청약을 권유하기 위한 자료이므로 그 자체는 계약의 내용에 관한 약관은 아니다.[93] 그러나 보험안내자료라도 그 안에 장래 체결될 계약상 권리 · 의무에 관하여 구체적 내용을 담고 있다면 그 한도 내에서는 "그 명칭이나 형태 또는 범위를 불문하고 계약의 일방 당사자가 다수의 상대방과 계약을 체결

93) 정찬형 외 9인, 앞의 책, 110면.

하기 위하여 일정한 형식에 의하여 미리 마련한 계약의 내용이 되는 것"(「약관의 규제에 관한 법률」 제2조제1항)이라는 약관의 요건에 부합할 것이다.[94)]

현실적으로 보험계약자가 두꺼운 약관을 일일이 검토하는 것은 어려우며 통상적으로 보험계약자는 자신에게 제시된 안내자료를 신뢰하여 보험계약을 체결하게 된다. 따라서 보험회사는 금반언(estoppel)의 원칙에 의거하여라도 보험계약자에게 안내자료보다 더 불리한 내용의 약관내용의 적용을 주장할 수 없다고 할 것이다.[95)] 대법원도 보험대리점 또는 보험외판원이 보험계약자에게 보통보험약관과 다른 내용으로 보험계약을 설명한 경우 그 약관의 구속력과 관련하여 같은 취지의 판결을 하고 있다.

▪ **보험약관의 구속력등 [대법원 1989.3.28. 선고 88다4645 판결]**

보통보험약관이 계약당사자에 대하여 구속력을 갖는 것은 그 자체가 법규범 또는 법규범적 성질을 가진 약관이기 때문이 아니라 당사자가 계약내용에 포함시키기로 합의하였기 때문인 바, 일반적으로 보통보험약관을 계약내용에 포함시킨 보험계약서가 작성되면 약관의 구속력은 계약자가 그 약관의 내용을 알지 못하더라도 배제할 수 없으나 당사자가 명시적으로 약관의 내용과 달리 약정한 경우에는 배제된다고 보아야 하므로 보험회사를 대리한 보험대리점 내지 보험외판원이 보험계약자에게 보통보험약관과 다른 내용으로 보험계약을 설명하고 이에 따라 계약이 체결되었으면 그때 설명된 내용이 보험계약의 내용이 되고 그와 배치되는 약관의 적용은 배제된다.

94) 정찬형 외 9인, 위의 책, 111면.
95) 정찬형 외 9인, 위의 책, 111면.

4. 보험모집시 영업행위 규제 2: 설명의무

(1) 일반보험계약자와 전문보험계약자의 구분

보험계약자를 구분하는 이유는 계약자의 유형에 따라 보호수준을 달리할 필요가 있기 때문이며 정보 취득 능력이 부족한 '일반보험계약자'는 두텁게 보호하되, 보험사와 대등한 정보 취득능력을 갖고 있는 '전문보험계약자'에 대한 보호수준은 상대적으로 완화하여 적용하기 위한 것이다. 즉, 일반보험계약자에 대해서는 설명의무 및 적합성 원칙을 적용하되 보험에 대한 전문성이 인정되는 전문보험계약자에 대해서는 그 적용을 완화시켰다. 이에 따라서 보험회사는 보험계약자 보호에 있어서 그 자원을 일반보험계약자에게 집중함으로써 그 보호수준을 실질적으로 제고할 수 있으며 아울러 자본시장법상 금융투자자와의 규제 형평성을 도모할 수 있게 되었다.

개정 보험업법은 설명의무 등의 적용에서 배제되는 전문보험계약자를 국가, 한국은행, 주권상장법인, 시행령으로 정하는 금융기관 및 기타 시행령으로 정하는 자로 정하였다(법 제2조제19호). 그러나 전문보험계약자 중 지방자치단체나 주권상장법인 등 일정한 경우에 그가 일반보험계약자와 같은 대우를 받겠다는 의사를 보험회사에 서면으로 통지하는 경우 보험회사는 정당한 사유가 없으면 이에 동의하여야 하며 보험회사의 동의를 얻어 해당 보험계약자는 일반보험계약자로 간주된다(법 제2조제19호본문 및 영 제6조의2제1항). 이와 같이 보험업법은 전문보험계약자의 경우에도 일반보험계약자로 전환할 수 있는 길을 열고 있다.

보험업법시행령은 일반보험계약자로 전환 가능한 전문보험계약자로서, (i) 지방자치단체, (ii) 주권상장법인, (iii) 우리나라의 금융회사에 준하는 외국금융기관, (iv) 법률에 따라 설립된 기금 및 그 기금을 관리·운용하는 법인, (v) 해외 증권시장에 상장된 주권을 발행한 국내

법인, (vi) 그 밖에 보험계약에 관한 전문성, 자산규모 등에 비추어 보험계약의 내용을 이해하고 이행할 능력이 있는 자로서 금융위원회가 정하여 고시하는 자를 규정하고 있다(영 제6조의2제1항).

다만 현행 보험업법은 전문보험계약자가 일반보험계약자로 전환하는 것만을 규정하지만, 보험종목이 워낙 다양하여 일률적으로 처리하기보다는 보험회사 차원에서의 보험종목별 또는 보험상품별 전환에 차등을 두는 제도의 도입도 검토하자는 주장[96]도 경청할 만하다.

(2) 설명의무의 도입과 고지의무

보험업법 제95조의2(설명의무 등) ① 보험회사 또는 보험의 모집에 종사하는 자는 일반보험계약자에게 보험계약 체결을 권유하는 경우에는 보험료, 보장범위, 보험금 지급제한 사유 등 대통령령으로 정하는 보험계약의 중요 사항을 일반보험계약자가 이해할 수 있도록 설명하여야 한다.

② 보험회사 또는 보험의 모집에 종사하는 자는 제1항에 따라 설명한 내용을 일반보험계약자가 이해하였음을 서명, 기명날인, 녹취, 그 밖에 대통령령으로 정하는 방법으로 확인을 받아야 한다.

③ 보험회사는 보험계약의 체결 시부터 보험금 지급 시까지의 주요 과정을 대통령령으로 정하는 바에 따라 일반보험계약자에게 설명하여야 한다. 다만, 일반보험계약자가 설명을 거부하는 경우에는 그러하지 아니하다.

④ 보험회사는 일반보험계약자가 보험금 지급을 요청한 경우에는 대통령령으로 정하는 바에 따라 보험금의 지급절차 및 지급내역 등을 설명하여야 하며, 보험금을 감액하여 지급하거나 지급하지 아니하는 경우에는 그 사유를 설명하여야 한다.

상법 제638조의3(보험약관의 교부·명시의무) ① 보험자는 보험계약을 체

96) 안철경 · 김경환, “보험소비자 보호 중심의 개정 보험업법 시행”, KiRi Weekly, 보험연구원(KiRi) (2011.1.24), 8면

결할 때에 보험계약자에게 보험약관을 교부하고 그 약관의 중요한 내용을 알려주어야 한다.

② 보험자가 제1항의 규정에 위반한 때에는 보험계약자는 보험계약이 성립한 날부터 1월내에 그 계약을 취소할 수 있다.

약관의 규제에 관한 법률 제3조(약관의 작성 및 설명의무 등) ① 사업자는 고객이 약관의 내용을 쉽게 알 수 있도록 한글 및 표준화·체계화된 용어를 사용하고, 약관의 중요한 내용을 부호·문자·색채 등으로 명확하게 표시하여 약관을 작성하여야 한다.

② 사업자는 계약체결에 있어서 고객에게 약관의 내용을 계약의 종류에 따라 일반적으로 예상되는 방법으로 명시하고, 고객이 요구할 때에는 당해 약관의 사본을 고객에게 교부하여 이를 알 수 있도록 하여야 한다. 다만, 다른 법률에 따라 행정관청의 인가를 받은 약관으로서 거래의 신속을 위하여 필요하다고 인정되어 대통령령으로 정하는 약관에 대하여는 그러하지 아니하다.

③ 사업자는 약관에 정하여져 있는 중요한 내용을 고객이 이해할 수 있도록 설명하여야 한다. 다만, 계약의 성질상 설명이 현저하게 곤란한 경우에는 그러하지 아니하다.

④ 사업자가 제2항 및 제3항을 위반하여 계약을 체결한 때에는 당해 약관을 계약의 내용으로 주장할 수 없다.

2010년 7월 23일 개정된 보험업법 하위법령(시행령, 시행규칙, 감독규정)이 2011년 1월 24일부터 시행되었다. 기존 보험업법은 보험상품의 판매 권유시의 설명의무에 관해 특별히 규정하고 있지 않았으나, 개정 보험업법은 영업행위규제의 일종으로 보험회사 또는 보험모집종사자의 일반보험계약자에 대한 보험판매 권유시에 설명의무를 도입하고 있다.

보험계약은 흔히 약관의 형태로서 체결되므로 보험계약에 관한 보장내용, 보험료, 보험금 등의 중요사항에 대해서는 약관에 관한 일반법인 「약관의 규제에 관한 법률」(이하 약관규제법)에 따라 약관의 교부 및 설명의무 등을 통해 소비자에게 설명하도록 하고 있다(약관규제법

제3조). 그러나 약관규제법에 비하여 보험업법에 그 항목, 절차 및 방법을 명확히 하고 위반시의 처벌조항을 반영함으로써 좀 더 체계적이고 강화된 소비자보호장치를 마련하고 있다.

설명의무는 고지의무의 실효성 담보와 관련되는 경우가 적지 않은데, 고지의무 위반이 되는 중요한 사항인지의 구분은 중요사항의 미고지가 보험계약의 해지사유에 해당한다는 점에서 중요하다(상법 제651조). 무엇이 중요한 사항인가에 대해서 대법원은 상법 제651조(고지의무위반으로 인한 계약해지)에 관한 사건에서 다음과 같이 본다.

■ **상법 제651조 소정의 고지의무의 대상이 되는 '중요한 사항'의 의미와 판단 기준 [대법원 2001.11.27. 선고 99다33311 판결]**[97)]

보험계약자나 피보험자가 보험계약 당시에 보험자에게 고지할 의무를 지는 상법 제651조에서 정한 '중요한 사항'이란, 보험자가 보험사고의 발생과 그로 인한 책임부담의 개연율을 측정하여 보험계약의 체결 여부 또는 보험료나 특별한 면책조항의 부가와 같은 보험계약의 내용을 결정하기 위한 표준이 되는 사항으로서, 객관적으로 보험자가 그 사실을 안다면 그 계약을 체결하지 않든가 또는 적어도 동일한 조건으로는 계약을 체결하지 않으리라고 생각되는 사항을 말하고, 어떠한 사실이 이에 해당하는가는 보험의 종류에 따라 달라질 수밖에 없는 사실인정의 문제로서 보험의 기술에 비추어 객관적으로 관찰하여 판단되어야 한다.

위 판결은 보험자가 생명보험계약을 체결함에 있어서 다른 보험계약의 존재 여부를 청약서에 기재하여 질문한 경우 다른 보험계약의 존

---

97) 이에 따라서 위 판결은 수의 생명보험계약이 체결되었고 그 보험료나 보험금이 다액이며 발생경위가 석연치 않은 교통사고로 보험계약자가 사망하였다는 사정만으로는 생명보험계약 체결의 동기가 자살에 의하여 보험금의 부정취득을 노린 반사회질서적인 것이라고 단정하기 어렵다고 보았다(대법원 2001.11.27. 선고 99다33311 판결).

재 여부가 고지의무의 대상이 되는지에 대해서 긍정하면서도, 그러한 고지의무위반을 이유로 보험계약을 해지하기 위하여는 보험계약자 또는 피보험자가 그러한 사항에 관한 고지의무의 존재와 다른 보험계약의 존재에 관하여 고의 또는 중대한 과실로 인하여 고지의무를 다하지 않은 사실을 보험회사 측에서 주장·증명하여야 한다고 하였다.[98)]

보험회사가 서면으로 질문한 사항은 중요한 사항으로 추정되므로(상법 제651조의2), 보험가입자가 청약서의 질문란에 부실(不實)의 사항을 기재한 경우 해당 보험회사는 질문란에 기재된 사항이 중요한 사항임을 증명하지 않고도 고지의무 위반을 주장할 수 있다.[99)] 그러나 청약서의 질문란은 중요한 사항으로 '추정'될 뿐이므로 중요한 사항은 청약서의 질문란에 기재된 사항에 한정되지 않는다.

■ **암 치료 종료 후 5년이 지나 5년 내 암을 앓거나 치료받은 적이 없다고 신고하면서 생명공제계약을 체결한 경우 [대법원 1999.11.26. 선고 99다37474 판결]**

암 치료 종료 후 5년이 지나 검사를 실시한 결과 의사로부터 암 재발

---

98) 이 판결은 (i) 생명보험계약 체결 후 다른 생명보험에 다수 가입하였다는 사정이 상법 제652조 소정의 사고발생의 위험이 현저하게 변경 또는 증가된 경우에 해당하는지 여부에 대해 소극적 태도를 취하며, (ii) 설령 해당 보험 약관에서 생명보험계약 체결 후 동일한 위험을 담보하는 보험계약을 체결하는 때에는 이를 통지하도록 하고, 그와 같은 통지의무를 위반하는 경우 보험계약을 해지할 수 있다는 조항을 둔 경우 해당 약관조항은 유효하지만 그러한 통지의무위반을 이유로 보험회사가 해당 보험계약을 해지하기 위하여는 고지의무위반의 경우와 마찬가지로 보험계약자 또는 피보험자가 그러한 사항에 관한 통지의무의 존재와 다른 보험계약의 체결 사실에 관하여 고의 또는 중대한 과실로 통지하지 않은 사실을 주장·증명하여야 한다고 하였다(대법원 2001.11.27. 선고 99다33311 판결).

99) 실무적으로 모집종사자가 청약서의 질문란을 임의 기재할 경우, 이러한 폐단 시정을 위하여 표준약관은 모집종사자(성격상 보험중개사 및 그 임·직원은 제외)가 질문란 임의기재시 보험회사는 고지의무 위반을 이유로 계약을 해지할 수 없다고 규정하며 따라서 보험회사는 보험사고가 발생한 경우 보험금 지급책임을 질 수 있다. 정찬형 외 9인, 앞의 책, 144-145면.

의 가능성을 고지받고 확진을 위한 재검사 요구를 받은 상태에서 5년 내 암을 앓거나 치료받은 적이 없다고 신고하면서 생명공제계약을 체결한 경우, 암치료 종료 후 정기적인 검진을 위하여 병원에 다니던 동안 피공제자의 상태는 비록 통상적인 의미에서 암 질병을 앓고 있는 것은 아니라고 할지라도 공제약관상 기재된 암 질환에 준하는 것이거나, 또는 이러한 피공제자의 병력 내지 자각증세, 의사의 암 재발 가능성 고지사실 등은 공제계약 청약서상의 질문사항에 포함되어 있지 않다고 하더라도 피공제자의 생명위험 측정상 중요한 사실로서 고지할 중요 사항에 포함된다는 이유로 고지의무 위반에 해당한다.

고지의무 위반이 성립되려면 보험계약 당시 보험계약자 또는 피보험자는 중요한 사항을 고의 또는 중대한 과실로 고지 누락하거나 부실고지를 하였어야 한다(상법 제651조).

그러나 어느 사항에 관한 고지의무 위반이 성립되려면 보험회사가 해당 사항에 관한 설명의무 역시 이행하였어야 한다. 상법 제638조의3 제1항 및 「약관의 규제에 관한 법률」(이하 약관규제법) 제3조의 규정에 의하여 보험자는 보험계약을 체결할 때에 보험계약자에게 보험약관에 기재되어 있는 보험상품의 내용, 보험료율의 체계, 보험청약서상 기재사항의 변동 및 보험자의 면책사유 등 보험계약의 중요한 내용에 대하여 구체적이고 상세한 명시 · 설명의무를 진다.[100] 이 점에서 보험계약의 청약을 유인하는 안내문에 보험약관의 내용이 추상적 · 개괄적으로 소개되어 있을 뿐 그 약관 내용이 당해 보험계약에 있어서 일반적이고 공통된 것이어서 보험계약자가 충분히 예상할 수 있거나 법령의 규정에 의하여 정하여진 것을 부연하는 것과 같은 것이 아닌 이상, 안내문의 송부만으로는 그 약관에 대한 보험자의 설명의무를 다하였다고 할 수 없다.[101] 따라서 통신판매 방식으로 체결된 상해보험계약에

100) 대법원 1999.3.9. 선고 98다43342 판결.

서 보험자가 약관 내용의 개요를 소개한 것이라는 내용과 면책사고에 해당하는 경우를 확인하라는 내용이 기재된 안내문과 청약서를 보험계약자에게 우송한 것만으로는 보험자의 면책약관에 관한 설명의무를 다한 것으로 볼 수 없다.[102]

그러나 보험약관의 중요한 내용에 해당하는 사항이라 하더라도 보험계약자나 그 대리인이 그 내용을 충분히 잘 알고 있는 경우에는 당해 약관이 바로 계약 내용이 되어 당사자에 대하여 구속력을 가지므로 보험자로서는 보험계약자 또는 그 대리인에게 약관의 내용을 따로 설명할 필요가 없다.[103]

또한 보험자가 상법상 보험약관의 교부·명시의무(상법 제638조의3 제2항)를 위반한 경우 보험계약자가 보험계약 성립일로부터 1월 내에 행사할 수 있는 취소권은 보험계약자에게 주어진 권리일 뿐 의무가 아니며, 상법상 보험약관의 교부 명시의무(상법 제638조의3 제2항)는 약관의 중요한 내용을 고객에게 설명하도록 하는 약관규제법 제3조 제3항의 적용을 배제하는 규정이 아니므로, 상법에 의거하여 보험계약자가 취소권 행사기간 내에 보험계약에 관한 취소권을 행사하지 않더라도 보험사의 설명의무 위반의 법률효과가 소멸되는 것은 아니다.[104] 따라서 보험계약자는 보험자의 설명의무 위반의 법률효과를 여전히 주장할 수 있는 것이다.

101) 대법원 1999.3.9. 선고 98다43342 판결.
102) 대법원 1999.3.9. 선고 98다43342 판결.
103) 대법원 1999.3.9. 선고 98다43342 판결.
104) 대법원 1999.3.9. 선고 98다43342 판결.

■ **보험약관에 관한 설명의무 등 [대법원 1999.3.9. 선고 98다43342 판결]**

【판결요지】 (일부 발췌함)

[1] 상법 제638조의3 제1항 및 약관의규제에관한법률 제3조의 규정에 의하여 보험자는 보험계약을 체결할 때에 보험계약자에게 보험약관에 기재되어 있는 보험상품의 내용, 보험료율의 체계, 보험청약서상 기재 사항의 변동 및 보험자의 면책사유 등 보험계약의 중요한 내용에 대하여 구체적이고 상세한 명시 · 설명의무를 지고 있다고 할 것이어서, 만일 보험자가 이러한 보험약관의 명시 · 설명의무에 위반하여 보험계약을 체결한 때에는 그 약관의 내용을 보험계약의 내용으로 주장할 수 없다.

[2] 보험약관의 중요한 내용에 해당하는 사항이라 하더라도 보험계약자나 그 대리인이 그 내용을 충분히 잘 알고 있는 경우에는 당해 약관이 바로 계약 내용이 되어 당사자에 대하여 구속력을 가지므로 보험자로서는 보험계약자 또는 그 대리인에게 약관의 내용을 따로 설명할 필요가 없다.

[3] 상법 제638조의3 제2항에 의하여 보험자가 약관의 명시 · 설명의무를 위반한 때에는 보험계약자가 보험계약 성립일로부터 1월 내에 행사할 수 있는 취소권은 보험계약자에게 주어진 권리일 뿐 의무가 아님이 그 법문상 명백하고, 상법 제638조의3 제2항은 약관의규제에관한법률 제3조 제3항과의 관계에서는 그 적용을 배제하는 특별규정이라고 할 수 없으므로, 보험계약자가 보험계약을 취소하지 않았다고 하더라도 보험자의 설명의무 위반의 법률효과가 소멸되어 이로써 보험계약자가 보험자의 설명의무 위반의 법률효과를 주장할 수 없다거나 보험자의 설명의무 위반의 하자가 치유되는 것이 아니다.

이 경우의 고지는 고지수령권이 있는 자에 대하여 행하여야 유효한 고지가 되므로, 따라서 보험회사의 임·직원, 보험의(신체검사가 행해지는 경우), 체약대리권을 갖는 보험대리점에 대한 고지가 유효한 고지에 해당한다. 그러나 보험설계사의 경우에는 고지수령권이 없으며 보험중개사 역시 보험회사로부터 독립해 있으므로 있으므로 고지수령권을 갖고 있지 않다.

고지의무 위반시에 보험회사는 고지의무 위반의 사실을 안 날로부터 1월내에, 계약을 체결한 날로부터 3년 내에 계약을 해지할 수 있으나, 해당 보험회사가 만일 계약당시에 상대방이 고지의무 위반을 하였다는 사실을 알았거나 중대한 과실로 인하여 알지 못한 때에는 계약해지권을 갖지 못한다(상법 제651조).

(3) 설명의무의 내용

2010년 7월 개정 보험업법에 의하면, 보험회사 또는 보험모집종사자가 일반보험계약자에게 보험계약 체결권유시에 주계약 및 특약별 보험료 및 보험금, 보장위험, 보험료납입기간, 보험기간, 보험금 지급제한 조건, 청약의 철회에 관한 사항, 고지의무 위반의 효과, 해약환급금에 관한 사항 등을 설명할 의무를 진다(법 제95조의2제1항 및 영 제42조의2). 보험회사 등은 위와 같은 설명한 내용을 일반보험계약자가 이해하였음을 서명, 기명날인, 녹취 등의 방법으로 확인받아야 하며 이 경우 전자서명도 가능하다(법 제95조의2제2항 및 영 제42조의2제2항).

이러한 보험판매 권유시의 설명의무는 자본시장법상 금융투자상품의 투자권유시에 적용되는 설명의무에 대응되는 것으로서 금융기관, 주권상장법인 등의 전문보험계약자를 제외한 일반보험계약자에 대한 보험판매의 경우에만 적용된다. 설명의무를 위반할 경우, 해당 보험회사에 대해서는 해당 보험계약의 수입보험료의 100분의 20 이하의 범위 내에서의 과징금이 부과될 수 있다.

보험회사 또는 보험의 모집에 종사하는 자는 일반보험계약자에게 보험계약 체결을 권유하는 경우에는 보험료, 보장범위, 보험금 지급제한 사유등 보험계약의 중요 사항을 일반보험계약자가 이해할 수 있도록 설명하여야 한다(법 제95조의2제1항). 대법원은 보험자는 보험계약을 체결할 때에 보험계약자에게 보험약관에 기재되어 있는 보험상품의 내용, 보험료율의 체계, 보험청약서상 기재 사항의 변동 및 보험자의 면책사유 등 보험계약의 중요한 내용에 대하여 구체적이고 상세한 명시 · 설명의무를 지고 있다고 할 것이어서, 만일 보험자가 이러한 보험약관의 명시 · 설명의무에 위반하여 보험계약을 체결한 때에는 그 약관의 내용을 보험계약의 내용으로 주장할 수 없다고 보면서도(상법 제638조의3제1항 및 약관의규제에관한법률 제3조), 보험약관의 중요한 사항을 보험계약자나 그 대리인이 그 내용을 충분히 잘 알고 있는 경우에는 보험회사가 보험계약자 또는 그 대리인에게 약관의 내용을 따로 설명할 필요가 없다고 한다.[105]

■ **보험계약자가 보험약관의 내용을 충분히 잘 알고 있는 경우, 보험자에게 그 약관 내용을 설명할 의무가 있는지 여부 [대법원 1999.3.9. 선고 98다43342 판결]**

보험약관의 중요한 내용에 해당하는 사항이라 하더라도 보험계약자나 그 대리인이 그 내용을 충분히 잘 알고 있는 경우에는 당해 약관이 바로 계약 내용이 되어 당사자에 대하여 구속력을 가지므로 보험자로서는 보험계약자 또는 그 대리인에게 약관의 내용을 따로 설명할 필요가 없다.

설명의무는 크게 중요사항 설명의무와 단계별 설명의무로 대별할 수 있다. 먼저 보험업법상 보험회사나 모집 종사자는 보험계약의 중요사항에 대해 보험계약자에게 설명하고 서명, 기명날인, 녹취 등의 방법으로 확인을 받아야 한다(법 제95조의2제2항). 반드시 설명해야 하는 중요사항은 주계약 및 특약별 보험료, 보장하는 주요 위험, 보험료 납입기간, 보험기간, 보험금 지급제한 조건 등이다(법 제95조의2제1항 및 영 제42조의2).

---

105) 대법원 1999.3.9. 선고 98다43342 판결.

〈설명하여야 할 중요사항〉 (영 제42조의2)

1. 주계약 및 특약별 보험료 2. 주계약 및 특약별로 보장하는 사망, 질병, 상해 등 주요 위험 및 보험금 3. 보험료 납입기간 및 보험기간 4. 보험회사의 명칭, 보험상품의 종목 및 명칭 5. 청약의 철회에 관한 사항 6. 지급한도, 면책사항, 감액지급 사항 등 보험금 지급제한 조건 7. 고지의무 위반의 효과 8. 계약의 취소 및 무효에 관한 사항 9. 해약환급금에 관한 사항 10. 분쟁조정절차에 관한 사항 11. 그 밖에 보험계약자 보호를 위하여 금융위원회가 정하여 고시하는 사항

보험업법은 보험계약자에 대한 보험회사의 보험금 지급시까지 보험계약 단계별 설명의무를 부과함으로써 체계적인 설명절차를 마련하였다. 즉 일반보험계약자가 설명을 거부하는 경우가 아닌 한, 보험회사는 (i) 보험계약 체결 단계, (ii) 보험금 청구 단계, (iii) 보험금 지급 단계라는 3단계 별로 중요 사항을 항목별로 일반보험계약자에게 설명하여야 한다(법 제95조의2제3항 및 영 제42조의2제3항). 다만 보험금 청구단계의 경우 일반보험계약자가계약 체결 전에 또는 보험금 청구권자가 보험금 청구 단계에서 동의한 경우에 한정하여 서면, 문자메시지, 전자우편 또는 모사전송 등으로 중요 사항을 통보하는 것으로 이를 대신할 수 있다(영 제42조의2제3항 단서).

〈보험계약의 단계별 설명의무 제도〉 (영 제42조의2제3항)

단계	설명 내용
보험계약 체결단계	① 보험모집종사자의 성명, 연락처 및 소속
	② 보험모집종사자가 보험회사를 위하여 계약의 체결을 대리할 수 있는지의 여부
	③ 보험모집종사자가 보험료나 고지의무사항을 수령할 수 있는지의 여부
	④ 보험계약의 승낙절차, 승낙거절 시 거절사유
보험금 청구단계	① 담당부서 및 연락처
	② 예상 심사기간 및 예상 지급일
보험금 지급단계	① 심사지연 시 지연 사유
일반보험계약자의 보험금 지급요청 시	① 보험금 지급일 등 지급절차
	② 보험금 지급 내역
	③ 보험금을 감액하여 지급하거나 지급하지 아니하는 경우에는 그 사유

(4) 설명의무 위반의 효과

보험회사가 보험계약을 체결할 때에 보험계약자에게 보험약관을 교부하고 그 약관의 중요한 내용을 알려주어야 하는 보험약관의 교부·명시의무를 위반하는 경우, 그 사법(私法)적 효과로 해당 보험계약자는 보험계약이 성립한 날부터 1월내에 그 계약을 취소할 수 있다(상법 제638조의3).

「약관의 규제에 관한 법률」 역시 사업자는 계약체결에 있어서 고객에게 약관의 내용을 계약의 종류에 따라 일반적으로 예상되는 방법으로 명시하고 고객의 요구에 따라서 약관의 사본을 고객에게 교부하여야 하며(법 제3조제2항), 계약의 성질상 설명이 현저하게 곤란한 경우가 아닌한 사업자는 약관에 정하여져 있는 중요한 내용을 고객이 이해할 수 있도록 설명하여야 한다(법 제3조제3항). 만일 사업자가 이러한 명시·교부의무(제2항) 및 중요내용의 설명의무(제3항)을 위반하여 계약을 체결한 때에는 당해 약관을 계약의 내용으로 주장할 수 없다(법 제3조제4항).

상법에 의하면 설명의무 위반의 효과로 보험계약자에게 보험계약 취소권이 주어지며 약관규제법에 의하면 해당 약관을 계약에 편입시키지 않는 방법으로 해결하고 있어서 양법의 규정이 일치하지 않는다. 이에 따라서 보험약관에 관한 설명의무 위반시에 보험계약자가 취소권만을 갖는다고 할지 아니면 설명되지 않은 내용이 보험계약에 편입되지 않는다고 보아야 할지에 대해 충돌이 존재하게 된다.[106)]

판례는 보험자가 보험약관의 명시·설명의무에 위반하여 보험계약을 체결한 경우에 약관규제법에 따라서 해당 약관의 내용을 보험계약의 내용으로 주장할 수 없다고 보면서도, 보험계약의 설명의무에 관한 상법 제638조의3제2항은 약관규제법 제3조제3항의 적용을 배제하는 특별규정이 아니므로, 보험계약자가 보험계약을 취소하지 않았다고 하더라도 보험자의 설명의무 위반에 관한 하자가 치유된다거나 설명의무 위반의 법률효과를 주장할 수 없는 것은 아니라고 본다.[107)]

■ **상법 제638조의3 제2항 및 약관규제법 제3조 제3항의 관계 [대법원 1999.3.9. 선고 98다43342 판결]**

상법 제638조의3제2항에 의하여 보험자가 약관의 명시·설명의무를 위반한 때에는 보험계약자가 보험계약 성립일로부터 1월 내에 행사할 수 있는 취소권은 보험계약자에게 주어진 권리일 뿐 의무가 아님이 그 법문상 명백하고, 상법 제638조의3제2항은 약관의규제에관한법률 제3조 제3항과의 관계에서는 그 적용을 배제하는 특별규정이라고 할 수 없으므로, 보험계약자가 보험계약을 취소하지 않았다고 하더라도 보험자의 설명의무 위반의 법률효과가 소멸되어 이로써 보험계약자가 보험자의

106) 정찬형 외 9인, 앞의 책, 209면.

107) 대법원 1999.3.9. 선고 98다43342 판결.

설명의무 위반의 법률효과를 주장할 수 없다거나 보험자의 설명의무 위반의 하자가 치유되는 것이 아니다.

또한 실무적으로 보험계약자는 두꺼운 약관을 검토함이 없이 안내자료를 보고 가입여부를 결정하는 경우가 많은데 이러한 안내장의 송부가 약관에 관한 설명의무를 이행한 것인지에 관한 분쟁이 있을 수 있다. 대법원은 보험계약의 청약을 유인하는 안내문에 보험약관의 내용이 추상적·개괄적으로만 소개되어 있는 경우, 그 안내문의 송부만으로 약관에 대한 보험자의 설명의무를 다한 것으로 보지 않는다.[108)]

■ **보험계약의 청약을 유인하는 안내문의 송부만으로 약관에 대한 보험자의 설명의무를 다한 것으로 볼 수 있는지 여부 [대법원 1999.3.9. 선고 98다43342 판결]**

보험계약의 청약을 유인하는 안내문에 보험약관의 내용이 추상적·개괄적으로 소개되어 있을 뿐 그 약관 내용이 당해 보험계약에 있어서 일반적이고 공통된 것이어서 보험계약자가 충분히 예상할 수 있거나 법령의 규정에 의하여 정하여진 것을 부연하는 것과 같은 것이 아닌 이상, 그러한 안내문의 송부만으로 그 약관에 대한 보험자의 설명의무를 다하였다거나 보험계약자가 그 내용을 알게 되어 굳이 설명의무를 인정할 필요가 없다고는 할 수 없으며, 이와 같은 보험약관의 명시·설명의무에 관한 법리는 보험료율이 낮다거나 보험계약의 체결 방식이 통상의 경우와 다르다고 하여 달라지지 아니한다.

---

108) 대법원 1999.3.9. 선고 98다43342 판결. 이 판결은 통신판매 방식으로 체결된 상해보험계약에서 보험자가 약관 내용의 개요를 소개한 것이라는 내용과 면책사고에 해당하는 경우를 확인하라는 내용이 기재된 안내문과 청약서를 보험계약자에게 우송한 것만으로는 보험자의 면책약관에 관한 설명의무를 다한 것으로 볼 수 없다고 하였다.

하급심 판결이긴 하지만 유니버설 보험 및 변액유니버설 보험 계약의 체결당시 설명의무에 관하여 설시한 판례를 소개한다.

■ **유니버설 보험 및 변액 유니버설 보험 계약 체결 당시 보험설계사가 설명의무 등 고객보호의무를 위반한 경우 보험회사와 보험설계사의 손해배상책임 여부 [서울고법 2010.3.31. 선고 2009나97606 판결]**

사망보험금과 적립금을 포괄하는 생명보험의 일종인 유니버설 보험(Universal Life Insurance) 또는 변액보험과 유니버설 보험을 결합한 변액유니버설 보험(Variable Universal Life Insurance)에 있어서, 일반인들이 일반 정액보험에 비하여 보험내용을 이해하기 어렵고, 보험기간이 장기간 또는 종신이며, 특히 변액보험은 정액보험과 달리 원금 손실의 위험성을 안고 있음에도 계약자들은 보험사의 사회적 신뢰성을 믿고 가입하는 경향이 있는 점에 비추어, 보험자는 보험계약의 중요한 사항에 대하여 계약자들이 이를 이해하여 보험계약 체결 여부를 자주적으로 판단할 수 있을 정도로 설명하여야 할 의무가 있다. 다만, 그 설명의 정도는 보험계약자의 나이 · 학력 · 지식 · 동종 보험에의 가입 경험 유무 · 판단능력 등에 기한 보험계약자의 이해도와 그 보험상품의 특성 및 위험도 수준 등에 따라 상내석이다.

한편, 보험자의 임직원 또는 보험설계사가 계약자에게 보험상품의 가입을 권유할 때에는 당해 보험상품의 특성과 주요내용을 명확히 설명함으로써 계약자가 그 정보를 바탕으로 합리적인 판단을 할 수 있도록 계약자를 보호하여야 할 주의의무가 있고, 이러한 주의의무를 위반한 결과 계약자에게 손해가 발생한 때에는 불법행위로 인한 손해배상책임이 성립한다.

(5) 설명의무의 편제 개편

설명의무는 2010년 보험업법 개정시에 소비자보호강화와 관련하여 도입되었다.

〈2010년 보험업법 개정내용 중 소비자보호 강화관련내용〉

구 분	주요내용
보험상품 등에 대한 설명의무 도입	- 보험회사, 보험설계사 등은 보험계약체결(권유)시 중요사항 설명 • 주계약·특약별 보험료·보험금, 보험금 지급제한사항 등 - 보험계약 체결시부터 보험금 지급시까지 주요과정을 설명
변액보험에 대한 적합성 원칙 도입	- 보험회사, 보험설계사 등은 보험계약자의 소득수준, 보험가입목적 등을 파악하여 보험계약자에게 적합한 보험상품 권유 - 대상상품 : 변액보험
모집광고 준수사항 강화	- 보험 광고시 필수안내사항, 금지사항 등을 규정 - 위반시 보험회사에 대해서는 과징금, 위반자에게 대해서는 과태료 부과 가능
보험대리점·보험중개사 영업기준 및 법인보험대리점·법인보험중개사 공시 등 시행	- 보험대리점·보험중개사 영업기준 • 보험모집 등에 사용하는 보험안내자료등에 '보험대리', '보험중개' 기재 • 임원 선임 자격(결격)요건 신설 - 법인보험대리점·법인중개사 공시 • 모집조직, 모집실적, 불완전판매비율, 임원현황 등의 자료를 반기별로 공지
보험설계사 등 보수교육 시행	- 보험설계사, 개인보험대리점, 개인보험중개사는 등록후 매 2년마다 보수교육 의무화

그러나 2010년 개정 보험업법의 설명의무 조항은 법체계상 보험계약의 규율을 주목적으로 하는 상법 보험편에 신설되어야 할 조항이므로 보험사의 건전한 영위를 목적으로 하는 보험업법에 신설된 것은 타당성이 떨어진다고 할 수 있다. 따라서 현재 개정추진 중인 상법 보험편에 설명의무가 도입되면 보험업법에서는 설명의무에 관한 조항을

삭제하는 것이 바람직하다.

현행 상법	상법 보험법개정안
第638條의3(保險約款의 교부·명시義務) ① 保險者는 保險契約을 체결할 때에 保險契約者에게 保險約款을 교부하고 그 約款의 중요한 내용을 알려주어야 한다. ② 保險者가 第1項의 規定에 위반한 때에는 保險契約者는 保險契約이 成立한 날부터 1月내에 그 契約을 取消할 수 있다.	제638조의3(보험약관의 교부·설명 의무) ① 보험자는 보험계약을 체결할 때에 보험계약자에게 보험약관을 교부하고 그 약관의 중요한 내용을 설명하여야 한다. ② 보험자가 제1항을 위반한 경우 보험계약자는 보험계약이 성립한 날부터 3개월 이내에 그 계약을 취소할 수 있다.

현행 상법의 보험편처럼 취소기간을 일률적으로 3개월로 할 경우 보험기간이 다양한 보험상품의 특성을 반영하지 못하게 된다. 예컨대 자동차, 화재, P/L(제조자 책임배상), 직업훈련생, 단체상해, 여행자보험 등과 같이 보험기간이 1년 이내인 경우 취소기간을 3개월로 규정함은 적절하지 않으며 현행의 취소기간(1개월)을 유지하는 것이 타당하다. 반면, 기업이나 단체보험의 경우, 법인인 계약자의 상품이해 및 분석능력이 낮다고 볼 수 없으므로 취소권을 부여하지 않아도 무방할 것이다.[109)]

상법 보험편개정(안)은 보험약관의 교부·설명의무로 제목을 변경하고 교부·설명의무를 위반한 보험자에 대하여 보험계약자의 계약취소권 행사기간을 '보험계약 성립일'로부터 3개월로 연장하고 있다.

109) 보험업법상 계약의 내용을 이해하고 이행할 능력이 있는 전문보험계약자는 보험회사의 상품설명의무 대상에서 제외되어 있다(법 제95조의2).

〈만일 '보험증권'의 수령일자를 계약 취소기간의 기산점으로 할 경우의 문제점〉

상법 보험편의 종전 개정(안)은 '보험증권'의 수령일자를 계약 취소기간의 기산점으로 하고 있었으나 이에는 다음과 같은 지적이 가능하다.

1. 보험증권은 계약 성립요건이 아니라 계약의 성립·내용에 관한 증거증권에 불과하므로 취소기간의 기산점으로 삼는 것은 바람직하지 않다. 청약서상 계약자 기재내용과 보험증권상 인쇄내용이 다를 경우 보험금 지급의 기준은 청약서상 기재사항이 우선하므로 보험증권을 설명의무 위반여부의 판단기준으로 보기에는 부족하다.
2. 보험회사는 증권의 도달입증을 위하여 내용증명이나 등기로 발송해야 할 것이나 이는 비용부담의 급증으로 사업비 증가 및 보험료 인상을 초래할 우려가 있다.
3. 계약자가 상당기간 경과 후 증권 미도달을 주장하거나 계약자 본인의 귀책사유[110]로 서류를 받지 못하는 경우 기산점 확정이 불가능하며, 이는 취소기간이 무한정 연장되는 결과로 이어져 계약관계가 장기간 불안정한 상태에 놓이게 되고 계약취소에 따른 보험회사의 보험료 환급 인정시 계약자의 도덕적 해이를 초래할 것이다.

(6) 파급효과

보험업법 제95조의2제1항 및 영 제42조의2제1항에 따라서 보험계약시 설명의무의 대상이 되는 중요사항에 대해서는 서명, 녹취 등의 확인을 필요로 하고 있으나 단계별 설명의무는 법령상 확인의무를 부여하지 않고 있다.[111]

설명의무 부과의 긍정적 측면에서는 보험계약 체결단계시 주요사항

110) 주소 변경시의 통지의무 미이행, 계약자의 출근·휴가·병가·이사 등으로 주소지내 부재한 경우 등

111) 그러나 그러나 보험사 입장에서는 민원대항력 확보차원에서 단계별 설명의무 이행시에도 녹취 등 확인절차를 마련하여 시행할 가능성이 높으며 이 경우 상당한 수준의 인프라 비용이 소요될 것으로 예상된다. 김인호, "보험업법 개정에 따른 모집제도의 변화와 영향(2)", 월간생명보험 (2011.4), 40면.

에 대해 보험소비자가 이해하기 쉽게 설명하고 중요사항에 대해서는 서명 등 확인절차를 부여함으로써 불완전 판매에 따른 불만의 감소를 기대할 수 있다. 반면에 설명의무를 부담하는 보험회사 측면에서는 규제이행비용이 상당부분 수반될 것으로 보여 보험원가 상승 원인으로 작용할 수 있다. 따라서 설명의무 내용의 중요도 및 현실적 수행 가능성 등을 고려하여 구체적인 설명의무 이행방식에 대한 유연성 있는 접근이 필요하다. 예를 들어 보험계약의 중요사항에 대해서는 서명이나 기명날인, 녹취 등의 방법으로 확인하여야 하고, 단순 사실의 확인과 통보 등에 대해서는 대면설명이나 유선설명 방식으로 수행할 수 있도록 하는 것이다.

따라서 보험계약 체결시부터 지급시까지의 단계별 설명의무의 경우에는 보험계약자가 거부하면 동 의무를 수행하지 않아도 되므로(법 제95조의2제3항), 적시에 정확한 정보를 소비자에게 전달할 수 있는 단문메시지서비스(SMS), 이메일, 팩스, 우편발송 등의 수단이 보완될 수 있는 근거를 법규에 명확히 반영할 필요가 있다.[112)]

나아가 보험회사가 단계별 설명의무나 보험금 지급요청시의 설명의무를 자회사 등에 위탁할 수 있도록 하는 방법을 허용하자는 주장의 견지에서는, 설명의무의 수행업무가 보험회사의 위탁가능업무인지 그리고 자회사가 영위할 수 있는 업무인지 등도 법적으로 논의될 필요가 있다.[113)]

---

112) 김인호, 위의 글(2), 40면; 안철경 · 김경환, "보험소비자 보호 중심의 개정 보험업법 시행", KiRi Weekly, 보험연구원(KiRi) (2011.1.24) 9면.

113) 안철경 · 김경환, 앞의 글, 9면.

5. 보험모집시 영업행위 규제 3 : 적합성 원칙

보험업법 제95조의3(적합성의 원칙) ① 보험회사 또는 보험의 모집에 종사하는 자는 일반보험계약자가 보험계약을 체결하기 전에 면담 또는 질문을 통하여 보험계약자의 연령, 재산상황, 보험가입의 목적 등 대통령령으로 정하는 사항을 파악하고 일반보험계약자의 서명(「전자서명법」 제2조제2호에 따른 전자서명을 포함한다), 기명날인, 녹취, 그 밖에 대통령령으로 정하는 방법으로 확인을 받아 유지·관리하여야 하며, 확인받은 내용은 일반보험계약자에게 지체 없이 제공하여야 한다.

② 보험회사 또는 보험의 모집에 종사하는 자는 일반보험계약자의 연령, 재산상황, 보험가입의 목적 등에 비추어 그 일반보험계약자에게 적합하지 아니하다고 인정되는 보험계약의 체결을 권유하여서는 아니 된다.

③ 제1항 및 제2항을 적용받는 보험상품은 대통령령으로 정한다.

④ 보험회사 및 보험의 모집에 종사하는 자가 제1항에 따라 확인을 받아야 할 내용 및 확인 내용의 유지·관리기간은 대통령령으로 정한다.

〈비교〉

자본시장법 제46조(적합성 원칙 등) ① 금융투자업자는 투자자가 일반투자자인지 전문투자자인지의 여부를 확인하여야 한다.

② 금융투자업자는 일반투자자에게 투자권유를 하기 전에 면담·질문 등을 통하여 일반투자자의 투자목적·재산상황 및 투자경험 등의 정보를 파악하고, 일반투자자로부터 서명(「전자서명법」 제2조제2호에 따른 전자서명을 포함한다. 이하 같다), 기명날인, 녹취, 그 밖에 대통령령으로 정하는 방법으로 확인을 받아 이를 유지·관리하여야 하며, 확인받은 내용을 투자자에게 지체 없이 제공하여야 한다.

③ 금융투자업자는 일반투자자에게 투자권유를 하는 경우에는 일반투자자의 투자목적·재산상황 및 투자경험 등에 비추어 그 일반투자자에게 적합하지 아니하다고 인정되는 투자권유를 하여서는 아니 된다.

(1) 적합성 원칙의 도입

보험업법은 보험상품 판매권유시 보험회사 또는 보험모집종사자로 하여금 계약자의 소득, 재산상황, 보험가입의 목적 등에 맞는 상품을 권유하도록 함으로써(법 제95조의3), 보험계약 중도해지 등으로 인한 소비자 피해발생을 방지하기 위한 소위 적합성 원칙(Know-Your-Customer-Rule)을 도입하였다.

기존 보험업법은 보험상품의 판매 권유시의 적합성의 원칙에 관해 규정하고 있지 않았으나 2010년 7월 개정 보험업법은 보험상품의 판매권유시에 보험계약자의 재산상황 등을 고려하여 보험회사 또는 보험모집종사가가 '변액'보험을 판매하는 경우, 월소득, 월소득 중 보험료가 차지하는 비중, 보험계약의 예상유지기간, 피권유자가 다른 변액보험 상품 또는 집합투자증권 등을 구매한 적이 있는지 여부 등을 파악하여 피권유자에게 적합한 상품을 권유할 의무를 보험회사 등에게 부과하였다(법 제95조의3 및 영 제42조의3).

(2) 적합성 원칙의 내용

① 적합성 원칙의 적용범위

> **〈가상사안〉**
>
> A 보험회사의 보험모집인 B씨는 변액보험을 판매하면서 앞으로 전도유망한 투자상품으로 소개하여 보험계약자 C에게 판매하였다. C는 주식운용경험이 있는 자인데 별다른 검토 없이 B의 설명을 믿고 가입하였다가 향후 가입한 변액보험상품에서 많은 손실을 보고 A 보험회사에 대하여 보험계약 해지를 통보하고 자신이 입은 손실에 대해서도 손해배상청구를 하였다.

보험회사 등은 면담 또는 질문을 통하여 일반보험계약자인 피권유자의 연령, 재산상황, 보험가입의 목적 등을 파악하고 서명, 기명날인,

녹취 등의 방법으로 이에 관한 확인을 받아야 한다(법 제95조의3제1항). 이러한 보험판매 권유시의 적합성의 원칙은 자본시장법상 금융투자상품의 투자권유시에 적용되는 적합성의 원칙에 대응되는 것으로서 금융기관, 주권상장법인 등의 전문보험계약자를 제외한 일반보험계약자에 대한 '변액보험' 판매의 경우에만 제한적으로 적용된다(법 제95조의3 및 영 제42조의3제2항). 따라서 연금보험 등의 기타 보험계약은 적합성 원칙의 적용을 받지 아니한다. 또한 변액보험계약이라 할지라도 자본시장법 제46조(적합성 원칙 등)를 적용받는 보험상품은 보험업법 상의 적합성 원칙의 적용을 받지 아니한다(영 제42조의3제2항 단서).

② 변액보험

변액보험은 2001년 7월 도입된 보험상품으로 자산운용실적과 보험금을 연계하여 실질가치를 보전하려는 목적으로 개발된 상품이며, 보험업법상 정의로는 보험금이 자산운용의 성과에 따라 변동하는 보험계약을 말한다(법 제108조제1항제3호)이다.

변액보험 운용자는 보험계약자가 납입한 보험료의 일부를 별도의 특별계정에 산입하여 이를 투자하고 그 운용실적에 따라 보험금액이나 해지환급금을 변동시킨다.[114] 따라서 변액보험은 자산운용에 따른 투자위험을 보험회사가 부담하는 정액보험과 달리 투자위험을 보험계약자등이 부담하게 되는 실적배당상품이다.[115]

---

114) 장덕조, 앞의 책, 36면. 또는 변액보험은 다수의 보험계약자가 납입하는 보험료 중 저축보험료를 따로 분리하여 별도의 분리계정을 통해 주식이나 국채·공채·사채 등 주로 수익성이 높은 유가증권에 투자하여 그 투자수익을 보험계약자의 환급금(해약환급금 또는 만기환급금)에 반영하는 한편, 투자수익의 성과에 따라 보험금 지급사유가 발생하였을 경우 지급하는 보험금액이 변동되는 보험으로도 설명된다. 출처: 네이버 인터넷시사경제사전(http://www.naver.com).

115) 장덕조, 위의 책, 36-37면. 전통적인 보험상품은 미리 약정된 이율에 따라 만기 환급금을 받지만 변액보험은 투자수익률에 따라 되돌려 받는 보험금이나 해약환급금이 달라진다. 즉 변액보험의 사망보험금은 최초 계약한 기본보험계약의

변액보험과 관련하여 보험업법은 보험회사가 변액보험계약에 관하여 그 준비금에 상당하는 자산의 전부 또는 일부를 그 밖의 자산과 구별하여 이용하기 위한 특별계정을 각각 설정하여 운용할 수 있도록 하고 있다(법 제108조제1항). 또한 변액보험을 특별계정으로 설정·운용할 경우 보험회사는 이를 다른 특별계정에 속하는 자산 및 그 밖의 자산과 구분하여 계리하여야 하며(법 제108조제2항), 보험회사는 특별계정에 속하는 이익을 그 계정상의 보험계약자에게 분배할 수 있다(법 제108조제3항).

다른 투자상품과의 차이점으로 변액보험은 보험상품으로서 보장성을 유지하므로 보험금 지급시에 투자실적에 무관하여 기납입한 보험료는 보장하는 최저보증옵션 등 일정시점까지 적립된 액수를 보증하는 기능이 있으며 변액보험에 관한 자산운용 역시 다른 금융투자상품에 비하여 장기적·안정적인 자산운용을 하게 된다.[116]

변액보험상품의 시장규모(FY 2011년말 기준)는 계약건수 816만건, 연간 수입보험료 25.2조원, 적립금 76조원에 달한다. 변액보험의 보험료 중 사업비를 제외한 납입 보험료 중 보험성위험보험료는 2%대에 불과하며 나머지 98%는 펀드에 투입·투자된다.[117] 이처럼 변액보험

'기본보험금'과 투자실적(적립금-기본보험계약의 예정책임준비금=초과적립금)에 따라 증감하는 '변동보험금'으로 구성되며, 보험의 성격을 유지하기 위해 변동보험금의 크기와 관계없이 사망보험금은 기본보험금을 최저보장으로 설정하고 있다. 이와 같은 성격 때문에 보험사는 변액보험의 계정을 일반 상품과는 별도로 설정하여 자산을 운용해야 한다. 변액보험상품으로는 크게 양로보험, 종신보험, 연금보험 3종류가 있어 가입자들이 필요에 따라 선택할 수 있지만 가입자가 투자의 위험과 수익에 책임을 져야 한다. 출처: 네이버 인터넷시사경제사전(http://www.naver.com).

116) 장덕조, 위의 책, 37면.

117) 변액보험(연금+유니버셜)의 위험보험료는 전체보험료 중에서 평균 2.8%이고 사업비 (평균 11.2%)를 뺀 나머지 86%는 펀드에 투입된다고 한다. 금융소비자연맹 보도자료, 「[보도자료308호] 변액보험, 자본시장법 적용하라!」(2012.6.21) http://www.kfco.org

상품은 보험상품과 투자상품간의 접점에 서 있다. 따라서 변액보험은 해당 특별계정의 운용성과에 따라서 지급되는 보험금이나 해지환급금이 변동되므로 원금손실위험이 존재하는 금융상품, 즉 금융투자상품으로서의 성질을 갖는다. 따라서 자본시장법상 금융투자상품에 관한 규제의 적용을 받는지가 문제된다.[118)]

변액보험에 사망보험금 중 기본보험금에 관한 최저보증제도가 있지만 변액보험의 자산운용구조상 보험성보다는 투자의 성격이 대부분이다. 그럼에도 불구하고 변액보험은 투자상품이 아닌 보험상품만으로 분류되어 보험업법만 적용받고 자본시장법은 대부분 적용제외받는 실정이다.[119)]

---

118) 적합성 원칙과 달리 자본시장법의 적정성 원칙은 변액보험에 적용되지 않을 것으로 보인다. 자본시장법은 금융투자상품 중 파생상품, 파생결합증권, 일정한 집합투자증권(이하 파생상품등)의 판매와 관련하여 적정성의 원칙을 정하고 있는데(법 제46조의2 및 영 제52조의2), 적정성의 원칙에 의하면 금융투자업자는 일반투자자에게 투자권유를 하지 아니하고 파생상품등을 판매하려는 경우에는 면담·질문 등을 통하여 그 일반투자자의 투자목적·재산상황 및 투자경험 등의 정보를 파악하여야 하며, 해당 파생상품등이 그 일반투자자의 투자목적·재산상황 및 투자경험 등에 비추어 해당 파생상품등이 그 일반투자자에게 적정하지 아니하다고 판단되는 경우에는 이를 알리고 투자자로부터 확인을 받아야 한다(법 제46조의2). 어느 변액보험상품에 관하여 설정된 특별계정이 파생상품등에만 국한하여 운용되는 극단적인 경우라도 변액보험상품은 운용대상자산인 파생상품등과는 법적으로 구별되는 것이다. 자본시장법상 파생결합증권의 정의(법 제4조제7항)는, "기초자산의 가격·이자율·지표·단위 또는 이를 기초로 하는 지수 등의 변동과 연계하여 미리 정하여진 방법에 따라 지급금액 또는 회수금액이 결정되는 권리가 표시된 것"으로 정의된다. 그러나 이러한 정의에 의하더라도 변액보험상품은 완벽하게 그 운용자산의 성과에 연계된 것이 아니므로 변액보험상품 자체를 파생상품등으로 취급할 수 없을 것이다.

그러나 현재 제정논의 중인 「금융소비자보호법」(안)(금융위원회공고 제2012-100호)에 의하면 일반 보험과 같은 보장성 상품의 경우에도 일반 금융소비자에 대해 구매권유 없이 관련 계약을 체결하려는 경우 미리 면담·질문 등을 통하여 일반금융소비자의 연령, 재산상황, 위험보장 수요 등에 관한 정보를 파악하여야 하므로(법안 제14조제1항), 변액보험 외의 보장성상품에 관하여 한정적으로 적정성원칙이 적용되며 보장성보험의 포트폴리오 설계 또는 중복보험 확인 등의 측면에서 실익이 있을 것으로 보인다.

119) 금융소비자연맹 보도자료, 「[보도자료308호] 변액보험, 자본시장법 적용하라!」

[표 6] 변액보험 보험료 구성비 현황

(단위: %)

구분	위험보험료	사업비	펀드투입액	합계
변액연금	1.2%	11.6%	87.2%	100%
변액유니버셜	4.5%	10.8%	84.7%	100%
평균	2.8%	11.2%	86.0%	100%

(자료: 변액유니버셜보험, 변액연금보험 상품비교평가 보도자료 인용)

변액보험은 다른 보험상품 대비 투자위험(High risk, High return)이 매우 크고, 상품내용이 복잡하고 어렵다. 설계사들이 실질적으로는 변액보험을 투자상품으로 판매하면서 자본시장법상의 투자상품 규제를 받지 않고 자유롭게 판매해 설명 부족 등으로 민원이 많이 발생하여 생명보험회사의 전체민원발생 건수 중 상당부분이 변액보험 관련이다.

[표 7] 변액보험 불완전판매로 인한 민원발생 현황[120]

구 분	FY2006	FY2007	FY2008	FY2009	FY2010
발생건수	1,175	1,472	3,291	2,819	2,418
(생명보험 불완전판매 중 비중)	56.1%	50.9%	61.6%	46.9%	47.9%

(3) 적합성 원칙 위반의 효과

변액보험의 판매자는 적합성 원칙에 따라서 보험계약자의 연령, 재산상황, 보험가입목적 등을 파악하고 변액보험의 위험성 등을 감안하여 변액보험이 해당 보험계약자에게 부적합하다고 인정될 경우에 해당 보험계약의 체결의 권유를 삼가야 한다. 따라서 보험계약에 관한

(2012.6.21) http://www.kfco.org

120) 금융감독원, “변액보험 불완전판매 예방을 위한 적합성 원칙 도입 안내”, 보도자료(2011.8.2.)

전문성, 자산규모 등에 비추어 보험계약의 내용을 이해하고 이행할 능력이 있는 전문보험계약자에게는 적합성 원칙이 적용되지 않는다.

보험설계사 등은 면담 또는 질문 등을 통하여 보험계약자의 보험가입 목적 등을 파악하고 보험계약자의 서명 등을 받아 이를 관리하고, 확인받은 내용은 보험계약자에게 제공하여야 한다. 만일 변액보험 가입시에 적합성 원칙을 무시하는 등 부당권유가 있었던 경우 보험계약자가 입은 피해는 보험회사는 그 임직원 · 보험설계사 또는 보험대리점(보험대리점 소속 보험설계사를 포함)이 모집을 하면서 보험계약자에게 손해를 입힌 경우 배상할 책임을 지도록 하는 보험업법에 의거하여 손해배상 청구를 할 수 있다(보험업법 제102조). 적합성 원칙 위반시 현행법상으로는 과징금이나 과태료 부과 등 행정적 제재사항은 없으나, 소비자가 피해를 보았다면서 소송할 경우 손해배상책임을 질 수 있고 해당 회사의 평판리스크가 훼손될 위험도 부담해야 할 것이다.

그러나 이러한 적합성 원칙의 실익은 의문스럽다. 우선 적합성 원칙에 관한 보험업법 제95조의3 위반시 동법은 별도의 제재규정을 두고 있지 않으며 적합성 원칙을 위반한 경우의 사법적 효과에 대해서는 침묵하고 있다. 이와 달리 자본시장법에 의하면 투자권유대행인을 두는 경우 이러한 투자권유대행인도 동법 제46조의 적합성 원칙의 적용을 받고 적합성 원칙에 위반할 경우 금융위원회는 투자권유대행인 등록취소 또는 6개월 이내의 업무정지명령을 할 수 있으므로(법 제53조제2항제2호) 금융투자상품을 투자권유하는 투자권유대행인에 대해서 일정부분 억지력이 있다고 보인다.

이에 따라서 변액보험에 관하여도 자본시장법의 강화된 규제를 적용시키자는 의견이 계속 제기되고 있다. 자본시장법은 제조 및 판매업자 규제, 투자권유규제, 불건전영업행위규제 등 높은 수준의 투자자보호제도를 담고 있어, 이를 전면 적용하게 되면 보험사에 투자설명서 제출의무가 생기고, 판매자에 대해 보험업법보다 강화된 설명의무이

행이나 적합성의 원칙을 적용할 수 있다.[121)]

변액보험은 납입보험료의 거의 대부분이 펀드에 투자되는 금융투자상품임에도 불구하고 보험상품으로만 분류되어 보험업법만이 적용된다면 소비자보호에 큰 헛점이 발생하므로, 현재처럼 변액보험 공시내용을 비교공시하도록 하는 것으로는 부족하고(보험업감독규정의 공시규정 개정), 자본시장법의 적용으로 금융소비사 보호를 강화하여야 한다는 의견이 계속적으로 게진되고 있다. 참고로 미국의 경우 변액보험의 보험성과 투자성을 동시에 인정하여 변액보험에 대하여 기본적으로 보험상품이므로 각 주의 보험법 규제를 받도록 하는 한편, 변액보험이 뮤추얼펀드를 발행하는 것과 같은 투자계약의 성격을 상당부분 갖고 있으므로 증권(securities)에도 해당된다고 보아 미국증권거래위원회(SEC)에 등록의부가 있다고 하고 1933년 증권법, 1934년 증권거래법, 1940년 투자회사법의 적용을 받고 있다.[122)]

(4) 변액보험과 적합성 원칙

① 권유준칙의 제정의무

보험회사는 변액보험계약의 체결을 권유함에 있어 모집종사자가 준수하여야 할 구체적인 기준 및 절차(권유준칙)를 정하여야 하며 협회는 권유준칙과 관련하여 보험회사가 공통으로 사용할 수 있는 표준권유준칙을 제정할 수 있다(보험업감독규정 제4-35조의3).

121) 소비자들도 변액보험은 위험보장보다는 보장을 최소화하고 최대한 펀드에 투자하여 고수익을 얻는 것을 주목적으로 하고 있어 투자성상품이라고 인식하고 있고, 모집자들도 펀드에 투자해서 고수익을 얻을 수 있는 상품이라며 판매를 하고 있는 것이 현실이므로 변액보험은 그 명칭과 달리 실상은 투자상품이므로 소비자보호를 위하여 투자성 상품으로서 높은 수준의 투자자보호제도를 담고 있는 자본시장법을 전면 적용 받도록 해야 한다는 지적도 일리가 있다.

122) 서보건, “보험업법 개정안의 주요쟁점에 관한 연구”, 성균관대학교 일반대학원 석사학위논문(2011), 38면.

② 변액보험 관련사항의 공시의무

보험회사는 변액보험에 관한 일정한 사항을 해당 회사의 인터넷 홈페이지에서 보험계약자 등이 쉽게 확인할 수 있도록 공시하여야 한다(보험업감독규정 제7-45조 제1항). 즉, 변액보험계약(퇴직연금실적배당보험계약도 포함)의 경우 (i) 매월말 현재의 특별계정별 자산 · 부채 및 자산구성내역, (ii) 매일의 특별계정별 자산의 기준가격 및 수익률, (iii) 특별계정 운용에 대한 보수 및 수수료(귀속주체별로 구분), (iv) 변액보험(퇴직연금실적배당보험 포함) 운용설명서, (v) 매월말 현재의 특별계정별 자산에 대한 영 제6조에서 정한 특수관계에 있는 자에 해당하는 자산운용회사에 위탁한 금액 및 비율, (vi) 변액보험계약의 경우 영 제6조에서 정한 특수관계에 있는 자에 해당하는 자산운용사와 기타 자산운용회사별로 위탁비중, 수익률, 특별계정운용 위탁과 관련하여 자산운용사에 지급하는 투자일임보수가 공시대상이다(감독규정 제7-45조제1항제4호).

또한 협회는 변액보험에 관하여 규정 제7-45조제1항제4호에 의하여 공시되어야 할 사항에 대해 협회의 인터넷 홈페이지를 통하여 보험회사별 및 보험종류별[123]로 비교 · 공시하여야 한다(감독규정 제7-46조 제1항).

그 외에 보험회사 및 보험의 모집에 종사하는 자는 보험업법상 적합성 원칙에 따라서 확인받은 내용을 보험계약 체결 이후 종료일부터 2년간 유지 · 관리하여야 하며(영 제42조의3 제3항), 그 외에 적합성 원칙의 적용에 필요한 세부 사항은 금융위원회가 정하여 고시할 수 있도록 하나(영 제42조의3제4항) 현재 관련 감독규정상 특별히 정해진 바는 없다.

---

123) 이 경우 불완전판매비율, 불완전판매 계약해지율은 보험회사별 · 판매채널별로 산출하고, 보험금부지급률 및 보험금불만족도는 회사별로 산출한다(감독규정 제7-46조제1항).

(5) 적합성원칙 적용사례

① 변액보험에 관한 적합성원칙 적용

하급심 판결이지만 보험업법에 적합성 원칙이 도입되기 전의 변액보험 관련사안에서 서울고등법원은 사망보험금과 적립금을 포괄하는 생명보험의 일종인 유니버설 보험(Universal Life Insurance) 또는 변액보험과 유니비설 보험을 결합한 변액 유니버설 보험(Variable Universal Life Insurance)에 있어서 적합성원칙이 적용된다고 하였다.124)

■ 유니버설 보험 또는 변액유니버설 보험에서 적합성원칙 적용 여부 [서울고법 2010.3.31. 선고 2009나97606 판결]

적합성의 원칙을 위반하여 고객에게 투자를 권유한 경우에는 고객보호의무를 저버린 위법한 행위로 불법행위가 성립한다. 적합성의 원칙이 증권투자 또는 투자신탁의 영역에서 인정되어 온 것이기는 하나, 구 간접투자자산 운용업법(2007. 8. 3. 법률 제8635호 자본시장과 금융투자업에 관한 법률 부칙 제2조로 폐지) 제135조 제1항에서 변액보험을 위 법상의 투자신탁으로 간주하고 있는 점에 비추어, 변액보험에도 적합성의 원칙이 적용된다.

서울고등법원은 이상과 같이 변액보험에 적합성의 원칙이 적용된다고 보고 특히 사안과 같은 변액보험에 관하여 고율의 수익률을 전제로 보험내용을 설명함으로써 변액보험계약에 필연적으로 수반되는 위험성에 관한 소비자의 올바른 인식형성을 방해하거나 또는 과대한 위험성을 수반하는 거래를 적극적으로 권유하여 보험계약자의 합리적인 판단과 의사결정을 저해할 경우, 이러한 보험설계사의 적합성 원칙의 위반 등 고객보호의무 위반행위는 보험계약자에 대하여 불법행위를

124) 서울고법 2010.3.31. 선고 2009나97606 판결.

구성한다는 전제 하에 보험회사와 보험설계사가 보험계약자가 입은 손해(납입한 보험료 합계액과 수령한 해약환급금의 차액)를 배상할 책임이 있다고 보았다.[125)]

나아가 적합성의 원칙 등을 위반한 투자의 권유로 야기된 투자자의 과실이 과실상계의 대상이 되는지에 관하여, 위 서울고등법원은 사기와 같이 불법행위로 인하여 피해자의 재산 내지 경제적 이익이 가해자에게 이전되는 "가치이전형" 불법행위[126)]로 인한 손해배상에 있어서는, 손해배상액을 산정할 때 피해자의 과실을 고려한다면, 결국 불법을 야기한 가해자로 하여금 불법을 통하여 얻은 이익의 일부를 향유하는 것을 용인하는 결과가 되어 부당하다고 보았다.[127)]

또한, 동 법원은 적합성의 원칙 등을 위반한 투자의 권유는 투자자로 하여금 경솔하게 판단하도록 하는 것으로서 투자자의 과실을 야기하는 속성을 가지는데, 이와 같이 야기된 투자자의 과실은 이른바 '획책된 과실'로서 권유자의 위법과 별도로 평가할 수 없는 것이므로, 과실상계의 대상에서도 원칙적으로 배제함으로써 투자자(변액보험 계약자)에게 유리하게 판단하고 있다.[128)]

② 보험협회의 변액보험계약권유준칙 표준안

생명보험협회는 적합성 원칙이 적용되는 변액보험을 판매하는 회사가 공통으로 참조할 수 있는 '변액보험계약권유준칙 표준안'을 제정하

125) 서울고법 2010.3.31. 선고 2009나97606 판결.

126) 이와 대조되는 것은 교통사고의 경우와 같이 불법행위로 인하여 가해자가 얻은 경제적 이득은 전혀 없고, 오로지 피해자의 신체적 법익 또는 경제적 가치만이 영구적으로 소실하는 이른바 "가치 감소 내지 소멸형" 불법행위이다. 이러한 가치감소형 내지 소멸형 불법행위로 인한 손해배상에 있어서는 손해배상액을 산정할 때 손해의 공평한 분담을 위하여 피해자의 과실을 참작함이 타당하다고 보았다. 서울고법 2010.3.31. 선고 2009나97606 판결.

127) 서울고법 2010.3.31. 선고 2009나97606 판결.

128) 서울고법 2010.3.31. 선고 2009나97606 판결.

여 회사별 특성에 맞도록 수정 또는 변경하여 사용하도록 하고 있다. '변액보험계약권유준칙 표준안'의 내용을 살펴보면 다음과 같다.

가. 적합성 진단의사 파악

변액보험 계약권유준칙 표준안에 따른 계약권유 절차를 보면 먼저 보험회사는 일반보험계약자의 적합성 진단의사를 파악하여 진단을 원하지 않는 보험계약자에 대해서는 '적합성 진단 불원 확인서'를 받고 진단절차를 진행하지 않으며 일반적인 가입설계서 제공 등의 단계로 넘어가게 된다.

〈적합성 진단 불원 확인서〉[129)]

적합성 진단 불원(不願) 확인서 (예시)

□ 「적합성 진단」을 희망하지 않음
본인은 '적합성 진단'을 받지 않고 본인의 판단에 따라 보험계약을 체결하며, 이 경우 「보험업법」 제95조의3(적합성의 원칙)에 따른 의무를 귀 사가 부담하지 아니한다는 사실을 확인합니다. 또한 보험계약 체결에 대한 결과가 본인에게 귀속된다는 사실을 고지 받았음을 확인합니다.

20 년 __ 월 __ 일
보험계약자 성명 : (서명/인)
대리인 성명 : (서명/인)
친권자 / 후견인 성명 : (서명/인)
성명 : (서명/인)

주) '적합성 진단'이란 보험계약자로부터 파악한 정보를 바탕으로 '보험계약 성향 분석'을 실시하고, 보험계약자에게 적합한 보험계약 목록을 제공하는 것을 말함

다만 영업의 편의성 등을 위해 고객으로 하여금 진단을 거부토록 유도할 우려가 있으나 대부분의 회사도 내부통제를 통해 부득이한 경우를 제외하고는 진단절차를 이행하도록 하고 있다.[130)]

---

129) 김인호, 앞의 글(2), 41면.
130) 김인호, 위의 글(2), 41면.

정상적으로 진단을 원하는 보험계약자에 대해서는 보험계약 체결 전에 면담 또는 질문을 통하여 보험계약자 등의 정보를 파악하고, 보험계약자로부터 서명(「전자서명법」 제2조제2호에 따른 전자서명을 포함), 기명날인, 녹취 등의 방법으로 확인받아 유지 · 관리하여야 하며, 확인받은 내용은 보험계약자에게 지체없이 제공하여야 한다. 보험계약자 정보확인서의 양식은 [부록 1]의 '보험계약자 정보 확인서'을 참조하라.

나. 보험계약에 관한 성향분석의 실시

보험회사 또는 모집종사자는 '보험계약자 정보확인서'를 통해 파악한 보험계약자 등의 정보를 바탕으로 '보험계약 성향 분석'을 실시하게 되며 분석방법은 '점수화(scoring) 방식'과 추출방식, 또는 혼합방식 중 회사가 자율적으로 선택하여 운영할 수 있도록 하였다.[131)]

보험계약 성향분석에 대한 분류유형 역시 연금형 / 종신형 / 저축형(3단계), 성장형 / 중립형 / 안정형(3단계), 위험선호형 / 적극형 / 중립형 / 안정추구형 / 위험회피형(5단계) 등 여러 유형 중에서 회사별 판매상품의 특성 등을 고려하여 자율적으로 선택할 수 있도록 하였다.[132)]

「점수화 방식」은 '보험계약자 정보확인서' 질문에 대한 답변을 점수화하고 이 점수들의 총합을 통해 해당 보험계약자의 보험계약성향을 결정하는 방식이며 「추출방식」은 질문에 대한 보험계약자의 답변을 통해 보험계약자에게 적합한 보험계약 목록을 순차적으로 선별하여 최종적으로 남아있는 보험계약 목록을 제공하거나 질문에 따른 답변별로 적합한 보험계약을 미리 정해두고 그 중 보험계약자가 많이 선택한 보험계약 목록을 제공하는 것이다.[133)]

보험회사 또는 모집종사자는 '보험계약자 성향 분석' 결과 및 보

---

131) 김인호, 위의 글(2), 43면

132) 김인호, 위의 글(2), 43면

133) 김인호, 위의 글(2), 43면.

험계약자에게 적합한 보험계약 목록에 대해 보험계약자로부터 서명(전자서명 포함), 기명날인, 녹취 등의 방법으로 확인받아 유지·관리하여야 하며, 확인받은 내용은 보험계약자에게 지체없이 제공하여야 한다(법 제95조의3제1항). 적합성 진단결과의 예시는 [부록 2]를 참조하라.

다. 보험계약자 정보의 유효기간

보험회사는 보험계약자로부터 별도의 요청이 없는 경우 '보험계약자 정보 확인서'를 제출받은 날로부터 최대 24개월 이내의 기간을 정하여 보험계약자 정보를 보유할 수 있으며 이 기간 동안 동 정보가 변경되지 않은 것으로 간주할 수 있으나 다만 이 경우에도 보험계약자 정보 확인을 제외한 '적합성 진단' 절차는 반드시 실시하여야 한다.[134]

보험회사 또는 모집종사자는 유효기간이 경과하지 않은 보험계약자 정보를 바탕으로 '적합성 진단'을 실시하는 경우 보험계약자에게 동 사실을 설명하고, 보험계약자가 원하는 경우 유효기간(24개월)에 상관없이 보험계약자의 정보를 다시 파악하여야 한다.[135] 또한, 보험회사 또는 모집종사자가 이미 보험계약자 정보를 알고 있는 경우에도 유효기간 경과 여부를 확인하고, 유효기간이 지난 경우 보험계약자 정보를 다시 파악하여야 한다.

라. 보험계약 체결 권유 절차

보험회사 또는 모집종사자는 '적합성 진단' 결과에 근거하여 보험계약자에게 적합하지 아니하다고 인정되는 보험계약의 체결을 권유할 수 없으며 적합성 진단 결과에 따라 계약자가 체결의사를 표명한 경우 보험계약 체결 권유(예 : 가입설계서 제공) 등 후속 보험계약 체결 단계를 진행할 수 있다.

다만, 보험계약자가 '적합성 진단' 결과를 통해 권유한 보험계약을

134) 김인호, 위의 글(2), 45면.
135) 김인호, 위의 글(2), 45면.

체결하지 않고 본인의 판단에 따라 청약하는 경우로서 적합하지 않다고 여겨지는 보험계약을 청약하고 하는 경우에는, 보험회사 또는 모집종사자는 '부적합 보험계약 체결 확인서'의 내용을 설명하고, 서명(「전자서명법」 제2조제2호에 따른 전자서명을 포함), 기명날인, 녹취 등의 방법으로 확인을 받은 후에 보험계약 체결 권유(예 : 가입설계서 제공) 등 후속 보험계약 체결 단계를 진행할 수 있다.

마. 확인받은 내용의 유지·관리기간

보험회사 및 모집종사자는 '적합성 진단'과 관련하여 보험계약자로부터 확인받은 내용에 대해 보험계약 체결 이후 종료일로부터 2년까지 유지 · 관리하여야 한다.

〈적합성 원칙에 따른 변액보험 계약권유 절차〉[136]

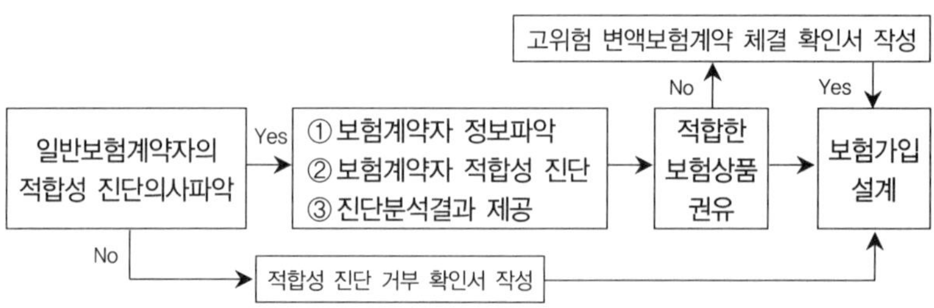

변액보험에 관하여 적합성원칙에 의거한 상품권유 관행이 정착되면, 변액보험에 대한 민원해지, 중도해지 등의 감소와 판매자 중심이 아닌 고객중심의 계약권유 관행의 정착을 기대할 수 있을 것이다.[137] 한편 적합성 원칙이 보험소비자의 수요를 반영되려면 보험회사 입장에서는 고객정보를 바탕으로 한 성향분석 등에 관한 집적된 통계를 바탕으로 적합성 진단 절차를 개선하여야 할 것이다.[138]

136) 김인호, 위의 글(2), 46면.
137) 김인호, 위의 글(2), 46면.

〈외국의 사례〉

전미증권업협회(NASD) 규칙상 SEC에 등록되는 증권의 경우 브로커가 고객에게 증권의 구입, 매도, 교환을 권유할 때에 해당 브로커는 자신이 권유하는 증권이 해당 고객에게 적합하다고 믿을 합리적인 근거를 가져야 한다(NASD 규칙 §2010). 그런데 미국 연방대법원은 변액연금보험에 대하여 보험계약의 성격은 물론, 투자계약의 성격을 상당히 갖고 있으므로 변액연금계약도 증권으로 보아서 증권거래위원회(SEC)에 등록되어야 한다고 판시하였다(SEC v. Variable Annuity Life Insurance Co.[139]).

일본 보험업법의 경우에도 시장지표 변동에 의하여 손실 발생 우려가 있는 일정한 보험계약(변액보험, 변액연금 등)의 체결시에 해당 고객에게 부적당하다고 인정되는 권유행위를 금지하고 있다(일본 보험업법 제300조의2). 이에 따라 일본의 감독규정("보험회사 대상의 종합감독지침")은 특정보험계약에 관한 적합성 원칙을 규정하고 고객의 지식, 경험, 재산상황 및 계약체결목적을 파악하여 고객의 속성 등에 근거한 적정한 권유, 판매를 할 필요가 있다고 정하고 있다(Ⅱ-3-5-1-3).[140]

〈해외 사례〉[141]

구분	미국	일본
근거	전미증권업협회(NASD) 규정	금융상품거래법 제40조, 보험업법 제300조의2
대상상품	변액보험, 연금보험(일부 주)	변액보험, 변액연금보험, 외화표시 보험 등
대상고객	전 고객	일반 고객
적합성판단을 위한 정보수집	고객정보수집의무 부여 (Know your customer Rule) • 재무 · 세무상황 및 투자목적 등	고객정보 수집은 의무사항 아님 • 특정보험계약 권유시에 고객정보를 파악할 것을 권유

138) 김인호, 위의 글(2), 46면.

139) 359 U.S. 65 (1959).

140) 서보건, 앞의 학위논문, 42면.

(6) 통신수단을 이용한 모집·철회 및 해지 등 관련 준수사항

통신수단을 이용하여 모집한 보험계약의 경우 기존에는 통신수단을 통한 청약의 철회만이 가능하였으나, 보험소비자의 편익을 고려하여 청약의 확인, 정정 및 계약해지까지 가능하도록 보험업법이 개정되었다.[142]

이에 따라서 보험계약자가 통신수단을 이용할 수 있는 경우는 (i) 보험계약을 청약한 자가 청약의 내용을 확인·정정 요청하거나 청약을 철회하고자 하는 경우, (ii) 보험계약자가 체결한 계약의 내용을 확인하고자 하는 경우, (iii) 보험계약자가 체결한 계약을 해지하고자 하는 때이다(법 제96조제2항 각호). 이러한 경우 보험회사는 보험계약자가 통신수단을 이용할 수 있도록 하여야 하나, 다만 계약해지의 경우에는 보험계약자가 계약을 체결하기 전에 통신수단을 이용한 계약해지에 동의한 경우에 한정된다(법 제96조제2항본문 및 제3호).

보험회사는 이상과 같이 통신수단을 이용하여 보험계약을 청약한 자가 전화를 이용하여 청약의 내용을 확인·정정 요청하거나 청약을 철회하려는 경우에는 상대방의 동의를 받아 청약 내용, 청약자 본인인지를 확인하고 그 내용을 음성녹음하는 등 증거자료를 확보·유지하여야 한다(영 제43조제5항). 그러나 보험계약을 청약한 자가 전화가 아닌 컴퓨터통신을 이용하여 청약의 내용을 확인·정정 요청하거나 청약을 철회하려는 경우에는 공인전자서명을 이용하여 청약자 본인인지를 확인하여야 한다(영 제43조제6항).

보험회사는 보험계약자가 전화를 이용하여 체결한 계약의 내용을 확인하려는 경우에는 상대방의 동의를 받아 보험계약자 본인인지를 확인하고 그 내용을 음성녹음하는 등 증거자료를 확보·유지하여야

141) 서보건, 위의 학위논문, 43-44면의 표를 일부 발췌·인용함.
142) 김인호, 앞의 글(2), 46면.

한다(영 제43조제7항).

또한 보험회사는 계약체결 전에 통신수단을 이용하여 계약해지에 동의한 보험계약자가 전화를 이용하여 체결한 계약을 해지하려는 경우에는 상대방의 동의를 받아 보험계약자 본인인지 여부 및 계약체결 전에 통신수단을 이용한 계약해지에 동의하였는지 여부를 확인하고 그 내용을 음성녹음하는 등 증거자료를 확보 · 유지하여야 한다(영 제43조제8항). 보험계약자가 전화 대신 컴퓨터통신을 이용하여 체결한 계약을 해지하려는 경우에는 본인확인은 공인전자서명으로 대체된다(영 제43조제9항). 이상과 같이 통신수단을 통해 보험계약의 내용확인, 해지 등이 가능해짐에 따라 보험계약자의 편의가 증진될 것으로 기대되나 개인정보 도용 등을 통한 금융사고 예방노력 등 보완방안 마련이 필요하게 되었다.[143)]

(7) 허위 · 과장광고의 규제

보험시장에서 광고규제 필요성이 부각된 계기는 통신판매, TV 홈쇼핑 등 광고를 통한 보험판매가 활성화되기 시작하면서이다. 이에 따라서 2010년 7월 개정 보험업법은 보험상품에 대해 「표시 · 광고의 공정화에 관한 법률」 외에 보험계약의 특성에 부합하도록 허위 · 과장광고로 인한 보험소비자 피해 발생을 예방하기 위해 보험업법은 보험상품 광고시 필수적으로 포함시킬 사항 및 금지사항 등 광고기준을 법제화하였다(법 제95조의4). 보험회사 또는 보험의 모집에 종사하는 자가 광고를 할 때에, 「표시 · 광고의 공정화에 관한 법률」상 사업자등이 표시 · 광고에 포함하여야 하는 중요정보 및 표시 · 광고의 방법에 해당하여 공정거래위원회가 고시하도록 하는 표시 · 광고사항[144)]이 있는

143) 김인호, 위의 글(2), 47면.

144) 「표시 · 광고의 공정화에 관한 법률」은 공정거래위원회는 상품등이나 거래분야

경우에는 동법이 정하는 바에 따른다(법 제95조의4제5항).

우선 보험업법은 보험회사 또는 보험의 모집에 종사하는 자가 보험상품에 관하여 광고를 하는 경우 일반적인 의무로서 보험계약자가 보험상품의 내용을 오해하지 아니하도록 명확하고 공정하게 전달할 의무를 규정하였다(법 제95조의4제1항).

또한 보험회사 또는 보험의 모집에 종사하는 자가 보험상품에 관하여 광고를 하는 경우에는 다음의 일정한 내용이 포함되도록 하였다(법 제95조의4제2항 및 영 제42조의4제1항 및 제2항).

〈보험상품 광고시 포함시킬 내용〉

1. 보험계약 체결 전에 상품설명서 및 약관을 읽어 볼 것을 권유하는 내용
2. 보험계약자가 기존에 체결했던 보험계약을 해지하고 다른 보험계약을 체결하면 보험인수가 거절되거나 보험료가 인상되거나 보장내용이 달라질 수 있다는 내용
3. 변액보험 계약과 관련하여 자산운용의 성과에 따라 보험금이 변동될 수 있다는 내용 및 「예금자보호법」이 적용되는 보험금의 범위
4. 보험회사 및 보험상품의 명칭
5. 주계약 및 특약별 보험료 예시
6. 주계약 및 특약별로 보장하는 사망, 질병, 상해 등 주요 위험 및 보험금 예시
7. 해약환급금 예시

의 성질에 비추어 사업자등이 표시·광고에 포함하여야 하는 중요정보 및 표시·광고의 방법을 고시할 수 있다고 하고 있으나 다른 법령에서 표시·광고를 하도록 한 사항을 제외시키고 있다(법 제4조제1항). 그러나 보험업법은 그럼에도 불구하고 「표시·광고의 공정화에 관한 법률」에 의하도록 하고 있으므로, 보험상품에 대하여도 소비자의 피해가 자주 발생하고 있는 사항 등에 대하여 공정거래위원회가 표시·광고에 포함하여야 하는 중요정보 및 표시·광고의 방법을 고시할 수 있다.

8. 지급한도, 면책사항, 감액지급 사항 등 보험금 지급제한 조건
9. 금리연동형 상품인 경우 적용이율에 관한 사항

이처럼 개정 보험업법은 보험계약자 보호를 위하여 보험회사 등의 보험상품 광고시 광고에 반드시 포함되어야 하는 필수포함사항으로 "계약 전 상품설명서와 약관을 읽어볼 것을 권유하는 내용", "변액보험 관련 원본손실가능성", "보험회사 및 보험상품 명칭", "주요 보장내용", "보험료 보험금 예시" 등을 규정하고 있다.

그 외에도 보험상품에 관한 광고시의 보험회사 또는 보험의 모집에 종사하는 자의 행위에 관한 규제로서, 다음의 행위가 금지된다(법 제95조의4제3항 및 영 제42조의4제3항).

〈보험회사 또는 모집종사자의 행위규제〉

1. 보험금 지급한도, 지급제한 조건, 면책사항, 감액지급 사항 등을 누락하거나 충분히 고지하지 아니하여 제한 없이 보험금을 수령할 수 있는 것으로 오인하게 하는 행위
2. 보상금액이 큰 특정 내용만을 강조하거나 고액 보험금 수령 사례 등을 소개하여 보험금을 많이 지급하는 것으로 오인하게 하는 행위
3. 보험료를 일할로 분할하여 표시하거나 보험료 산출기준(보험가입금액, 보험료 납입기간, 보험기간, 성별, 연령 등)을 불충분하게 설명하여 보험료가 저렴한 것으로 오인하게 하는 행위
4. 만기 시 자동갱신되는 보험상품의 경우 갱신 시 보험료가 인상될 수 있음을 보험계약자가 인지할 수 있도록 충분히 고지하지 아니하는 행위
5. 금리 및 투자실적에 따라 만기환급금이 변동이 될 수 있는 보험상품의 경우 만기환급금이 보험만기일에 확정적으로 지급되는 것으로 오인하게 하는 행위
6. 지급사유 또는 지급시점이 다른 두 개 이상의 보험금을 더하여 하나의 보험사고 발생 시에 지급될 수 있는 것으로 오인하게 하는 행위

7. 「방송법」에 따라 방송채널사용사업자로 승인된 보험대리점이 보험모집을 할 수 있는 자[145]가 아닌 자로 보험상품을 설명하게 하는 행위

이상과 같이 개정 보험업법상 보험계약자 보호를 위하여 보험상품 광고시 해서는 안 되는 금지사항으로, "보험금 지급한도, 보험금 지급제한 조건, 면책사항 등을 누락하거나 충분하게 고지하지 아니하여 제한없이 보험금을 수령할 수 있는 것으로 오인하게 하는 행위", "지급사유가 다른 두 개 이상의 보험금을 단순합산하여 지급될 보험금으로 광고하는 행위", "모집자격 없는 홈쇼핑 방송의 쇼호스트에 의한 보험광고행위" 등 대표적인 허위·오인 유도광고가 해당한다. 이를 위반할 경우, 해당 보험회사에 대해서는 해당 보험계약의 연간 수입보험료의 100분의 20 이하의 범위 내에서 금융위원회가 과징금을 부과할 수 있다(법 제196조제1항제1호).

또한 보험회사 또는 보험의 모집에 종사하는 자는 보험상품에 관하여 광고를 할 때에 일정한 방법 및 절차를 지켜야 한다(영 제42조의4제4항).

〈보험상품 광고절차 등〉

1. 보장 내용을 표시하는 글씨의 크기와 보험금 지급제한 조건을 표시하는 글씨의 크기가 비슷할 것
2. 만기 시 자동갱신되는 보험상품의 경우 갱신 시 보험료가 인상될 수 있음을 안내하는 글씨의 크기와 보험료를 예시하는 글씨의 크기가 비슷할 것
3. 광고를 할 때에 지켜야 할 사항을 해당 보험회사의 내부통제기준에

145) 보험업법상 보험모집을 할 수 있는 자는, 보험설계사, 보험대리점, 보험중개사, 보험회사의 임원(대표이사·사외이사·감사 및 감사위원은 제외) 또는 직원이다(법 제83조).

반영할 것
4. 보험상품 광고에 대하여 사전에 해당 보험회사의 준법감시인의 확인을 받을 것

광고규제의 실효적인 준수 감독을 위하여 보험협회는 필요하면 보험회사 또는 보험의 모집에 종사하는 자로부터 광고물을 미리 제출받아 보험회사등의 광고가 이 법이 정한 광고기준을 준부하는지 여부를 확인할 수 있다(법 제95조의4제6항).

이상의 내용은 그간 보험업감독규정에 근거하여 수행해 온 보험협회의 자율광고확인에 대한 법률적 근거를 마련한 것으로서, 광고기준을 위반할 경우 해당 보험회사의 임직원에 대해 과징금 및 과태료가 부과될 수 있다(법 제196조 및 제209조).

〈보험의 광고규제 관련 벌칙내용〉

- 과징금
- 보험회사 해당보험계약의 연간 수수보험료의 20% 이하(법 제196조제1항제1호)
- 과태료
- 보험회사 임직원: 2천만원 이하(법 제209조제2항제18호)
- 보험설계사, 보험대리점, 보험중개사 등: 1천만원 이하(법 제86조, 법 제88조 및 법 제90조)

(8) 중복계약 체결 확인의무

〈가상사안〉

A 보험회사의 실손의료보험상품에 가입한 B는 자전거를 타고 가다가 넘어져서 전치2주의 타박상을 입었다. B가 근무하는 회사는 B를 비롯한 소속 직원들을 위하여 C 보험회사에 단체보험을 가입한 상태이다.

B는 A 보험회사와 C 보험회사에 각각 중복적으로 보험금을 청구할 수 있을까? 이 경우 A 보험회사와 C 보험회사는 B에 대하여 어떠한 항변을 할 것인가. 만일 B가 A 보험회사와 D 우체국공제에 가입한 경우라면 상황은 어떻게 달라질 것인가.

① 중복보험의 개념 및 효과

중복보험이란 손해보험에서 동일한 보험계약의 목적과 동일한 사고에 관하여 수개의 보험계약이 체결된 경우를 말한다(상법 제672조제1항). 상법은 손해보험에서의 이득금지의 원칙을 적용하여 그 보험금액의 총액이 보험가액을 초과한 때에는 보험자는 각자의 보험금액의 한도에서 피보험자에 대하여 연대책임을 지도록 하되 다만 각 보험자의 보상책임은 각자의 보험금액의 비율에 따르도록 하고 있다(상법 제672조제1항).

보험업법 제95조의5(중복계약 체결 확인 의무) ① 보험회사 또는 보험의 모집에 종사하는 자는 대통령령으로 정하는 보험계약을 모집하기 전에 보험계약자가 되려는 자의 동의를 얻어 모집하고자 하는 보험계약과 동일한 위험을 보장하는 보험계약을 체결하고 있는지를 확인하여야 하며 확인한 내용을 보험계약자가 되려는 자에게 즉시 알려야 한다.
② 제1항의 중복계약 체결의 확인 절차 등에 관하여 필요한 사항은 대통령령으로 정한다.

상법에 의하면 손해보험을 체결할 경우 해당 보험이 중복보험인지 여부에 관하여 보험모집종사자가 아니라 보험계약자가 보험회사에 통지할 의무를 부담한다. 따라서 중복보험계약을 체결하는 경우 보험계약자는 각 보험자에 대하여 각 보험계약의 내용을 통지하여야 한다(상법 제672조제2항). 중복보험이 체결된 경우 그 사법적 효과는 그 자체로 무효로 보지는 않으나, 이득금지 원칙에 의하여 보험가입자가 기대했던 보험금을 수령하지 못하게 될 수 있다.[146)]

그러나 중복보험계약을 체결하고 통지를 하지 않은 것만으로는 해당 중복보험계약에 대해 고지의무를 위반하거나 위험의 변경 · 증가에 관한 통지의무를 해태한 것으로 볼 수 없다.[147)] 또한 중복보험계약 체결사실 자체는 보험사기는 아니다. 중복보험계약이 보험계약자의 사기로 인하여 체결된 때에는 그 계약은 무효로 하지만 보험자는 그 사실을 안 때까지의 보험료를 청구할 수 있다(상법 제672조제3항).

② 중복보험의 방지책

동일한 위험을 보장하는 내용의 수개의 중복보험을 체결한 경우 해당 보험가입자에게 피해가 돌아가게 된다. 이에 따라 2010년 7월 개정된 보험업법은 실손의료보험계약[148)]에 한하여 보험회사 또는 보험의 모집에 종사하는 자에게 실손의료보험계약을 모집하기 전에 중복보험 여부를 확인할 의무를 지우고 있다. 즉 보험회사 또는 보험의 모집에 종사하는 자 실손의료보험계약의 모집 전에 보험계약자가 되려는 자

146) 다만 중복보험계약이 보험계약자의 사기로 인하여 체결된 때에는 그 계약은 무효로 하며 해당 계약이 무효가 되는 경우라도 보험자는 그 사실을 안 때까지의 보험료를 청구할 수 있다(상법 제672조제3항).

147) 손해보험에서 중복보험의 경우에 연대비례보상주의를 규정하고 있는 상법 제672조 제1항과 사기로 인한 중복보험을 무효로 규정하고 있는 상법 제672조 제3항, 제669조 제4항의 규정에 비추어 볼 때, 부당한 이득을 얻기 위한 사기에 의한 보험계약의 체결을 사전에 방지하고 보험자로 하여금 보험사고 발생시 손해의 조사 또는 책임의 범위의 결정을 다른 보험자와 공동으로 할 수 있도록 하기 위한 것일 뿐, 보험사고발생의 위험을 측정하여 계약을 체결할 것인지 또는 어떤 조건으로 체결할 것인지 판단할 수 있는 자료를 제공하기 위한 것이라고 볼 수는 없으므로 중복보험을 체결한 사실은 상법 제651조의 고지의무의 대상이 되는 중요한 사항에 해당되지 아니한다(대법원 2003.11.13. 선고 2001다49623 판결).

148) 실손의료보험계약이란 피보험자가 실제 부담한 의료비만 지급하는 제3보험상품계약을 말한다(영 제42조의5제1항).

의 동의를 얻어 모집하고자 하는 보험계약과 동일한 위험을 보장하는 보험계약을 체결하고 있는지를 확인하여야 하며 확인한 내용을 보험계약자가 되려는 자에게 즉시 알리도록 하고 있다(법 제95조의5제1항 및 영 제42조의5제1항).

이에 따라서 보험회사 또는 보험의 모집에 종사하는 자가 실손의료보험계약을 모집하는 경우 피보험자가 되려는 자가 이미 다른 실손의료보험계약의 피보험자로 되어 있는지를 확인하여야 하고, 그 확인 결과 피보험자가 되려는 자가 다른 실손의료보험계약의 피보험자로 되어 있는 경우에는 보험금 비례분담 등 보장금 지급에 관한 세부 사항을 안내하여야 한다(영 제42조의5제2항 및 제3항). 실무적으로 실손의료보험을 체결한 보험회사는 해당 보험계약자에 대한 다른 보험회사의 중복보험이 있는지의 확인을 위하여 보험계약자의 동의를 얻어 해당 보험계약자의 신원에 관한 사항, 보험금액 등 계약 내용에 관한 정보를 보험계약 체결 익일까지 보험협회에 제공하여야 하고, 보험협회가 운영하는 실손의료보험계약정보조회시스템을 통하여 개별 보험회사들이 중복보험 체결여부를 확인하게 된다.

그러나 현행 보험업법시행령에 의하면, 실손의료보험계약의 경우에도 민간법인 또는 단체가 정관이나 그 밖의 규약에 따라 체결하는 단체보험계약 등의 경우에는 중복계약 체결확인 의무가 면제되고 있다(영 제42조의5제1항). 그러나 감사원 자료에 의하면 2011년도 중 보험금을 청구한 실손의료보험 가입자 410만 명 가운데 단체보험과 중복으로 가입된 사람이 약 10만 명에 달하며, 실손의료보험 전체 가입자가 2800만 명인 점을 감안하면 단체보험과 중복으로 가입된 사람은 10만 명의 7배인 70만 명에 이를 것으로 추정되고 있다.[149]

또한 우체국보험이나 각종 공제보험이 해당되는 유사보험의 경우

149) 디지털타임스, "실손의료보험 중복 가입 막는다", (2012.7.24)

감사원은 유사보험의 중복가입자는 약 20만 명 수준으로 보고 있으며 유사보험은 금융위원회가 관장하는 보험업법의 적용을 받지 않기 때문에 그 규제에는 지식경제부 등 관계부처의 협조가 필요한 사항이다.[150] 실손의료보험은 가입을 중복으로 하더라도 보험금은 이중으로 받지 못하기 때문에 실손의료보험에 중복가입한 보험계약자는 결국 불필요한 보험료만 내고 있으므로, 관련 보험업법시행령을 개정하여 단체보험도 가입여부를 조회할 의무를 부과할 필요가 있다.

(9) 보험모집시 금지되는 행위

2010년 7월 개정 보험업법은 설명의무, 적합성의 원칙, 실손의료보험계약의 중복계약 체결 확인의무 외에도 모집광고 관련 준수사항 등 소비자 보호장치를 널리 도입하였다. 보험업법상 보험계약의 체결 또는 모집에 종사하는 자는 그 체결 또는 모집에 관하여 다음 행위를 하는 것이 금지된다(법 제97조제1항).

[표 8] 보험계약의 체결 또는 모집 관련 금지행위 (보험업법 제97조 제1항)

구분	세부내용
상품 허위설명 또는 중요내용 미설명	보험계약자나 피보험자에게 보험상품의 내용을 사실과 다르게 알리거나 그 중요한 사항을 알리지 아니하는 행위
부당비교 행위	보험계약자나 피보험자에게 보험상품의 내용의 일부에 대하여 비교의 대상 및 기중을 분명하게 밝히지 아니하거나 객관적인 근거 없이 다른 보험상품과 비교하여 그 보험상품이 우수하거나 유리하다고 알리는 행위

150) 디지털타임스, 위 기사(2012.7.24)

고지의무 방해	보험계약자나 피보험자가 보험상품의 중요한 사항을 보험회사에 알리는 것을 방해하거나 알리지 아니할 것을 권유하는 행위
부실고지 권유	보험계약자나 피보험자가 보험상품의 중요한 사항에 대하여 부실한 사항을 보험회사에 알릴 것을 권유하는 행위
기보험계약의 부당소멸	보험계약자 또는 피보험자로 하여금 이미 성립된 보험계약을 부당하게 소멸시킴으로써 새로운 보험계약(기존보험계약과 보장내용 등이 비슷한 경우만 해당)을 청약하게 하거나 새로운 보험계약을 청약하게 함으로써 기존보험계약을 부당하게 소멸시키거나 그 밖에 부당하게 보험계약을 청약하게 하거나 이러한 것을 권유하는 행위
작성계약 또는 미동의	실제 명의인이 아닌 자의 보험계약을 모집하거나 실제 명의인의 동의가 없는 보험계약을 모집하는 행위
자필미이행	보험계약자 또는 피보험자의 자필서명이 필요한 경우에 보험계약자 또는 피보험자로부터 자필서명을 받지 아니하고 서명을 대신하거나 다른사람으로 하여금 서명하게 하는 행위
타인명의 모집	다른 모집 종사자의 명의를 이용하여 보험계약을 모집하는 행위
금전대차 조건부 계약	보험계약자 또는 피보험자와의 금전대차의 관계를 이용하여 보험계약자 또는 피보험자로 하여금 보험계약을 청약하게 하거나 이러한 것을 요구하는 행위
장애인 보험 거부	정당한 이유 없이 「장애인 차별금지 및 권리구제 등에 관한 법률」 제2조에 따른 장애인의 보험가입을 거부하는 행위

이 중 보험상품의 내용의 일부에 대한 비교 금지(법 제97조제1항제2호)에는 예외가 있는바, 보험상품내용 비교금지는 (i) 다른 보험회사를

위하여 모집을 하는 보험설계사, (ii) 등록한 보험대리점 중 각각 2 이상의 생명보험업을 경영하는 보험회사·손해보험업을 경영하는 보험회사[151] 또는 제3보험업을 경영하는 보험회사와 모집에 관한 위탁계약을 체결한 보험대리점, 또는 (iii) 등록한 보험중개사가 보험계약자의 합리적인 보험상품 선택을 위하여 비교하는 경우에는 적용되지 않는다(법 제97조제2항). 그 이유는 다른 보험회사를 위하여 모집을 하는 보험설계사, 독립보험대리점, 그리고 보험중개사는 그 업무의 성격상 보험계약자에게 다양한 보험상품을 제시하여 더 적합한 상품을 선택하도록 기회를 주어야 하기 때문이다.[152]

또한 보험계약자나 피보험자가 보험상품의 중요한 사항을 보험회사에 알리는 것을 방해하거나 알리지 아니할 것을 권유하는 행위(법 제97조제1항제3호) 또는 보험계약자나 피보험자가 보험상품의 중요한 사항에 대하여 부실한 사항을 보험회사에 알릴 것을 권유하는 행위(법 제97조제1항제4호)를 금지하는 규정은, 원래 보험계약자나 피보험자가 계약체결시에 자신에게 불리한 사항을 고지하는 것을 탐탁하게 여기지 않는 경향이 있고 또 모집종사자가 허위·부실의 사실을 고지할 것을 부추길 경우 고지의무 위반으로 자연스럽게 이어질 가능성이 크기 때문에 금지사항으로 규정된 것이다.[153]

보험업법은 이미 성립된 기존보험계약을 부당하게 소멸시키는 행위에 해당하는 지의 판단을 용이하게 하기 위하여, 기존보험계약을 부당하게 소멸시키거나 소멸하게 하는 행위를 한 것으로 보는 행위유형[154]

151) 보증보험업만을 경영하는 보험회사는 제외한다(법 제97조제2항제2호).

152) 정찬형 외 9인, 앞의 책, 137면.

153) 정찬형 외 9인, 위의 책, 139면.

154) 보험업법 제97조제3항 각호는, 1. 기존보험계약이 소멸된 날부터 1개월 이내에 새로운 보험계약을 청약하게 하거나 새로운 보험계약을 청약하게 한 날부터 1개월 이내에 기존보험계약을 소멸하게 하는 행위, 및 2. 기존보험계약이 소멸된 날부터 6개월 이내에 새로운 보험계약을 청약하게 하거나 새로운 보험계약

을 규정하였고(법 제97조제3항), 만일 부당하게 기존보험계약을 소멸시키거나 소멸하게 하였을 때에는 그 보험계약의 체결 또는 모집에 종사하는 자가 속하거나 모집을 위탁한 보험회사에 대하여 그 보험계약이 소멸한 날부터 6개월 이내에 소멸된 보험계약의 부활을 청구하고 새로운 보험계약은 취소할 수 있다(법 제97조제4항). 그리고 기존보험계약의 부당한 소멸행위와 관련하여 보험계약자가 기소멸보험계약의 부활을 청구할 경우 계약부활의 청구를 받은 보험회사는 특별한 사유가 없으면 소멸된 보험계약의 부활을 승낙할 의무를 진다(법 제97조제5항).

2010년 7월 개정 보험업법에서 이뤄진 모집행위 관련 행위규제 신설과 정비 등은 그 동안 보험관련 민원의 증가, 보험산업에 대한 일부 부정적 이미지 그리고 타 금융권과 달리 보험산업은 대면 판매조직에 의한 영업에 의존하는 등 보험의 특수성을 감안한 제도라고 평가할 수 있다.[155]

(10) 보험회사의 배상책임

① 임 · 직원의 행위에 관한 보험회사의 책임

보험회사는 그 임원 · 직원 · 보험설계사 또는 보험대리점(보험대리점 소속 보험설계사를 포함)이 모집을 함에 있어서 보험계약자에게 가한 손해를 배상할 책임을 진다(법 제102조제1항 본문). 다만, 보험회사가 보험설계사 등에게 모집을 위탁함에 있어서 상당한 주의를 하였고, 이들이 행하는 모집에 있어서 보험계약자에게 가한 손해의 방지에 노력한 경우에는 그러하지 아니하다(법 제102조제1항 단서).

을 청약하게 한 날부터 6개월 이내에 기존보험계약을 소멸하게 하는 경우로서 해당 보험계약자 또는 피보험자에게 기존보험계약과 새로운 보험계약의 보험기간 및 예정 이자율 등 중요한 사항을 비교하여 알리지 아니하는 행위를 규정하고 있다.

155) 김인호 (2), 48면.

예컨대 보험설계사가 보험계약상의 중요사항을 보험회사에 알리는 것을 방해하거나 알리지 말도록 하거나 허위사항을 알릴 것을 권유한 경우, 보험회사는 이처럼 고지의무를 위반하여 체결된 보험계약을 해지할 수 있으나 해당 보험설계사가 보험가입자에 끼친 불법행위에 대해서는 보험업법 제102조제 의하여 손해배상책임을 져야 한다.[156] 이 경우 보험회사가 부담하는 손해배상액에 대하여 대법원은 보험사고가 발생한 경우 그 손해배상액은 보험금 상당액이며 다만 보험가입자의 과실을 들어 과실상계가 가능하다고 본다(대법원 1999.4.27, 선고, 98다54830 판결).

■ **보험모집인의 설명의무 불이행으로 보험계약이 무효로 된 경우, 보험회사에게 보험업법 상의 손해배상책임이 있는지 여부 및 그 손해의 범위 [대법원 1999.4.27. 선고 98다54830 판결]**

타인의 사망을 보험사고로 하는 보험계약에 있어서 보험계약 체결시 피보험자인 타인의 서면에 의한 동의를 얻지 아니하면 상법 제731조 제1항에 위배되어 그 보험계약이 무효가 되는 것이므로, 보험모집인은 보험계약자에게 피보험자의 서면동의 여부에 대하여 구체적이고 상세하게 설명하여 보험계약자로 하여금 피보험자의 서면동의를 받을 기회를 주어 유효한 보험계약을 체결하도록 조치할 주의의무가 있는바, 보험모집인이 보험계약자에게 타인의 사망을 보험사고로 하는 보험계약을 체결할 것을 권유하면서 그와 같은 설명을 하지 아니한 채 미리 준비하여 간 보험청약서 양식에 직접 그 중요내용을 기재하고 보험계약자로부터 그의 인장을 건네받아 보험계약자란에 날인하여 보험청약서를 작성하고, 착오로 보험청약서의 피보험자 동의란에 피보험자의 도장을 받지 않았고, 보험모집인으로부터 그 청약서를 건네받은 보험회사의 대리점 역시 이를 지적하여 보완하게 하지 아니한 상태에서 피보험자가 사망하는 보험사고가

156) 정찬형 외 9인, 앞의 책, 144면.

발생한 경우, 보험모집인의 주의의무 위반으로 인하여 보험계약자가 보험금을 지급받지 못하게 되었으므로 보험회사는 보험계약자에게 그 손해를 배상할 의무가 있고, 그 손해의 범위는 보험금 상당액이다.

만일 보험회사가 그 임원·직원·보험설계사 또는 보험대리점(보험대리점 소속 보험설계사를 포함)이 모집과정에서 보험계약자에게 끼친 손해를 배상한 경우, 해당 보험회사는 해당 임직원·보험설계사 또는 보험대리점에 대한 보험회사의 구상권(求償權)을 행사할 수 있다(법 제102조제2항). 보험계약자의 보험회사에 대한 배상청구권은 손해 및 가해자를 안 날로부터 3년, 불법행위가 있은 날로부터 10년내에 행사하지 않으면 소멸한다(법 제102조제3항 및 민법 제766조).

그러나 보험중개사는 보험회사와 독립적인 사업자이므로 보험중개사가 끼친 손해에 대해서는 비록 그 손해가 모집과정에서 발생시킨 손해라 할지라도 보험업법 제102조는 보험회사가 책임을 져야 하는 사항으로 규정하고 있지 않다.

보험업법 제102조의 규정은 민법 제756조의 사용자의 배상책임과 상당부분 그 구조가 유사하다.[157] 민법 제756조는 "타인을 사용하여 어느 사무에 종사하게 한 자는 피용자가 그 사무집행에 관하여 제삼자에게 가한 손해를 배상할 책임이 있다. 그러나 사용자가 피용자의 선임 및 그 사무감독에 상당한 주의를 한 때 또는 상당한 주의를 하여도 손해가 있을 경우에는 그러하지 아니하다"라고 규정한다. 실무적으로 민법 제756조를 적용함에 있어서 '그 사무집행에 관하여'에 해당하는지가 주된 쟁점 중의 하나가 되는데, 피용자의 주관적인 의사가 아니라 외형적·객관적으로 보아 사무집행에 해당하는지를 따지므로 사무집행 관련성을 널리 인정한다. 마찬가지로 보험업법 제102조의 '모

157) 같은 취지로, 정찬형 외 9인, 위의 책, 203면.

집을 함에 있어서'도 모집 관련성을 널리 인정하게 된다.[158)]

■ **보험모집을 위탁한 보험사업자의 배상책임에 관한 구 보험업법 제158조 제1항에 정한 '모집을 함에 있어서'의 의미 (대법원 2006.11.23. 선고 2004다45356 판결)**

구 보험업법 제158조 제1항[현행법 제102조]에 정한 '모집을 함에 있어서'라는 규정은 보험모집인의 모집행위 그 자체는 아니더라도 그 행위를 외형적으로 관찰할 때 객관적으로 보아 보험모집인의 본래 모집행위와 밀접한 관련이 있거나 유사하여 마치 그 모집행위 범위 내에 속하는 것과 같이 보이는 행위도 포함한다고 새겨야 한다고 본다.

즉 원래의 가해자인 모집종사자가 자신의 책임을 이행하면 보험회사의 배상책임은 문제될 여지가 없으나 그렇지 아니한 경우 보험회사는 보험모집종사자를 대신하여 배상책임을 지게 된다. 보험회사가 피해자에게 모집종사자를 대신하여 배상한 경우 민법 제756조의 경우처럼 해당 모집종사자에 대해 구상권을 행사할 수 있으므로(보험업법 제102조제2항) 일종의 대위책임적 성격을 갖는다. 그러나 보험업법 제102조와 민법 제756조가 경합할 경우 전자가 우선적용되게 된다.[159)]

---

158) 대법원 2006.11.23. 선고 2004다45356 판결. 이 사건은 보험모집인이 처로부터 보험에 가입해 달라는 부탁과 함께 보험료를 받아 그 중 일부를 개인적인 용도로 사용한 사안으로, 보험모집인의 보험료수령행위가 외형상 그의 보험모집과 상당한 관련성이 있는 것으로서 그 모집행위 범위 내에 속하는 것과 같이 보이는 행위라는 이유로 구 보험업법(2003. 5. 29. 법률 제6891호로 전문 개정되기 전의 것) 제158조에 의하여 보험사업자의 배상책임을 인정하였다.

159) 정찬형 외 9인, 앞의 책, 203면. 양 책임은 그 근거법조문은 다르나 책임의 법적 성질은 크게 다르지 않으며 민법 제756조와 보험업법 제102조는 일반법과 특별법의 법조경합관계가 있다고 보는 견해(같은 책, 205면) 및 법 제102조의 입법취지가 도급이나 위임계약에 기하여 보험대리점이나 보험설계사가 부정행위를 한 경우에 사용자배상책임의 법리로 보험회사에게 손해배상책임을 지울 수 없는 경우가 있을 수 있으므로 이에 대비하여 특별히 둔 규정이라고 보는 견해(김창종, "보험대리점 · 모집인의 지위," 재판자료 53집 해상 · 보험법에 관

▪ 구 보험업법 제158조[현행법 제102조]와 민법 제756조의 관계 [대법원 2006.11.23. 선고 2004다45356 판결]

보험사업자의 모험모집인이 보험모집을 함에 있어 보험계약자에게 손해를 가한 경우에 그 보험모집인이 소속한 보험사업자의 배상책임을 규정하고 있는 구 보험업법(2003. 5. 29. 법률 제6891호로 전문 개정되기 전의 것) 제158조[현행법 제102조]는 사용자의 배상책임에 관한 일반규정인 민법 제756조에 우선하여 적용된다.

보험업법 제102조는 보험 모집에서 보험계약자에게 가한 손해가 있는 경우 보험회사가 이를 배상하도록 하면서 보험회사에 대해 무과실책임을 인정한 것인가에 관하여 두 가지 유형으로 나누고 있다. 보험회사의 임·직원에 의하여 손해가 발생한 경우 법 제102조는 보험회사의 무과실책임을 지우고 있다고 볼 것이다.[160] 그러나 보험업법은 보험대리점이나 보험설계사의 행위로 가한 손해의 경우에는 보험회사가 모집위탁에 있어서 상당한 주의를 하였고 이들이 행하는 모집에 있어서 보험계약자에게 가한 손해의 방지에 노력하였음을 증명하지 않는한 보험회사가 보험회사가 손해배상책임을 진다고 함으로써(법 제102조제1항 단서), 주의의무 이행과 손해방지 노력에 관한 증명책임을 전환시켜서 보험회사에게 부담시키고 있는 것이다.[161]

▪ 구 보험업법 제158조 제1항(현행법 제102조)의 규정 취지 [대법원 1998. 11.27. 선고 98다23690 판결]

보험업법 제158조 제1항[현행법 제102조]의 규정은 보험모집에 관하여

한 제문제(하)(1991.9), 127면)도 존재할 수 있다. 같은 책, 205-206면.

160) 대법원 1998.11.27. 선고 98다23690 판결.

161) 같은 취지로, 정찬형 외 9인, 앞의 책, 204면.

보험계약자에게 가한 손해에 대하여 보험사업자에게, 그 손해가 보험사업자의 임원·직원의 행위로 인한 경우에는 무과실책임을 지우고 보험모집인과 보험대리점의 행위로 인한 경우에는 무과실책임에 가까운 손해배상책임을 지움으로써 보험계약자의 이익을 보호함과 동시에 보험사업의 건전한 육성을 기하고자 하는 데 그 의의가 있다.

이 경우 보험대리점의 임원이나 사용인이 모집을 함에 있어 보험계약자에게 손해를 가한 경우에도 '보험대리점이 모집을 함에 있어 보험계약자에게 손해를 가한 경우'에 해당하여 보험업법 제102조에 의하여 보험회사에게 배상책임이 성립할 수 있으며, 이 경우 해당 임원이나 사용인이 현행법에 따라 금융위원회에 등록하였는지 여부는 보험회사의 손해배상책임 성립에 영향을 주지 않는다.[162]

■ **보험업법에 의한 신고를 하지 않은 보험대리점의 임원이나 사용인이 보험 모집을 함에 있어 보험계약자에게 손해를 가한 경우, 보험업법이 적용되어 보험사업자가 책임을 지는지 여부 [대법원 1997. 11.14. 선고 97다26425 판결]**

구 보험업법 제144조(1995. 1. 5. 법률 제4865호로 개정되기 전의 것)는 보험의 모집을 할 수 있는 자 중에서, 보험대리점의 임원이나 사용인이 모집을 함에 있어 보험계약자에게 손해를 가한 경우에도 '보험대리점이 모집을 함에 있어 보험계약자에게 손해를 가한 경우'에 해당하여 구 보험업법 제158조 제1항[현행법 제102조]이 적용된다 할 것이다.

신고를 하지 않은 보험대리점의 임원이나 사용인이 모집을 함에 있어 보험계약자에게 손해를 가한 경우에도, 그 임원이나 사용인이 위 구 보험업법 제218조 제1호에 의하여 형사처벌을 받게 된다 하더라도 그의 보험모집의 법률적 효과가 보험대리점에 귀속되는 이상 역시 위 구 보험업법 제158조 제1항[현행법 제102조]이 적용된다고 해석함이 위 구 보험업법의 취지에 부합한다.

162) 대법원 1997.11.14, 선고, 97다26425 판결.

보험업법 제102조에 의한 보험회사의 배상책임이 성립하려면 '모집을 함에 있어서 가한 손해'에 해당하여야 한다. 이러한 손해배상책임은 그 성격상 불법행위까지 포괄하는 책임이므로 보험대리점이나 보험설계사의 행위가 실제로 그들의 권한범위 내의 행위인지 여부에 제한되지 않는다.[163] 그러나 근래 보험설계사 등에 의하여 문제되고 있는 다음과 같은 사례의 경우에는 보험의 모집에 있어서 가한 손해로 포섭되기 어려운 면이 있다.

〈근래 사례〉[164]

(1) A 생명보험의 보험설계사 B가 투자상품설명서에 동 보험회사의 로고를 임의로 찍어서 마치 보험상품인 것처럼 속이고 우수고객만 가입이 가능하다고 유인하여 소비자 C가 유사투자자문업체인 D회사의 상품에 투자하게 함으로써 C에게 손해를 발생시킴

(2) A 생명보험의 보험설계사 B가 C사의 주식을 마치 A 보험회사가 판매하는 상품인 것처럼 고객을 속여서 A 보험회사의 직인, 거래사실확인서 및 이사회회의록 등을 위조한 후 소비자 D의 투자금(약 13억원)을 받아서 가로채어 D에게 손해를 발생시킴

위 사례에서처럼 보험회사가 판매하는 상품이 아닌 투자상품에 가입하여 소비자가 손해를 입은 경우 투자상품은 보험회사의 판매상품이 아니므로 보험업법 제102조에 따른 '보험의 모집을 함에 있어서 가한 손해'라는 모집 관련성이 부정될 가능성이 있다. 설령 보험 모집 관련성이 인정된다고 하더라도 소비자가 충분한 배상을 받을 수 있을지 여부는 의문이다. 왜냐하면 위와 같은 경우에 소비자가 해당 상품

163) 정찬형 외 9인, 앞의 책, 208면.

164) 금융감독원 공식블로그(출처 : http://fssblog.com/).

이 실제로 보험회사가 판매중인 상품인지를 해당 보험회사에게 확인하지 아니한 과실이 인정될 수 있으며, 이러한 사례에서 많은 경우 보험설계사가 투자원금이나 수익보장을 하여 유인할 수 있는데 보험설계사는 그러한 행위를 하는 것이 금지되므로 이에 응하여 투자한 소비자가 입은 손해에 대하여는 상당부분 과실상계가 행해질 수 있기 때문이다.

② 보험계약자 등의 우선변제권

보험계약자나 보험금을 취득할 자가 보험중개사의 보험계약체결 중개행위와 관련하여 손해를 입은 경우에는 그 손해액을 보험업법 제89조제3항에 따른 영업보증금에서 다른 채권자보다 우선하여 변제받을 권리를 가진다(법 제103조). 보험업법은 보험계약자 등이 갖는 이러한 우선변제권을 담보채권자의 권리보다 우선적으로 하고 있다. 이는 영업보증금은 보험중개사가 보험계약 체결 중개와 관련하여 보험계약자에게 입힌 손해의 배상을 보장하기 위하여 금융위원회가 보험중개사로 하여금 금융위원회가 지정하는 기관에 예탁시키는 것이므로(법 제89조제3항), 예탁된 영업보증금은 보험계약자의 손해 배상을 위한 것으로 사실상 양해되어 있기 때문이다.

6. 금융분쟁조정제도

(1) 보험분쟁 현황

보험의 영역은 불완전판매 등 타영역에 대비하여서도 다툼의 소지가 많은 금융상품 영역이다. 금융감독원에 접수된 보험회사와 보험소비자간 보험분쟁 현황은 다음과 같다.

[표 9] 금융분쟁 접수현황 추이[165)]

(단위: 건)

구 분	2006	2007	2008	2009	2010
은행 · 중소서민금융	2,154	2,020	5,200	5,574	4,351
금융투자	470	561	1,163	1,872	788
생명보험	8,681	7,603	7,393	11,193	10,289
손해보험	7,084	6,895	7,269	10,349	10,460
합 계	18,389	17,079	21,025	28,988	25,888

[표 10] 금융분쟁민원의 근래 추이[166)]

(단위: 건, %)

구 분	'10년		'11년		'12년		
	건 수	구성비	건 수	구성비	건 수	구성비	전년대비 증감률
금융민원 (분쟁민원)	72,169 (25,888)	17.0 (6.1)	84,731 (33,453)	16.3 (6.4)	94,794 (36,242)	17.1 (6.5)	11.9 (8.3)
은행 · 비은행	27,760	6.5	39,998	7.7	42,791	7.7	7.0
보 험	40,334	9.5	40,801	7.8	48,471	8.7	18.8
금융투자	4,075	1.0	3,932	0.8	3,532	0.6	△10.2

(2) 금융분쟁조정제도

① 금융분쟁해결을 위한 기구

금융분쟁이란 금융회사, 예금자 등 금융수요자 및 기타 이해관계인이 금융회사의 금융거래 업무 등과 관련하여 권리 · 의무 또는 이해관계가 발생하는 경우 금융회사를 상대로 제기하는 분쟁을 의미한다. 그리고 금융위원회등설치법은 금융회사와 예금자 등 금융 수요자와 그

165) 금융감독원, "2010년 금융분쟁조정 실적 및 소제기 현황," 보도자료(2011. 1.31.), 6면.

166) 금융감독원, "2012년중 금융감독원의 금융상담 및 민원동향 분석," 보도자료(2012.3.21.), 8면.

밖의 이해관계인 사이에 발생하는 금융관련 분쟁의 조정에 관한 사항을 심의·의결하기 위하여 금융감독원에 금융분쟁조정위원회를 설치하도록 하고 있다(법 제51조).

금융감독원은 금융분쟁에 대한 조정신청을 받아 당사자의 주장과 사실관계를 조사·확인하고, 이에 대한 합리적 분쟁해결방안이나 조정안을 제시하여 분쟁 당사자 간 합의를 유도한다.[167] 금융소비자는 방대한 조직과 전문성을 갖춘 금융회사와 대등한 위치에서 분쟁을 해결하기 어렵고 소송에 의한 해결에는 비용과 시간이 많이 소요되므로 금융위원회설치등법은 금융회사를 감독·검사하는 금융감독원으로 하여금 공정하고 객관적인 입장에서 보다 쉽게 소비자의 피해를 구제하도록 금융분쟁조정제도를 운영하고 있다.[168]

「소비자기본법」으로 설립된 한국소비자원 역시 소비자와 사업자 사이에 발생한 분쟁을 조정하기 위하여 한국소비자원에 소비자분쟁조정위원회를 두고 소비자분쟁에 대한 조정결정 등에 관한 사항을 심의·의결하므로(소비자기본법 제60조), 금융감독원 내에 설치된 금융분쟁조정위원회와의 중복 관할이 문제될 수 있다.[169] 그러나 현행 「소비자기본법」(공정거래위원회 관할)은 금융분쟁조정위원회와의 분쟁조정이 중복될 경우에 관하여 별다른 규정을 두고 있지 않으므로[170] 금융소비자로서는 금융분쟁조정위원회 및 소비자분쟁조정위원회 모두에 조정을 중복신청하는 것이 가능해졌다. 그러나 금융분쟁 해결의 경우 상당한

167) 금융감독원, 「금융소비자보호 백서」, 2011.4, 325면.

168) 금융감독원, 위 백서, 325면.

169) 2003년 7월 29일 개정된 (구) 「소비자보호법」에는 금융감독원에 분쟁조정 신청을 하여 처리 중에 있거나 또는 처리된 사항에 대해서는 한국소비자원의 피해구제처리대상에서 제외하도록 하고 있었다(구 소비자보호법 제19조의2).

170) 다만 공정거래위원회에 등록한 소비자단체의 협의체에 의한 자율적 분쟁조정(紛爭調停)에서만 금융분쟁조정을 처리하지 못하도록 있을 따름이다(소비자기본법 제31조제1항 단서 및 동법시행령 제25조제1호).

전문성이 필요하다는 점에 비추어 바람직한 입법인지는 의문이다.

② 금융분쟁조정위원회

금융분쟁조정위원회는 위원장 1명을 포함한 30명 이내의 위원으로 구성된다(금융위원회등설치법 제52조제1항 및 제3항).

금융분쟁조정위원회에 분쟁조정을 신청할 수 있는 자는 예금자 등 금융 수요자와 그 밖의 이해관계인은 물론 금융회사도 포함된다(금융위원회등설치법 제53조제1항). 분쟁조정의 신청이 있는 경우 원장은 관계 당사자에게 그 내용을 알리고 합의를 권고할 수 있으며, 분쟁조정의 신청을 받은 날부터 30일 이내에 제2항에 따른 합의가 이루어지지 아니하면 지체 없이 이를 조정위원회에 회부하여야 한다(금융위원회등설치법 제2항본문 및 제3항).

그러나 분쟁조정의 신청내용이 (i) 이미 법원에 제소된 사건이거나 분쟁조정을 신청한 후 제소한 경우, (ii) 신청한 내용이 분쟁조정 대상으로서 적합하지 아니하다고 인정하는 경우, (iii) 신청한 내용이 관련 법령 또는 객관적인 증빙(證憑) 등으로 비추어 볼 때 합의권고절차 및 조정절차를 진행할 실익이 없는 경우 등에 해당할 경우 합의권고를 하지 아니하거나 조정위원회에의 회부를 하지 아니할 수 있다(금융위원회등설치법 제53조제2항단서 및 각호). 조정신청사건의 처리절차의 진행 중에 한쪽 당사자가 소송을 제기한 경우 원장은 그 조정의 처리를 중지하고 그 사실을 양쪽 당사자 모두에게 통보하여야 하므로(금융위원회등설치법 제56조), 금융회사가 조정 과정 중에 소송을 제기한 경우 분쟁조정제도의 효과는 급감하게 된다.

양 당사자중 일방이 소송을 제기함이 없이 조정위원회가 조정안을 작성하면 원장은 신청인과 관계 당사자에게 이를 제시하고 수락을 권고할 수 있고(금융위원회등설치법 제53조제5항), 이에 따라 당사자가 조정안을 수락한 경우에 한하여 그 조정안은 재판상의 화해와 동일한 효력을 갖는다(금융위원회등설치법 제55조).

이처럼 금융회사의 소송 제기 또는 조정결정에 대한 법적구속력이 미약함에도 2010년 12월말 기준으로 금융감독원에서 처리한 26,108건의 분쟁조정신청건 중 11,655건에 대해 피해가 구제되었으며 이에 따라 2010년 기준 피해구제율이 45.4%에 이르고 있다.[171] 그 이유로는 금융분쟁조정 신청 방법이 인터넷, 서면, 내방 등 간편하여 비용부담이 없다는 점을 들 수 있다. 특히, 금융회사에 대한 검사와 감독권을 갖는 금융감독원이 분쟁관련 내용뿐만 아니라 신청인이 잘 알지 못하는 증거나 불공정한 거래내용, 잘못된 관행까지도 함께 조사하므로[172], 금융회사의 위법·부당한 처리 등이 있는 경우 이를 검사나 감독에 피드백하여 잘못된 관행을 시정하는 계기가 된다고 할 수 있다.

③ 금융분쟁조정의 연혁

1980년대 들어 상대적 우월지위에 있는 사업자로부터 소비자의 합리적 소비생활을 보호하는 것이 정부정책의 주요과제로 내두되면서 헌법에 소비자보호 규정이 명문화되고(헌법 제125조) 1980년에 (구)소비자보호법도 제정되어 1982년 9월부터 시행되었다.

금융소비자에 대한 피해구제를 위하여 당시 각 금융권역별로 운영되던 각 감독기구에서 금융분쟁조정제도를 도입·운영하였다.[173] 그

171) 금융감독원, 앞의 백서, 325면; 이는 한국소비자원의 금융·보험상담 관련 피해구제율(7.0%), 법원의 소제기를 통한 피해구제율(10% 이내)을 훨씬 상회하고 있다. 같은 책, 325면.

172) 금융감독원, 위의 백서, 325면.

173) 은행의 경우 1987년 9월 재무부고시에 의거 은행감독원 내에 금융분쟁조정위원회를 설치하였고, 1991년 12월 은행법 개정시 법상 기구화되었다. 보험의 경우 1979년 3월 보험업법시행령에 의거 한국보험공사에 인보험·손해보험분쟁심의위원회를 설치하였고, 1989년 12월 보험업법 개정시 보험분쟁조정위원회로 변경되었다. 증권의 경우 1977년 4월 증권거래법및 시행령에 의거 증권관리위원회 내에 쟁의조정위원회를 설치하였으며, 1994년 1월 증권거래법 개정시 증권분쟁조정위원회로 변경되었다. 금융감독원, 위의 백서, 326면 각주 61번.

러다가 1999년 1월 (구)「금융감독기구의설치등에관한법률」[174]에 의거 종전의 권역별로 운영되던 감독기구가 통합되어 설립된 금융감독원 내에 금융분쟁조정위원회 및 분쟁업무 담당조직이 설치되었다.

이후 분쟁조정 제도를 통한 피해구제 건수도 지속 증가하여 2009년도에는 4개 감독기구 통합 이후 처음으로 분쟁조정 처리건수가 3만건을 초과하였다. 최근 3년간 평균 피해구제율은 49.4%, 처리기간도 27.0일로 법상 처리기한(조정위원회 회부 전 30일, 조정위원회 회부 후 60일)을 준수하고 있다.[175]

④ 금융분쟁조정의 절차

금융회사의 업무와 관련하여 금융소비자와 금융회사간 금융분쟁이 발생할 경우 조정신청의 원인 및 사실을 증명하는 자료 등을 기재한 분쟁조정신청서를 금융감독원에 제출하여 분쟁조정을 신청하게 된다.

그러나 모든 조정신청사건이 금융분쟁조정위원회에 회부되는 것은 아니다. 실무적으로 금융분쟁조정위원회에 회부하여 심의 · 의결하는 안건은 기존의 조정례 또는 판례 등이 없거나, 약관에 명확한 규정이 없어 다의적 해석 또는 법률적 판단이 필요한 경우 등 새로운 조정결정이 필요한 사안에 대해 상정하고 있다.[176]

금융감독원장은 접수된 사건 중 분쟁의 원만한 해결을 위하여 당사자가 합의하도록 함이 상당하다고 인정되는 사건의 경우 당사자에게 합의를 권고할 수 있다(금융위원회등설치법 제52조). 그러나 조정신청을 받은 날로부터 30일 이내에 합의권고가 이루어지 아니할 때 지체없이

174) 현행 금융위원회등설치법의 전신에 해당하는 법률이다.

175) 금융감독원, 앞의 백서, 326면.

176) 금융감독원, 위의 백서, 327면. 판례나 기존조정선례가 있는 경우에도 안건을 회부할 경우 조정절차 진행의 실익이 없음은 물론 행정력의 낭비를 초래할 수 있기 때문이다. 앞의 백서, 328면.

조정위원회에 회부하여야 한다. 이 경우 사실조사 등에 소요된 기간은 산입하지 않는다. 또한, 의사 · 법조인 · 학계 등의 전문가로 구성된 전문위원(60인)으로부터 법률 또는 의료자문 등을 받는 전문위원 자문제도를 운영함으로써 분쟁조정 사건의 전문성 · 공정성을 제고하고 있다.[177]

[그림 1] 금융분쟁조정 처리절차[178]

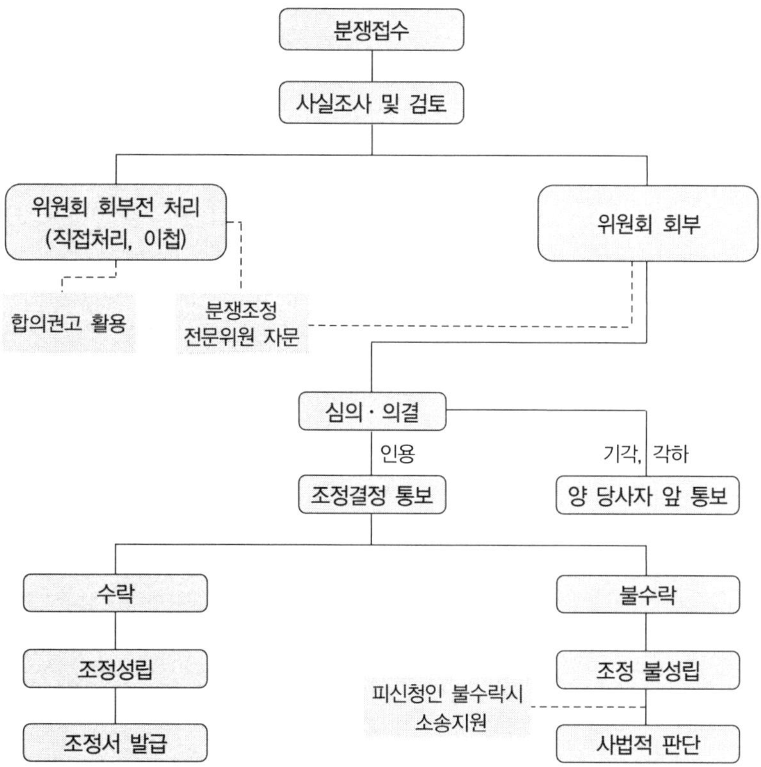

177) 금융감독원, 위의 백서, 329면.
178) 금융감독원, 위의 백서, 330면.

금융분쟁조정위원회에 회부된 분쟁조정 사건은 회부일로부터 60일 이내에 심의하여 조정결정하도록 정하고 있으며(금융위원회등설치법 제53조제3항), 조정결정의 수락은 분쟁의 양당사자가 조정결정의 통지를 받은 날로부터 20일 이내에 조정결정수락서에 기명하고 날인하여 제출하면 조정이 성립된다.

이 경우 조정결정에 대한 수락여부는 전적으로 분쟁당사자의 자유의사에 있다. 다만, 금융감독원장은 위원회의 의결사항이 관련 법규를 위반하거나 공익에 비추어 심히 부당하다고 판단되는 경우 재의요구를 할 수 있으며, 이러한 재의요구가 있는 경우 조정위원회는 구성원 3분의 2 이상의 출석과 출석위원 3분의 2 이상의 찬성으로 재의결하게 된다(금융위원회등설치법 제54조제3항 및 제4항).

제 3 장

보험회사의 재무건전성

1. 재무건전성의 규제일반 | 2. 보험회사의 자산운용 규제 | 3. 리스크 중심 자본등 규제

1. 재무건전성의 규제일반

재무건전성의 유지와 관련하여 보험회사는 보험금 지급능력과 경영건전성을 확보하기 위하여 자본의 적정성에 관한 사항, 자산의 건전성에 관한 사항, 그 외 경영건전성 확보에 필요한 사항을 준수할 의무를 진다(법 제123조제1항). 이 경우 금융위원회는 보험회사가 법 제123조제1항의 재무건전성 기준을 지키지 아니하여 경영건전성을 해칠 우려가 있다고 인정되는 경우에는 대통령령으로 정하는 바에 따라 자본금 또는 기금의 증액명령, 주식 등 위험자산의 소유 제한 등 필요한 조치를 할 수 있다(법 제123조제2항).

2. 보험회사의 자산운용 규제

(1) 자산운용의 원칙 및 운용세한

보험회사는 자산운용을 함에 있어 안정성 · 수익성 및 공익성을 확보하여야 하며, 선량한 관리자의 주의의무를 다하여야 한다(법 제104조). 보험회사의 자산운용규제가 네거티브 방식으로 전환됨에 따라 은행법과 유사하게 업무용 부동산이 아닌 부동산의 소유 금지 등 자산운용이 금지되거나 제한되는 대상이 열거되고 있다.

① 자산운용 방법

가. 네거티브 규제

2003년 보험업법 개정 이전에는 보험회사는 대통령령에 규정되어 있는 자산이용의 방법 및 한도에 맞추어 운용하였어야 하였다. 그러다가 2003년 5월 보험업법 개정 이후에는 법에서 금지하는 운용대상 외의 항목에는 자산운용이 허용되는 네거티브 규제방식을 채택하고 있다. 법으로 자산운용한도를 정할 경우 규제의 투명성과 객관성이 제고되는 장점은 있으나, 자산운용한도의 탄력성이 떨어지는 문제가 있다. 이를 보완하기 위하여 법상의 자산운용비율을 100분의 50 범위 내에서 대통령령으로 인하할 수 있도록 하고 있다.

2003.5.29. 개정전 보험업법	2003.5.29. 개정 보험업법
제19조 (재산운용의 건전성) ① 보험사업자는 그 재산을 운용함에 있어 안전성·수익성·유동성 및 공공성이 확보되도록 하여야 한다. ② 보험사업자는 <u>그 재산을 다음 각호의 방법에 의하여 운용하여야 한다.</u> 1. 증권거래법 제2조제1항의 규정에 의한 유가증권의 취득 및 그 이용 2. 부동산의 취득 및 그 이용 3. 대출 및 어음의 할인 4. 대통령령이 정하는 금융기관에의 예금 5. 신탁회사에 대한 금전·유가증권 또는 부동산의 신탁 6. 기타 대통령령이 정하는 방법 ③ 보험사업자의 재산운용에 관하여 기타 필요한 사항은 대통령령으로 정한다.	제105조 (금지 또는 제한되는 자산운용) ① 보험회사는 <u>그 자산을 다음 각호의 1에 해당하는 방법으로 운용하여서는 아니된다.</u> 1. 귀금속·골동품 및 서화의 소유(대통령령이 정하는 경우를 제외한다) 2. 대통령령이 정하는 업무용 부동산이 아닌 부동산(저당권 등 담보권의 실행으로 인하여 취득하는 부동산을 제외한다)의 소유 3. 상품 또는 유가증권에 대한 투기를 목적으로 하는 자금의 대출 4. 직접·간접을 불문하고 당해 보험회사의 주식을 매입시키기 위한 대출 5. 직접·간접을 불문하고 정치자금의 대출 6. 당해 보험회사의 임원 또는 직원에 대한 대출(보험약관에 의한 대출 및 금융감독위원회가 정하는 소액대출을 제외한다) 7. 자산운용의 안정성을 크게 해

	할 우려가 있는 행위로서 대통령령이 정하는 행위 ② 보험회사는 그 자산을 대통령령이 정하는 바에 따라 선물거래법에 의한 선물거래 또는 이와 유사한 거래로서 대통령령이 정하는 거래에 운용할 수 있다.

보험회사의 자산운용규제가 2003년 보험업법 개정으로 인하여 네거티브 규제가 된 이래, 근래 보험회사의 자산운용규제가 더욱 완화·정비되었다.

2010년 7월 개정전 보험업법	현행 보험업법[179]
제105조(금지 또는 제한되는 자산운용) ① 보험회사는 그 자산을 다음 각호의 1에 해당하는 방법으로 운용하여서는 아니된다. 1. 귀금속·골동품 및 서화의 소유(대통령령이 정하는 경우를 제외한다) 2. 대통령령이 정하는 업무용 부동산이 아닌 부동산(저당권 등 담보권의 실행으로 인하여 취득하는 부동산을 제외한다)의 소유 3. 상품 또는 유가증권에 대한 투기를 목적으로 하는 자금의 대출 4. 직접·간접을 불문하고 당해 보험회사의 주식을 매입시키기 위한 대출	제105조(금지 또는 제한되는 자산운용) 보험회사는 그 자산을 다음 각 호의 어느 하나에 해당하는 방법으로 운용하여서는 아니 된다. 〈삭제〉 1. 대통령령으로 정하는 업무용 부동산이 아닌 부동산(저당권 등 담보권의 실행으로 취득하는 부동산은 제외한다)의 소유 2. 제108조제1항제2호에 따라 설정된 특별계정을 통한 부동산의 소유 〈신설〉 3. 상품이나 유가증권에 대한 투기를 목적으로 하는 자금의 대출 4. 직접·간접을 불문하고 해당 보험회사의 주식을 사도록 하기

	위한 대출
5. 직접·간접을 불문하고 정치자금의 대출	5. 직접·간접을 불문하고 정치자금의 대출
6. 당해 보험회사의 임원 또는 직원에 대한 대출(보험약관에 의한 대출 및 금융위원회가 정하는 소액대출을 제외한다)	6. 해당 보험회사의 임직원에 대한 대출(보험약관에 따른 대출 및 금융위원회가 정하는 소액대출은 제외한다)
7. 자산운용의 안정성을 크게 해할 우려가 있는 행위로서 대통령령이 정하는 행위	7. 자산운용의 안정성을 크게 해칠 우려가 있는 행위로서 대통령령으로 정하는 행위
② 보험회사는 그 자산을 대통령령이 정하는 바에 따라 「자본시장과 금융투자업에 관한 법률」에 따른 파생상품시장에서의 거래 또는 이와 유사한 거래로서 대통령령이 정하는 거래에 운용할 수 있다.	〈삭제〉

자산운용에 관한 2010년 7월 보험업법 개정 전·후의 주된 내용을 비교하면, 개정 후의 보험업법은 (i) 제108조제1항제2호에 따라 설정된 특별계정을 통한 부동산의 소유를 금지하는 규정을 보험업법에 신설하고, (ii) 자본시장법상의 파생상품시장에서의 거래 또는 이와 유사한 거래로서 대통령령이 정하는 거래에 자산을 운용할 수 있도록 하는 제105조제2항을 삭제하고 있다. 그러나 파생상품거래가 전면허용된 것은 아니며 파생상품거래는 법 제105조제7호 및 영 제49조제2항에 의하여 규제되고 있다.

179) 보험업법 제105조는 법률 제10394호로 2010.7.23. 일부개정되고 2011.1.24. 시행된 보험업법과 동일하다.

나. 외국환 및 파생금융거래의 자산운용 제한

보험업법시행령 제49조제2항은 자산운용규제에 관한 법 제105조제7호와 관련하여, 금융위원회가 정하는 기준을 충족하지 아니하는 일정한 외국환 및 파생금융거래에 관한 보험회사의 자산운용을 금지하고 있다(감독규정 제5-2조). 금융위원회가 정하는 기준을 충족하여 보험회사의 자산운용이 허용되는 외국환이란 「외국환 거래법」에 따른 외국환 중 대외지급수단, 외화증권, 외화채권을 말한다(감독규정 별표 8). 또한 보험회사의 자산운용이 허용되는 파생금융거래는, 「외국환 거래법」에 따른 파생상품에 관한 거래로서 채무불이행, 신용등급 하락 등 계약 당사자 간의 약정된 조건에 의한 신용사건 발생시 신용위험을 거래 당사자 한쪽에게 전가(轉嫁)하는 거래 또는 이와 유사한 거래를 포함하는 거래이다(감독규정 별표 9).

이러한 방식으로 금융위원회가 별도로 허용하지 아니하는 외국환이나 파생금융거래는 법 제106조의 자산운용방법과 비율에 관한 제한을 받게 된다. 즉 보험업법은 보험회사가 그 일반계정과 특별계정에 속하는 자산운용시에 초과할 수 없는 일정한 비율을 정하고 있는데(법 제106조), 「외국환거래법」에 따른 외국환이나 외국부동산 소유의 경우 일반계정은 총자산의 100분의 30, 특별계정의 경우에는 각 특별계정 자산의 100분의 20이 최대 운용한계이다(법 제106조제1항 제9호). 금융위원회가 위험회피 수단요건에 해당하지 아니하는 파생상품거래의 경우에는 위탁증거금(장외파생상품거래의 경우에는 약정금액)의 합계액 기준으로, (i) 일반계정은 총자산의 100분의 6 (단, 장외파생상품거래는 총자산의 100분의 3 미만), (ii) 특별계정 : 각 · 특별계정 자산의 100분의 6 (단, 장외파생상품거래는 각 특별계정 자산의 100분의 3 미만)이 된다(법 제106조제1항제10호).

보험업감독규정은 보험회사가 장외파생금융상품 거래를 하는 것을 허용하면서 파생금융거래를 자본시장법과 마찬가지로 선도, 옵션, 스왑거래 및 신용파생상품거래로 정하고 있다(감독규정 별표 9).

〈보험업법에서 규율하는 파생금융거래의 정의〉 (보험업감독규정 별표 9)
- **선도거래** : 기초자산이나 기초자산의 가격 · 이자율 · 지표 · 단위 또는 이를 기초로 하는 지수 등에 의하여 산출된 금전등을 장래의 특정 시점에 인도할 것을 약정하는 계약 - **옵션거래** : 당사자 어느 한쪽의 의사표시에 의하여 기초자산이나 기초자산의 가격 · 이자율 · 지표 · 단위 또는 이를 기초로 하는 지수 등에 의하여 산출된 금전등을 수수하는 거래를 성립시킬 수 있는 권리를 부여하는 것을 약정하는 계약 - **스왑거래** : 장래의 일정기간 동안 미리 정한 가격으로 기초자산이나 기초자산의 가격 · 이자율 · 지표 · 단위 또는 이를 기초로 하는 지수 등에 의하여 산출된 금전등을 교환할 것을 약정하는 계약 - **신용파생상품거래** : 이상의 위 계약과 연계하여 미리 정하여진 방법에 따라 지급금액 또는 회수금액이 결정되는 권리가 표시된 증권

이 경우 투자한도 적용을 받는 장외파생상품거래 및 투자한도 적용을 받지 않는 장외파생상품거래를 나누고 위험회피를 위한 헤지거래의 경우에는 후자의 장외파생상품거래로 보아 파생금융거래 한도에 산입하지 않고 있다(감독규정 별표 9 제3호 가목). 파생금융거래의 거래한도는 약정금액(프리미엄을 지급하는 거래의 경우 프리미엄 금액)을 기준으로 한다(감독규정 별표 9 제3호 나목).

파생금융거래한도에 산입되지 않는 파생금융거래로 인정받기 위하여는, 다음 거래 중 하나에 해당하여야 한다. (i) 일정한 헤지거래 요건을 충족하는 파생금융거래, (ii) 주식 · 출자지분 · 수익증권 이외의 외화증권에서 정하는 일정한 투자기준을 충족하는 투자 및 일정한 투자기준을 충족하는 신종외화증권 투자, (iii) 공모방식으로 발행된 것으로서, 원화표시 주가지수연동예금(Equity Linked Deposit), 원화표시

주가연계증권(Equity Linked Security), 원화표시 주식워런트증권(Equity Covered Warrant), 원화표시 주가연계수익증권(Equity Linked Fund), 원화표시 신용연계채권(Credit Linked Note), 원화표시 신용연계예금(Credit Linked Deposit), 합성담보부채권(Synthetic Collateralized Debt Obligations) 및 원화표시 신용연계수익증권(Credit Linked Fund)에 대한 투자이어야 한다.[180)]

또는 (iv) 자산과 부채의 듀레이션(duration) 불일치로 인한 자산부채종합관리(Asset-Liability Management; ALM) 위험헤지 목적으로 일정한 요건을 갖추고 높은 금리 위험 해소 효과가 기대되는 거래, (v) 위험관리를 위한 국고채 연계 이자율스왑으로 일정한 요건을 갖춘 거래에 해당하여야 한다(감독규정 별표 9 제4호 가목라).

다. 신용파생상품거래의 문제

보험회사가 할 수 있는 신용파생상품거래 중 신용연계채권(Credit Linked Note)을 매입하는 거래가 채무보증에 해당되어 금지되는지에 관한 논의가 있다. 보험업법상 보험회사는 동법에서 허용하는 경우 외에는 타인을 위하여 그 소유자산을 담보로 제공하거나 채무보증을 할 수 없다(법 제113조). 그런데 신용연계채권의 매입은 그 경제적 효과 면에서 해당 매입거래를 한 보험회사를 신용위험 보장매도자(protection seller)로 만들게 되므로, 보험업법에서 규정하는 채무보증에 해당하는지에 관한 것이었다.[181)]

이에 따라서 2011년 12월 개정된 보험업법시행령은 법 제113조 단

---

180) 그런데 원화표시 주가지수연동예금(ELD), 원화표시 주가연계증권(ELS), 원화표시 주식워런트증권(ECW), 원화표시 주가연계수익증권(ELF)에 대해서 이들 증권들의 투자위험성이 크다는 점에서 보험회사 파생금융상품거래의 투자한도 예외로 인정하는 것에 대해서는 타당성을 발견하기 어렵다는 지적이 행해지고 있다. 고동원, 「금융규제와 법」, 박영사, 2008, 294면.

181) 신용연계채권의 매입은 채무보증과 유사점도 있지만 차이점도 있는 것이 사실이다. 자세한 비교에 대해서는, 고동원, 위의 책, 295-296면.

서를 근거로 하여, 신용위험을 이전하려는 자가 신용위험을 인수한 자에게 금전 등의 대가를 지급하고 신용사건이 발생하면 신용위험을 인수한 자가 신용위험을 이전한 자에게 손실을 보전해 주기로 하는 계약에 기초한 증권(자본시장법상 파생결합증권) 또는 예금을 매수하거나 가입하는 것을 명시적으로 허용하고 있다(영 제57조의2제1항).

그러나 보험회사의 자산은 장래의 보험금 지급을 위한 것이라는 점에서 수익성에 앞서 안정성이 중요하게 고려되어야 할 것이므로 보험회사 자산운용 규제의 가장 중요한 목적은 보험급 지급여력의 유지이어야 할 것이다.[182] 신용연계채권 매입거래와 같은 경우 대수의 법칙에 따라서 경험률이 산정되고 위험도가 측정되는 일반적인 보험계약과는 거리가 있다. 보험계약 중 보험자는 피보험자가 보험기간중의 사고로 인하여 제3자에게 배상할 책임을 진 경우에 이를 보상하도록 하는 책임보험계약(상법 제719조)의 경우 보증과 가장 유사하긴 하지만, 불특정 · 다수와의 동일 내용의 계약을 전제로 경험률에 의거하여 보험료를 산정하고 배상책임을 인수하는 점에서 책임보험계약은 보증과 차이가 있다.[183]

파생상품이 다각도로 개발되고 있는데 파생상품의 특성상 기초자산과 유리되어 어느 순간 그 위험도 및 위험량을 정확히 측정하기 어려운 때가 있다.

따라서 그 구조가 복잡하거나 최초의 기초자산과 너무 유리되어서 위험도가 정확하게 측정될 수 없는, 많은 경우 감독사각지대에 있는

182) 장덕조, "보험산업에 대한 바람직한 규제의 방향: 보험업법 개정안에 대한 검토를 겸하여", 금융법연구 제5권 제2호, 한국금융법학회(2008), 61면.

183) 나아가 책임보험은 그 자체가 사회적으로 바람직한지에 대하여 논의가 많은데 가해자가 위험기피적인 경우 기업활동을 장려할 수 있겠으나 위험선호적이거나 도덕적 해이현상이 있는 경우에는 주의비용의 내부화가 이뤄지지 않음으로써 책임보험에 가입한 피보험자의 주의수준이 적정수준보다 낮은 수준으로 형성될 우려가 있다. 송옥렬, 「상법강의」(제2판), 홍문사, 2012, 307면.

첨단금융기법에 의한 파생상품의 경우, 이러한 위험한 파생상품에 대하여 보험회사가 너무 많이 노출되지 않도록 자산운용규제를 두어야 할 것이다.[184] 보험업의 존재이유를 감안하면, 보험회사는 그 자산을 운용할 때 안정성 · 유동성 · 수익성 및 공익성이 확보되도록 하여야 하며(법 제104조제1항), 수익성보다 더 중요한 것은 운용의 안정성으로 판단된다. 현재 신용연계채권의 매입과 같이 위험을 부담하는 파생상품거래의 경우 보험업법에 따른 자산운용규제상 그 약정금액의 합계액이 일반계정이든 특별계정이든 모두 총자산의 100분의 3 미만이어야 한다(법 제106조제1항제10호). 그러나 약정금액의 합계액의 총자산비율만 규제하는데 그치지 않고 보험회사가 투자하는 신용연계채권에 연계된 신용의 질(quality)도 일정수준 이상의 것으로 규제하는 것이 바람직할 것이다.[185]

이미 살펴보았듯이 보험회사 자산 운용시의 운용원칙은 안정성 추구라는 점에서 은행법상 은행의 자산운용규제와 비교할 만하다.

〈은행과 보험사에 관한 자산운용 규제조문의 비교〉

은행법	보험업법
제38조(금지업무) 은행은 다음 각 호의 어느 하나에 해당하는 업무를 하여서는 아니 된다.	제105조(금지 또는 제한되는 자산운용) 보험회사는 그 자산을 다음 각 호의 어느 하나에 해당하는 방법으

184) 동지, 장덕조, 앞의 논문, 61면; 근래 최대보험사인 미국의 AIG는 서브프라임 모기지 등을 기초자산으로 하는 파생상품 등에 관하여 일정한 수수료 수입을 대가로 보장매입을 하여 주었다가, 2008년 4분기(10~12월)에 미국기업 중 역대 최대규모인 617억달러의 손실을 낸 바 있다. AIG의 손실에 따라 미국 정부는 2008년 1500억달러를 투입하였고 , 2009년에는 우선주 매입 등 300억달러를 지원하는 등 막대한 국민세금이 소요된 바 있다.

185) 이 점에 대해서 신용평가기관이 발표한 기업에 관한 신용평점의 신뢰도에 대한 의문이 있을 수 있으나 신용이 낮은 기업에 관하여 발행된 신용연계채권의 경우 보장매입의 대가로 받는 수수료가 훨씬 더 높을 것임을 감안하면 투자가능한 최저신용등급 요건에 관한 규제가 형식적으라도 필요할 것이다.

1. 다음 각 목의 증권에 대한 투자의 총 합계액이 은행의 자기자본의 100분의 100의 범위에서 대통령령으로 정하는 비율[186)]에 해당하는 금액을 초과하는 투자. 이 경우 금융위원회는 필요한 경우 같은 투자한도의 범위에서 다음 각 목의 증권에 대한 투자한도를 따로 정할 수 있다.

가. 「자본시장과 금융투자업에 관한 법률」 제4조제3항에 따른 채무증권으로서 상환기간이 3년을 초과하는 것. 다만, 국채 및 한국은행 통화안정증권, 「금융산업의 구조개선에 관한 법률」 제11조제6항제2호에 따른 채권은 제외한다.

나. 지분증권. 다만, 「금융산업의 구조개선에 관한 법률」 제11조제6항제1호에 따른 주식은 제외한다.

다. 「자본시장과 금융투자업에 관한 법률」 제4조제7항에 따른 파생결합증권 중 대통령령으로 정하는 것[187)]

라. 그 밖에 「자본시장과 금융투자업에 관한 법률」 제4조제2항 각 호의 증권 중 대통령령으로 정하는 증권

2. 대통령령으로 정하는 업무용 부동산이 아닌 부동산(저당권 등 담보권의 실행으로 취득한 부동산은 로 운용하여서는 아니 된다.

1. 대통령령으로 정하는 업무용 부동산이 아닌 부동산(저당권 등 담보권의 실행으로 취득하는 부동산은 제외한다)의 소유

2. 제108조제1항제2호에 따라 설정된 특별계정을 통한 부동산의 소유

3. 상품이나 유가증권에 대한 투기를 목적으로 하는 자금의 대출

4. 직접·간접을 불문하고 해당 보험회사의 주식을 사도록 하기 위한 대출

5. 직접·간접을 불문하고 정치자금의 대출

6. 해당 보험회사의 임직원에 대한 대출(보험약관에 따른 대출 및 금융위원회가 정하는 소액대출은 제외한다)

7. 자산운용의 안정성을 크게 해칠 우려가 있는 행위로서 대통령령으로 정하는 행위

[전문개정 2010.7.23]

제외한다)의 소유 3. 자기자본의 100분의 100의 범위에서 대통령령으로 정하는 비율[188]에 해당하는 금액을 초과하는 업무용 부동산의 소유 4. 직접 · 간접을 불문하고 해당 은행의 주식을 담보로 하는 대출 5. 직접 · 간접을 불문하고 해당 은행의 주식을 사게 하기 위한 대출 6. 해당 은행의 임직원에 대한 대출(금융위원회가 정하는 소액대출은 제외한다.	

은행과 달리 보험업법은 그 자산운용규제에 관하여 투기목적 자금대출을 금지하고 있으나 '투기'의 정의가 명확하지 않다는 점에서 법 제105조제3호의 실효성은 의문이다. 또한 은행의 경우 자금중개라는 본업의 충실과 자산의 유동성 확보를 위하여 지분증권이나 3년 이상 장기채무증권, 3년 이상 장기파생 결합증권에 대한 자산운용이 원칙적으로 금지되는 특색을 가지고 있다.

라. 자산운용한도

보험업법은 규제필요성이 있는 자산운용대상에 한도를 설정하고 있다. 우선 특정한 운용대상에 편중된 자산운용을 방지하기 위하여 부동산의 소유한도(일반계정은 총자산의 100분의 25, 특별계정은 각 특별계정 자산의 100분의 15), 또한 외국환 또는 외국부동산의 소유한도(일반계정

186) 100분의 60을 말한다(은행법시행령 제21조의2제1항).
187) 파생결합증권으로서 상환기간이 3년을 초과하는 것(은행법시행령 제21조의제2항).
188) 100분의 60을 말한다(은행법시행령 제21조의2제1항).

은 총자산의 100분의 30[189], 특별계정은 각 특별계정 자산의 100분의 20)를 두고 있다(법 제106조제1항제8호 및 제9호).

두 번째로, 특정 주체에 대한 편중적인 자산운용을 금지하기 위하여 동일한 법인이 발행한 채권 및 주식 소유(일반계정은 총자산의 100분의 7, 특별계정은 각 특별계정 자산의 100분의 10), 동일차주에 대한 신용공여 또는 그 동일차주가 발행한 채권 및 주식 소유(일반계정은 총자산의 100분의 12, 특별계정은 각 특별계정 자산의 100분의 15)에 제한을 두고 있다(법 제106조제1항제2호 내지 제3호).

세 번째로, 대주주에 대한 편중 지원을 방지할 목적으로 대주주 및 일정한 자회사에 대한 신용공여(일반계정은 자기자본의 100분의 40 또는 총자산의 100분의 2 중 적은 금액, 특별계정은 각 특별계정 자산의 100분의 2), 대주주 및 자회사가 발행한 채권 또는 주식 소유(일반계정은 자기자본의 100분의 60, 특별계정은 각 특별계정 자산의 100분의 3)를 제한하고 있다(법 제106조제1항제5호 및 제6호).

네 번째로, 동일한 자회사에 대한 신용공여는 일반계정은 자기자본의 100분의 10, 특별계정은 각 특별계정 자산의 100분의 4로 한정된다(법 제106조제1항제7호).

마. 자산운용한도 적용의 예외

법이 정하는 일정한 경우에는 보험업법 제106조에 의한 자산운용제한이 적용되지 않는다. 우선 보험회사의 자산가격의 변동, 담보권의 실행, 그 밖에 보험회사의 의사와 관계없는 사유로 자산상태가 변동된 경우인데 이 경우 해당 보험회사는 그 비율을 초과하게 된 날부터 1년 이내에 법 제106조에 적합하도록 하여야 한다(법 제107조본문 및 제1

---

189) 그러나 법 제106조제1항제8호가목에 따른 일반계정에 관한 부동산 소유에 대한 자산운용비율은 총자산의 100분의 15로 인하된다(법 제106조제2항 및 영 제50조제3항).

號). 두 번째로, (i) 보험회사가 제123조에 따라 재무건전성 기준을 지키기 위하여 필요한 경우, (ii) 「기업구조조정 촉진법」에 따른 출자전환 또는 채무재조정 등 기업의 구조조정을 지원하기 위하여 필요한 경우, 또는 (iii) 그 밖에 보험계약자의 이익을 보호하기 위하여 필수적인 경우로서 금융위원회의 승인을 받은 경우에도 법 제106조의 자산운용제한이 적용되지 않는 사유가 된다(법 제107조제2호).

(2) 기타 경영건전성 확보를 위한 거래제한

① 대주주와의 거래제한

가. 보험회사의 금지행위

보험업법은 보험회사가 그 대주주와 거래하는 경우 거래의 공정성이 훼손될 수 있으므로 대주주와의 일정한 거래를 금지한다.

보험업법이 규정하는 대주주란 최대주주 또는 주요주주를 말한다. 최대주주란 보험회사의 의결권 있는 발행주식 총수를 기준으로 본인 및 그 특수관계인이 누구의 명의로 하든지 자기의 계산으로 소유하는 주식을 합하여 그 수가 가장 많은 경우의 그 본인을 말한다(법 제2조제17조가목). 그리고 주요주주란 누구의 명의로 하든지 자기의 계산으로 보험회사의 의결권 있는 발행주식 총수의 10% 이상의 주식을 소유하는 자 또는 임원의 임면 등의 방법으로 그 보험회사의 주요 경영사항에 대하여 사실상의 영향력을 행사하는 주주를 말한다(법 제2조제17호나목).

보험업법상의 대주주에 해당할 경우 신용공여[190]를 가장하여 보험회사가 그 대주주에게 실질적인 이득을 주는 것을 막기 위한 장치가

---

190) 대출 또는 유가증권의 매입(자금 지원적 성격인 것만 해당한다)이나 그 밖에 금융거래상의 신용위험이 따르는 보험회사의 직접적 · 간접적 거래로서 대통령령으로 정하는 바에 따라 금융위원회가 정하는 거래를 말한다(보험업법 제2조제13호).

마련되어 있다. 보험회사는 그 대주주가 다른 회사에 대하여 출자하는 것을 지원하기 위하여 신용공여하는 것이 금지되어 있다(법 제111조제1항제1호). 또한, 보험회사는 그 대주주에게 자산을 무상 양도하거나 해당 보험회사에 뚜렷하게 불리한 조건으로 대주주와 자산에 대하여 매매 또는 교환하거나 신용을 공여하거나 재보험계약을 체결할 수 없다(법 제111조제1항제2호).

나아가 이상의 비율에도 불구하고 금융위원회는 보험회사의 대주주가 회사일 경우 해당 대주주의 부채가 자산을 초과하는 등 재무구조가 부실한 일정한 경우에는 그 보험회사에 대하여 대주주에 대한 신규 신용공여 금지, 대주주가 발행한 유가증권의 신규 취득 금지, 기타 대주주에 대한 자금지원 성격의 거래제한 등의 조치를 할 수 있다(법 제111조제6항).

상장회사인 보험회사인 경우 상법에 따라서 해당 보험회사는 복리후생이나 다른 법령상 허용되는 경우가 아닌 한 주요주주 및 그의 특수관계인, 이사 및 집행임원, 감사를 상대방으로 하거나 이들을 위하여 신용공여를 하는 것이 금지된다(상법 제542조의9제1항 및 제2항).

나. 이사회에 의한 통제

보험회사는 그 대주주에 대하여 단일거래금액이 자기자본의 1천분의 1에 해당하는 금액 또는 10억원중 적은 금액 이상의 신용공여를 하거나 그 보험회사의 대주주가 발행한 채권 또는 주식을 자기자본의 1천분의 1에 해당하는 금액 또는 10억원중 적은 금액 이상을 취득하려는 경우에는 미리 재적이사 전원의 찬성으로 해당 이사회의 의결을 거쳐야 한다(법 제111조제2항 및 영 제57조제2항).

또한 상법에 의하면 최근 사업연도 말 자산총액이 2조원 이상이며 상장회사인 보험회사는 상법 제542조의9제1항에 의한 금지되는 거래가 아닌 거래를 하는 경우로서, (i) 단일 거래규모가 일정한 규모[191] 이상인 거래, 또는 (ii) 해당 사업연도 중에 특정인과의 해당 거래를 포함한 거래총액이 일정 규모 이상이 되는 경우의 해당 거래일 경우, 약관에 따라 정형화된 거래이거나 이사회에서 사전에 승인한 거래총액의 범위 안에서 이행하는 거래가 아닌 이상, 해당 이사회의 승인을 받아야 한다(상법 제542조의9제3항 및 제5항). 이 경우 상법 제542조의9제3항에 따른 이사회의 승인결의는 정관으로 결의비율을 높이지 않는 한 이사 과반수의 출석과 출석이사의 과반수로 하게 된다(상법 제391조제1항).

따라서 상장회사인 보험회사로서 최근 사업연도말 자산총액이 2조원 이상일 경우에는 보험업법 및 상법상 규제를 모두 준수하여야 한다.

다. 대주주에 대한 금지행위

보험회사의 대주주는 해당 보험회사의 이익에 반하여 대주주 개인의 이익을 위하여 부당한 영향력을 행사하기 위하여 해당 보험회사에 대하여 외부에 공개되지 아니한 자료 또는 정보의 제공을 요구하는 행위, 경제적 이익 등 반대급부를 제공하는 조건으로 다른 주주 또는 출사자와 담합(談合)하여 해당 보험회사의 인사 또는 경영에 부당한 영향력을 행사하는 행위, 일정한 비율을 초과하여 보험회사로부터 신용공여를 받거나 일정한 비율을 초과하여 보험회사에게 대주주의 채권 및 주식을 소유하게 하는 행위 등을 하는 것이 금지된다(법 제111조제5항).

라. 대주주에 대한 감독

금융위원회는 보험회사 또는 그 대주주가 자산운용한도와 대주주와

---

191) 상법 제542조의9제3항제1호에서 "대통령령으로 정하는 규모"란 자산총액 또는 매출총액을 기준으로 (i) 해당 회사가 「금융위원회의 설치 등에 관한 법률」 제38조에 따른 검사 대상 기관인 경우: 해당 회사의 최근 사업연도 말 현재의 자산총액의 100분의 1, (ii) 해당 회사가 「금융위원회의 설치 등에 관한 법률」 제38조에 따른 검사 대상 기관이 아닌 경우에는 해당 회사의 최근 사업연도 말 현재의 자산총액 또는 매출총액의 100분의 1로 정하여져 있다(영 제35조제6항).

의 거래제한등을 위반한 혐의가 있다고 인정될 경우에는 해당 보험회사뿐만 아니라 그 대주주에 대하여 필요한 자료의 제출을 요구할 수 있다(법 제112조). 대주주에 대한 자료제출 요구권을 통하여 보험회사와 대주주의 장부에 관한 대조를 할 수 있게 됨에 따라 투융자 규제의 준수여부에 대한 실질적인 확인이 가능해졌다.[192]

마. 관련법 개정논의 현황

19대 국회에 계류된 보험업법 개정안 중 대주주의 자격강화 및 정기적인 적격성 심사의 근거를 마련하자는 논의가 행해지고 있다. 관련 내용은 다음과 같다.

[표 11] 관련 보험업법 개정(안) 현황[193]

의안번호	제안자	제안일자	진행상황	주요내용
1901708	이이재 의원 등 23인	2012-09-10	소관위 접수	가. 보험업의 허가를 할 때 보험회사의 최대주주가 법인인 경우 그 법인의 중요한 경영사항에 대하여 사실상 영향력을 행사하고 있는 주주도 허가의 요건에 부합하는지 여부에 대해 심사하도록 하고, 대주주의 자격으로 「특정경제범죄 가중처벌 등에 관한 법률」 제3조의 죄를 범하여 형사처벌된 적이 없는 경우를 포함하여 보험회사의 안정적인 운영을 도모함(안 제6조제1항제4호). 나. 금융위원회는 대주주에 대하여

192) 성대규, 앞의 책, 41면.

193) 국회의안정보시스템, 출처 : http://likms.assembly.go.kr/

			일정한 기간마다 대주주적격성요건에 부합하는지 여부를 심사할 수 있도록 함(안 제6조의2 신설). 다. 금융위원회는 대주주가 주식처분명령을 이행하지 아니할 경우 이행강제금을 부과할 수 있도록 근거를 마련함(안 제196조의2 신설).

② 자회사

가. 자회사의 소유

보험회사 역시 자회사를 소유할 수 있다. 그런데 이 때의 자회사란 보험회사가 다른 회사의 의결권 있는 발행주식 총수의 15%를 초과하여 소유하는 경우의 그 다른 회사를 말하므로(법 제2조제18호)[194], 상법상의 자회사의 개념과는 구분된다.

구체적으로 상법은 다른 [주식]회사의 발행주식의 총수의 50%를 초과하는 주식을 가진 [주식]회사를 모회사로 정의하고 이 경우 그 다른 [주식]회사를 자회사로 정의한다(상법 제342조의2제1항 본문). 또한 다른 회사의 발행주식의 총수의 50%를 초과하는 주식을 모회사 및 자회사 또는 자회사가 가지고 있는 경우 그 다른 회사는 상법의 적용에 있어 그 모회사의 자회사로 본다(상법 제342조의2제3항).

보험업법상 보험회사는 금융위원회의 승인을 얻거나 신고로써 자회사를 소유할 수 있다(법 제115조제1항). 이 경우 보험회사의 자회사가 될 수 있는 회사는 (i) 「금융산업의 구조개선에 관한 법률」에 따른 금융기관이 경영하는 금융업, (ii) 「신용정보의 이용 및 보호에 관한 법률」에 따른 신용정보업(신용평가업무는 제외), (iii) 보험계약의 유지·해

194) 이 경우 다른 회사에는 「민법」이나 특별법에 따른 조합도 포함하며 의결권 있는 발행주식에는 출자지분도 포함된다.

지 · 변경 또는 부활 등을 관리하는 업무 등이다(법 제115조제1항 각호). 다만 보험회사의 대주주가 「은행법」상의 비금융주력자인 경우그 보험회사는 「은행법」에 따른 은행을 자회사로 소유하는 것이 금지된다(법 제115조제2항).

나. 자회사와의 금지행위

보험업법상 보험회사의 자회사로 분류될 경우 보험회사가 자회사를 부당하게 지원함으로써 보험계약자의 이익을 해하는 행위를 하지 못하도록 하는 규제를 받게 된다. 예컨대 첫째, 보험회사는 그 자회사에게 자산을 무상으로 양도하거나 통상의 거래조건에 비추어 당해 보험회사에게 현저하게 불리한 조건으로 그 자회사와 매매 또는 교환하거나 신용공여를 하는 행위를 하여서는 아니 된다(법 제116조제1호). 둘째, 보험회사는 자회사가 소유하는 주식을 담보로 하는 신용공여와 자회사의 다른 회사에 대한 출자를 지원하기 위한 신용공여를 하여서는 아니 된다(법 제116조제2호). 셋째, 보험회사는 일정한 소액대출을 제외하고 자회사의 임원 또는 직원에 대한 대출을 할 수 없다(법 제116조제3호).

반면 상법상 모회사와 자회사 관계에 해당할 경우 모회사인 보험회사는 자회사의 주식을 원칙적으로 취득할 수 없고(상법 제342조의2제1항) 합병 등 예외적인 경우에 해당하여 취득하더라도 해당 자회사는 그 주식을 취득한 날로부터 6월 이내에 모회사의 주식을 처분하여야 한다(상법 제342조의2제2항).

다. 자회사 현황의 보고의무

보험회사는 자회사를 소유하게 된 때 그 자회사의 현황에 대한 보고를 하여야 한다. 보험회사는 자회사를 소유한 날부터 15일 이내에 자회사의 정관, 업무의 종류 및 방법을 기재한 서류, 주주현황, 재무제표와 영업보고서, 자회사가 발행주식총수의 10%를 초과하여 소유하는 회사의 현황을 금융위원회에 제출하여야 한다(법 제116조제1항 및 영 제

60조제1항).

또한 보험회사는 자회사의 경영 상태에 관한 정기적인 보고 의무를 지며, 이에 따라 보험회사는 자회사의 사업연도가 끝난 날부터 3개월 이내에 자회사의 대차대조표와 재무제표 및 영업보고서, 자회사와의 주요거래상황을 적은 서류를 금융위원회에 제출하여야 한다(법 제117조제2항 및 영 제60조제2항).

3. 리스크 중심 자본등 규제

(1) 자기자본의 적립의무

금융회사에 있어 자기자본은 급격한 경제위기 등 '예상치 못한 손실(리스크)'에 대비한 최종적인 예비자금의 성격을 가진다.[195] 따라서 금융권역별 특성을 반영하여 각각 별도의 자기자본 규제제도가 운영되고 있으며, 보험권역은 보험리스크 및 자산운용리스크, 은행권역은 신용리스크, 금융투자권역은 시장리스크에 중점을 두고 있다.[196]

[표 12] 금융권역별 자기자본제도 현황[197]

구 분	보 험	은 행	금융투자
기준비율	지급여력비율	BIS자기자본비율	영업용순자본비율
산정방법	지급여력금액/ 지급여력기준금액	자기자본/ 위험가중자산	영업용순자본/ 총위험액
반영 리스크	보험, 금리, 신용, 시장, 운영리스크	신용, 시장, 운영리스크	시장, 신용, 운영리스크

195) 금융감독원, 「보험회사 위험기준 자기자본(RBC)제도 해설서(전면 개정판)」, (2012. 10), 3면.

196) 금융감독원, 위의 RBC해설서, (2012.10), 4면.

197) 금융감독원, 위의 RBC해설서, (2012.10), 4면.

규제내용	100% 미달시 적기시정조치	8% 미달시 적기시정조치	150% 미달시 적기시정조치
도입시기	1999년 (2009년 RBC제도 시행)	1992년 (2008년 바젤Ⅱ 시행)	1997년 (2009년 개편 시행)

이상과 같이 자기자본 규제제도는 일정한 방식에 의해 산출한 금융회사의 총위험액 대비 일정비율을 자기자본으로 보유토록 의무화하고 있다.

보험업법은 자기자본을 납입자본금 · 자본잉여금 · 이익잉여금, 그 밖에 이에 준하는 것(자본조정은 제외)으로서 일정한 합산항목의 합계액에서 영업권, 그 밖에 이에 준하는 것으로서 일정한 차감항목의 합계액을 뺀 것으로 정의한다(법 제2조제15호, 영 제4조 및 감독규정 제1-4조).

〈보험회사의 자기자본 계산〉

1. 합산할 항목: 보험회사의 자본 충실에 기여하거나 영업활동에서 발생하는 손실을 보전(補塡)할 수 있는 것으로서 아래 항목의 합계액
   · 납입자본금
   · 자본잉여금
   · 이익잉여금
   · 자산건전성 분류 결과 '정상', '요주의' 분류 자산에 대하여 적립한 대손충당금
   * 다만 '고정', '회수의문', '추정손실'로 분류된 자산에 대하여 적립된 대손준비금 및 비상위험준비금은 제외한다.
2. 차감할 항목: 실질적으로 자본 충실에 기여하지 아니하는 것으로서, 다음의 항목
   · 영업권

자기자본을 많이 쌓을수록 금융회사에 예상하지 못한 손실이 발생

하더라도 이를 충당할 수 있는 능력이 향상되어 손실흡수를 통한 개별 금융회사의 지급능력(Solvency)을 보장하고 금융시스템의 안정성 확보를 기할 수 있으나, 자기자본비율이 높다고 하여 늘 바람직한 것은 아니다.[198] 자기자본비율을 높이기 위해서 개별 금융회사의 입장에서는 증자 등 자기자본을 증가시키기 위한 발행비용과 투자의 기회비용이 소요되고, 금융시스템의 측면에서도 자기자본의 과다보유는 한정된 자원을 효율적으로 배분하는 금융산업 본연의 금융중개기능을 위축시킬 소지가 있기 때문이다.[199] 따라서 금융회사는 자기자본 보유에 따른 손실흡수능력과 기회비용 등을 종합적으로 고려하여 '적정 수준'의 자기자본을 보유하는 것이 바람직하나, 이러한 '적정 수준'에 대한 의사결정을 개별 금융회사에 맡겨 둔다면 개별 금융회사는 수익성을 우선시할 가능성이 높고 따라서 자기자본비율이 사회적으로 바람직한 수준보다 낮은 수준에서 결정될 우려가 높다.[200] 이에 따라 금융당국은 금융회사가 총위험액에 대응하여 의무적으로 보유하여야 할 최저한의 자본비율 수준을 규제하고 있는 것이다.[201] 자기자본비율의 최소한의 수준과 관련하여 현재 각국은 리스크 중심 규율로 전환 중이다.

(2) 리스크 중심 규율로의 전환

금융시장 자유화에 따른 변동성이 증대되고 복잡 · 다양한 금융기법의 출현 등으로 인해 전통적인 자산운용규제나 자본규제가 적절히 기능하지 않게 될 경우가 발생하였다. 예컨대 특히 파생금융상품, 자산유동화증권 등 새로운 금융기법이 출현함에 따라 현행 지급여력제도로는 보험회사에 내재된 다양한 리스크를 효과적으로 통제하지 못하

198) 금융감독원, 앞의 RBC해설서, (2012.10), 3면.
199) 금융감독원, 위의 RBC해설서, (2012.10), 3면.
200) 금융감독원, 위의 RBC해설서, (2012.10), 3면.
201) 금융감독원, 위의 RBC해설서, (2012.10), 3면.

는 한계가 있다는 지적이 대두되었다. 기존의 지급여력제도는 i) 보험종목별 리스크 차이의 미반영, ii) 자산·부채 듀레이션 불일치로 인한 금리리스크 미반영, iii) 자산운용관련 리스크 측정의 정교성 부족 등의 한계가 있기 때문이다.[202)]

이에 따라서 보험회사가 운영중에 자연스럽게 노출될 수밖에 없는 리스크에의 노출의 관리, 즉 효과적인 리스크관리가 보험회사의 재무건전성 유지를 위하여 필수적이게 되었다. 이미 보험회사의 자율기능에 의한 리스크관리 및 내부통제의 강화와 함께 감독당국의 리스크중심 감독체제로의 이행이 행해지고 있다.

예컨대, 미국(1993년), 일본(1996년) 등의 경우 이미 리스크중심 감독체제로 변신하여 보험회사에 내재된 각종 리스크(금리, 보험, 시장, 신용, 운영리스크)를 정교하게 측정하여 이에 상응하는 자기자본을 보유토록 하는 제도인 위험기준 자기자본(Risk Based Capital' RBC) 규제제도를 도입하였다.[203)]

〈주요국의 RBC 제도 도입사례〉[204)]

- 과거 OECD 회원국 대부분이 EU방식의 지급여력제도를 도입·운영하였으나, 1989년 캐나다가 RBC방식의 제도로 전환한 이후 점차 RBC방식 채택 국가 증가
  - 현재 미국(1993년), 일본(1996년), 호주(2002년), 영국(2004년), 싱가폴(2004년) 등이 RBC제도를 도입·시행하고 있으며, 미비점을 지속 보완 중
- EU는 리스크 중심 재무건전성 감독제도인 Solvency Ⅱ의 도입을 추진

202) 금융감독원, 위의 RBC해설서, 135면.

203) 금융감독원, 위의 RBC해설서, 135면. 은행부문은 국내은행의 리스크를 정교하게 감독하고, 국제적 정합성을 추구하기 위하여 신BIS협약을 2008년부터 시행되고 있다. 같은 해설서, 135면.

중임

◦ 유럽보험감독자위원회(CEIOPS)는 2007년 7월 유럽의회에 Solvency Ⅱ의 기본 체계를 상정하고 네 차례의 계량영향 평가(QIS)를 실시(2008년)

◦ 009년 SolvencyⅡ 공통지침안 확정

- 2010년 유럽위원회의 승인을 거쳐 이후 유럽 각국의 국내 법규 개정 목표

■ 국제보험감독자협의회(IAIS)는 지급여력 평가제도의 국제 공통기준을 마련 중

◦ 2007년 2월 지급여력평가 공통구조를 발표하고, 감독요구자본 등 분야별 지침을 마련함(2007년 10월)

- IAIS는 아시아, 유럽, 미국 등 전세계 보험감독관 협의회로, IAIS의 지급여력 평가 공통기준(평가구조, 지침)은 합의가능한 원칙(Principle) 마련을 목표로 하고 있음

우리나라도 보험부문의 사전 예방적 감독기능을 강화하기 위해 2003년 3월부터 「보험회사에 대한 리스크중심 감독 마스터플랜」을 마련하고 리스크중심 감독체제로의 전환을 준비하였다. 기존의 지급여력제도의 한계를 감안하여 우리 환경에 맞는 '위험기준 자기자본(RBC) 규제제도'를 2009년 4월 도입하여 기존 지급여력제도와 2년간 병행하여 운영하였고, 2011년 4월부터는 RBC제도가 기존 지급여력제도를 대체하여 본격 시행되고 있다.

RBC제도는 어느 정도의 자기자본을 쌓아야 하는가의 문제에 대하여, 각 보험회사에 내재된 각종 리스크량을 산출하여 이에 상응하는 자본을 보유토록 하는 제도로 '가용자본(available capital)' 및 '요구자본(required capital)'의 산출을 통하여 자본적정성을 평가하는 구조를 취하

204) 금융감독원, 위의 RBC해설서, 136면.

고 있다.[205]

가용자본은 보험회사에 예상치 못한 손실 발생시 이를 보전하여 지급능력을 유지할 수 있도록 하는 리스크버퍼(risk buffer)로서 자본금, 잉여금 등으로 구성된다.[206] 요구자본은 해당 보험회사에 내재된 보험 · 금리 · 시장 · 신용 · 운용위험액의 규모를 측정하여 산출된 필요 자기자본을 의미한다.[207] 그리고 RBC비율은 가용자본을 요구자본으로 나눠서 산출된다.

가. RBC제도 기본구조

RBC제도는 보험회사에 내재된 각종 리스크량을 산출하여 이에 상응하는 자본을 보유토록 하는 제도로 '가용자본(available capital)' 및 '요구자본(required capital)'의 산출을 통하여 자본적정성을 평가하는 구조이다.

RBC비율은 가용자본을 요구자본으로 나눈 값으로 산출하며, 이 비율은 적기시정조치 기준, 위험기준 경영실태평가제도(RAAS)의 평가지표 등으로 활용된다.

RBC 비율 = 가용자본(분자) ÷ 요구자본(분모)

위 RBC비율 산정공식에서 분자인 가용자본은 보험회사에 예상치 못한 손실 발생시 이를 보전하여 지급능력을 유지할 수 있도록 하는 리스크버퍼(risk buffer)이다. 분모인 요구자본은 해당 보험회사에 내재된 보험 · 금리 · 시장 · 신용 · 운용위험액의 규모를 측정하여 산출된 필요 자기자본을 의미한다.

---

205) 금융감독원, 위의 RBC해설서, 7면.
206) 금융감독원, 위의 RBC해설서, 7면.
207) 금융감독원, 위의 RBC해설서, 7면.

[그림 2] RBC제도의 구성체계[208)]

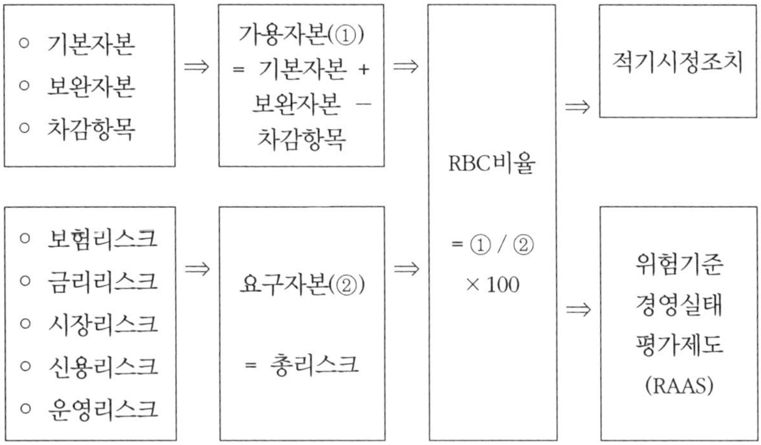

이러한 RBC비율은 경영실태평가제도에도 활용된다. 보험회사의 건전성평가제도로 2007년 4월에 '위험기준 경영실태평가제도(Risk Assessment and Application System: RAAS)'가 도입되었다.

리스크중심 보험감독체세는 리스크기준 자기자본제도(RBC; Risk Based Capital), 리스크평가제도(RAAS; Risk Assessment and Application System) 및 공시 등을 통한 시장규율 강화 등 3대 축으로 구성된다.[209)]

우선, RBC제도를 통한 최소 자기자본 규제란, 보험회사에 내재된 다양한 리스크를 체계적 · 계량적으로 파악하여 해당 보험회사가 보유한 리스크 노출도에 적합한 자기자본을 보유하게 함으로써 보험회사의 재무건전성을 높이고 미래의 불확실성에 대비하는 건전성 규제를 말한다.[210)]

두 번째로, RAAS를 통한 건전성 평가 및 감독기능 강화란, 보험회

208) 금융감독원, 위의 RBC해설서, 8면.

209) 금융감독원, 「보험회사 리스크평가제도(RAAS) 해설서」, 2011.6, 4면.

210) 금융감독원, 위 RAAS 해설서, 4면.

사의 경영활동에 수반되는 리스크의 규모 및 관리능력을 계량화하여 체계적·종합적으로 평가하고 취약회사 및 취약부문을 발굴하여 감독·검사업무에 활용하는 방식의 리스크중심의 건전성 평가를 말한다.[211]

세 번째로, 리스크공시 확대 등을 통한 시장규율 강화란 기존의 경영실적 중심의 공시제도를 보험회사의 리스크요인 및 관리능력 등 리스크 관련 공시를 확대함으로써 감독당국 이외의 시장참가자들에 의한 보험회사 평가기능을 보강하는 것을 말한다.[212]

[그림 3] 리스크 중심 보험감독체제 구조[213]

구 분	과거제도	⇒	현행 제도 (리스크중심 보험감독)	비교: (은행감독 BaselⅡ)
자기자본 규제	EU식 지급여력제도	⇒	리스크기준 자기자본 제도(RBC)	Minimum Capital Requirement
건전성 평가	경영실태평가 제도 (CAMEL)	⇒	리스크평가제도 (RAAS)	Supervisory Review Process
공시제도	실적중심의 경영공시	⇒	리스크공시 확대	Market Discipline
규제효과	직접규제 (사후적·교정적)	⇒	간접규제 (사전적·예방적)	(3 Pillars)

211) 금융감독원, 위 RAAS 해설서, 5면.

212) 금융감독원, 위 RAAS 해설서, 5면.

213) 금융감독원, 위 RAAS 해설서, 5면의 그림을 일부수정·인용.

[표 13] (구)경영실태평가와 리스크평가제도(RAAS)의 비교[214)]

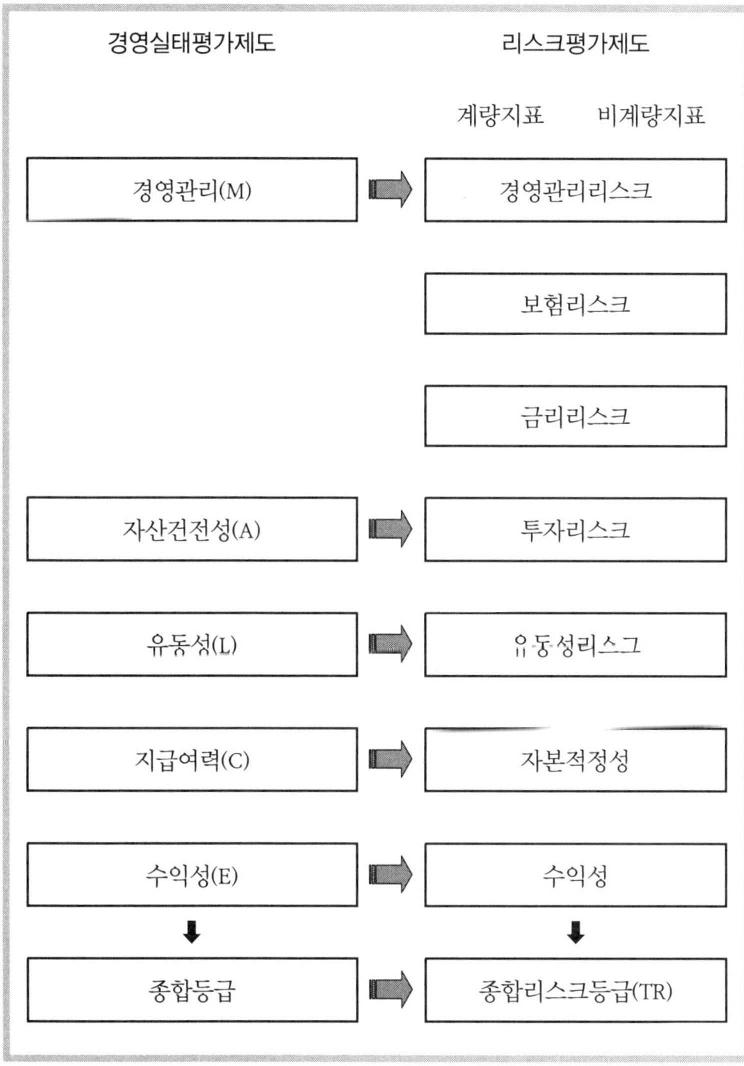

214) 금융감독원, 위 RAAS 해설서, 161면.

기존의 경영실태평가(CAMEL)는 평가시점의 자산건전성 및 보험금 지급이행능력(지급여력)을 중심으로 평가가 이루어짐에 따라 보험회사 고유의 주요 리스크인 보험 및 금리리스크 평가가 미흡하고 자산과 부채의 구성 및 재무실적의 변동 등에 따른 리스크를 체계적으로 반영하지 못한다는 지적[215]을 받아왔다.

반면에 리스크중심 평가에서는 평가시점의 자산건전성 등 재무실적뿐만 아니라 과거 경험율(부도율, 손해율 등) 등을 이용한 자산 및 부채에 대한 리스크 측정 등을 통해 미래의 손실가능성이 평가의 중심이다.[216]

나. RBC제도의 세부내용

앞에서 살펴보았듯이 RBC비율은 아래와 같이 가용자본을 요구자본으로 나눈 값으로 산출되는데, 비율산출을 위해서는 가용자본 및 요구자본을 각각 계산하여야 한다.

RBC 비율 = 가용자본(분자) ÷ 요구자본(분모)

우선 분자인 가용자본의 산출은, 기본자본(자본금, 자본잉여금, 이익잉여금 등)에 보완자본(후순위차입금, 대손충당금 등)을 합한 후, 자산성이 없는 차감항목(미상각 신계약비, 영업권 등)을 공제하고 자회사 자본부족을 반영하여 산출한다.

215) 금융감독원, 위 RAAS 해설서, 160면.
216) 금융감독원, 위 RAAS 해설서, 160면.

〈참고〉 [RBC 지급여력금액 산출기준[217]]

<table>
<tr><th colspan="2" rowspan="2">구분</th><th colspan="2">주요 항목</th></tr>
<tr><th>생명보험회사</th><th>손해보험회사</th></tr>
<tr><td colspan="2">지급여력금액</td><td colspan="2">· 합산항목(1) − 차감항목(2) + 자회사 자본부족(3)</td></tr>
<tr><td rowspan="4">(1) 합산항목</td><td rowspan="2">기본자본</td><td colspan="2">· 자본금, 자본잉여금(누적적우선주와 신종자본증권 발행금액은 제외), 이익잉여금, 기타포괄손익누계액
· 신종자본증권 발행금액 중 자기자본의 15% 이내
· 관계기업 또는 종속기업(집합투자기구는 제외) 투자주식에 지분법을 적용한 평가금액에서 장부가액을 차감한 금액</td></tr>
<tr><td>· 순보험료식 보험료적립금에서 해약공제액 및 부채적정성 평가 관련 추가적립 금액을 차감한 금액</td><td>· 저축성보험료중 해지시 환급될 금액을 초과하여 적립된 금액</td></tr>
<tr><td rowspan="2">보완자본</td><td colspan="2">· 정상 · 요주의로 분류된 자산의 대손충당금 및 대손준비금
· 후순위채무액 · 신종자본증권 발행금액중 자기자본의 15%를 초과하는 금액
· 계약자이익배당준비금, 배당보험손실보전준비금</td></tr>
<tr><td>· 계약자배당안정화준비금
· 계약자지분조정의 매도가능 금융자산평가손익 등</td><td>· 비상위험준비금 관련 이연법인세부채</td></tr>
<tr><td colspan="2">(2)차감항목</td><td colspan="2">· 미상각신계약비, 영업권 등 시장성을 측정하기 곤란한 무형자산
· 선급비용, 이연법인세자산, 지급이 예정된 현금배당액
· 지분법적용 관계 · 종속기업 투자주식의 장부가액이 공정가액을 초과하는 금액
· 신용위험 변동으로 인한 금융부채의 누적미실현평가손익
· 미처리결손금 등으로 자본내 적립하지 못한 고정이하 보유자산에 대한 대손준비금 상당액
· 주식할인발행차금, 자기주식(종속기업인 사무집합투자기구에서 투자한 자기주식 포함), 부의 지분법자본변동</td></tr>
</table>

(3)자회사 자본 부족	· 자본적정성 기준에 따라 산출한 자본부족 금액 중 지분율 상당액 · 자본적정성 기준이 없는 자회사의 순자산 부족 금액 중 지분율 상당액

두 번째로, 분모인 요구자본은 총리스크량에 해당하는 것으로서 보험회사의 전체적인 리스크를 합리적으로 반영할 수 있도록 개별 리스크를 통합하여 산출한다.[218] 이 때 보험회사에 내재된 리스크는 크게 다음과 같이 5가지로 분류된다.

[표 14] 개별 리스크의 종류 및 그 정의[219]

분 류	정 의
보험리스크	예상하지 못한 손해율 증가 등으로 손실이 발생할 리스크
금리리스크	금리 변동에 따른 순자산가치의 하락 등으로 재무상태에 부정적인 영향을 미칠 리스크
신용리스크	채무자의 부도, 거래상대방의 채무불이행 등으로 인하여 손실이 발생할 리스크
시장리스크	시장가격(주가, 이자율, 환율 등)의 변동에 따른 자산가치 변화로 손실이 발생할 리스크
운영리스크	부적절한 내부절차 · 인력 · 시스템, 외부사건 등으로 인하여 손실이 발생할 리스크

요구자본에 해당하는 총리스크량을 계산하기 위한 전제가 되는 개별 리스크별 위험액은, 주로 재무제표상의 금액을 기본으로 하여 산출되는 대상항목별 잔액(Exposure Balance)에 위험계수를 곱하여 산출한다.[220] 이 때 위험계수는 자산항목별, 보험보장 · 종목별, 금리민감도

217) 금융감독원, 앞의 RBC해설서, 18면.
218) 금융감독원, 위의 RBC해설서, 11면.
219) 금융감독원, 위의 RBC해설서, 11면의 표를 부분인용.
220) 금융감독원, 위의 RBC해설서, 12면.

별로 구분하여, 과거 경험치에 대한 통계적 분석 등에 근거하여 산정한다.[221]

자본은 예상치 못한 손실에 대한 손실흡수장치로서 기능하는 것이므로, 개별 위험액(요구자본량)은 향후 1년 동안 예상되는 최대연간손실 예상액에서 평균 손실액을 차감한 금액으로 정의할 수 있다.[222]

위험액 = 최대 연간손실 예상액[223] − 평균 연간손실 예상액

각 개별위험액이 구해지면 이를 합산하여 총위험액 내지 총리스크량을 산출하여야 하는데, 개별위험액을 단순합산하는 방식이 아니라 분산효과를 반영하여 총위험액을 산출하도록 하고 있다.[224] 개별위험액을 단순합산할 경우 총위험액을 과대계상할 가능성이 있으므로, 최적의 자본수준을 산출하기 곤란하다. 개별위험액이 다양하게 분산되어 있다는 점을 감안하여 개별위험액간 상관관계[225]를 고려하여 총요구자본을 산출하면 포트폴리오에서의 위험분산효과에 기하여 총위험액이 개별위험액의 단순합산보다 작게 산출되는 것이 통상적이다.[226] 구체적으로 우리나라의 RBC제도는 금리위험액과 신용위험액 간에는 완전 상관관계를 설정하고, 보험위험액, 시장위험액, 금리·신용위험액은 무상관 관계로 설정하고 있다.[227]

---

221) 금융감독원, 위의 RBC해설서, 12면. 생명보험인지 손해보험인지, 일반계정인지 특별계정인지, 그리고 각 보험종목별로 측정되는 리스크의 종류가 달라질 수 있다. 자세한 것은, 같은 RBC해설서, 14면의 표를 보라.

222) 금융감독원, 위의 해설서, 12면.

223) 통상적으로 최대손실예상액은 일정 기간 동안 일정 신뢰수준(예: 99%) 하에서 발생할 수 있는 최대손실액을 의미하는 VaR(Value at Risk)로 측정된다. 금융감독원, 위의 RBC해설서, 12면.

224) 금융감독원, 위의 해설서, 15면.

225) 상관관계가 높을수록 분산효과는 축소된다.

226) 금융감독원, 위의 해설서, 15면.

> ■ 총요구자본 = $\sqrt{보험^2+(금리+신용)^2+시장^2}$ + 운영위험액
>
> ○ 금리위험액 및 신용위험액은 완전상관 관계 (상관계수 1)[228]
>
> ○ 보험위험액, 금리 · 신용위험액, 시장위험액 각각은 무상관 관계 (상관계수 0)

(3) 준비금의 적립의무

대출 · 유가증권 등 수익성 있는 자산은 기본적으로 일정 정도의 손실위험을 내재하고 있는 바, '예상되는' 손실에 대해서 적립하는 예비자금이 준비금이다. 예컨대 보험회사는 결산기마다 보험계약의 종류에 따라 대통령령으로 정하는 책임준비금과 비상위험준비금을 계상(計上)하고 따로 작성한 장부에 각각 기재하여야 한다(법 제120조제1항).[229]

이에 따라서 보험회사는 장래에 지급할 보험금 · 환급금 및 계약자배당금의 지급에 충당하기 위하여 일정한 금액을 책임준비금으로 계상(計上)하여야 하며(영 제63조제1항 및 제2항), 손해보험업을 경영하는 보험회사는 해당 사업연도의 보험료 합계액의 100분의 50의 범위에서 일정한 기준에 따라 비상위험준비금을 계상할 의무를 진다(영 제63조제4항).

(4) 지급여력제도

① 지급여력규제의 의의

지급여력이란 장래의 보험금 지급의무의 이행을 위해 필요한 자산(책임준비금) 이외에 보험회사가 추가로 보유하도록 한 순자산을 의미

---

227) 금융감독원, 위의 해설서, 15면.

228) 포트폴리오 이론에 따라서 상관관계가 높을수록 개별위험액이 다양해짐에 의한 분산효과는 축소되게 된다.

229) 이러한 대손준비금 및 비상위험준비금은 보험회사의 자기자본에 산입되지 않는다(감독규정 제4-1조).

한다.

지급여력을 금액으로 표시한 그리고 지급여력금액이란 자본금, 계약자배당을 위한 준비금, 대손충당금, 후순위차입금, 그 밖에 이에 준하는 것으로서 금융위원회가 정하여 고시하는 금액을 합산한 금액에서 미상각신계약비, 영업권, 그 밖에 이에 준하는 것으로서 금융위원회가 정하여 고시하는 금액을 뺀 금액을 말한다(영 제65조제1항제1호). 지급여력금액은 자기자본과 동일한 개념은 아니나 자기자본 산정방식과 상당부분 중복된다. 그리고 보험업법은 자기자본과 마찬가지로 최소한의 지급여력금액을 유지하도록 규제한다.

지급여력금액 역시 자본과 마찬가지로 보험회사가 예측할 수 없는 리스크의 발생에 대비할 수 있는 일종의 충격흡수장치(buffer)가 되며 지급여력금액은 통상적으로 보험금등 부채를 위하여 의무적으로 적립하여야 하는 책임준비금을 초과한 적립금으로 이해된다.[230] 이 경우 책임준비금[231]이란 보험계약자로부터 매년 납입받은 보험료 중에서 비용(예정사업비 등)을 지출하고 장래에 지급할 보험금, 환급금, 계약자배당금 등의 부채에 충당하기 위하여 적립된 금액을 말한다.[232]

그리고 지급여력기준금액이란 보험업을 경영함에 따라 발생하게 되는 위험을 금액으로 환산[233]한 것이다(영 제65조제1항제2호). 지급여력비율은 지급여력금액을 지급여력기준금액으로 나누어 산정된다(영 제65조제1항제3호).

---

230) 금융감독원, 앞의 RBC해설서, 5면.

231) 보험회사는 결산기마다 보험계약의 종류에 따라 책임준비금과 비상위험준비금을 계상(計上)하여야 한다(법 제120조, 영 제63조, 시행규칙 제29조).

232) 장래에 지급할 보험금 · 환급금 및 계약자배당금(보험금 등)의 지급에 충당하기 위하여 책임준비금으로 계상하여야 할 사항으로는 영 제63조를 참조하라.

233) 보험업감독규정은 지급여력기준금액의 산출방법을, 보험위험액, 금리위험액, 신용위험액, 시장위험액, 운영위험액에 대해 보험위험액의 제곱, 금리위험액과 신용위험액 합계의 제곱, 시장위험액의 제곱을 모두 합산한 금액의 제곱근에 운영위험액을 합산하여 산출하도록 하고 있다(감독규정 제7-2조제1항).

보험업법은 보험회사의 재무건전성 유지와 관련하여, (i)지급여력비율은 100분의 100 이상을 유지하여야 하며, (ii)대출채권 등 보유자산의 건전성을 정기적으로 분류하고 대손충당금을 적립하여야 하며, (iii)보험회사의 위험, 유동성 및 재보험의 관리에 관한 기준을 충족하도록 규정한다(법 제123조제1항, 영 제65조제2항).

이 중 지급여력비율이 보험회사의 재무건전성을 측정하는 핵심지표이다. 관련 법규정은 지급여력금액이 지급여력기준금액을 초과하도록, 즉 지급여력비율이 100% 이상이어야 하도록 규정하고 있다(영 제65조제2항제1호). 만일 지급여력비율이 최소치의 규제인 100%에 미치지 못한다는 의미는, 이를 충족하지 못하는 보험회사라도 바로 보험금 지급불능상태에 빠지는 것은 아니지만 보험업 경영에 따른 각종 리스크에 취약할 수 있다는 의미이다.[234]

② 지급여력제도의 도입 및 발전

1998년 외환위기 이후 금융회사에 대한 감독수준을 국제기준에 부합되도록 개선할 필요가 있다는 반성과 IMF의 권고 등에 따라 종전의 생명보험회사와 손해보험회사에 관한 지급여력규제[235]를 폐지하고 1995년 5월부터 당시 EU에서 적용하고 있는 지급여력제도를 도입하여 운용하여 왔다.[236]

하지만 EU 방식 지급여력제도는 단순하여 운용의 편리성은 있으나 보험회사가 직면하는 다양한 리스크를 종합적으로 평가하여 필요한 자본금을 산출하지 못한다는 한계가 지적되어 왔다. 이에 따라 기존

---

234) 금융감독원, 앞의 RBC해설서, 5면.

235) 1998년 외환위기 발생 이전까지는 지급여력과 해약식 책임준비금을 비교하여 지급여력을 평가(생보사)하거나 보유위험료가 보험계약자 잉여금의 일정 비율을 초과하지 못하도록 규제하는 방식(손보사)으로 지급여력규제를 운용하여 왔다. 금융감독원, 위의 RBC해설서, 5면.

236) 금융감독원, 위의 RBC해설서, 5면.

EU식 지급여력제도 방식의 한계를 극복하고, 리스크 중심의 예방적·선제적 감독체계 도입의 일환으로 미국 등의 RBC 방식을 국내체계에 맞게 수정한 RBC제도를 2009년 4월부터 2년간의 시범운영을 거쳐 2011년 4월부터 본격 시행하고 있다.

RBC제도의 도입은 미국, 캐나다, 호주, 일본 등에서 지급여력제도를 EU방식에서 위험기준 자기자본규제 세노인 RBC(Risk Based Capital) 방식으로 전환하였다는 점을 감안한 것이다.[237] 현재 EU에서도 리스크 인식방식 및 규제기준을 획기적으로 개선한 새로운 지급여력제도(Solvency Ⅱ)의 도입을 추진 중에 있다.[238]

[표 15] (구)지급여력비율과 RBC 비율 비교[239]

구분	(구)지급어력비율	RBC 비율	차이점
분자	지급여력금액(①)	가용자본(①)	
분모	지급여력기준금액(②) - 보험위험액 • (생보) 위험보험금 × 0.3% 내외 • (손보) 보유보험료 × 17.8% 수준 자산운용위험액 • 책임준비금 × 4%	요구자본(②) - 보험위험액 - 금리위험액 - 신용위험액 - 시장위험액 - 운영위험액	- 보험·금리·시장·신용 위험액 정교화 - 운영위험액 추가
산식	(① / ②) × 100	(① / ②)×100	

[표 16] EU 지급여력제도와 RBC제도의 비교[240]

구 분	EU방식	RBC방식
적용방법	• 준비금/보험금의 일정비율을 규제자본으로 설정	• 위험요인별로 계수를 설정하여 규제자본을 산출

237) 금융감독원, 위의 RBC해설서, 5면.

238) Solvency Ⅱ 제도는 2014년 1월부터 시행될 예정이다.

239) 금융감독원, 앞의 RBC해설서, 8면.

240) 금융감독원, 위의 RBC해설서, 8면.

산출대상	• 보험리스크 • 자산운용리스크	• 보험리스크 • 자산운용리스크를 세분화 - 금리리스크 - 신용리스크 - 시장리스크 • 운영리스크
장 점	• 비율산출이 간편하고 예측이 용이	• 운용자산별로 리스크를 세분화함으로써 금융시장의 변동 등에 적절히 대응할 수 있고, 부실징후 지표로 활용이 가능
단 점	• 세부 리스크 반영 불가 - 자산운용에 대한 간접규제 (리스크 관리) 곤란 • 회사별 특성이 반영 안됨 • 산출근거가 명확하지 않음	• 경험데이타, 전산시스템 등 인프라 구축이 필요 • 모형이 복잡하고, 다양한 리스크 변수로 비율 예측, 관리가 어려움
적용국가	• 영국(1973년), EU국가	• 미국(1993년), 일본(1996년) 등

③ RBC제도의 특징

RBC제도의 주요 특징으로, 우선 국제적 정합성을 들 수 있다. RBC제도를 설계함에 있어서는 보험회사의 재무건전성에 관한 선진국 제도를 참고하였으며, 국제보험감독관협의회(IAIS)에서 제시하는 국제적 정합성에 최대한 부합되도록 하였다.[241] 둘째, 체계적인 리스크의 반영이다. 보험회사에 내재된 다양한 리스크를 효과적으로 반영할 수 있도록 다음과 같이 리스크 구분을 세분화하고 정교한 측정방법을 사용하였다.[242]

241) 금융감독원, 위의 RBC해설서, 6면. 금융감독당국은 앞으로 RBC제도의 신뢰수준을 현행 95%에서 99%로 단계적으로 상향하는 등 RBC제도의 국제적 정합성 제고를 위해 지속적으로 노력할 계획이다. 같은 RBC해설서, 6면.

242) 금융감독원, 위의 RBC해설서, 7면.

ㅇ (위험세분화) 자산운용리스크를 시장, 신용, 금리리스크로 구분 ㅇ (시장위험) 파생상품, 변액보험 최저보증리스크 반영 ㅇ (신용위험) 차주의 신용등급별 위험계수 차등화 ㅇ (금리위험) 자산과 부채에 대한 미스매칭 리스크를 반영

[그림 4] RBC 요구자본 산출 흐름도[243)]

리스크 분류

⇩

리스크별 위험계수 산출

- 과거 실적통계에 의한 추정, 모형에 의한 시나리오 분석, 정책적 판단 등에 의해 산출

⇩

리스크별 위험계수의 조정

- 회사실적과 산업실적의 차이, 리스크 경감조치 등을 반영

⇩

리스크별 위험액(요구자본) 산출

- 리스크별 위험노출규모(자산 · 부채, 준비금, 보험료 등)에 해당 위험계수를 곱하여 산출

⇩

분산효과를 반영한 보험회사 총위험액(요구자본) 산출

- 공분산조정은 개별 리스크가 동시에 발생하지 않기 때문에 실제 리스크가 개별 리스크의 단순합보다 작다는 인식에 근거

⇩

RBC비율(=가용자본/요구자본) 산출

⇩

RBC비율에 의해 3단계로 구분하여 감독조치

243) 금융감독원, 위의 RBC해설서, 9면.

셋째, 업계 공통의 표준모형을 도입하였다. RBC제도의 도입 초기에는 모든 보험회사에 공통적인 단순한 형태의 표준모형을 도입할 필요가 있는 점[244)]을 감안하여 현재로는 업계 공통의 위험계수를 적용하도록 하고 있으나 보험회사의 리스크관리 중심 경영을 유도하기 위해서는 개별회사에 내재되어 있는 리스크요인을 적절히 반영하여 차별화된 자본수준을 요구할 필요가 있으며 이는 차후 '내부모형[245)] 승인제도'의 도입을 통해 제도화될 예정이다.[246)]

〈참고〉 [Solvency Ⅱ의 개요][247)]

최초의 보험영역 리스크규제인 Solvency Ⅰ (Directive 73/239/EEC)가 1973년에 도입된 이후, 현재 도입예정인 Solvency Ⅱ는 요구자본(required capital)을 정의하고 리스크를 관리하기 위한 새로운 리스크 관리관행을 반영하고 있다.

종전의 Solvency Ⅰ이 EU Solvency 제도를 개선하는 것이 목적이었던 반면에, Solvency Ⅱ는 이보다 넓은 적용범위를 가지고 있으며 Solvency Ⅱ의 지급능력자본요건(solvency capital requirement)은 다음의 목적을 갖는다.

· 보험자가 보험금지급요청을 충족시킬 수 없는 위험의 축소
· 보험자가 모든 요청을 전부 만족시킬 수 없는 경우에 보험증권소지자가 입을 손실의 축소
· 보험자의 자본이 최소요구수준 이하로 떨어질 경우에 감독당국이 즉각적으로 개입할 수 있도록 감독자에게 조기경보를 제공

244) IAIS, 신BIS협약 등 국제기준에서도 단순한 형태의 표준모형을 금융기관에 공통적으로 적용하되, 금융기관이 내부모형을 선택할 수 있도록 이원화할 것을 권고하였다.

245) 내부모형은 보험회사의 전반적인 리스크포지션을 분석, 계량화하고 리스크에 상응하는 경제적 자본규모를 산정토록 지원하는 보험회사 자체의 리스크관리 시스템을 의미한다.

246) 금융감독원, 앞의 RBC해설서, 7면.

· 보험영역에서 금융안정성에 관한 신뢰의 촉진

Solvency Ⅱ는 은행권역에서의 Basel Ⅱ에 일부 비슷한 점이 있어서 종종 '보험자를 위한 Basel 협약'이라고 불리기도 한다. 예컨대 현재 제안된 Solvency Ⅱ는 (Basel 협약과 유사하게) 다음 세 가지 주된 영역(pillars)를 갖는다.

· Pillar 1 : 양적 요건으로 구성됨 (예컨대 보험자가 보유하여야 하는 자본액 등)
· Pillar 2 : 보험자에 관한 효과적인 감독에 관한 사항은 물론, 보험자의 지배구조와 위험관리에 관한 요건을 설정
· Pillar 3 : 공시 및 투명성 요건에 주목

Solvency Ⅱ의 내용은 다음과 같이 4가지로 크게 나뉘어진다.

· Title Ⅰ: 직접 보험 및 재보험 활동의 인수 및 추구에 관한 일반규칙
· Title Ⅱ: 보험 및 재보험에 관한 특별규정
· Title Ⅲ: 그룹으로 하는 보험 및 재보험 인수의 감독
· Title Ⅳ: 보험인수업체의 정리 및 해산

247) Wikipedia의 Solvency Ⅱ Directive를 참고함.

제 4 장

보험사기의 규제

1. 보험사기의 현황 | 2. 보험사기의 사례 | 3. 보험사기 조사업무 절차

1. 보험사기의 현황

(1) 보험사기의 개념

보험사기는 법률상 용어가 아니라 보험과 관련된 사기라는 의미로, 보험금 편취를 위해 또는 보험료 납입부담을 줄이기 위하여 고의적으로 행하는 부당행위를 의미한다. 보험사기에 관한 통일적인 정의는 없으며 다음과 같은 정의가 제시된 바 있다.

- "보험회사를 기망할 의도를 가지고 허위의 보험금 청구를 하는 행위" 또는 "다른 방법으로는 지불되지 않을 보험금을 의도적으로 거짓말을 하거나 일정한 사실을 은폐하는 행위"[248)]
- "보험가입자 또는 제3자가 받을 수 없는 보험보호를 거저 얻거나, 부당하게 낮은 보험료를 지불하거나 또는 부당하게 높은 보험금액의 지급을 요구할 목적으로 고의적·악의적으로 행하는 위법행위" 또는 "피보험자가 보험계약을 이용하여 보험회사의 부담으로 자기 또는 제3자에게 보험금의 형식으로 불법한 이익을 보게 하는 행위"[249)]

보험사기가 성립될 경우 형법상 사기죄[250)]가 성립될 경우가 많다. 흔히 보험사기는 보험회사·계약자 등 계약관계자, 병원·정비업체 등 제3자, 보험계약·사고·보험금수령 관련 기망행위 등과 같은 다양한 요소로 구성된다.[251)]

---

248) 금융감독원, 「보험범죄 형사판례집」, 2012.12, 3면.

249) 황만성·신의기·탁희성, 「우리나라의 보험사기 방지 선진화 방향 연구」", 연구총서 06-001, 한국형사정책연구원(2006).

250) 사람을 기망하여 재물의 교부를 받거나 재산상의 이익을 취득하는 경우 및 제3자로 하여금 재물의 교부를 받게 하거나 재산상의 이익을 취득하게 하는 죄를 말한다(형법 제347조).

보험사기는 보험범죄에 비하여 보다 광범위한 개념으로 볼 수 있는데, 보험사기는 보험 가입시의 악의성 등을 포함하는 개념이나 보험범죄는 구체적인 형법 위반행위로 나타난 경우를 지칭한다.[252]

보험사기는 크게 경성사기(hard fraud) 및 연성사기(soft fraud)로 나뉜다. 경성사기는 화재보험에 가입한 보험계약자 겸 피보험자가 자신의 집에 방화를 하고 보험금을 청구하는 경우와 같이 보험증권에서 담보하는 재해, 상해, 도난, 방화, 기타 손실을 의도적으로 각색 또는 조작하는 행위를 말한다. 반면 연성사기는 기회사기(opportunity fraud)라고 하며 보험계약자 또는 피보험자, 보험수익자(인보험에서)가 보험금을 과장청구하는 경우, 또는 보험계약을 체결하거나 갱신할 때에 거짓정보를 제공함으로써 인수거절체에 해당하는 자가 보험인수될 가능성을 높이는 행위 또는 원래 책정될 보험료보다 낮은 보험료를 적용받는 행위를 말한다.[253]

(2) 보험사기의 현황

보험사기로 인한 보험금 누수는 보험료 인상으로 이어져 선량한 보험계약자들에게 피해를 야기하며, 나아가 보험사기가 타인의 생명과 신체에 위해를 가하는 강력범죄로 이어질 경우 심각한 사회문제가 될 수 있다.[254]

보험의 특성에 기인한 범죄 유발적 요소로, 보험가입자의 경제력에 비하여 보험금액이 고액일 경우 보험사기가 발생할 가능성이 높으며,

251) 금융감독원, 앞의 형사판례집, 3면.

252) 그러나 보험사기범이나 보험범죄 혐의자의 궁극적 목적은 보험회사가 지불할 보험금의 수취에 있다는 점에서 양자는 사실상 동일한 개념이라고 할 수 있다. 금융감독원, 위의 형사판례집, 4면.

253) 금융감독원, 위의 형사판례집, 4면.

254) 금융감독원, “2012년도 보험사기 적발현황,” 보도자료(2013.3.11), 3면.

보험사기법의 심리에는 위험보장이라는 무형 서비스에 대해 가입자가 체감을 못하는 데 비하여 일정 보험기간이 경과하면 보험료를 환급받지 못한다(소멸성 보험료)는 데 대한 보상심리가 내재한다.[255] 또한 보험계약은 다른 계약과 달리 적은 보험료를 납입한 대가로 거액의 보험금을 받게 된다는 비등가성(非等價性)을 띠고 있으므로 사행심이 발동할 소지가 크다.[256]

또한 보험사기 중 특정 타인에게 직접적 피해를 주지 않는 경우 보험회사가 상대적으로 재정 우위에 있다는 점을 들어 보험사기에 관한 사회분위기가 관용적이고 적발시의 처벌 역시 경미할 경우 보험사기를 유발하는 요인이 된다.[257] 그러나 외견상 보험사기가 경제적으로 우위에 있는 보험회사에 피해를 주는 것처럼 보이고 보험사기의 피해는 다수에게 적은 액수로 전가되므로 당장 보험사기를 크게 문제삼지 않는다 할지라도, 궁극적으로는 보험료 인상을 통하여 그리고 보험사기로 인하여 손해율이 증가될 경우 해당 종류의 계약인수를 제한하거나 해당 보험상품 판매중단을 통하여 보험제도의 존립기반을 약화시킴으로써 전체 보험관계자에게 피해를 발생시킨다.[258]

보험사기 적발금액 및 적발인원은 꾸준한 증가세를 보이고 있으며, 2012년도의 경우 보험사기 적발금액은 4,533억원, 적발인원은 83,181명에 이른다.

255) 금융감독원, 앞의 형사판례집, 5면.
256) 금융감독원, 위의 형사판례집, 5면.
257) 금융감독원, 위의 형사판례집, 5면.
258) 금융감독원, 위의 형사판례집, 6면.

[표 17] 보험사기 적발실적[259)]

(단위: 백만원, 명, %)

구 분		'10년	'11년	'12년	증감률
적발금액	생 보	60,109	64,958	63,402	-2.4
	손 보	314,541	358,696	389,932	8.7
	계	374,650	423,654	453,334	7.0
적발인원	생 보	3,290	4,266	4,900	14.9
	손 보	65,923	68,067	78,281	15.0
	계	69,213	72,333	83,181	15.0

출처: 금융감독원

[표 18] 보험사기 적발금액[260)]

(단위: 백만원, %, %point)

구분	'09년		'10년		'11년		증감율	
	적발금액	구성비	적발금액	구성비	적발금액	구성비	적발금액	구성비
고의사고	82,487	24.5	82,529	22.0	84,144	19.9	1.9	-2.1
고의충돌(가해자·피해자의 공모 등)	34,694	10.3	29,957	8.0	24,474	5.8	-18.3	-2.2
보유불명사고	3,104	0.9	5,596	1.5	3,466	0.8	-38.1	-0.7
허위·과다 사고	204,055	60.6	257,016	68.6	298,805	70.5	16.3	1.9
허위(과다)입원	9,804	2.9	22,613	6.0	32,256	7.6	42.6	1.6
허위(과다)진단	826	0.3	3,203	0.9	4,204	1.0	31.2	0.1
사고내용조작	59,327	17.6	81,322	21.7	86,642	20.4	6.5	-1.3
음주·무면허	24,928	7.4	36,324	9.7	47,373	11.2	30.4	1.5
피해과장	25,448	7.6	19,300	5.2	20,507	4.8	6.2	-0.4
병원 과장청구	8,636	2.6	7,525	2.0	7,697	1.8	2.3	-0.2
정비공장 과장청구	3,316	1.0	2,000	0.5	4,067	0.9	103.4	0.4
기타	24,731	7.3	15,805	4.2	20,198	4.8	27.8	0.6
합계	336,720	(100)	374,650	(100)	423,654	(100)	13.1	

* 사기 유형은 세부 유형만 표시

259) 금융감독원, 앞의 보도자료(2013.3.11), 1면.

260) 금융감독원, 앞의 형사판례집, 21면.

[표 19] 보험 종류별 적발금액[261]

(단위 : 백만원, %, %p)

보험종목	2009년		2010년		2011년		증감율	
	적발금액	구성비	적발금액	구성비	적발금액	구성비	적발금액	구성비
생명보험	54,551	16.2	60,109	16.1	64,958	15.3	8.1	-0.8
보장성보험	50,197	14.9	57,949	15.5	62,905	14.9	8.6	-0.6
손해보험	282,169	83.8	314,541	84.0	358,696	84.7	14.0	0.7
자동차보험	226,086	67.1	229,076	61.1	240,835	56.9	5.1	-4.2
장기보험	44,349	13.2	72,945	19.5	102,893	24.3	41.0	4.8
화재보험	10,703	3.2	11,327	3.0	7,481	1.8	-34.0	-1.2
합계	336,720	100	374,650	100	423,654	100	13.1	

* 주요 보험 종목만 표시

이상의 통계는 보험사기로 실제로 적발된 건에 대한 통계에 불과하다. 보험사기는 조직적이고 치밀하게 위장될 경우가 많아 고의 또는 중대한 과실의 증명이 곤란한 경우가 적지 않으므로 적발이 쉽지 않다. 따라서 실제로는 민영보험의 보험사기 규모는 2010년 기준 약 3조 4천억원으로 추정되고 있는데 이로 인한 보험금 누수는 보험료 상승으로 이어지며 가구당 20만원, 1인당 7만원 가량의 추가 부담을 발생시킨다고 추정된다.[262]

또한 최근 보험사기의 특징은 흉포화, 지능화되며 개인의 단독범행이 아닌 전문브로커, 보험 관계자 등에 의한 조직적이고 대형화된 범행이 크게 증가하고 있으나, 적발비율은 보험사기 금액에 관한 추정액의 12.4%에 불과하다고 한다.[263]

---

261) 금융감독원, 위의 형사판례집, 22면.

262) 국회 의안정보시스템, "보험업법 일부개정법률안"(의안번호 1903665, 박대동의원등 10인 발의)(발의일자 2013.2.7) 중 제안이유. 금융감독원, 앞의 형사판례집, 19면 중 서울대학교 · 보험연구원 및 공동연구결과 인용부분.

263) 국회 의안정보시스템, "보험업법 일부개정법률안"(의안번호 1903665, 박대동의원등 10인 발의)(발의일자 2013.2.7) 중 제안이유.

(3) 보험사기의 문제와 방지책

① 보험사기 방지의 필요성

보험에서는 개략적으로 다음과 같은 등식이 성립한다.

수입보험료 총액 = 지급보험금 총액 + 사업비

보험사기가 행해질 경우 우측의 지급보험금 총액이 상승하게 되므로 보험회사는 보험사기에 대하여 필연적으로 좌측의 수입보험료를 증액시키거나 보험금 지급액을 줄임으로써 대응하게 된다. 이 경우 선량한 보험가입자들이 보험가입에 의하여 얻는 효용이 줄게 되며 이들은 자신의 경우에 (보험사고발생확률×보험금수입예상금액) < (지급보험료총액)으로 예상될 경우 보험가입을 포기하게 된다. 이에 따라서 보험시장에는 보험사고발생확률이 더 큰 자들만이 남게 되며, 이에 따라 점점 보험사고발생확률이 적은 자들은 시장을 떠나게 된다.

따라서 보험사기 문제는 적절히 관리되지 못할 경우 보험제도 자체를 붕괴시킬 수 있는 심각한 문제라고 할 수 있다. 보험사기 방지를 위하여 현행 상법 보험편 및 보험업법은 단지 다음의 규정만을 두고 있다.

현행 상법 보험편	현행 보험업법
제669조(초과보험) ① 보험금액이 보험계약의 목적의 가액을 현저하게 초과한 때에는 보험자 또는 보험계약자는 보험료와 보험금액의 감액을 청구할 수 있다. 그러나 보험료의 감액은 장래에 대하여서만 그 효력이 있다.	제102조의2(보험계약자 등의 의무) 보험계약자, 피보험자, 보험금을 취득할 자, 그 밖에 보험계약에 관하여 이해관계가 있는 자는 보험사기행위를 하여서는 아니 된다.

② 〈생략〉 ③ 〈생략〉 ④ 제1항의 경우에 계약이 보험계약자의 사기로 인하여 체결된 때에는 그 계약은 무효로 한다. 그러나 보험자는 그 사실을 안 때까지의 보험료를 청구할 수 있다. 제672조(중복보험) ① 동일한 보험계약의 목적과 동일한 사고에 관하여 수개의 보험계약이 동시에 또는 순차로 체결된 경우에 그 보험금액의 총액이 보험가액을 초과한 때에는 보험자는 각자의 보험금액의 한도에서 연대책임을 진다. 이 경우에는 각 보험자의 보상책임은 각자의 보험금액의 비율에 따른다. ② 〈생략〉 ③ 제669조제4항의 규정은 제1항의 보험계약에 준용한다.	

보험업법은 동법 제102조의2를 위반하여 보험사기행위를 한 경우의 해당 보험계약의 효과나 형사적 제재에 대한 아무런 조항을 두고 있지 않으므로 보험사기의 실효적 억제에는 큰 한계가 있다. 반면 상법 보험편은 보험사기로 인하여 손해보험에서 초과보험이나 중복보험이 체결된 경우 해당 계약을 무효로 하며 그럼에도 불구하고 보험자는 그 사실을 안 때까지의 해당 계약상의 보험료 수수권을 갖는다.

보험사기범들이 많은 경우 중복보험에 가입하는 반면, 현행 상법 보험편에 의하면 통지의무의 해태가 있는 경우 중복보험이 보험사기로 인정되기는 용이하지 않다. 보험자는 통지의무가 있는 보험계약자 등이 통지의무를 이행하였다면 보험자가 그 청약을 거절하였거나 다른 조건으로 승낙할 것이라는 것을 알면서도 정당한 사유 없이 위법하게 재산상의 이익을 얻을 의사로 통지의무를 이행하지 않았음을 증명하여야 하며, 보험계약자가 중복보험을 체결한 사실에 대한 상법 제672조제2항에 의한 통지의무를 게을리 하였다는 사유만으로는 사기로 인한 중복보험계약이 체결되었다고 추정할 수는 없다.[264)]

반면 실손보상원칙이 적용되지 않고 보험가격에 관한 평가가 어려운 인보험에서는 초과보험이나 중복보험의 체결을 제한하거나 금지하는 조항이 없으므로 초과 또는 중복의 문제는 보험계약의 효력에 아무런 영향을 미치지 않는다.

현행 상법 및 보험업법은 '보험사기'를 금지하거나 보험사기에 의한 계약을 무효로 하면서도 정작 보험사기에 관하여는 명확한 정의를 두고 있지 않기 때문에 형법상 사기죄에서의 사기에 관한 정의를 차용하여야 한다는 주장이 가능하다.

형법 제347조(사기) ① 사람을 기망하여 재물의 교부를 받거나 재산상의 이익을 취득한 자는 10년 이하의 징역 또는 2천만원 이하의 벌금에 처한다. ② 전항의 방법으로 제삼자로 하여금 재물의 교부를 받게 하거나 재산상의 이익을 취득하게 한 때에도 전항의 형과 같다.

그러나 형법상 사기죄의 구성요건인 사기행위의 기수범에 해당하지 않는 단계에서는 보험사기의 고의를 미리 알기 어려우므로 보험사기로 적발하기는 곤란할 것이다.

---

264) 대법원 2000.1.28. 선고 99다50712 판결.

② 보험사기에 대한 형사제재의 강화 논의

보험사기가 날로 증가하고 범죄로도 이어져서 사회문제화함에도 현행 상법과 보험업법에 따르면 보험사기 방지를 위한 적절한 수단이 주어지고 있지 않으므로 좀더 강력한 보험사기 방지조항이 필요하다. 2013년 4월 현재 국회에 계류중인 보험업법 개정안에서는 보험사기에 대한 형사벌적 측면에서 제재를 강화하는 방안이 논의되고 있다.

현행 보험업법	보험업법 개정안(1)[265]
제102조의2(보험계약자 등의 의무) 보험계약자, 피보험자, 보험금을 취득할 자, 그 밖에 보험계약에 관하여 이해관계가 있는 자는 보험사기행위를 하여서는 아니 된다.	제102조의2(보험사기행위의 금지) --재산상의 이득을 취득하거나 제3자에게 재산상의 이득을 취득하게 하기 위하여 보험사기행위를-------------.
〈신 설〉	제197조의2(벌칙) ① 제102조의2를 위반하여 재산상의 이득을 취득하거나 제3자에게 재산상의 이득을 취득하게 한 경우에는 10년 이하의 징역 또는 3천만원 이하의 벌금에 처한다. ② 제1항의 죄를 상습적으로 범한 자는 형의 2분의 1을 가중한다.
제205조(미수범) 제197조 및 제198조의 미수범은 처벌한다.	제205조(미수범) 제197조 · 제197조의2---------------------------.
제206조(병과) 제197조부터 제205조까지에 규정된 죄를 범한 자에게는 정상에 따라 징역과 벌금을 병과할 수 있다.	제206조(병과) 제197조 · 제197조의2 및 제198조---.

위 보험업법 개정안(1)은 보험계약의 허점을 악용하여 보험금을 편취하거나 고의적으로 보험사고를 유발하는 경우가 빈번하게 발생하고 있는데, 현재는 이러한 보험사기행위에 대해 「형법」상 사기로 처벌하고 있으나 보험사기행위 예방을 위해 이를 직접 보험업법에서 규정하고 그 처벌을 강화할 필요가 있다는 필요에서 제안된 것이다.

따라서 위 보험업법 개정안(1)은 보험업법에 보험사기행위 금지규정을 두고 이를 위반한 경우 10년 이하의 징역 또는 3천만원 이하의 벌금이라는 형사적 제재를 도입하려고 하고 있다(안 제102조의2 및 제197조의2 신설).

현행 보험업법	보험업법 개정안(2)[266]
제2조(정의) 이 법에서 사용하는 용어의 정의는 다음과 같다. 1. ~ 20. (생 략) 〈신 설〉	제2조(정의) --. 1. ~ 20. (현행과 같음) 21. "보험사기행위"란 다음 각 목의 어느 하나에 해당하는 행위를 말한다. 가. 고의로 보험사고를 발생시키거나 발생하지 아니한 보험사고를 발생한 것으로 조작하여 보험금을 청구하는 행위 또는 수령하려는 행위 나. 이미 발생한 보험사고의 원인, 시기 또는 내용 등을 거짓으로 조작하거나 피해의 정도를 과장하여 보험금을 청구하는 행

265) 국회 의안정보시스템, "보험업법 일부개정법률안," 의안번호 992(안효대 의원 대표발의), 발의일자 2012.8.1.

	위 또는 수령하려는 행위 다. 가목 또는 나목의 행위를 공모하거나 교사 또는 방조하는 행위
〈신 설〉	제201조의2(벌칙) ① 제102조의2를 위반한 자는 보험사기행위를 통하여 취득하거나 취득하려 의도한 보험금 액수에 따라 다음 각 호의 징역 또는 벌금에 처한다. 1. 5억원 이상: 3년 이상의 유기징역 2. 1억원 이상 5억원 미만: 1년 이상의 유기징역 3. 1억원 미만: 3년 이하의 징역 또는 1천만원 이하의 벌금 ② 제1항의 경우 보험금 액수 이하에 상당하는 벌금을 병과할 수 있다. ③ 상습으로 제102조의2를 위반한 자는 그 죄에 정한 형의 2분의 1까지를 가중한다.

위 보험업법개정안(2)는 보험계약의 허점을 악용하여 보험금을 편취하거나 고의적으로 보험사고를 유발하는 경우가 빈번하게 발생하고 있으므로, 보험사기행위 예방을 위해 이를 보험업법에서 규정하면서 그 처벌을 강화할 필요에 입각하여 보험업법 보험사기행위금지 규정

266) 국회 의안정보시스템, "보험업법 일부개정법률안," 의안번호 3406(안민석 의원 대표발의), 발의일자 2013.1.24.

을 두고 이를 위반한 경우 징역이나 벌금의 형사처벌에 처하려는 것이다(안 제102조의2 및 제197조의2 신설).

나아가 또다른 보험업법 개정안은 보험사기에 보험회사의 임직원, 보험설계사, 보험대리점, 보험중개사 등이 가담하는 경우가 많다는 현실을 직시하여 이들 보험관련 전문 자격을 갖춘 자들이 보험범죄에 가담하지 못하도록 금지하는 규정을 명시함으로써 보험사기 범죄에 대한 일반예방 효과를 거두고자 하는 내용을 담고 있다.

현행 보험업법	보험업법 개정안(3)[267]
제86조(등록의 취소 등) ① 금융위원회는 보험설계사가 다음 각 호의 어느 하나에 해당하는 경우에는 그 등록을 취소하여야 한다.	제86조(등록의 취소 등) ① --.
1. ~ 4. (생 략)	1. ~ 4. (현행과 같음)
〈신 설〉	5. 제102조의2 각 호의 어느 하나에 해당하는 행위를 한 경우
② ~ ④ (생 략)	② ~ ④ (현행과 같음)
제88조(보험대리점의 등록취소 등) ① 금융위원회는 보험대리점이 다음 각 호의 어느 하나에 해당하는 경우에는 그 등록을 취소하여야 한다.	제88조(보험대리점의 등록취소 등) ① --.
1. ~ 5. (생 략)	1. ~ 5. (현행과 같음)
〈신 설〉	6. 제102조의2 각 호의 어느 하나에 해당하는 행위를 한 경우
②·③ (생 략)	②·③ (현행과 같음)
제90조(보험중개사의 등록취소 등) ① 금융위원회는 보험중개사가 다음 각 호의 어느 하나에 해당하는 경우에는 그 등록을 취소하여야 한다.	제90조(보험중개사의 등록취소 등) ① --.
1. ~ 4. (생 략)	1. ~ 4. (현행과 같음)

③ 보험사기에 의하여 체결된 계약의 무효화

[종전 상법 보험편 개정(안)(법무부 공고 제2012-156호) 관련부분의 소개]

종전의 상법 보험편 개정(안)은 보험사기 방지를 위하여 사기에 의한 보험계약을 무효화시켜야 한다고 보고 보험사기에 의하여 체결된 보험사기의 사법적(私法的) 효력을 무효화 시키려는 규정을 도입하려 하였다.

현행 상법	종전 상법 보험편 개정안
〈 신 설 〉	제655조의2(사기에 의한 계약) ① 보험계약의 당사자 또는 피보험자의 사기(詐欺)로 인하여 체결된 보험계약은 무효로 한다. ② 제1항의 경우에 보험자는 그 사실을 안 때까지의 보험료를 청구할 수 있다. 다만, 인보험(人保險)에서 보험수익자를 위하여 적립한 금액은 보험계약자에게 지급하여야 한다.

* 그러나 현행 국회에 계류중인 상법 보험편 개정안(의안번호 3629번)에는 위 제655조의2 같은 내용은 삭제되고 없다.

위 보험업법개정(안)에서 제시되었듯이 현행 보험업법 제102조의2만으로는 보험사기방지에 크게 미흡하므로, 보험사기에 대한 실질적인 제재 및 예방 목적 달성을 위하여 보험사기로 보험계약이 체결된 경우 해당 계약을 무효화시키자는 내용이 바람직하다. 일각에서는 사기에 의한 보험계약에 대하여 민법상 취소권 또는 해지권을 행사하거

267) 국회의안정보시스템, "보험업법 일부개정법률안", 의안번호 1903665(박대동의원 등 10인 발의), 발의일자 2013.2.7. 그러나 2013년 4월 현재 국회에 계류 중인 상법 보험법개정안.

나 고지의무 위반을 이유로 한 상법상 해지권을 행사할 수 있으므로 무효로 함은 지나치다는 의견이 있으나, 민법 등의 취소권 및 해지권 그리고 상법상 고지의무위반에 기한 해지권의 행사에는 행사방법 및 제척기간의 제한이 있다는 점에서 보험사기에 대한 적절한 대응책이 되기에는 한계가 있다.

다만 상법 보험편 개정안(의안번호: 3629번)에서 신설될 보증보험의 경우 보증보험이 주계약상의 채무자인 보험계약자의 채무불이행을 보험사고로 한다는 특성을 감안하여 다음과 같은 예외를 두고 있다.

현 행	상법 보험편 개정안[268]
〈 신 설 〉	제726조의6(적용 제외) (생 략) ② 보증보험계약에 관하여는 보험계약자의 사기, 고의 또는 중대한 과실이 있는 경우에도 이에 대하여 피보험자에게 책임이 있는 사유가 없으면 제651조, 제652조, 제653조 및 제659조제1항을 적용하지 아니한다.

즉 보험법이 보험계약자보다는 피보험자의 이익을 위하여 체결된다는 점을 중시하여 보증보험계약에 한해서는 보험계약서의 사기가 있더라도 피보험자 스스로에게도 귀책사유가 있지 않는 한 계약해지 등 불이익을 가할 수 없다는 것이다.

268) 현재 국회에 계류되어 있는 상법 개정안 중 정부제출안(의안번호: 3629번)의 내용임.

④ 보험사기에 의하여 체결된 계약에 관한 보험자의 보험료청구권 인정

일반적으로 계약에 대한 취소권 행사시 보험자는 부당이득 반환의무에 따라서 기수취한 보험료 전액을 보험계약자에게 반환하여야 하므로, 보험사기방지라는 입법취지 달성에 제약이 발생할 수 있다. 따라서 사기목적으로 보험계약을 체결한 경우라면 보험료 납부도 보험사기의 일환으로 이루어진 행위이므로 제재가 필요하며, 계약무효시 보험자는 부당이득 반환의무를 부담하여 납입받은 보험료를 계약자에게 반환한다면 보험계약자 등의 사기행위 시도에 대하여 불이익을 주려 입법취지 달성에 효과적이지 않다. 이에 대하여 보험계약을 무효로 하면서 보험자가 보험료를 모두 청구할 수 있도록 하는 것이 계약자에게 지나치게 불리하다는 의견이 있을 수 있으나, 보험사기의 심각성과 악의성을 감안하면 개정(안)과 같이 보험자가 사기로 인한 계약체결 사실을 안 때까지의 보험료를 청구할 수 있도록 함으로써 보험사기에 실질적으로 대처함이 바람직할 것이다.

(4) 사기에 의한 보험금 청구시 보험자의 면책 인정

현행 상법	종전 상법 보험편개정안[269]
〈 신 설 〉	제657조의2(사기에 의한 보험금청구) ① 보험계약자, 피보험자, 보험수익자 또는 보험금청구권을 가지는 제3자가 보험금을 청구한 경우에 사기의 목적으로 다음 각 호의 어느 하나에 해당하는 행위를 하여 보험금의 지급 여부 또는 그 산정에 중대한 영향을 미친 때에는 보험자는 그 사실을 안 날부터 1개

	월 이내에 보험금청구권이 상실된다는 뜻을 통지하여 보험금의 지급책임을 면할 수 있다. 1. 손해의 통지 또는 보험금 청구에 관한 서면이나 증거를 위조하거나 변조하는 행위 2. 손해 통지 또는 보험금 청구에 관한 서면에 거짓된 사실을 기재하는 행위 3. 그 밖에 보험금의 지급 여부 또는 그 산정에 중대한 영향을 미치는 사항을 거짓으로 알리거나 숨기는 행위 ② 제1항의 경우 보험자가 이미 보험금을 지급한 경우에는 그 반환을 청구할 수 있다.

위 종전 상법보험편개정(안)(법무부 공고 제2012-156호) 제657조의2는 보험사기에 의한 보험금청구시에 보험자의 면책을 인정하고 있는 바 이와 관련하여 다음 사항을 검토하도록 한다.

① 보험금청구권 전체에 대한 보험자 면책

현재 보험사기는 지능화·대량화되고 있으며 다른 범죄의 수단이 되는 등 폐해가 심각하므로 엄격한 대처가 필요하다. 따라서 보험금 과다청구가 있다는 이유로 정당한 부분의 보험금 청구권까지 상실하도록 함은 계약자에게 지나치다는 의견이 있으나, 종전 상법보험편개정(안)은 사기청구행위 그 자체에 대하여 이를 보험제도를 악용하는

269) 법무부 공고 제2012-156호

사회적 범죄행위로 인식하여 대처하고자 하는 것이므로, 과다 청구된 부분만 면책시킬 경우 입법 취지를 충실히 반영할 수 없을 것이다. 즉 보험사기에 대한 실질적인 제재를 위하여, 해당 보험금 청구권 전체를 상실시키는 종전 상법개정(안)의 내용을 향후 입법방향으로 추진할 필요가 있다.

② 사기에 의한 보험금청구금지의 적용대상 확대

앞서 본 종전 상법보험편개정(안)의 제657조의2 제1항은 적용대상을 '보험계약자, 피보험자, 보험수익자 또는 보험금청구권을 가지는 제3자'로 한정하여 규정하고 있었다. 그러나 손해사정사나 감정평가사가 보험계약자 등의 요청으로 손해사정서나 감정평가서를 허위로 작성한 경우 등 보험금 청구권이 없는 제3자가 사기행위에 조력한 경우에도 보험계약자 등의 보험금 청구권을 상실시킬 필요가 있다. 따라서 보험계약자 등이 위 개정(안) 제657조의2 제1항 각호의 행위를 직접한 경우는 물론 '제3자로 하여금 하도록 한 경우'에도 개정(안) 제657조의2의 사기에 의한 보험금청구금지가 적용되도록 함이 바람직할 것이다.

또한 종전 상법보험편개정(안) 제657조의2 제1항 제3호는 "그 밖의 보험금의 지급여부 또는 그 산정에 중대한 영향을 미치는 사항을 거짓으로 알리거나 숨기는 행위"라고 함으로써 동호에 규정된 행위유형이 지나치게 광범위하다는 지적이 있을 수 있다. 그러나 제1호, 제2호의 적용대상이 지나치게 한정되어 있어 제3호 삭제시에는 사기행위에 대한 제재에 공백이 발생할 우려가 있다. 예컨대 구두나 온라인상으로 손해통지 및 보험금 청구시 거짓사실을 통지하는 경우도 사기행위에 포함시킬 필요가 있으나, 제1호와 제2호의 행위유형에는 포함되지 않게 된다. 따라서 제3호의 '보험금의 지급 여부 등에 중대한 영향을 미치는 사항을 거짓으로 알리는 행위'를 두어 이를 포함시킴이 바람직할 것이다. 즉 제3호는 위반정도가 제1호 및 제2호에 준할 정도로 중대한 경우를 대비하기 위한 일반조항인 바, 그 표현이 다소 추상적일지라도 '중대한 영향'을 제1호 및 제2호에 준하는 정도로 해석하는 한, 적용범위의 지나친 확대도 방지할 수 있다. 이 경우 '숨기는 행위'는 그 행위유형이 포괄적이에서 제1호 내지 제3호의 행위유형(서면 등 위·변조, 허위사실 기재 등)에 포함될 여지가 있을 수 있다.

③ 보험자의 계약 해지권 인정의 필요성

종전 상법보험편개정(안) 제657조의2는 보험자가 보험금 지급책임만을 면할 수 있는 것으로 규정하고 있으나 이 경우 보험금지급면책은 물론 보험자로 하여금 계약의 구속력에서 벗어날 수 있도록 할 필요가 있다. 종전 상법보험편개정(안) 제657조의2의 목적은 단순한 보험금 과다청구를 막는 것에 그치는 것이 아니라 사기 목적 하에서 사기 행위를 함으로써 중대한 범죄행위를 한 경우 이에 의한 금전적 이득을 방지하려는 것이므로 보험금 청구권 상실요건에 해당한다면 보험계약의 선의성 확보 측면에서 계약의 효력도 상실되도록 함이 바람직하다.

종전 상법 보험편 개정(안) 제657조의2와 같은 규정을 둘 경우, 사기로 인한 보험금 청구가 있어 조사한 결과 정황상 사기로 인하여 계약이 체결된 것으로 판단됨에도 불구하고, 보험자의 증명부족으로 계약 체결시부터 사기 목적이 있었음이 인정되지 않은 경우에도 보험자의 보험금 지급면책을 위하여 적용될 수 있을 것이다. 그런데 보험금 지급책임만 면책시키고 그 보험 계약의 효력을 그대로 유지시킬 경우 그 이후의 보험금 청구시에도 재차 사기 행위를 할 우려가 있고 이를 은폐하기 위하여 사기행위가 보다 지능화될 우려가 있어, 보험자가 해당 계약에 관한 해지권을 행사할 수 있도록 함으로써 사기행위를 차단해야 할 필요성이 있기 때문이다. 다만 종전 상법 보험편 개정(안) 제657조의2와 같은 규정을 향후 도입할 경우에는, 보험자의 부당한 면책을 막기 위하여 사기의 목적의 존재 및 보험금 지급 여부 내지 산정에 중대한 영향을 미쳤음을 보험자가 엄중하게 증명하도록 하여서 남용을 방지해야 할 것이다.

2. 보험사기의 사례

(1) 생명 · 장기손해보험

① 고지의무 위반

■ **사건번호**

– 의정부지방법원 2012.7.13. 선고 2011고단2768[270)]

■ **사건개요**

– 피고인들은 부부관계로 부인은 과거보험모집인으로 근무한 적이 있었던 자인데, 남편이 조직검사를 받던 중 '대장용종, 위선종' 진단을 받아 수술하지 않으면 암까지 발전할 가능성이 있다는 설명을 듣고, 피고인들은 위 진단사실을 숨긴 채 암보험에 가입한 후 암보험금을 편취함

■ **양형사유**

– 피고인들의 변호인은 피고인들의 기망행위와 피해자의 보험금 지급 사이에 인과관계가 없다고 주장하나, 위선종이 암전단계로 수술하지 않으면 암으로 발전할 수 있는 가능성이 있다는 설명을 듣고 불과 20여일 사이에 보험에 가입하여 이는 고의적으로 고지의무를 위반하였다고 보여지는 점, 위선종 진단부위와 위암 발병부위가 같은 곳 으로 보이는 점을 고려할 때 피고인의 기망행위와 피해자의 보험금 지급 사이에 상당한 인과관계가 있다고 판단되어 선고

■ **편취금액 : 61백6만원**

■ **판결 : 징역10월, 집행유예2년**

270) 금융감독원, 앞의 형사판례집, 44면.

② 고의사고

■ **사건번호**

- 대전지방법원천안지원, 2011.12.21.선고 2011고1합173[271)]

■ **사건개요**

- 피고인들은 내연관계에있는자들로, 여피고인이 피해자인 남편의 경제적 무능력을 못마땅하게 여기던 중 불륜관계인 자인 남피고인과 함께 여피고인의 남편을 살해하여 보험금을 편취하기로 공모한 후 남편 명의의 생명보험에 다수 가입하여 남편을 살해하고 보험회사에 보험금을 청구

■ **양형사유**

- 1심에서는 경제적 대가를 목적으로 한 청부살인 및 배우자살해로 동기에 있어 비난할 사유가 있는 살인범행에 해당하는 점, 이 사건 범행이 계획적이고 범행수법이 잔혹한 점, 사체를 유기한 점 등을 고려하여 중형선고
- 2심에서는 피고인이 이사건 범행을 모두 자백하고 진지하게 반성하고 있으며 초범인 점, 피해자의 유가족 중 자녀들이 피고인을 용서하고 가정으로 복귀하기를 바라고 있는 점, 그밖에 피고인의 연령, 성행, 환경, 범행수단과 방법, 범행후의 정황 등이 사건변론에 나타난 여러 양형 조건을 참작하여 감형

■ **미수금액 : 1,100백1만원**

■ **판결 : 1심 – 징역30년 / 2심 – 징역23년**

③ 피해과장

■ **사건번호**

- 부산지방법원 2012.7.12.선고 2012고단713[272)]

■ **사건개요**

- 피고인은 13개의 보장성보험에 집중가입 후 기왕증에서 비롯된 질병으

271) 금융감독원, 위의 형사판례집, 104면.

로 병원에 장기간 입원하여 보험금을 편취하였을 뿐만 아니라, 내연관계에 있던 타인으로 하여금 다수의 보험에 가입하도록 한 뒤 실제 입원치료가 필요하지 않더라도 입원을 하게 하여 보험금을 편취

■ **양형사유**

- 피고인의 보험가입내역과 가입기간, 월평균납입보험료, 피고인의입원기간과 입원횟수, 입원기간중의치료내역, 입원기간 중에 사용한 카드내역, 통화내역 등 여러 사정에 비추어보면, 피고인은 보험금을 편취할 의사로 그 질병을 과장하여 병원에 장기간 입원하여 이를 이유로 실제 피해에 비하여 과다한 보험금을 지급받은 사실을 인정할 수 있고, 피고인이 기초생활수급권자로서 국가보조금을 계속 지급받기 위하여 제3자명의의 통장을 사용하여 고액의 보험금을 따로 관리하여온 점, 범행을 전면 부인하면서 피해회복을 위해 아무런 노력을 기울이지 않은점등을 고려하여 선고

■ **편취금액 : 276백6만원**

■ **판결 : 1심- 징역2년6월**

④ 허위입원

■ **사건번호**

- 창원지방법원진주지원, 2011.11.15.선고 2011고단796[273)]

■ **사건개요**

- 피고인들은 정형외과의사 및 직원으로서 병원시설이 노후하고 다른 병원과의 과당경쟁으로 환자수가 감소하여 병원운영에 어려움을 겪자 환자들이 통원치료만 받는 경우에도 일정기간 입원치료를 한것처럼 허위의 입원확인서를 발급해주어 그들이 보험회사로부터 보험금을 편취하도록 하고, 자신들은 국민건강보험공단으로부터 요양급여비용을 편취

■ **양형사유**

- 1심에서는 피고인병원에는 냉·난방시설이 미비되어 환자가입원하기

272) 금융감독원, 위의 형사판례집, 160면.

곤란한 점, 환자들에게 휴대전화단말기를 병원에 두고 나가라고 지시한 점, 병원직원들이 허위입원확인서는 모두 원장인 피고인의 지시에 의한 것이라 진술한 점 등을 고려하여 선고

- 2심에서는 피고인이 환자들에게 치료내역이나 입원호실을 외우도록 하고 휴대전화를 병원에 두고 다니도록 하는 등 치밀한 방법으로 이 사건 범행을 저지른 점, 피고인이 경찰에 조사를 받기 위해 출석하는 직원에게 허위의 진술을 하도록 지시한 점 등에 비추어 보면 피고인에게 실형을 선고하지 않을 수 없으나, 피고인이 피해금액 전액을 공탁한 점, 피고인이 20년 가까이 병원을 운영하다가최근 폐업한 점, 이 사건으로 인하여 피고인의 의사면허가 취소되게 되는 점 등 제반 사정을 종합하여 감형

■ **편취금액 : 635백5만원**

■ **판결 : 1심 - 징역2년 / 2심 - 징역1년6월**

(2) 자동차보험

① 고의사고

■ **사건번호**

- 대전지방법원 홍성지원, 2011.8.12.선고 2011고단468[274)]

■ **사건개요**

- 피고인들은 일명 '보험빵'을 계획하여 보험사기 범행에 가담할 동네 선후배들을 모집하고 범행계획을 세운 후 사전에 약속한 대로 다수의 공범들이 탑승한 피해차량을 다른 공범이 운전하는 차량이 고의로 부딪치는 접촉사고를 야기한후 가해차량이 가입한 보험회사에 사고를 접수하여 합의금, 치료비, 차량수리비등의 명목으로 보험금을 교부받아 편취

■ **양형사유**

273) 금융감독원, 위의 형사판례집, 213면.

- 1심에서는 이 사건 범행으로 인한 피해가 단순히 보험금을 지급한 보험회사에 국한되는 것이 아니고, 궁극적으로 자동차보험 등에 가입한 일반 시민들에게 전가되어 그 죄질이 매우 불량하나, 범행횟수 및 편취금액 등 이 사건에 나타난 양형의 조건이 되는 여러 가지 사정을 고려하여 선고
- 2심에서는 피고인이 경제적인 어려움을 견디다못해 이 사건 범행을 저지른 점을 참작하더라도 원심의 형량이 너무 무거워서 부당하다고 인정되지 않아 기각
- 3심에서는 기각
- **편취금액 : 46백4만원**
- **판결: 1심 - 징역1년6월 / 2심 - 기각/ 3심 - 기각**

② 운전자 바꿔치기

- **사건번호**
- 수원지방법원, 2012.8.10.선고 2011고단3808[275)]
- **사건개요**
- 피고인은 차량운행 중 교통사고를 냈으나 당시 무면허운전 중이어서 보험처리가 되지 않을 것을 예상하고 피고인의 친구가 운전중 교통사고가 발생한 것처럼 보험사고를 접수하여 보험금을 편취
- 피고인은 차량을 담보로 지인으로부터 500만원을 차용한 후, 이의 변제를 위해 차량을 도난당했다며 보험사에 허위도난신고를 하여 보험금을 편취하려 하였으나 사고경위확인과정에서 피고인의 허위보험금 지급청구사실이 발각되어 미수에 그침
- **양형사유**
- 피고인이 피해금액이 큰 범죄사실을 부인하고 있는 점, 피해금액이 작은 범죄사실에 대해서만 피해변제를 하고, 나머지 피해에 대하여는 피해변제를 하고있지 않은 점, 현재 집행유예기간 중임에도 선고기일을

274) 금융감독원, 위의 형사판례집, 335면.

앞두고 무단히 외국으로 출국한 점 등을 참작하여 선고

- **편취금액 : 33백3만원**
- **판결 : 징역6월**

③ 피해과장 및 허위입원

- **사건번호**

- 수원지방법원 성남지원, 2011.7.1. 선고 2011고단751[276)]

- **사건개요**

- 피고인은 경미한 교통사고 야기 후 교통사고로 인하여 입원치료를 요할 정도의 상해피해를 입지 않았음에도 병원에 장기입원하여 보험금을 편취
- 피고인은 세차장을 운영하면서 알게 된 지역이나 사회 선후배들 또는 무상으로 차량의 수리를 원하는 사람들과 공모하여 고의로 교통사고를 야기하고 우연히 교통사고를 당한 것처럼 가장하여 보험사로부터 합의금 등의 명목으로 보험금을 편취

- **양형사유**

- 재판부는 이 사건 각 범행이 오랜기간에 걸쳐 조직적, 계획적으로 행해진 점, 공범들이 수령한 보험금 상당액을 피고인이 취득한 점, 증거인멸을 시도한 점, 피해자와 일부만 합의된 점 등을 참작하여 징역형을 선고
- 2심은 보험사기범행은 보험제도의 근간을 뒤흔들 수 있는 것으로 그 죄질과 범정이 좋지 아니하나, 피고인이 각 피해를 변제하고 합의하는 등 피해회복에 어느 정도 노력한 점, 피고인의 나이, 성행, 가정환경 등을 참작하여 일부 감형

- **편취금액 : 90백만원**
- **판결 : 1심 – 징역1년2월 / 2심 – 징역1년**

275) 금융감독원, 위의 형사판례집, 401면.

④ 허위사고

■ **사건번호**

- 서울북부지방법원, 2011.5.27. 2010고정3291[277)]

■ **사건개요**

- 피고인들은 공모하여 교통사고를 야기하거나 교통사고가 발생한 사실이 없음에도 허위로 가공하여 보험회사에 사고를 접수하고 보험금을 청구하는 방법으로 보험금을 편취

■ **양형사유**

- 우리나라의 가구당 차량보유현황, 사실상 전 국민이 차량보험료를 납부하고있는 사실에 비춰보면, 차량보험료 납부 및 그 운용은 준조세의 성격을 갖는다고 할 것이어서 그 운영과 관련한 도덕적 해이는 극히 경계되어야 할 것인바, 이 사건의 경우 과잉진료를 넘어 허위사고를 유발하여 보험금을 수령하는 등 도덕적 해이의 정도가 중한 점, 보험금 수령의 규모, 이 사건의 경위와 결과, 피고인들의 관여정도 등을 참작하여 선고

■ **편취금액 : 11백1만원**

■ **판결 : 벌금5백만원**

3. 보험사기 조사업무 절차

금융위원회의 보험사기 조사권에 관한 법적 근거로 보험업법은 (i) 이 법 및 이 법에 따른 명령 또는 조치를 위반한 사실이 있는 경우, 또는 (ii) 공익 또는 건전한 보험거래질서의 확립을 위하여 필요한 경우, 금융위원회는 보험회사, 보험계약자, 피보험자, 보험금을 취득할 자, 그 밖에 보험계약에 관하여 이해관계가 있는 자에 대하여 조사할

276) 금융감독원, 위의 형사판례집, 437면.

277) 금융감독원, 위의 형사판례집, 508면.

수 있으며 조사에 필요한 경우 진술서의 제출, 장부 · 서류 · 기타 물건의 제출을 요구할 수 있다고 규정한다(법 제162조).

[그림 5] 보험사기 조사업무 절차[278)]

	〈업무절차〉	〈조사내용〉
조사 사전단계	조사착수 단서입수	◦ 보험사 인지보고 ◦ 보험범죄신고센터 제보 등
	기초조사(사실조회)	◦ 보험사기인지시스템 조회 (본조사 착수여부 판단)
조사실시	본조사 착수보고	
	자료요청	◦ 보험계약 및 보험금 지급서류 요청(혐의자별)
	자료취합 및 분석	◦ 사고일람표 작성 및 분석을 통해 혐의사항 도출
조사결과보고 및 혐의정보 통보 등	조사결과보고	◦ 혐의자, 혐의사실 등에 대해 보고서 작성 및 내부보고
	혐의정보 통보 (수사기관)	◦ 공문(전자문서)으로 수사기관에 혐의사실 통보
	수사협조의뢰 공문 접수	◦ 혐의입증 관련 서류(실물) 지원
	수사지원	◦ 원칙 : 보험사 SIU 직원 (필요시 금감원 협조)
	수사종결 및 회신	◦ 경찰서 등은 수사 종결시 금감원에 수사결과 통보
사후관리	사후관리	◦ 금감원은 정기적으로 수사의뢰 목록을 경찰청에 통보하여 수사 진행사항 확인 협조요청 ◦ 재판결과 등에 대해 사후관리

278) 금융감독원, 위의 형사판례집, 13면.

또한 보험업법 제162조가 규정한 조사업무를 효율적으로 수행하기 위하여 보험업법은 금융위원회에 보건복지부, 금융감독원, 보험 관련 기관 및 단체 등으로 구성되는 보험조사협의회에 관한 근거규정을 두고 있다(법 제163조). 보험조사협의회는 보험조사와 관련하여 (i) 조사업무의 효율적 수행을 위한 공동 대책의 수립 및 시행 관련 사항, (ii) 조사한 정보의 교환 관련 사항, (iii) 공동조사의 실시 등 관련 기관 간 협조사항, 그리고 (iv) 조사 지원에 관한 사항 등을 심의한다(영 제77조).

나아가 금융위원회는 정보공개 및 위법행위 예방차원에서 관계자에 대한 조사실적, 처리결과, 그 밖에 관계자의 위법행위 예방에 필요한 정보 및 자료를 공표할 수 있다(법 제164조).

[참고문헌]

〈국내문헌〉

고동원, 「금융규제와 법」, 박영사, 2008.

김연수, "보험사기 억제를 위한 입법방향에 관한 연구", 한국경찰학회보 제26권, 한국경찰학회(2010).

김인호, "보험업법 개정에 따른 모집제도의 변화와 영향(1)", 월간생명보험, 생명보험협회(2011.3).

______, "보험업법 개정에 따른 모집제도의 변화와 영향(2)", 월간생명보험(2011.4).

금융감독원, 「금융소비자보호 백서」, 2011.4.

__________, "변액보험 불완전판매 예방을 위한 적합성 원칙 도입 안내", 보도자료(2011.8.2).

__________, 「보험범죄 형사판례집」, 2012.12.

__________, 「보험회사 리스크 평가제도(RASS) 해설서」, 2011.6.

__________, 「보험회사 위험기준 자기자본(RBC)제도 해설서(전면 개정판)」, 2012.10.

__________, "2010년 금융분쟁조정실적 및 소제기 현황", 보도자료(2011.1.31).

__________, "2012년도 보험사기 적발현황", 보도자료(2013.3.11).

__________, "2012년중 금융감독원의 금융상담 및 민원동향 분석", 보도자료(2012.3.21).

__________, "2012년중 금융감독원의 금융상담 및 민원동향 분석", 보도자료(2013.3.20).

서보건, "보험업법 개정안의 주요쟁점에 관한 연구," 성균관대학교 일반대학원 석사학위논문(2011).

성대규, 「한국보험업법」, 두남, 2012.

송옥렬, 「상법강의」(제2판), 홍문사, 2012.

신건용, "자본시장통합법 시행이 보험산업에 미치는 영향과 보험업법 개정안에 대한 연구," 성신여자대학교 금융정보대학원 석사학위논문 (2009).

안철경, "보험상품 유통채널의 평가 및 정책대응", 조사연구 Review 第33호, 금융감독원(2011.3).

안철경 · 김경환, "보험소비자 보호 중심의 개정 보험업법 시행", KiRi Weekly, 보험연구원(KiRi) (2011.1.24) 출처 : http://www.kiri.or.kr/

장덕조, "보험산업에 대한 바람직한 규제의 방향: 보험업법 개정안에 대한 검토를 겸하여," 금융법연구 제5권제2호, 한국금융법학회(2008).

______, 「보험법」, 법문사, 2011.

정찬형 외 9인, 「주석 금융법(Ⅱ)[보험업법 2]」, 한국사법행정학회, 2007.

황만성 · 신의기 · 탁희성, 「우리나라의 보험사기 방지 선진화 방향 연구」, 연구총서 06-001, 한국형사정책연구원, 2006.

〈기타 참고자료〉

금융감독원 공식블로그 (출처 : http://fssblog.com)

금융소비자연맹 보도자료, 「[보도자료308호] 변액보험, 자본시장법 적용하라!」 (2012.6.21) http://www.kfco.org

디지털타임스, "실손의료보험 중복가입 막는다", (2012.7.24).

보험업법 개정이유, 출처 : 국가법령정보센터(http://www.law.go.kr/).

보험업법 개정, 출처 : 국회의안정보시스템(http://likms.assembly.go.kr/)

파이낸셜뉴스, "보험업법 개정안 영업 현실 외면" (2010.8.24)

Solvency Ⅱ Directive, available at http://en.wikipedia.org/

[부록 1] 용어해설(glossary)

• 거절체(拒絶體)

정상 피보험체인 표준체에 비하여 보험사고의 발생위험이 너무 높거나 위험의 평가가 불가능하여 보험가입이 부적절한 피보험자를 말한다.

• 건강진단(健康診斷)

보험가입시 보험회사에서 정한 의사가 피보험자의 건강상태를 진단하는 것을 말하며, 건강진단 결과에 따라 보험회사는 청약된 계약의 승낙여부를 결정한다.

• 경과보험료(經過保險料)

보험계약에 있어서 보험년도와 보험회사의 사업년도가 일치하지 않으므로, 그 보험년도에 해당한 보험료 중 일부는 당해 사업년도에 해당되고, 나머지 일부는 차기 사업년도의 일부에 해당된다. 이 때 차기 사업년도의 일부에 속하게 되는 보험료를 미경과보험료라 하고, 결산기일에 준비금으로 적립하게 된다. 이에 대하여 이미 경과된 기간(보험금 지급책임이 경과된 기간)에 해당하는 보험료를 경과보험료라 한다.

• 계약응당일(契約應當日)

연납의 경우 제2차년도 이후의 매년 계약일과 동일한 월일을 말하지만, 월납의 경우 매월 계약일과 동일한 날을 말한다. 계약응당일은 보험료의 납입기일, 계약의 효력상실 및 부활, 계약전 알릴 의무, 보험회사 면책조항, 기타 계약만기일 등 보험계약에 부수하는 기일과 기간을 결정하는데 있어서 중요하다.

• 계약적부확인(契約適否確認)

보험회사는 각 계약의 위험도를 판단하여 양질의 계약 확보와 보험금 지급분쟁을 예방하기 위하여 청약서 고지의무사항이나 건강진단서, 모집인 보고서 등 계약선택자료를 수집, 조사하는데 이를 계약적부확인제도라 한다.

• 고지의무(告知義務)

보험회사는 보험계약의 청약을 받을 때 피보험자의 위험을 판단하는 요소가 되는 현재 병증, 과거병력, 직업 등에 대하여 질문하고 보험계약자나 피보험자는 사실 그대로를 보험회사에 응답할 의무가 있는데 이것을 고지의무라 한다.

• 공영보험(公營保險)

그 본질이 사회보장의 성격이 강하고 국민의 최저 생활의 확보에 그 목적이 있는 관계로 주로 국가나 지방공공단체에 의해 운영되는 보험이다.

• 공제(共濟)

같은 직장, 직업 또는 지역에 속하는 사람들이 조합을 만들어 조합원 또는 그 가족 등의 길흉사가 있을 때 공제금을 지급하는 상호구제를 목적으로 하는 제도이다. 이러한 공제제도는 다수의 조합원 단체를 구성하고 우연한 사고를 당한 사람에게 공제금을 지급하는 점에서는 보험과 비슷하나 공제는 일정한 직장, 직업 또는 지역적으로 한정하여 그에 가입할 수 있도록 하는 점에서 보험과 다르다.

• 금반언(禁反言)

보험회사가 언행이 일치되지 않은 모순된 행동으로써 보험계약자나 피보험자로 하여금 사실이 아닌 것을 믿게 한 후 계약 이행을 거부하는 것을 금지하는 것을 말한다.

• 기왕증(旣往症)

과거에 걸렸던 질병이나 상해로 현재는 이미 치유되었거나 증상이 고정되었다고 생각하는 것을 말한다. 보험진단에서 기왕증의 문진은 단순히 병명뿐 아니라 진단명, 발병 연월일, 검사결과 등에 대한 고지가 요구된다. 상법에서 고지의무가 규정되어 있으므로 기왕증에 대한 고지는 상당히 중요한 것이다.

• 낙성계약(諾成契約)

낙성계약이란 계약 당사자의 의사표시 합치만으로 효력이 발생하는 계약을 말하며 특별한 방식을 요하지 않는다. 생명보험계약은 보험회사와 보험계약자 간의 계약내용에 관한 합의, 즉 생명보험계약의 청약서를 사용하여 청약과 보험회사가 그 청약을 승낙한 경우에 계약은 성립되며, 승낙의 통지로 증권을 교부한다.

• 납입기일(納入期日)

보험료의 납입기일은 제2회 이후의 보험료 납입의 기준일이며, 보험료 납입의무 이행시기를 의미한다. 제2회 이후의 보험료 납입기일을 명확하게 규정하는 것은 납입기일이 유예기간의 기산일이 되어 계약 성립일과 책임개시일, 제1회 보험료 납입일과 건강진단을 끝냈을 때가 속하는 달이 각각 상이한 경우에 유예기간이 달라져서 보험계약의 효력에 영향을 미치기 때문이다.

• 단체보험(團體保險)

직장이나 단체에 속하는 자를 포괄적으로 피보험자로 하여 그 생존과 사망을 보험사고로 하는 생명보험이다. 단체보험의 경우에는 그 단체의 대표자가 그 단체에 속하는 사람들의 일부 또는 전부를 피보험자로 하여 그들의 후생복리를 위하여 생명보험계약을 체결하는 것이므로 타인을 위한 생명보험계약의 한 형태라 할 수 있다.

• 대수의 법칙(大數의 法則)

적은 규모 또는 소수로는 불확정이나 대규모, 다수로 관찰하면 거기에 일정한 법칙이 있게 되는데 이를 대수의 법칙이라 한다. 사람의 사망에 관해서도 어떤 특정인이 언제 사망할 것인지 예측할 수 없으나 많은 사람들을 대상으로 해서 관찰해 보면 매년 일정한 비율로 사망하는 것을 알 수 있게 된다. 이 경우를 사망률에 관한 대수의 법칙이라 한다.

• 도덕적 위험(道德的 危險)

도덕적 위험이란 보험계약자, 피보험자, 수익자 등이 고의적 또는 우발적으로 손실을 일으키거나 손실의 정도를 증가시키는 성향을 말한다. 이는 피보험자나 보험계약자 등 개인의 성격, 성품 등으로 인하여 고의로 손실을 일으키거나 우발적으로 발생한 손실의 정도를 증대시키는 성향을 말한다. 그러므로 도덕적 위험의 측정은 매우 어려운 과제이며, 피보험자에 대한 고의의 살인이나 상해 등이 여기에 속한다.

• 독립대리점(獨立代理店)

독립대리점이란 2개 이상의 보험회사와 대리점계약을 맺은 후 보험계약의 체결을 대리하는 모집주체로서 일반적 대리점이 특정 보험회사와만 관계를 맺는 반면 독립대리점은 여러 회사와 대리점 계약을 맺을 수 있다.

• 라이프 사이클

사람의 출생시부터 사망시까지의 표준적인 가정생활을 살펴보면, "출생-성장-결혼-육아-노후"의 과정을 거치게 되는데 이를 라이프 사이클(인생주기 또는 생활주기)이라고 한다.

• 만기보험금(滿期保險金)

생명보험의 계약에서 생존보험 또는 생사혼합보험인 경우에는 보험기간의 만기가 도래하면 만기보험금이 지급된다. 만기보험금은 피보험자가 만기까지 생존해 있다는 사실을 조건으로 한 생존보험금이라고 할 수 있다.

• 만기일(滿期日)

보험기간이 만료되어 보험계약이 소멸하는 날짜를 말한다. 즉 보험자의 책임이 종료되는 날인데, 보험회사는 이 만기일을 보험계약자에게 통지하여야 할 의무는 없으나 일반적으로 통지하는 것이 상례이다.

• 면책(免責)

법률이나 약관상의 일정한 사유가 발생했을 경우에 보험회사는 책임을 면하게 되는데 이를 면책이라 한다. 면책은 보험사고가 보험계약자 등에 의해 인위적으로 발생하였을 경우와 전쟁, 천재지변 기타 이와 유사한 변란으로 인한 경우에 법률이나 약관에 의해 보험금의 지급책임을 면하게 해서 보험자를 보호할 필요가 있다.

• 모집안내자료(募集案內資料)

보험모집종사자가 보험계약자와의 개별 접촉을 통하여 보험가입을 권유하게 되는데, 이 때 보험상품이나 보험계약자의 권리와 의무를 설명하기 위하여 모집안내자료를 사용하게 된다. 그런데 보험모집인이나 보험회사가 사실과 다르게 작성한 안내자료를 이용하여 불공정한 모집을 하고, 보험계약자가 이를 신뢰하여 보험계약을 체결하게 되면, 보험계약자는 부당한 피해를 입게 되므로 보험계약자의 이익을 보장하기 위하여 모집안내자료에 기재할 사항을 규제하고 있다.

• 무배당보험(無配當保險)

무배당보험이란 보험료 산정의 기초가 되는 예정사망율, 예정이율, 예정사업비율의 안전도를 가능한 한 축소하여 보험료를 저렴하게 하는 대신 계약자배당을 하지 않는 보험을 말한다.

• 무진단보험(無診斷保險)

보험계약 청약시 그 위험의 정도를 측정하기 위해서 피보험자에 대한 건강진단을 실시하는 것이 원칙이다. 그러나 모든 계약에 대하여 건강진단을 실시하는 것은 오히려 업무의 과중과 많은 경비의 손실을 초래할 뿐 그 실익이 없는 경우가 많다. 따라서 건강진단의 실익이 없는 계약에 대해서는 건강진단을 거치지 않는데 이것을 무진단보험이라 한다.

• 무효(無效)

보험계약의 무효란 보험계약이 성립되어 있어도 법률상 당연히 그 효력을 발생하지 못하는 것을 말한다. 무효의 원인으로는 보험계약이 보험계약자 또는 피보험자의 사기에 의한 경우, 계약시 보험계약의 당사자가 보험사고가 발생하지 않을 것이라는 것을 알거나, 이미 보험사고가 발생한 것을 알고 있을 때 계약을 체결하였을 경우, 피보험자의 동의없이 제3자를 보험수익자로 하였을 경우이다. 일반적으로 무효인 경우에 보험회사는 이미 수취한 보험료를 계약자에게 반환하여야 한다. 그러나 사기로 인한 경우에는 반환하지 않는다.

• 문진(問診)

생명보험계약시에 피보험자의 과거 및 현재의 건강상태, 가족의 건강 여부, 유전관계 등을 질문하여 사실을 인지하는 것을 말한다. 기타 성명, 생년월일, 직업 등 일정한 조항대로 하는 것인데, 유진단인 경우에는 의사가 문진하게 되고, 무진단 청약인 경우에는 모집자가 질문표의 내용에 대하여 고지를 요구함을 말한다.

• 미경과보험료(未經過保險料)

수입보험료 중 보험회사의 책임이 아직 남아 있는 기간에 대한 부분을 미경과 보험료라 한다. 즉 미경과 부분에 대응하는 보험료를 말한다. 미경과보험료는 책임준비금에 포함되고, 보험료 및 책임준비금 산출방법 등에 의하여 산출한다.

– 민영보험(사보험)

민영보험은 개인 또는 민간법인이 소유하고 경영하는 보험기업형태를 말하며 사영보험이라고도 한다. 우리나라 보험업법에서는 주식회사 또는 상호회사에 한해서 보험사업을 영위토록 규정하고 있다.

• 배당금(配當金)

보험계약자로부터 납입된 보험료를 가지고 보험회사가 합리적인 경영을 하여 발생한 이익금을 보험계약자에게 환원하여 주는 금액을 말한다. 계약자배당금은 사전에 산정하여 납입한 보험료에 대한 정산의 성격이다. 생명보험회사는 매년 결산을 통하여 발생한 잉여금을 보험계약자에게 일정한 기준에 따라 지급한다.

• 배당보험 또는 유배당보험(有配當保險)

보험계약의 장기성에 따라 보험료 산출기초를 안정적으로 적용하며, 사후에 실제와 예정과의 차를 「계약자 배당」으로 환원하는 보험이다.

• 변액보험(變額保險)

다수의 보험계약자가 납입하는 보험료 중 저축보험료를 따로 분리하여 주식이나 국채, 공채, 사채 등 수익성이 높은 투자대상에 투자하여 그 투자수익을 보험계약자의 환급금(해약환급금 또는 만기환급금)에 반영하는 한편, 투자수익의 성과에 따라 보험금 지급사유 발생시 지급되는 보험금액이 변동되는 보험을 말한다. 변액보험의 특징은 자산운용의 성과가 계약자의 환급금이나 보험금액에 직접 반영되기 때문에 자산운용에 따른 위험을 보험계약자가 직접 부담하며, 변액보험 자산만의 특별계정을 별도로 운용한다는 점이다.

• 보험계약자(保險契約者)

보험회사의 상대방으로서 자기 명의로 보험계약을 체결하고 보험료를 납입할 의무를 지는 자를 말한다. 보험계약자는 자연인이든 법인이든 상관없으며, 여러 사람이 공동으로 보험계약자가 되어도 관계없다. 또한 15세 미만인 자가 사망보험의 보험계약자가 되고자 하는 경우에는 친권자나 후견인의 동의를 얻어야 한다. 보험계약자를 변경하고자 할 때에는 피보험자의 동의를 얻은 계약자의 의사표시와 회사의 승낙이 있어야 보험계약자를 변경할 수 있다. 보험계약자는 피보험자 또는 보험수익자와 동일인일 수도 있고, 각각 다른 사람일 수도 있다.

• 보험금(保險金)

보험계약이 만료되거나 피보험자가 보험사고를 당하였을 경우 보험회사가 보험수익자에게 지급하는 금액을 말한다.

• 보험기간(保險期間)

보험회사는 보험계약에 의하여 어떤 일정한 기간 내에 발생한 보험사고에 대하여 보험금을 지급할 것을 약속한다. 그 일정한 기간이 보험기간이며, 위험기간 또는 책임기간이라 한다. 보험기간은 보험계약의 중요한 요소이므로 보험계약에서 보험기간을 결정하는 것이 원칙이다. 보험기간은 보험계약기간, 보험료납입 기간과 다르며, 이 세 가지를 일치시킬 수도 있다. 보험기간과 보험계약기간의 시기는 특별한 사정이 없는 한 계약의 성립과 동시에 개시하는 것이지만, 약관상으로는 보험회사의 책임은 보험료 납입 후에 개시하는 것이 보통이다.

• 보험료(保險料)

보험계약자가 보험계약에 따라 보험회사에 납입하는 금액으로서 이것은 보험금 지급을 충당하기 위한 순보험료와 사업을 영위하는데 필요한 부가보험료로 구성된다

• 보험료 기간(保險料 期間)

보험자가 위험을 측정하고 보험료를 산출하기 위한 표준이 될 기간으로써 보험기간과는 별개의 의미를 갖는다. 법에 규정되어 있지는 않으나 보험료 기간은 통상 1년으로 하고 있다. 보험료는 이 일정기간을 1단위로 하여 이 기간내의 사고 발생률을 기초로 계산한다.

• 보험료납입면제 (保險料納入免除)

보험계약자는 보험계약에 따른 보험료의 납입의무를 가지게 되는데, 피보험자에게 입원, 상해 사고 등의 보험사고가 발생했을 때 보험료의 납입을 면제하는 경우가 있다. 이를 보험료 납입면제라고 한다. 이는 입원 또는 상해 사고시 그 치료비용의 과다로 보험료의 납입이 어려운 경우를 방지하기 위해서 인정하고 있는 것이다.

• 보험료 납입유예기간 (保險料 納入猶豫期間)

보험료가 납입되지 않은 채 납입기일이 경과되었을 경우 납입기일로부터 납입기일이 속하는 달의 다음달 말일까지 유예기간을 주어서 그 기간내에 보험료가 납입되면 그 계약을 유효하게 지속시키는 기간을 말한다.

• 보험료율(保險料率)

기준 보험금액에 대한 보험료를 보험료율이라고 하며, 보험의 종류 · 성별 · 연령별로 다르다. 보험료율은 기준 보험금액에 대한 계약자의 비용부담을 표

시하며, 실제 보험료는 보험료 표에 의하여 보험가입금액, 보험의 종류, 성별, 연령별로 산출한다.

• 보험료 적립금(保險料 積立金)

보험료 적립금이란 장래에 있을 보험금 및 제 지급금의 지급을 위해 순보험료를 예정이율로 증식한 금액을 적립한 것을 말한다. 즉 보험료 적립금은 생명보험계약의 장기적인 특성에 따라 수입보험료에서 이미 지급한 보험금과 사업비를 제외한 장래에 지급될 보험금의 상당액으로써 그 적립대상 및 한도는 매 사업년도말 현재 보험금 등의 지급사유가 발생하지 않은 계약이 해약되는 경우에 계약자 또는 수익자에게 지급되는 해약환급금의 범위내로 하고 있다.

• 보험모집(保險募集)

일반대중을 상대로 보험계약을 청약하도록 설득 또는 권유하는 일련의 행위를 말한다. 보험상품은 일반상품과 달리 무형의 상품이기 때문에 모집활동이 생명보험상품의 판매에 매우 중요하다.

• 보험사고(保險事故)

보험사고라 함은 보험계약에 따른 보험금의 지급업무를 구체화한 사고를 말한다. 따라서 보험금의 지급대상이 아닌 사고는 보험사고라 할 수 없다. 보험사고가 되려면 두 가지의 충족 요건이 있어야 하는데 첫째 사고발생의 개연성이 존재해야 하며, 둘째 사고에 따른 손해액을 상당한 수준에서 예측할 수 있어야 한다.

• 보험사업자(保險事業者), 보험자(保險者)

보험계약의 당사자로서 보험사고가 발생하였을 경우 손해의 전부 또는 특정액을 지급할 것을 인수하는 자를 말한다. 보험사업자는 보험금을 지급하는 주된 의무이외에도 보험증권의 교부의무, 약관의 교부 및 중요 사항을 알려줄 의무, 특정한 경우에 있어서 보험료 반환의무 등을 부담하며, 보험료의 청구권을 갖는다.

• 보험수익자(保險受益者)

보험수익자란 보험계약자로부터 보험금 청구권을 지정받은 사람을 말한다. 즉 보험금 지급사유가 발생했을 때 보험회사로부터 보험금을 지급받는 사람이다. 생명보험은 장기간에 걸치는 계약이기 때문에 보험계약자와 보험수익자 사이의 인적·물적 관계도 변하기 마련이다. 따라서 보험수익자의 지정·변경권을 보험계약자에게 부여하여 필요한 때에는 보험수익자를 변경할 수 있도록 규정하고 있다. 그러나 보험수익자는 보험금 지급사유의 발생 여부와 밀접한 관계가 있고, 보험수익자의 고의에 의해서 보험금 지급사유가 발생할 가능성도 있기 때문에 타인의 생명보험계약으로 보험수익자를 지정하거나 변경할 때에는 피보험자의 동의와 보험회사의 승낙이 필요하다.

• 보험약관(保險約款)

보험계약에 관하여 보험계약자와 보험회사 쌍방의 권리와 의무를 규정한 약속을 말한다. 보험은 동일한 위험단체의 구성을 전제로 하는 사업이기 때문에 수많은 사람들의 개별적인 희망에 응해서 계약 내용을 일일이 결정한다는 것은 실제적으로 불가능하며, 이 경우 오히려 불공평한 결과를 초래하기 쉽다. 그러므로 보험회사는 미리 계약조건의 내용인 약관을 만들어 이 약관에 따라서 누구나 공평한 조건으로 계약할 수 있도록 하고 있다.

• 보험중개인(保險仲介人)

보험중개인이란 특정 보험회사에 소속되지 않고 불특정 다수의 계약자 및 보험회사를 위하여 독립적으로 보험계약의 체결을 중개하는 자를 말한다.

• 보험증권(保險證券)

보험계약의 성립과 내용을 증명하기 위하여 보험회사가 작성하고, 기명날인하여 계약 성립 후 지체없이 보험계약자에게 교부하는 증서를 말한다. 보험계약의 권리 이전이나 행사에 관해서는 반드시 보험증권의 제출을 필수요건으로 하지 않으므로, 보험증권은 유가증권이나 민법상의 계약서와 다르다. 보험회사는 보험계약이 성립하고, 보험료의 전부 또는 최초의 보험료 지급을 받은 때에는 지체없이 보험증권을 작성하여 보험계약자에게 교부하도록 하고 있다. 또한, 기존의 계약을 연장하거나 변경한 경우에 보험회사는 이미 발행한 보험증권에 그 사실을 기재함으로써 보험증권의 교부에 갈음할 수 있도록 하고 있다.

• 보험증권의 배서(保險證券의 背書)

보험계약의 내용 등에 변경이 있는 경우에 그 변경한 사항을 승낙한 사실을 증명하기 위하여 보험회사가 보험증권의 배면 소정란에 기입하는 행위를 말한다.

• 보험차익(保險差益)

보험계약자가 만기 또는 중도해약시 받은 보험금이나 해약환급금이 납입한 총 보험료의 합계를 초과할 경우 그 초과분을 보험차익이라 한다.

• 부가보험료(附加保險料)

보험사업을 운영하는데 있어 순보험료 이외에 계약관리상의 비용, 모집인에 대한 수수료, 광고선전 등 사업운영에 필요한 비용을 부가보험료라 한다.

• 부활(復活)

보험료 납입지연으로 해지된 보험계약이라 할지라도 해약환급금을 받지 아니한 경우에 일정기간에 연체된 보험료와 이자를 납입하고 보험회사가 이를 승낙하면 계약을 원래의 상태로 회복하는 제도를 말한다.

• 비차익(費差益)

예정사업비율에 의한 사업비보다 실제 사용한 사업비가 적게 사용되었을 때 발생하는 이익을 말한다.

• 사망률(死亡率)

어느 특정한 집단의 구성원이 어느 기간내에 사망하는 비율을 말하는 것이다.

• 사망보험(死亡保險)

피보험자의 사망을 보험사고로 하여 보험금을 지급하는 보험을 일반적으로 사망보험이라 한다. 사망보험에서는 계약한 때부터 일정기간을 보장하는 정기보험과 계약이 성립된 후 피보험자의 일생을 보장하는 종신보험이 있다

• 사업비(事業費)

보험사업을 수행하는데 소요되는 비용을 사업비라 한다. 따라서 투자비용은 포함하지 않는 것이 원칙이다. 생명보험에 있어서 사업비의 내역은 신계약비, 유지비, 수금비로 분류한다.

• 사정(査定)

보험사업의 합리적인 운영을 도모하기 위해서는 동일한 위험도를 유지하여야 한다. 이를 위하여 보험회사는 보험청약서 등 보험가입 청약서류로 가입자의 위험을 측성하고, 이에 의해서 표준체와 표준미달체, 거절체를 구분하거나 계약조건을 정하는 것을 사정이라 한다.

• 사차익(死差益)

사망보험(혹은 양로보험)에 있어서 실제사망율이 보험료 산출의 기초가 된 예정사망율보다 낮은 경우에 발생하는 이익을 말한다.

• 상해보험(傷害保險)

보험회사가 피보험자의 신체의 상해에 관한 보험사고가 생길 경우에 보험금액 기타의 급여를 할 책임을 지기로 하는 인보험 계약을 말한다. 즉 상해보험계약은 보험계약자가 보험료를 지급하고 보험회사는 피보험자가 우연한 외래의 사고로 말미암아 신체에 상해를 입은 경우에 피보험자 또는 그 상속인에게 일정한 보험금액 기타의 급여를 하기로 약정한 보험계약으로서 상해의 치료를 위한 비용이나 상해로 인한 사망 또는 질병의 경우에 일정한 보험금액을 지급하기로 하는 인보험계약이다.

• 생명표(生命表)

어느 집단의 생사에 관한 사항을 생명함수에 의하여 계량적으로 표시한 것으로 사망표라고 한다. 생명표의 종류는 무엇을 관찰의 대상으로 하고 있는가

에 따라 국민생명표와 경험생명표로 성별에 따라 남자표와 여자표, 남녀 혼합표로 구분된다. 국민생명표는 한 국가의 인구통계 및 출산, 사망 통계를 기초로 작성된 생명표이고, 경험생명표는 생명보험회사의 피보험자에 대한 경험치를 기초로 작성한 생명표이다.

• 생존보험(生存保險)

피보험자가 어느 일정 기간까지 생존하고 있는 것을 사유로 해서 보험금을 지급하는 계약을 생존보험이라고 한다. 따라서 피보험자가 사망하였을 때에는 보험금은 물론 납입한 보험료도 환급되지 않는다. 그러나 현재 우리나라에서 판매되고 있는 생존보험은 보험기간 중 사망시에도 사망급여금을 지급하기 위하여 각종 사망보장이 부가되어 판매되고 있다.

• 쌍무계약(雙務契約)

계약 당사자 상호간에 대가적인 의미를 가진다는 것은 서로간의 채무이행이 객관적, 경제적으로 서로 균형이 맞아야 한다는 것을 뜻하는 것이 아니라 서로 간에 이행하여야 할 채무가 상호간에 의존관계 즉 교환적인 관계에 있어야 한다는 것을 뜻한다. 보험계약은 보험계약자가 보험료 납입의무를 부담하며, 보험회사는 보험사고 발생시 보험금의 지급의무를 지는 계약이다. 여기서 보험계약자가 가지는 보험료 납입채무에 대하여 보험회사의 보험금 지급이라는 위험부담은 계약성립과 동시에 채무로서 발생되며, 즉시 이행되어야 하는 것이므로 이는 쌍방의 채무관계가 상호 의존적인 관계를 가지는 것으로 볼 수 있다. 따라서 보험계약은 쌍무계약이다.

• 선납보험료(先納保險料)

보험료 납입기일이 도래하기 전에 차회 이후의 보험료를 납입하는 것을 말한다. 계약자는 언제나 장래에 납입할 보험료의 일부 또는 전부를 선납할 수 있다. 이 때 회사는 일정한 이율에 의해 복리로 할인할 금액을 받아들이며, 회사 소정의 이율을 붙여 적립하고, 보험료 납입기일 도래시마다 그 보험료를 충당한다.

• 소멸(消滅)

소멸이라 함은 계약 당사자 간의 계약관계가 종료되는 것을 의미한다. 따라서 보험계약의 소멸은 보험회사와 보험계약자 간에 체결되었던 보험계약에 따른 여러 권리와 의무관계가 종료되는 것을 의미한다. 보험계약의 소멸사유는 보험사고의 발생, 해약, 납입최고 후 해지, 만료, 무효 등으로 대별해 볼 수 있다.

• 손해보험(損害保險)

보험사고로 인하여 생길 피보험자의 재산상의 손해를 보상하는 것을 목적으로 하는 보험으로 화재보험, 운송보험, 해상보험, 책임보험 등이 이에 속한다.

– 수금비(收金費)

생명보험사업을 영위하는데 있어서 보험료를 수금하는데 소요되는 일체의 경비를 수금비라 한다.

• 수지상등의 원칙(收支相等의 原則)

수지상등의 원칙이란 보험경영상 중요한 기술로 보험계약에서 앞으로 수입이 될 순보험료의 현가 총액이 앞으로 지출해야 할 보험금 현가의 총액과 같게 되는 것을 말한다. 여기에서 수지가 같아진다는 것은 다수 동일 연령의 피보험자가 같은 보험의 종류를 동시에 계약했을 때 보험기간 만료시 수입과 지출의 균형이 잡혀지도록 순보험료를 계산하는 것을 의미한다.

• 승낙(承諾)

보험계약 희망자가 보험계약을 청약하였을 때에 보험회사가 청약 내용을 검토한 후에 보험계약을 받아들이는 의사표시를 승낙이라 한다. 보험계약은 낙성계약이며, 불요식 계약이므로 계약의 성립은 보험자의 승낙이 있어야 이루어지며, 그 합의는 별도의 방식을 필요로 하지 않는다. 보험효력의 발생은 보험계약자가 제1회 보험료를 납부하고 회사의 승낙을 통지한 때부터 성립한다. 진단계약의 경우 진단일이 보험료 수령일 이후일 때에 책임개시 시기는 진단일이 된다.

• 약관대출(約款貸出)

약관대출이란 보험약관에 의한 대출을 말하며, 보험회사에서 자산운용 방법의 일환으로 하는 일반 대출과는 구별된다. 보험계약자에 대한 약관대출은 보험기간 중에 가입자의 사정변경으로 보험료의 납입이 곤란하게 되거나, 일시적으로 금전이 필요하게 되는 경우에 해약시 지급하여야 할 금액의 범위내에서 보험계약자에게 대출을 하여 주고, 대출금이 변제되지 않을 경우에는 보험자가 지급하여야 할 금액에서 이를 공제하고 지급한다.

• 양로보험(생사혼합보험)

피보험자가 계약 성립 후 일정한 연령에 달하기 전에 사망한 경우 뿐만아니라 일정 연령까지 생존한 경우에도 약정된 보험금을 지급하는 보험이다.

• 역선택(逆選擇)

보험금 지급사유발생 확률이 높은 위험을 갖고 있는 사람이 자진하여 보험금 수령을 목적으로 가입함으로써 보험회사가 불리해지는 경우이다. 역선택에 의한 위험이 동일 보험단체에 집중하면 대수의 법칙에 의한 위험이 무너져 보험사업 경영의 기초에 영향을 미치게 되므로 보험회사는 역선택 방지에 노력하고 있다.

• 연금보험(年金保險)

연금이라 함은 일정금액을 일정기간 동안 정기적으로 연금수혜자에게 지급하는 형태를 말하고 이를 위한 보험을 연금보험이라 한다. 일반적으로 연금보험은 은퇴 후 생활능력을 보조하기 위한 수단으로 사용된다.

• 연생보험(連生保險)

피보험자 2인, 가령 부부나 형제 가운데 1인 또는 모두의 사망을 보험사고로 하여 보험금을 지급하기로 하는 생명보험을 말한다.

• 영업보험료(營業保險料)

보험계약자가 보험회사에 납입하는 보험료를 말하는데 이는 순보험료와 부가보험료로 구성되어 있다.

• 예정사망율(豫定死亡率)

보험료 계산의 기초에 적용되는 특정 생명표의 연령별 사망률의 수열이며 기초사망율이라고도 한다. 이 예정사망율은 실제로 발생할 사망을 정확하게 예측하여야 하나 이는 대단히 어려우므로 과거의 사망률에 다소의 안정성을 예견하여 예정사망율을 나타내고 있다.

• 예정사업비(豫定事業費)

보험회사가 사업을 추진해 나가는데 있어서 여러 가지 비용이 들게 되며 이 비용을 미리 책정하여 일정한 비율로 영업보험료에 계산해 넣는데 이 비율에 의해 계산된 사업비를 예정사업비라 한다.

• 예정이율(豫定利率)

생명보험은 보통 장기에 걸친 계약이므로 계약자와 보험회사 간에 접수되는 보험료에 대한 이자의 요소를 무시할 수 없다. 이 때문에 장래에 납입할 순보험료를 일정 이율로 계산하기 위하여 예정한 이율을 예정이율이라 한다.

• 위험보험료(危險保險料)

보험가입자가 중도에서 사망한 때에 지급하는 사망보험금의 재원이 되는 부분을 말한다.

• 원보험(原保險)

보험은 위험의 분산을 그 기능으로 하고 있고, 한 보험회사가 인수한 위험을 가지고 그 보험사고가 생길 경우에 보험가입자에게 지는 보험금의 지급책임의 일부 또는 전부를 다른 보험회사에게 전가시킬 수 있다. 이 경우 제1의 보험회사가 인수한 보험을 원보험 또는 원수보험이라 하며, 보험회사가 다른 보험회사와 체결한 보험을 재보험이라 한다.

• 유니버셜보험

일정한 한도내에서 보험금, 보험료의 금액을 자유롭게 설정할 수 있고, 계약

후에도 이들 금액 및 납입기간에 관하여 변경이 가능한 종신보험이다. 기존의 보험상품이 가지고 있지 않는 보험금과 보험료에 관한 높은 융통성(flexibility)에 추가하여 보험료의 구성요소가 분리되어 있는 생명보험이다. 기존의 생명보험의 경우 보험계약자에게 사전에 보험금액에 대한 납입보험료와 해약환급금의 금액이 알려져 있을 뿐이었으나 이 보험에서는 대조적으로 보험계약자에게 현행의 적용 사망률 및 보증하는 최고 사망률, 경비, 현행 운용이율 및 보증이율에 관한 정보가 제공되어 있다.

• 이차익(利差益)

자산운용결과 실제이율이 보험료 계산에 사용한 예정이율을 초과했을 때에 생기는 이익금을 말한다.

• 인보험(人保險)

사람의 생명 또는 신체에 관하여 보험사고가 생길 경우에 보험계약이 정하는 바에 따라 보험금액 기타 급여를 하기로 하는 보험이며 생명보험, 상해보험 등이 이에 속한다.

• 자연보험료(自然保險料)

연령별 사망률에 기초를 두고 1년마다 수지의 균형을 이루도록 계산한 보험료를 뜻한다. 따라서 사망률은 연령이 많아질수록 높아지기 때문에 매년 갱신조건부 1년 정기보험료 가입할 경우 자연보험료 금액은 매년 커지게 된다.

• 재보험(再保險)

보험회사가 보험계약자 또는 피보험자와 계약을 체결하여 인수한 보험의 일부 또는 전부를 다른 보험회사에게 넘기는 것을 말한다.

• 전기납(全期納)

보험기간의 전 기간에 걸쳐 보험료를 납입하는 보험료 납입방법이다.

• 정액보험(定額保險)

보험사고가 발생한 때에 계약에서 정한 보험금액을 지급하는 보험을 말한다.

• 주계약(主契約)

보험계약은 일반적으로 주계약과 특약으로 구성되며 기본적인 1개 상품으로 판매되는 것을 주계약이라 한다.

• 지급비금

매년도말 현재 보험금 및 환급금의 지급사유가 발생하여 보험수익자로부터 청구가 되었더라도 지급이 완료되지 않았으나 지급이 확실시 되는 금액을 말한다.

• 진단의(診斷醫)

생명보험에 있어서 의학적인 선택을 목적으로 보험가입자의 건강 상태에 대하여 소정의 고지 청취 및 검진을 행하는 의사를 말하는데, 보험회사의 직원인 사의와 보험회사가 진단을 위촉한 촉탁의가 있다.

• 책임개시일 (責任開始日)

책임개시일은 보험회사의 보험금 지급책임이 개시되는 날이다. 즉 보험회사가 보험계약자의 청약을 승낙한 경우 보험금의 지급책임을 지게 되는 시작일을 의미한다.

• 책임준비금(責任準備金)

보험약관에 정한 제지급 조건의 이행을 위해 장래에 있을 사망 및 만기보험금 등의 지급을 위하여 미리 받은 순보험료를 예정이율로 증식 적립한 금액을 말한다.

• 청약(請約)

보험계약상 계약자가 보험회사에 대하여 일정한 보험계약을 맺을 것을 목적으로 하여 행하는 일방적인 의사표시를 말한다. 보험계약상의 청약은 보험계약 성질상 보험가입 희망자로부터 보험회사가 작성한 청약서에 의해서 행하여 진다.

• 청약철회청구제도

보험모집인이 계약을 모집하는 과정에서 계약내용을 왜곡하여 안내하는 등의 불완전 판매 행위로 인하여 청약자의 의사에 반하는 청약이 있는 경우에 사후에 청약의사를 철회하는 제도를 말한다. 보험계약자가 청약을 철회할 수 있는 기간은 청약을 한 날 또는 제1회 보험료를 납입한 날로부터 15일 이내이다.

• 초회보험료(初回保險料)

보험계약은 보험계약자의 청약에 대해 보험회사가 승낙함으로써 성립한다. 보험계약이 성립하면 보험계약자는 보험료 납입의무를 지는데 이 의무에 의해 최초로 납입하는 보험료를 초회보험료라 한다.

• 퇴직연금(退職年金)

퇴직 후의 생활 안정을 위하여 퇴직금을 일정 기간 동안 매년 일정액의 연금으로 지급하는 것을 퇴직연금이라 한다.

• 통지의무(通知義務)

보험계약 체결 후 일정 사실의 발생을 보험회사에 통지하여야 할 보험계약자측의 의무로써 위험의 변경, 증가와 보험사고 발생 사실이 있으면 보험회사에 즉시 통보해야 하는 것을 말한다.

• 특약(特約)

기본적인 주계약의 보장내용의 확대, 재해 · 질병 · 상해 등의 추가 보장 등과 같이 주계약에 부가하여 판매하는 것을 특약이라 한다.

• 평균여명(平均餘命)

각 연령별로 현재의 연령에서 앞으로 평균 몇 년간 생존할 수 있는가 하는 것을 말한다. 평균여명은 전체 연령에 걸친 생존 연령이 계산에 들어가 있고, 그 집단의 건부(健否)를 가장 잘 반영한 숫자이기 때문에 각종 인구 집단의 위생 상태를 비교하는 지표 중의 하나이다.

• 평준보험료(平準保險料)

자연보험료의 경우 매년 사망률이 증가함에 따라 노년에 이르러서는 보험료 납입이 거의 불가능한 상태로 금액이 커지게 된다. 이러한 보험료 납입의 부담을 없애기 위해 자연보험료의 총액을 전 보험기간에 균등하게 할당하여 평준화 한 것을 평준보험료라고 한다.

• 표준미달체(標準未達體)

피보험자의 건강상태, 즉 위험의 정도에 따라 보험료가 결정되는데 표준요율로 계약할 수 없는 피보험자를 말한다. 표준체에 비하여 보험사고의 발생위험이 높으나, 이 경우에는 보험료 할증, 보험금 삭감 등을 통해 그 초과위험을 보전할 수 있는 방법이 있기 때문에 회사가 계약을 인수할 수도 있다.

• 표준체계약(標準體契約)

신체상, 도덕상 및 기타 어느 면에서도 정확한 결점이 없기 때문에 특별조건을 붙이지 않고 기준보험료로서 보험에 가입할 수 있는 계약을 말한다.

• 피보험자(被保險者)

사람의 생존과 사망이라는 보험사고의 발생의 객체가 되는 사람을 피보험자라 한다.

– 해약(解約)

보험계약자가 장래에 대해 계약의 효력을 소멸시키는 것을 말하는데 해약시에는 약관의 규정에 따라 해약환급금을 지급하게 되어 있다. 해약은 보험계약자가 일방적으로 보험계약의 관계를 종료하는 것으로 당연히 보험계약은 소멸한다.

– 해약환급금(解約還給金)

보험계약의 효력상실, 해약 등으로 보험금을 지급하지 않게 되었을 경우 그 계약의 "보험료 및 책임준비금 산출방법서"에 정하는 바에 따라 보험계약자에게 반환하는 금액을 말한다.

[부록 2] 보험계약자 정보 확인서

〈보험계약자 정보 확인서〉[279)]

보험계약자 정보 확인서 (예시 – 점수화 방식)

본 확인서는 「보험업법」 제95조의3(적합성 원칙)에 따라 고객님의 연령, 재산상황, 보험가입의 목적 등을 파악하여 보험계약자에게 가장 적합한 보험계약 체결을 권유하기 위한 기초자료로 활용됩니다. 귀하의 잘못된 답변 또는 불성실한 답변은 고객님에게 적합하지 않은 보험계약을 권유하게 되는 결과를 가져올 수 있습니다.

① 귀하가 보험에 가입하시는 목적은 무엇입니까?
- □ 단기 재산 증식
- □ 장기저축을 통한 목돈 마련
- □ 노후를 위한 연금 마련
- □ 위험에 대비한 가족의 보장자산 마련

② 귀하의 월평균 소득은 어느 정도 입니까?
- □ 200만원 이하 □ 500만원 이하
- □ 1,000만원 이하 □ 1,000만원 이상

③ 월평균 소득에서 보험료 지출이 차지하는 비중은 어느정도 입니까?
- □ 10% 미만 □ 10%~20%
- □ 20%~30% □ 30%~50%
- □ 50% 이상

④ 귀하가 판단하시기에 본인의 보험에 대한지식은 어느 정도라고 생각하십니까?
- □ 매우 높다 □ 높은 편이다
- □ 보통이다 □ 낮은 편이다
- □ 매우 낮은 편이다

⑤ 귀하께서는 아래의 상품 중 가입해보신 경험이 있다면 어떤 상품인지 모두 골라주세요
- □ 변액보험 □ 뮤추얼펀드
- □ 펀드상품 □ 투자경험 없음

⑥ 귀하께서는 투자하실때 어떤 투자방식을 선호하시는 편입니까?
- □ 간접투자 상품(펀드, 수익증권, 은행상품 등)
- □ 직접투자 상품(주식, 파생상품 등)

⑦ 귀하께서는 투자하실때 원금 보존과 투자수익을 중 어느 쪽을 중요하게 생각하십니까?
- □ 원금은 반드시 보존되어야 한다
- □ 원금 보존을 중요하게 생각한다
- □ 수익율이 어느 정도 되어야 한다
- □ 수익율을 중요시한다

⑧ 귀하께서는 투자하실때 높은 수익율을 얻기 위해 어느 정도의 손실을 감수할 수 있습니까?
- □ 어떠한 경우에도 손실이 나면 안된다
- □ 손실이 나면 곤란하다
- □ 어느 정도의 손실은 감수 할 수 있다
- □ 고수익을 위해서라면 손실은 기꺼이 감수 할 수 있다

⑨ 귀하께서는 투자 상품을 가입하실때 어느 정도의 수익율을 기대하십니까?
- □ 정기예금 금리 수준
- □ 정기예금 금리보다 약간 높은 수준 (예 : 정기예금 금리 + 1%~5%)
- □ 정기예금 금리보다 높은 수준 (예 : 정기예금 금리 + 5%~10%)
- □ 정기예금 금리보다 상당히 높은 수준 (예 : 정기예금 금리 + 10%~20%)
- □ 정기예금 금리보다 매우 높은 수준 (예 : 정기예금 금리 + 20% 이상)

⑩ 귀하께서는 앞으로 금융자산 중 주식이나 주식형 상품의 비중을 어느 정도로 구성하고 싶으십니까?
- □ 5% 미만 □ 5%~10%
- □ 10%~20% □ 20%~50%
- □ 50% 이상

279) 김인호 “보험업법 개정에 따른 모집제도의 변화와 영향(2)”, 월간생명보험(2011.4), 42면.

□ 고객확인사항

1. 본인이 상기와 같이 제공한 정보의 내용이 정확한 것임을 확인합니다.
2. 본인은 귀 사가 본인으로부터 제공받은 정보를 향후 ○○개월 동안 보유하는 것에 동의하며, 같은 기간동안 정보가 변경되지 않은 것으로 간주한다는 점을 설명받았습니다.
3. 본인의 보험계약자 정보에 변경사항이 발생한 경우 이를 귀사에 통지하여야 귀사가 본인에게 적합한 보험계약 권유를 할 수 있다는 점을 설명 받았습니다.
4. 보험계약자의 연령 : ( ) 세

20 년 월 일
보험계약자 성명 : (서명/인)
대리인 성명 : (서명/인)
친권자 / 후견인 성명 : (서명/인)
성명 : (서명/인)

[부록 3] 적합성 진단결과의 예시

〈적합성 진단결과의 예시〉280)

적합성 진단 결과(예시)

고객님의 답변을 종합적으로 분석한 결과 고객님의 보험상품 성향은 ________형이며, 펀드 성향은 형입니다.(또는 보험계약 성향은 ________형입니다.)
고객님에게 적합한 보험계약은 아래와 같습니다.

① 추천 보험상품(보험계약 성향에 맞는 내용을 진하게 표시하거나 음영을 삽입)

구분	①저축형	②보장형	③연금형
고객 성향	장기적인 자산 증식 목적자금 마련	사망, 질병 등을 대비한 보장자산 마련	노후 대비 등을 위한 목적자금 마련
추천 보험상품	변액유니버설(적립형)	변액CI, 변액종신, 변액유니버설(보장형)	변액연금

② 추천 펀드(보험계약 성향에 맞는 내용을 진하게 표시하거나 음영을 삽입)

구분	①위험회피형	②안정추구형	③중립형	④적극형	⑤위험선호형
고객 성향	원금손실을 원하지 않으며, 예·적금 수준의 수익률 기대	원금손실을 최소화하고, 이자·배당수익 등 안정적 수익 추구	원금손실 위험을 충분히 인식하고, 예·적금보다 높은 수익률을 위해 일정수준의 손실 감내 가능	원금손실 위험을 감내하고 높은 수익률을 원하며, 상당부분 위험 자산에 투자할 의향이 있음	아주 높은 수익률을 원하고, 대부분을 위험 자산에 투자할 의향 있음
추천펀드					

* 보험회사는 상기 "① 추천 보험상품"과 별도로 "② 추천 펀드"에 대한 적합성 진단을 실시할 수 있으며, 분류유형 등은 3단계, 5단계 등으로 자율적으로 운영 가능

본인이 제공한 정보를 바탕으로 본인의 보험계약 성향분석 결과에 대해 위와 같이 안내받았음을 확인합니다.

20 년 ___월 ___일

보험계약자 성명 : (서명/인)
대리인 성명 : (서명/인)
친권자 / 후견인 성명 : (서명/인)
성명 : (서명/인)

※ "적합성 진단" 결과를 통해 권유한 상기 보험계약을 체결하지 않고 본인의 판단에 따라 보험계약을 청약하고자 하는 경우 "부적합 보험계약 체결 확인서"를 작성하셔야 합니다.

280) 김인호 "보험업법 개정에 따른 모집제도의 변화와 영향(2)", 월간생명보험(2011.4), 44면.

[부록 4] 국내 보험회사의 재무현황

■ 우리나라 생명보험회사의 재무현황

〈2012년 12월말 기준 생명보험회사 재무현황〉281)

구분	총자산	총부채	책임 준비금	총자본	자본금	당기손익	운용자산 이익율
ING생명	226,787	203,206	135,263	23,581	820	1,526	4.9
KB생명	59,870	55,938	48,344	3,932	2,760	68	5.2
PCA생명	39,928	37,837	8,778	2,092	2,340	222	5.0
교보생명	678,439	622,006	469,932	56,434	1,025	4,380	5.2
농협생명	422,533	387,354	383,135	35,179	5,560	984	4.6
동부생명	67,471	61,745	51,671	5,727	1,933	604	6.0
동양생명	162,060	149,879	125,907	12,182	5,379	1,087	5.2
라이나생명	22,866	16,659	13,060	6,208	349	886	4.5
메트라이프	135,539	126,151	47,029	9,388	1,416	572	5.0
미래에셋생명	185,724	173,545	101,550	12,179	6,315	541	6.0
비엔피파리바 카디프생명	32,848	29,981	18,202	2,868	1,643	24	4.3
삼성생명	1,780,555	1,577,833	1,162,618	202,722	1,000	6,102	4.4
신한생명	169,409	156,158	134,150	13,251	2,000	1,439	5.8
이메리가	110,412	96,761	78,560	13,651	2,572	419	5.1
아이비케이 연금보험	12,045	11,029	9,687	1,015	900	67	5.8
알리안츠생명	149,676	138,652	120,384	11,024	120	-200	5.2
에이스생명	9,519	8,660	5,356	859	2,825	-250	5.4
우리아비바 생명보험	39,217	37,433	36,421	1,783	737	39	5.2
케이디비생명	109,092	103,466	91,909	5,626	6,131	434	4.8
푸르덴셜	101,969	84,744	67,268	17,225	1,500	1,781	5.1
하나에이치에 스비씨생명(주)	27,445	25,611	14,470	1,834	1,102	-189	4.4
한화생명	748,863	680,375	513,935	68,488	43,427	4,081	5.4
현대라이프	38,246	35,625	33,288	2,621	1,367	-236	4.8
흥국생명	147,581	139,585	117,048	7,996	679	371	5.1
생명보험사계	5,478,095	4,960,231	3,787,965	517,864	93,899	24,752	4.9

* 출처: 금융감독원 보험업무자료

281) 금융감독원, 보험회사종합공시 중 재무현황자료, 출처: http://www.fss.or.kr

■ 우리나라 손해보험회사의 재무현황

〈2012년 12월말 기준 손해보험회사 재무현황〉[282]

(단위: 억원, %)

구분	총자산	총부채	책임준비금	총자본	자본금	당기손익	운용자산이익율
AIG유나이티드 개런티	96	71	22	25	90	-15	1.6
그린손보	15,278	16,075	14,690	-797	1,329	-340	1.6
농협손해보험	26,015	22,049	21,205	3,966	600	55	4.9
다스법률비용	91	49	9	42	158	-15	3.3
더케이손보	3,548	2,444	2,295	1,104	1,000	77	3.7
동경해상	300	170	153	130	30	42	2.7
동부화재	210,798	185,295	161,401	25,503	354	3,304	4.7
롯데손보	43,439	40,622	31,170	2,817	673	-120	4.8
메리츠화재	98,867	88,724	81,567	10,143	484	1,046	4.8
뮌헨재보험	3,480	2,274	1,987	1,206	480	207	3.0
미쓰이스미토모 해상화재	617	222	190	395	355	61	3.2
삼성화재	442,849	358,458	313,466	84,391	265	5,567	4.3
서울보증	63,771	32,545	22,672	31,226	1,746	2,523	3.5
스위스재보험	2,896	2,048	1,744	848	170	325	3.1
스코리인슈어런스	2,772	2,199	1,139	574	427	76	2.8
악사손보	6,439	5,028	4,388	1,410	1,697	4	4.7
RGA재보험 한국지점	1,105	490	351	615	520	62	3.4
에르고다음	2,212	1,875	1,477	337	745	-214	3.4
ACE	1,941	1,404	1,081	537	311	96	3.8
엘아이지손보	173,089	158,308	136,834	14,781	300	1,795	4.4
제너럴재보험	911	257	118	654	313	115	2.8
젠워스모기지인슈어런스	22	13	4	8	118	-11	0.3
차티스손보	4,134	2,283	1,743	1,851	608	74	3.7
코리안리	74,320	60,890	39,137	13,430	591	946	3.4
퍼스트어메리칸	113	37	21	76	50	7	4.1
Federal	1,056	623	402	433	30	89	2.1
하노버재보험	355	150	118	205	250	-13	3.1
한화손보	75,699	71,052	65,532	4,647	2,437	322	5.2
현대하이카다이렉트자동차	4,225	3,687	2,761	538	1,400	-67	4.3
현대해상	201,970	181,778	161,591	20,192	447	2,840	4.5
흥국화재	55,531	52,713	49,768	2,818	3,258	576	5.2
손해보험사계	1,517,939	1,293,832	1,119,034	224,107	21,233	19,416	4.4

282) 금융감독원, 보험회사종합공시 중 재무현황자료, 출처: http://www.fss.or.kr

[부록 5] 「보험업법」 3단비교표(법률-시행령-시행규칙)

보험업법 [법률 제10866호, 2011.7.21, 타법개정]	보험업법 시행령 [대통령령 제24097호, 2012.9.7, 타법개정]	보험업법 시행규칙 [총리령 제972호, 2012.2.28, 일부개정]
제1장 총칙 〈개정 2010. 7.23〉		
제1조(목적) 이 법은 보험업을 경영하는 자의 건전한 경영을 도모하고 보험계약자, 피보험자, 그 밖의 이해관계인의 권익을 보호함으로써 보험업의 건전한 육성과 국민경제의 균형 있는 발전에 기여함을 목적으로 한다. [전문개정 2010.7.23]	제1조(목적) 이 영은 「보험업법」에서 위임된 사항과 그 시행에 필요한 사항을 규정함을 목적으로 한다. [전문개정 2011.1.24]	제1조(목적) 이 규칙은 「보험업법」 및 같은 법 시행령에서 위임된 사항과 그 시행에 필요한 사항을 규정함을 목적으로 한다. [전문개정 2011.1.24]
제2조(정의) 이 법에서 사용하는 용어의 뜻은 다음과 같다. 1. "보험상품"이란 위험보장을 목적으로 우연한 사건 발생에 관하여 금전 및 그 밖의 급여를 지급할 것을 약정하고 대가를 수수(授受)하는 계약(「국민건강보험법」에 따른 건강보험, 「고용보험법」에 따른 고용보험 등 보험계약자의 보호 필요성 및 금융거래 관행 등을 고려하여 대통령령으로 정하는 것은 제외한다)으로서 다음 각 목의 것을 말한다. 가. 생명보험상품: 위험보장을 목적으로 사람의 생존 또는 사망에 관하여 약정한 금전 및 그 밖의 급여를 지급할 것을 약속하고 대가를 수수하는 계약으로서 대통령령으로 정하는 계약 나. 손해보험상품: 위험보장을 목적으로 우연한 사건(다목에 따른 질병·상해 및 간병은 제외한다)으로 발생하는 손해(계약상 채무불이행 또는 법령상 의무불이	제1조의2(보험상품) ① 「보험업법」(이하 "법"이라 한다) 제2조제1호 각 목 외의 부분에서 "대통령령으로 정하는 것"이란 다음 각 호의 것을 말한다. 1. 「고용보험법」에 따른 고용보험 2. 「국민건강보험법」에 따른 건강보험 3. 「국민연금법」에 따른 국민연금 4. 「노인장기요양보험법」에 따른 장기요양보험 5. 「산업재해보상보험법」에 따른 산업재해보상보험 6. 「할부거래에 관한 법률」 제2조제2호에 따른 선불식 할부계약 ② 법 제2조제1호가목에서 "대통령령으로 정하는 계약"이란 다음 각 호의 계약을 말한다. 1. 생명보험계약 2. 연금보험계약(퇴직보험계약을 포함한다) ③ 법 제2조제1호나목에서 "대통령령으로 정하는 계약"이란 다음 각 호의 계약을 말한다. 1. 화재보험계약 2. 해상보험계약(항공·운송보험계약을 포함한다) 3. 자동차보험계약	

행으로 발생하는 손해를 포함한다)에 관하여 금전 및 그 밖의 급여를 지급할 것을 약속하고 대가를 수수하는 계약으로서 대통령령으로 정하는 계약 다. 제3보험상품: 위험보장을 목적으로 사람의 질병·상해 또는 이에 따른 간병에 관하여 금전 및 그 밖의 급여를 지급할 것을 약속하고 대가를 수수하는 계약으로서 대통령령으로 정하는 계약 2. "보험업"이란 보험상품의 취급과 관련하여 발생하는 보험의 인수(引受), 보험료 수수 및 보험금 지급 등을 영업으로 하는 것으로서 생명보험업·손해보험업 및 제3보험업을 말한다. 3. "생명보험업"이란 생명보험상품의 취급과 관련하여 발생하는 보험의 인수, 보험료 수수 및 보험금 지급 등을 영업으로 하는 것을 말한다. 4. "손해보험업"이란 손해보험상품의 취급과 관련하여 발생하는 보험의 인수, 보험료 수수 및 보험금 지급 등을 영업으로 하는 것을 말한다. 5. "제3보험업"이란 제3보험상품의 취급과 관련하여 발생하는 보험의 인수, 보험료 수수 및 보험금 지급 등을 영업으로 하는 것을 말한다. 6. "보험회사"란 제4조에 따른 허가를 받아 보험업을 경영하는 자를 말한다. 7. "상호회사"란 보험업을 경영할 목적으로 이 법에 따라 설립된 회사로서 보험계약자를 사원(社員)으로 하는 회사를 말한다. 8. "외국보험회사"란 대한민국	4. 보증보험계약 5. 재보험계약 6. 책임보험계약 7. 기술보험계약 8. 권리보험계약 9. 도난보험계약 10. 유리보험계약 11. 동물보험계약 12. 원자력보험계약 13. 비용보험계약 14. 날씨보험계약 ④ 법 제2조제1호다목에서 "대통령령으로 정하는 계약"이란 다음 각 호의 계약을 말한다. 1. 상해보험계약 2. 질병보험계약 3. 간병보험계약 ⑤ 제2항부터 제4항까지의 규정에 따른 보험계약의 구체적 구분기준은 금융위원회가 정하여 고시한다. [본조신설 2011.1.24] 제2조(신용공여의 범위) ① 법 제2조제13호에 따른 신용공여의 범위는 다음 각 호의 것으로서 그 구체적인 내용은 금융위원회가 정하여 고시한다. 1. 대출 2. 어음 및 채권의 매입 3. 그 밖에 거래 상대방의 지급불능 시 이로 인하여 보험회사에 손실을 초래할 수 있는 거래 4. 보험회사가 직접적으로 제1호부터 제3호까지에 해당하는 거래를 한 것은 아니나 실질적으로 제1호부터 제3호까지에 해당하는 거래를 한 것과 같은 결과를 가져올 수 있는 거래 ② 금융위원회는 제1항에도 불구하고 다음 각 호의 어느 하나에 해당하는 거래를 신용공여의 범위에 포함시키지 아니할 수 있다. 1. 보험회사에 손실을 초래할 가능성이 적은 것으로 판단되는 거래 2. 금융시장에 미치는 영향 등 해당 거래의 상황에 비추	

이외의 국가의 법령에 따라 설립되어 대한민국 이외의 국가에서 보험업을 경영하는 자를 말한다.

9. “보험설계사”란 보험회사·보험대리점 또는 보험중개사에 소속되어 보험계약의 체결을 중개하는 자[법인이 아닌 사단(社團)과 재단을 포함한다]로서 제84조에 따라 등록된 자를 말한다.
10. “보험대리점”이란 보험회사를 위하여 보험계약의 체결을 대리하는 자(법인이 아닌 사단과 재단을 포함한다)로서 제87조에 따라 등록된 자를 말한다.
11. “보험중개사”란 독립적으로 보험계약의 체결을 중개하는 자(법인이 아닌 사단과 재단을 포함한다)로서 제89조에 따라 등록된 자를 말한다.
12. “모집”이란 보험계약의 체결을 중개하거나 대리하는 것을 말한다.
13. “신용공여”란 대출 또는 유가증권의 매입(자금 지원적 성격인 것만 해당한다)이나 그 밖에 금융거래상의 신용위험이 따르는 보험회사의 직접적·간접적 거래로서 대통령령으로 정하는 바에 따라 금융위원회가 정하는 거래를 말한다.
14. “총자산”이란 대차대조표에 표시된 자산에서 미상각신계약비(未償却新契約費), 영업권 등 대통령령으로 정하는 자산을 제외한 것을 말한다.
15. “자기자본”이란 납입자본금·자본잉여금·이익잉여금, 그 밖에 이에 준하는 것(자본조정은 제외한다)으로서 대통령령으로 정하는 항목의 합계액에서 영업권, 그 밖에 이에 준하는 것으로서 대통령령으로 정하는 항목의 합계액을 뺀 것을

어 신용공여의 범위에 포함시키지 아니하는 것이 타당하다고 판단되는 거래

[전문개정 2011.1.24]

제3조(총자산의 범위) ① 법 제2조제14호에서 “미상각신계약비(未償却新契約費), 영업권 등 대통령령으로 정하는 자산”이란 미상각신계약비 및 영업권과 법 제108조제1항제2호 및 제3호에 따른 특별계정 자산을 말한다.

② 제1항에 따른 자산의 범위 등에 관하여 필요한 세부 사항은 금융위원회가 정하여 고시한다.

[전문개정 2011.1.24]

제4조(자기자본의 범위) 법 제2조제15호에 따른 자기자본을 산출할 때 합산하여야 할 항목 및 빼야 할 항목은 다음 각 호의 기준에 따라 금융위원회가 정하여 고시한다.

1. 합산하여야 할 항목: 납입자본금, 자본잉여금 및 이익잉여금 등 보험회사의 자본 충실에 기여하거나 영업활동에서 발생하는 손실을 보전(補塡)할 수 있는 것
2. 빼야 할 항목: 영업권 등 실질적으로 자본 충실에 기여하지 아니하는 것

[전문개정 2011.1.24]

제5조(동일차주의 범위) 법 제2조제16호에서 “대통령령으로 정하는 자”란 「독점규제 및 공정거래에 관한 법률」 제2조제2호에 따른 기업집단에 속하는 회사를 말한다.

[전문개정 2011.1.24]

제6조(특수관계에 있는 자의 범위 등) ① 법 제2조제17호가목에서 “대통령령으로 정하는 특수한 관계에 있는 자”란 다음 각 호의 어느 하나에 해당하는 자(이하 “특수관계인”이라 한다)를 말한다.

1. 본인이 개인인 경우에는 다음 각 목의 어느 하나에 해당하는 자

말한다. 16. "동일차주"란 동일한 개인 또는 법인 및 이와 신용위험을 공유하는 자로서 대통령령으로 정하는 자를 말한다. 17. "대주주"란 다음 각 목의 어느 하나에 해당하는 주주를 말한다. 가. 최대주주: 보험회사의 의결권 있는 발행주식 총수를 기준으로 본인 및 그와 대통령령으로 정하는 특수한 관계에 있는 자(이하 "특수관계인"이라 한다)가 누구의 명의로 하든지 자기의 계산으로 소유하는 주식을 합하여 그 수가 가장 많은 경우의 그 본인 나. 주요주주: 누구의 명의로 하든지 자기의 계산으로 보험회사의 의결권 있는 발행주식 총수의 100분의 10 이상의 주식을 소유하는 자 또는 임원의 임면 등의 방법으로 그 보험회사의 주요 경영사항에 대하여 사실상의 영향력을 행사하는 주주로서 대통령령으로 정하는 자 18. "자회사"란 보험회사가 다른 회사(「민법」 또는 특별법에 따른 조합을 포함한다)의 의결권 있는 발행주식(출자지분을 포함한다) 총수의 100분의 15를 초과하여 소유하는 경우의 그 다른 회사를 말한다. 19. "전문보험계약자"란 보험계약에 관한 전문성, 자산규모 등에 비추어 보험계약의 내용을 이해하고 이행할 능력이 있는 자로서 다음 각 목의 어느 하나에 해당하는 자를 말한다. 다만, 전문보험계약자 중 대통령령으로 정하는 자가 일반보험계약자와 같은 대우를	가. 배우자(사실상 혼인관계에 있는 사람을 포함한다. 이하 같다) 나. 6촌 이내의 부계혈족 및 4촌 이내의 부계혈족의 처 다. 3촌 이내의 부계혈족의 남편 및 자녀 라. 3촌 이내의 모계혈족과 그 배우자 및 자녀 마. 배우자의 2촌 이내의 부계혈족 및 그 배우자 바. 입양자(入養者) 생가(生家)의 직계존속 사. 출양자(出養子) 및 그 배우자와 출양자 양가(養家)의 직계비속 아. 혼인 외의 출생자의 생모 자. 본인의 금전, 그 밖의 재산에 의하여 생계를 유지하는 사람 및 생계를 함께 하는 사람 차. 본인이 단독으로 또는 본인과 가목부터 자목까지의 관계에 있는 사람과 합하여 100분의 30 이상을 출자하거나 그 밖에 임원의 임면(任免) 등 법인 또는 단체의 주요 경영사항에 대하여 사실상 영향력을 행사하고 있는 경우에는 그 법인 또는 단체와 그 임원 카. 본인이 단독으로 또는 본인과 가목부터 차목까지의 관계에 있는 자와 합하여 100분의 30 이상을 출자하거나 그 밖에 임원의 임면 등 법인 또는 단체의 주요 경영사항에 대하여 사실상 영향력을 행사하고 있는 경우에는 그 법인 또는 단체와 그 임원 2. 본인이 법인 또는 단체인 경우에는 다음 각 목의 어느 하나에 해당하는 자 가. 임원 나. 계열회사 및 그 임원 다. 단독으로 또는 제1호 각	

받겠다는 의사를 보험회사에 서면으로 통지하는 경우 보험회사는 정당한 사유가 없으면 이에 동의하여야 하며, 보험회사가 동의한 경우에는 해당 보험계약자는 일반보험계약자로 본다. 가. 국가 나. 한국은행 다. 대통령령으로 정하는 금융기관 라. 주권상장법인 마. 그 밖에 대통령령으로 정하는 자 20. "일반보험계약자"란 전문보험계약자가 아닌 보험계약자를 말한다. [전문개정 2010.7.23]	목의 관계에 있는 자와 합하여 본인에게 100분의 30 이상을 출자하거나 그 밖에 임원의 임면 등 본인의 주요 경영사항에 대하여 사실상 영향력을 행사하고 있는 개인 및 그와 제1호 각 목의 관계에 있는 자 또는 단체(계열회사는 제외한다. 이하 이 호에서 같다)와 그 임원 라. 본인이 단독으로 또는 본인과 가목부터 다목까지의 관계에 있는 자와 합하여 100분의 30 이상을 출자하거나 그 밖에 임원의 임면 등 단체의 주요 경영사항에 대하여 사실상 영향력을 행사하고 있는 경우에는 그 단체 및 그 임원 ② 법 제2조제17호나목에서 "대통령령으로 정하는 자"란 다음 각 호의 어느 하나에 해당하는 자를 말한다. 1. 단독으로 또는 다른 주주와의 합의 또는 계약 등에 의하여 대표이사 또는 이사의 과반수를 선임한 주주 2. 경영전략, 조직 변경 등 주요 의사결정이나 업무집행에 지배적인 영향력을 행사한다고 인정되는 자로서 금융위원회가 정한 자 [전문개정 2011.1.24] 제6조의2(전문보험계약자의 범위 등) ① 법 제2조제19호 각 목 외의 부분 단서에서 "대통령령으로 정하는 자"란 다음 각 호의 자를 말한다. 1. 지방자치단체 2. 주권상장법인 3. 제2항제15호에 해당하는 자 4. 제3항제15호, 제16호 및 제18호에 해당하는 자 ② 법 제2조제19호다목에서 "대통령령으로 정하는 금융기관"이란 다음 각 호의 금융기관을 말한다.	

	1. 보험회사 2. 「금융지주회사법」에 따른 금융지주회사 3. 「농업협동조합법」에 따른 농업협동조합중앙회 4. 「산림조합법」에 따른 산림조합중앙회 5. 「상호저축은행법」에 따른 상호저축은행 및 그 중앙회 6. 「새마을금고법」에 따른 새마을금고연합회 7. 「수산업협동조합법」에 따른 수산업협동조합중앙회 8. 「신용협동조합법」에 따른 신용협동조합중앙회 9. 「여신전문금융업법」에 따른 여신전문금융회사 10. 「은행법」에 따른 은행 11. 「자본시장과 금융투자업에 관한 법률」에 따른 금융투자업자(같은 법 제22조에 따른 겸영금융투자업자는 제외한다), 증권금융회사, 종합금융회사 및 자금중개회사 12. 「중소기업은행법」에 따른 중소기업은행 13. 「한국산업은행법」에 따른 한국산업은행 14. 「한국수출입은행법」에 따른 한국수출입은행 15. 제1호부터 제14호까지의 기관에 준하는 외국금융기관 ③ 법 제2조제19호마목에서 "대통령령으로 정하는 자"란 다음 각 호의 자를 말한다. 1. 지방자치단체 2. 법 제83조에 따라 모집을 할 수 있는 자 3. 법 제175조에 따른 보험협회, 법 제176조에 따른 보험요율 산출기관 및 법 제178조에 따른 보험 관계 단체 4. 「금융기관부실자산 등의 효율적 처리 및 한국자산관리공사의 설립에 관한 법률」에 따른 한국자산관리공사 5. 「금융위원회의 설치 등에	

	관한 법률」에 따른 금융감독원(이하 "금융감독원"이라 한다) 6. 「예금자보호법」에 따른 예금보험공사 및 정리금융기관 7. 「자본시장과 금융투자업에 관한 법률」에 따른 한국예탁결제원 및 한국거래소 8. 「자본시장과 금융투자업에 관한 법률」에 따른 집합투자기구. 다만, 금융위원회가 정하여 고시하는 집합투자기구는 제외한다. 9. 「한국주택금융공사법」에 따른 한국주택금융공사 10. 「한국투자공사법」에 따른 한국투자공사 11. 「한국정책금융공사법」에 따른 한국정책금융공사 12. 「기술신용보증기금법」에 따른 기술신용보증기금 13. 「신용보증기금법」에 따른 신용보증기금 14. 법률에 따라 공제사업을 하는 법인 15. 법률에 따라 설립된 기금(제12호와 제13호에 따른 기금은 제외한다) 및 그 기금을 관리·운용하는 법인 16. 해외 증권시장에 상장된 주권을 발행한 국내법인 17. 다음 각 목의 어느 하나에 해당하는 외국인 가. 외국 정부 나. 조약에 따라 설립된 국제기구 다. 외국 중앙은행 라. 제1호부터 제15호까지 및 제18호의 자에 준하는 외국인 18. 그 밖에 보험계약에 관한 전문성, 자산규모 등에 비추어 보험계약의 내용을 이해하고 이행할 능력이 있는 자로서 금융위원회가 정하여 고시하는 자 [본조신설 2011.1.24]	
제3조(보험계약의 체결) 누구든지	제7조(보험계약의 체결) ① 법 제3	제2조(보험계약 체결의 승인신청)

보험회사가 아닌 자와 보험계약을 체결하거나 중개 또는 대리하지 못한다. 다만, 대통령령으로 정하는 경우에는 그러하지 아니하다. [전문개정 2010.7.23]	조 단서에 따라 보험회사가 아닌 자와 보험계약을 체결할 수 있는 경우는 다음 각 호의 어느 하나에 해당하는 경우로 한다. 1. 외국보험회사와 생명보험계약, 수출적하보험계약, 수입적하보험계약, 항공보험계약, 여행보험계약, 선박보험계약, 장기상해보험계약 또는 재보험계약을 체결하는 경우 2. 제1호 외의 경우로서 대한민국에서 취급되는 보험종목에 관하여 셋 이상의 보험회사로부터 가입이 거절되어 외국보험회사와 보험계약을 체결하는 경우 3. 대한민국에서 취급되지 아니하는 보험종목에 관하여 외국보험회사와 보험계약을 체결하는 경우 4. 외국에서 보험계약을 체결하고, 보험기간이 지나기 전에 대한민국에서 그 계약을 지속시키는 경우 5. 제1호부터 제4호까지 외에 보험회사와 보험계약을 체결하기 곤란한 경우로서 금융위원회의 승인을 받은 경우 ② 제1항제1호부터 제3호까지에 따라 체결할 수 있는 보험계약의 확인방법 및 외국보험회사의 대한민국에서의 보험계약의 체결 또는 모집방법 등에 관하여 필요한 사항은 금융위원회가 정하여 고시한다. [전문개정 2011.1.24]	「보험업법 시행령」(이하 "영"이라 한다) 제7조제1항제5호에 따라 보험계약 체결의 승인을 받으려는 자는 신청서에 다음 각 호의 서류를 첨부하여야 한다. 1. 보험계약의 약관 2. 보험계약청약서 사본 3. 생명보험업 및 제3보험업에 속하는 보험계약(단체보험계약은 제외한다)인 경우에는 해당 피보험자의 신체상황을 적은 서류, 손해보험업에 속하는 보험계약인 경우에는 해당 보험 목적의 도면·사진 등 보험 목적을 확인할 수 있는 서류 [전문개정 2011.1.24]
		제3조 삭제 〈2011.1.24〉
제2장 보험업의 허가 등 〈개정 2010.7.23〉		
제4조(보험업의 허가) ① 보험업을 경영하려는 자는 다음 각 호에서 정하는 보험종목별로 금융위원회의 허가를 받아야 한다. 1. 생명보험업의 보험종목 가. 생명보험	제8조(보험종목 등) ① 법 제4조제1항제2호바목에서 "대통령령으로 정하는 보험종목"이란 다음 각 호의 어느 하나에 해당하는 보험종목을 말한다. 1. 책임보험 2. 기술보험	제9조(예비허가의 신청 등) ① 「보험업법」(이하 "법"이라 한다) 제7조에 따라 예비허가를 신청하려는 자는 별지 제1호서식의 신청서에 법 제5조 각 호의 서류를 첨부하여 금융위원회에 제출하여야 한다.

나. 연금보험(퇴직보험을 포함한다)
다. 그 밖에 대통령령으로 정하는 보험종목
2. 손해보험업의 보험종목
가. 화재보험
나. 해상보험(항공·운송보험을 포함한다)
다. 자동차보험
라. 보증보험
마. 재보험(再保險)
바. 그 밖에 대통령령으로 정하는 보험종목
3. 제3보험업의 보험종목
가. 상해보험
나. 질병보험
다. 간병보험
라. 그 밖에 대통령령으로 정하는 보험종목

② 제1항에 따른 허가를 받은 자는 해당 보험종목의 재보험에 대한 허가를 받은 것으로 본다.

③ 생명보험업이나 손해보험업에 해당하는 보험종목의 전부(제1항제2호라목에 따른 보증보험 및 같은 호 마목에 따른 재보험은 제외한다)에 관하여 제1항에 따른 허가를 받은 자는 제3보험업에 해당하는 보험종목에 대한 허가를 받은 것으로 본다.

④ 생명보험업 또는 손해보험업에 해당하는 보험종목의 전부(제1항제2호라목에 따른 보증보험 및 같은 호 마목에 따른 재보험은 제외한다)에 관하여 제1항에 따른 허가를 받은 자는 경제질서의 건전성을 해친 사실이 없으면 해당 생명보험업 또는 손해보험업의 종목으로 신설되는 보험종목에 대한 허가를 받은 것으로 본다.

⑤ 제3보험업에 관하여 제1항에 따른 허가를 받은 자는 제10조제3호에 따른 보험종목을 취급할 수 있다.

⑥ 보험업의 허가를 받을 수 있는 자는 주식회사, 상호회사 및 외국보험회사로 제한하며,

3. 권리보험
4. 도난보험
5. 유리보험
6. 동물보험
7. 원자력보험
8. 비용보험
9. 날씨보험

② 법 제4조제1항 각 호에 따른 보험종목의 구체적 구분기준은 금융위원회가 정하여 고시한다.

[전문개정 2011.1.24]

제15조(겸영 가능 보험종목) ① 법 제10조제2호에서 "대통령령으로 정하는 보험종목"이란 다음 각 호의 보험을 말한다. 다만, 법 제4조제1항제2호에 따른 손해보험업의 보험종목(재보험과 보증보험은 제외한다. 이하 이 조에서 같다) 일부만을 취급하는 보험회사와 제3보험업만을 경영하는 보험회사는 겸영할 수 없다. 〈개정 2012.7.24〉
1. 「조세특례제한법」 제86조의2에 따른 연금저축계약
2. 「근로자퇴직급여 보장법」 제29조제2항에 따른 보험계약 및 법률 제7379호 근로자퇴직급여보장법 부칙 제2조제1항에 따른 퇴직보험계약

② 법 제10조제3호에서 "대통령령으로 정하는 기준에 따라 제3보험의 보험종목에 부가되는 보험"이란 손해보험업의 보험종목 전부를 취급하는 손해보험회사가 질병을 원인으로 하는 사망을 제3보험의 특약형식으로 담보하는 보험으로서 다음 각 호의 요건을 충족하는 보험을 말한다.
1. 보험만기는 80세 이하일 것
2. 보험금액의 한도는 개인당 2억원 이내일 것
3. 만기 시에 지급하는 환급금은 납입보험료 합계액의 범위 내일 것

[전문개정 2011.1.24]

제28조(보험설계사의 영업범위)

② 금융위원회는 예비허가의 신청을 받은 경우에는 이해관계인의 의견 수렴을 위하여 다음 각 호의 사항을 인터넷 등을 이용하여 일반인에게 알려야 한다.
1. 신청 취지
2. 신청인, 신청일, 신청 보험종목의 범위 등 주요 신청내용
3. 의견 제시 방법 및 기간

③ 금융위원회는 금융시장에 중대한 영향을 미칠 우려가 있다고 판단되는 등 예비허가의 심사를 위하여 필요하다고 인정되는 경우에는 제2항에 따른 공고와는 별도로 예비허가의 신청에 대하여 이해관계인의 의견을 요청하거나 공청회를 개최할 수 있다.

④ 금융위원회는 제2항 및 제3항에 따라 접수된 이해관계인의 의견 중 신청인에게 불리한 의견이 있는 경우에는 그 내용을 신청인에게 통보하고 기한을 정하여 소명(疏明)하게 할 수 있다.

⑤ 법 제7조제2항 단서에 따라 금융위원회는 다음 각 호의 어느 하나에 해당하는 사유가 있는 경우에는 한 차례만 3개월의 범위에서 통지기간을 연장할 수 있다.
1. 예비허가의 신청서 및 첨부서류에 적힌 사항 중 내용이 불명확하여 사실 확인 및 자료의 보완이 필요한 경우
2. 이해관계인 등의 이해 조정을 위하여 제3항 및 제4항에 따른 공청회 개최 또는 신청인의 소명이 필요한 경우
3. 그 밖에 금융시장 안정 및 보험계약자 보호를 위하여 금융위원회가 필요하다고 인정하는 경우

⑥ 법 제7조제2항에 따라 예비허가를 받은 자는 예비허가를 받은 날부터 6개월 이내에 예

제1항에 따라 허가를 받은 외국보험회사의 국내지점(이하 "외국보험회사국내지점"이라 한다)은 이 법에 따른 보험회사로 본다. ⑦ 금융위원회는 제1항에 따른 허가에 조건을 붙일 수 있다. [전문개정 2010.7.23]	① 보험설계사의 영업범위는 다음 각 호의 구분에 따른다. 1. 생명보험설계사 : 법 제4조제1항제1호의 보험종목 2. 손해보험설계사 : 법 제4조제1항제2호의 보험종목 3. 제3보험설계사 : 법 제4조제1항제3호의 보험종목 ② 제1항에서 규정한 사항 외에 보험설계사의 영업에 관하여 필요한 사항은 금융위원회가 정하여 고시한다. [전문개정 2011.1.24] 제35조(보험중개사의 영업범위) 보험중개사 1. 생명보험중개사: 법 제4조제1항제1호의 보험종목 및 그 재보험 2. 손해보험중개사: 법 제4조제1항제2호의 보험종목 및 그 재보험 3. 제3보험중개사: 법 제4조제1항제3호의 보험종목 및 그 재보험 [법 제91조제1항에 따라 보험중개사로 등록한 금융기관(이하 "금융기관보험중개사"라 한다)은 제외한다]의 영업범위는 다음 각 호의 구분에 따른다. [전문개정 2011.1.24]	비허가의 내용 및 조건을 이행한 후 법 제4조에 따른 허가(이하 이 항에서 "본허가"라 한다)를 신청하여야 한다. 다만, 금융위원회의 예비허가 당시 본허가 신청기한을 따로 정하였거나 예비허가 후 본허가 신청기한의 연장에 대하여 금융위원회의 승인을 받은 경우에는 그 기간을 달리 정할 수 있다. [전문개정 2011.1.24]
		제4조 삭제 〈2005.3.31〉
제5조(허가신청서 등의 제출) 제4조제1항에 따라 허가를 받으려는 자는 신청서에 다음 각 호의 서류를 첨부하여 금융위원회에 제출하여야 한다. 다만, 보험회사가 취급하는 보험종목을 추가하려는 경우에는 제1호의 서류는 제출하지 아니할 수 있다. 1. 정관 2. 업무 시작 후 3년간의 사업계획서(추정재무제표를 포함한다) 3. 경영하려는 보험업의 보험종목별 사업방법서, 보험약관, 보험료 및 책임준비금의 산출방법서(이하 "기초서류"라 한다) 중 대통령령	제9조(허가신청) ① 법 제5조에 따라 보험업의 허가를 신청하는 자는 금융위원회에 제출하는 신청서에 다음 각 호의 사항을 적어야 한다. 1. 상호 2. 주된 사무소의 소재지 3. 대표자 및 임원의 성명·주민등록번호 및 주소 4. 자본금 또는 기금에 관한 사항 5. 시설, 설비 및 인력에 관한 사항 6. 허가를 받으려는 보험종목 ② 법 제5조제3호에서 "대통령령으로 정하는 서류"란 보험종목별 사업방법서를 말한다. ③ 법 제5조제4호에서 "대통령	제7조(허가신청 시 제출서류) ① 영 제9조제3항제1호사목에서 "총리령으로 정하는 서류"란 다음 각 호의 서류를 말한다. 1. 자본금 또는 기금의 조달 출처를 확인할 수 있는 서류 2. 영 제10조제1항 및 제3항에 따른 요건을 충족하는지를 확인할 수 있는 서류 3. 예비허가를 받은 경우에는 예비허가 사항의 이행 사실을 확인할 수 있는 서류 4. 영 별표 1에서 정한 요건을 충족하는지를 확인할 수 있는 서류 ② 영 제9조제3항제2호사목에서 "총리령으로 정하는 서류"란 다음 각 호의 서류를 말한다.

으로 정하는 서류 4. 제1호부터 제3호까지의 규정에 따른 서류 이외에 대통령령으로 정하는 서류 [전문개정 2010.7.23]	령으로 정하는 서류"란 다음 각 호의 구분에 따른 서류를 말한다. 이 경우 금융위원회는 「전자정부법」 제36조제1항 또는 제2항에 따른 행정정보의 공동이용을 통하여 회사의 법인 등기사항증명서(외국보험회사를 제외한 주식회사 또는 상호회사의 경우만 해당한다)를 확인하여야 한다. 1. 외국보험회사를 제외한 주식회사 또는 상호회사의 경우에는 다음 각 목의 서류. 다만, 취급하는 보험종목을 추가하려는 경우에는 가목부터 다목까지의 서류를 제출하지 아니할 수 있다. 가. 발기인회의의 의사록 나. 임원 및 발기인의 이력서 및 경력증명서 다. 합작계약서(외국기업과 합작하여 보험업을 하려는 경우만 해당한다) 라. 법 제9조제1항 및 제2항에 따른 자본금 또는 기금의 납입을 증명하는 서류 마. 재무제표와 그 부속서류 바. 주주(상호회사의 경우에는 사원)의 성명 또는 명칭과 소유 주식 수(상호회사의 경우에는 출자지분)를 적은 서류 사. 그 밖에 법 또는 이 영에 따른 허가 요건의 심사에 필요한 서류로서 총리령으로 정하는 서류 2. 외국보험회사의 경우에는 다음 각 목의 서류. 다만, 취급하는 보험종목을 추가하려는 경우에는 나목, 라목 및 마목의 서류를 제출하지 아니할 수 있다. 가. 외국보험회사의 본점이 적법한 보험업을 경영하고 있음을 증명하는 해당 외국보험회사가 속한 국가의 권한 있는 기관의 증명서 나. 대한민국에서 외국보험	1. 영업기금의 조달 출처를 확인할 수 있는 서류 2. 제1항제2호 및 제3호의 서류 3. 설치하려는 국내지점의 법인 등기사항증명서 4. 외국보험회사의 본점이 국제적으로 인정받은 신용평가기관으로부터 받은 신용평가등급이 투자적격 이상임을 확인할 수 있는 서류 5. 외국보험회사의 본점이 그 외국보험회사가 속한 국가의 감독기관이 정한 재무건전성에 관한 기준을 충족하고 있음을 확인할 수 있는 서류 6. 외국보험회사의 본점이 최근 3년간 그 외국보험회사가 속한 국가의 감독기관으로부터 보험업의 경영과 관련하여 법인경고 이상에 해당하는 행정처분을 받거나 벌금형 이상에 해당하는 형사처벌을 받은 사실이 없음을 확인할 수 있는 서류 [전문개정 2011.1.24] 제9조(예비허가의 신청 등) ① 「보험업법」(이하 "법"이라 한다) 제7조에 따라 예비허가를 신청하려는 자는 별지 제1호서식의 신청서에 법 제5조 각 호의 서류를 첨부하여 금융위원회에 제출하여야 한다. ② 금융위원회는 예비허가의 신청을 받은 경우에는 이해관계인의 의견 수렴을 위하여 다음 각 호의 사항을 인터넷 등을 이용하여 일반인에게 알려야 한다. 1. 신청 취지 2. 신청인, 신청일, 신청 보험종목의 범위 등 주요 신청 내용 3. 의견 제시 방법 및 기간 ③ 금융위원회는 금융시장에 중대한 영향을 미칠 우려가 있다고 판단되는 등 예비허가의 심사를 위하여 필요하다고 인정되는 경우에는 제2항에 따

	회사를 대표하는 자(이하 이 호에서 "대표자"라 한다)의 대표권을 증명하는 서류 다. 외국보험회사 본점의 최근 3년간의 대차대조표와 손익계산서 라. 법 제9조제3항에 따른 영업기금의 납입을 증명하는 서류 마. 대표자의 이력서 및 경력증명서 바. 재무제표와 그 부속서류 사. 그 밖에 법 또는 이 영에 따른 허가 요건의 심사에 필요한 서류로서 총리령으로 정하는 서류 ④ 금융위원회는 법 제5조에 따른 허가신청을 받았을 때에는 2개월(법 제7조에 따라 예비허가를 받은 경우에는 1개월) 이내에 이를 심사하여 신청인에게 허가 여부를 통지하여야 한다. 다만, 신청서류의 보완 또는 실지조사에 걸린 기간은 통지기간에 산입(算入)하지 아니한다. [전문개정 2011.1.24] 제71조(기초서류의 작성 및 변경) ① 법 제127조제2항제3호에 따라 보험회사가 기초서류(법 제5조제3항에 따른 기초서류를 말한다. 이하 같다)를 작성하거나 변경하려는 경우 미리 금융위원회에 신고하여야 하는 사항은 별표 6과 같다. ② 보험회사는 제1항에 따라 기초서류를 신고하는 경우에는 시행예정일 30일 전까지 금융위원회가 정하여 고시하는 보험상품신고서에 다음 각 호의 서류를 첨부하여 제출하여야 한다. 1. 법 제184조제1항에 따라 선임계리사가 검증·확인한 기초서류 2. 보험료, 책임준비금 및 위험률 산출의 변경이 있는 경우에는 그 변경이 적절한지에 대한 보험요율 산	른 공고와는 별도로 예비허가의 신청에 대하여 이해관계인의 의견을 요청하거나 공청회를 개최할 수 있다. ④ 금융위원회는 제2항 및 제3항에 따라 접수된 이해관계인의 의견 중 신청인에게 불리한 의견이 있는 경우에는 그 내용을 신청인에게 통보하고 기한을 정하여 소명(疏明)하게 할 수 있다. ⑤ 법 제7조제2항 단서에 따라 금융위원회는 다음 각 호의 어느 하나에 해당하는 사유가 있는 경우에는 한 차례만 3개월의 범위에서 통지기간을 연장할 수 있다. 1. 예비허가의 신청서 및 첨부서류에 적힌 사항 중 내용이 불명확하여 사실 확인 및 자료의 보완이 필요한 경우 2. 이해관계인 등의 이해 조정을 위하여 제3항 및 제4항에 따른 공청회 개최 또는 신청인의 소명이 필요한 경우 3. 그 밖에 금융시장 안정 및 보험계약자 보호를 위하여 금융위원회가 필요하다고 인정하는 경우 ⑥ 법 제7조제2항에 따라 예비허가를 받은 자는 예비허가를 받은 날부터 6개월 이내에 예비허가의 내용 및 조건을 이행한 후 법 제4조에 따른 허가(이하 이 항에서 "본허가"라 한다)를 신청하여야 한다. 다만, 금융위원회의 예비허가 당시 본허가 신청기한을 따로 정하였거나 예비허가 후 본허가 신청기한의 연장에 대하여 금융위원회의 승인을 받은 경우에는 그 기간을 달리 정할 수 있다. [전문개정 2011.1.24]

	출기관 또는 법 제128조제2항에 따른 독립계리업자의 검증확인서 ③ 금융위원회는 법 제127조제3항에 따라 보험계약자 보호 등에 필요하다고 인정되면 보험회사로 하여금 매분기 종료일의 다음 달 10일까지 금융위원회가 정하여 고시하는 바에 따라 분기별 보험상품 판매목록을 제출하게 할 수 있다. ④ 금융위원회는 법 제127조제3항에 따라 보험계약자 보호 등을 위하여 확인이 필요하다고 인정되는 보험상품에 대해서는 그 사유를 적어 서면으로 법 제184조제1항에 따라 선임계리사가 검증·확인한 기초서류를 제출하도록 요구할 수 있다. ⑤ 금융위원회는 제4항에 따라 확인한 보험상품에 대하여 보험료 및 책임준비금의 적절성 검증이 필요하다고 판단한 경우에는 그 사유를 적어 서면으로 제4항의 제출서류 외에 보험요율 산출기관 또는 법 제128조제2항에 따른 독립계리업자의 검증확인서 및 제2항에 따른 보험상품신고서를 제출하도록 요구할 수 있다. 이 경우 보험회사는 제출요구일부터 20일 이내에 검증확인서를 제출하여야 한다. ⑥ 제1항부터 제5항까지의 규정과 관련하여 필요한 세부 사항은 금융위원회가 정하여 고시한다. [전문개정 2011.1.24]	
		제5조 삭제 〈2005.3.31〉
제6조(허가의 요건 등) ① 보험업의 허가를 받으려는 자(외국보험회사 및 제3항에 따라 보험종목을 추가하려는 보험회사는 제외한다)는 다음 각 호의 요건을 갖추어야 한다. 1. 제9조제1항 및 제2항에 따른 자본금 또는 기금을 보유할 것	제10조(허가의 세부 요건 등) ① 법 제6조제1항제2호에 따라 보험업의 허가를 받으려는 자가 갖추어야 하는 전문 인력 및 물적 시설의 세부 요건은 다음 각 호와 같다. 1. 발기인(발기인이 개인인 경우만 해당한다)이 법 제13조제1항에 따른 임원의 결	

2. 보험계약자를 보호할 수 있고 그 경영하려는 보험업을 수행하기 위하여 필요한 전문 인력과 전산설비 등 물적(物的) 시설을 충분히 갖추고 있을 것. 이 경우 대통령령으로 정하는 바에 따라 업무의 일부를 외부에 위탁하는 경우에는 그 위탁한 업무와 관련된 전문 인력과 물적 시설을 갖춘 것으로 본다. 3. 사업계획이 타당하고 건전할 것 4. 대주주(최대주주의 특수관계인인 주주를 포함한다. 이하 이 조에서 같다)가 제13조제1항 각 호의 어느 하나에 해당하지 아니하고, 충분한 출자능력과 건전한 재무상태를 갖추고 있으며, 건전한 경제질서를 해친 사실이 없을 것 ② 보험업의 허가를 받으려는 외국보험회사는 다음 각 호의 요건을 갖추어야 한다. 1. 제9조제3항에 따른 영업기금을 보유할 것 2. 국내에서 경영하려는 보험업과 같은 보험업을 외국 법령에 따라 경영하고 있을 것 3. 자산상황 · 재무건전성 및 영업건전성이 국내에서 보험업을 경영하기에 충분하고, 국제적으로 인정받고 있을 것 4. 제1항제2호 및 제3호의 요건을 갖출 것 ③ 보험종목을 추가하여 허가를 받으려는 보험회사는 다음 각 호의 요건을 갖추어야 한다. 1. 제1항의 요건을 충족할 것(다만, 같은 항 제4호의 허가 요건은 같은 호에도 불구하고 대통령령으로 정하는 완화된 요건을 적용한다) 2. 대통령령으로 정하는 건전한 재무상태와 사회적 신용을 갖출 것	격사유에 해당되지 아니하여야 하며, 허가를 받으려는 보험업에 관한 전문성과 건전성을 갖춘 보험 전문 인력과 보험회사의 업무 수행을 위한 전산요원 등 필요한 인력을 갖출 것 2. 허가를 받으려는 보험업을 경영하는 데에 필요한 전산설비를 구축하고 사무실 등 공간을 충분히 확보할 것 ② 보험업의 허가를 받으려는 자가 다음 각 호의 어느 하나에 해당하는 업무를 외부에 위탁하는 경우에는 법 제6조제1항제2호 후단에 따라 그 업무와 관련된 전문 인력과 물적 시설을 갖춘 것으로 본다. 1. 손해사정업무 2. 보험계약 심사를 위한 조사업무 3. 보험금 지급심사를 위한 보험사고 조사업무 4. 전산설비의 개발 · 운영 및 유지 · 보수에 관한 업무 ③ 법 제6조제1항제3호에 따른 사업계획은 다음 각 호의 요건을 모두 충족하여야 한다. 1. 사업계획이 지속적인 영업을 수행하기에 적합하고 추정재무제표 및 수익 전망이 사업계획에 비추어 타당성이 있을 것 2. 사업계획을 추진하는 데 드는 자본 등 자금의 조달방법이 적절할 것 3. 사업방법서가 보험계약자를 보호하기에 적절한 내용일 것 ④ 법 제6조제1항제4호에 따른 대주주는 별표 1의 요건을 갖추어야 한다. ⑤ 법 제6조제3항제1호 단서에서 "대통령령으로 정하는 완화된 요건"이란 다음 각 호의 구분에 따른 요건을 말한다. 1. 대주주가 별표 1 제1호부터 제3호까지의 어느 하나에 해당하는 자인 경우: 같은 표 제1호라목 및 마목1) · 3)	

④ 보험회사는 제1항제2호의 요건을 대통령령으로 정하는 바에 따라 보험업의 허가를 받은 이후에도 계속하여 유지하여야 한다. 다만, 보험회사의 경영건전성을 확보하고 보험가입자 등의 이익을 보호하기 위하여 대통령령으로 정하는 경우로서 금융위원회의 승인을 받은 경우에는 그러하지 아니하다. ⑤ 보험회사의 주식을 취득하여 대주주(대통령령으로 정하는 자는 제외한다)가 되려는 자는 제1항제4호의 요건 중 건전한 경영을 위하여 대통령령으로 정하는 요건을 갖추어야 하며, 미리 금융위원회의 승인을 받아야 한다. ⑥ 금융위원회는 6개월 이내의 기간을 정하여 제5항에 따른 승인 없이 주식을 취득한 자에 대하여 그 주식을 처분할 것을 명할 수 있다. ⑦ 제5항에 따른 승인 없이 주식을 취득한 자는 그 승인을 받지 아니한 취득분에 대하여는 의결권을 행사할 수 없다. ⑧ 제1항부터 제6항까지의 규정에 따른 허가, 승인 및 명령의 세부 요건에 관하여 필요한 사항은 대통령령으로 정한다. [전문개정 2010.7.23]	에 한정하여 그 요건을 충족할 것. 이 경우 별표 1 제1호마목1) 중 "최근 5년간"은 "최대주주가 최근 5년간"으로, "벌금형"은 "5억원의 벌금형"으로 본다. 2. 대주주가 별표 1 제4호 또는 제5호라목에 해당하는 자인 경우: 같은 표 제1호마목1) · 3) 및 제4호라목에 한정하여 그 요건을 충족할 것. 이 경우 별표 1 제1호마목1) 중 "최근 5년간"은 "최대주주가 최근 5년간"으로, "벌금형"은 "5억원의 벌금형"으로 보고, 같은 표 제4호라목 중 "최근 3년간"은 "최대주주가 최근 3년간"으로, "해당 외국법인이 속한 국가의 감독기관으로부터 법인경고 이상에 상당하는 행정처분을 받거나 벌금형 이상에 상당하는 형사처벌을 받은 사실"은 "해당 외국법인이 속한 국가의 사법기관으로부터 5억원의 벌금형 이상에 상당하는 형사처벌을 받은 사실"로 본다. 3. 대주주가 별표 1 제5호(라목은 제외한다)에 해당하는 자인 경우: 같은 표 제1호마목1) · 3)에 한정하여 그 요건을 충족할 것. 이 경우 별표 1 제1호마목1) 중 "최근 5년간"은 "최대주주가 최근 5년간"으로, "벌금형"은 "5억원의 벌금형"으로 본다. ⑥ 법 제6조제3항제2호에서 "대통령령으로 정하는 건전한 재무상태와 사회적 신용"이란 다음 각 호의 구분에 따른 사항을 말한다. 1. 건전한 재무상태: 보험회사의 보험금 지급능력과 경영건전성을 확보하기 위한 것으로서 금융위원회가 정하여 고시하는 재무건전성 기준을 충족할 수 있는 상태	

	2. 사회적 신용: 다음 각 목의 요건을 모두 충족할 것. 다만, 그 위반 등의 정도가 경미하다고 인정되는 경우는 제외한다. 가. 최근 3년간 법, 이 영, 금융 관계 법령(제19조 제2항에 따른 금융 관계 법률을 말한다. 이하 이 항에서 같다), 「독점규제 및 공정거래에 관한 법률」 및 「조세범 처벌법」을 위반하여 벌금형 이상에 상당하는 형사처벌을 받은 사실이 없을 것 나. 최근 3년간 채무불이행 등으로 건전한 신용질서를 해친 사실이 없을 것 다. 「금융산업의 구조개선에 관한 법률」에 따라 부실금융기관으로 지정되거나 법 또는 금융 관계 법령에 따라 허가·인가 또는 등록이 취소된 자가 아닐 것. 다만, 법원의 판결에 따라 부실책임이 없다고 인정된 자 또는 부실에 따른 경제적 책임을 부담하는 등 금융위원회가 정하여 고시하는 기준에 해당하는 자는 제외한다. 라. 법, 금융 관계 법령이나 외국 금융 관계 법령에 따라 금융위원회, 외국 금융감독기관 등으로부터 지점이나 그 밖의 영업소의 폐쇄 또는 그 업무의 전부나 일부의 정지 이상의 조치를 받은 후 다음 구분에 따른 기간이 지났을 것 1) 업무의 전부정지: 업무정지가 끝난 날부터 3년 2) 업무의 일부정지: 업무정지가 끝난 날부터 2년 3) 지점이나 그 밖의 영	

	업소의 폐쇄 또는 그 업무의 전부나 일부의 정지: 해당 조치를 받은 날부터 1년 ⑦ 보험회사가 보험업 허가를 받은 이후 전산설비의 성능 향상이나 보안체계의 강화 등을 위하여 그 일부를 변경하는 경우에는 법 제6조제4항 본문에서 정하는 바에 따라 물적 시설을 유지한 것으로 본다. ⑧ 법 제6조제4항 단서에서 "대통령령으로 정하는 경우"란 보험계약자의 이익 보호에 지장을 주지 아니하고 해당 보험회사의 경영효율성 향상 등을 위하여 불가피한 경우로서 다음 각 호의 요건을 모두 충족하는 경우를 말한다. 1. 개인정보 보호에 차질이 없을 것 2. 보험서비스 제공의 지연 등으로 인한 민원 발생의 우려가 없을 것 3. 보험계약과 관련한 신뢰성 있는 보험통계를 제때에 산출할 수 있을 것 4. 해당 보험회사에 대한 감독·검사 업무의 수행에 지장을 주지 아니할 것 ⑨ 금융위원회는 제1항부터 제8항까지의 요건에 관한 세부 기준을 정하여 고시할 수 있다. [전문개정 2011.1.24] 제11조(대주주의 변경승인 등) ① 법 제6조제5항에서 "대통령령으로 정하는 자"란 다음 각 호의 어느 하나에 해당하는 자를 말한다. 1. 국가 2. 「예금자보호법」에 따른 예금보험공사 3. 최대주주 또는 그의 특수관계인인 주주로서 보험회사의 의결권 있는 발행주식 총수 또는 지분의 100분의 1 미만을 소유하는 자. 다만, 제6조제2항 각 호의 어느 하나에 해당하는 자는 제외한다.	

	② 법 제6조제5항에서 "대통령령으로 정하는 요건"이란 별표 2에 따른 요건을 말한다. ③ 금융위원회는 법 제6조제5항에 따른 승인을 할 때에 대주주가 되려는 자가 법 제6조제5항 및 별표 2의 요건을 갖추고 있는지를 확인하여 승인 여부를 결정하여야 한다. ④ 금융위원회는 제3항에 따라 요건을 확인한 결과 승인을 하지 아니하기로 결정한 경우에는 승인신청을 받은 날부터 60일 이내에 신청인에게 그 사유를 구체적으로 밝혀 통지하여야 한다. 다만, 승인신청한 내용을 보완하는 데 걸린 기간 또는 천재지변 등 불승인 사유를 통지할 수 없는 부득이한 사유가 있는 경우 그 기간은 통지기간에 산입하지 아니한다. ⑤ 보험회사의 대주주가 되기 위한 승인신청의 방법 및 절차 등에 관한 세부 사항은 금융위원회가 정하여 고시한다. [전문개정 2011.1.24]	
		제6조 삭제 〈2005.3.31〉
제7조(예비허가) ① 제4조에 따른 허가(이하 이 조에서 "본허가"라 한다)를 신청하려는 자는 미리 금융위원회에 예비허가를 신청할 수 있다. ② 제1항에 따른 신청을 받은 금융위원회는 2개월 이내에 심사하여 예비허가 여부를 통지하여야 한다. 다만, 총리령으로 정하는 바에 따라 그 기간을 연장할 수 있다. ③ 금융위원회는 제2항에 따른 예비허가에 조건을 붙일 수 있다. ④ 금융위원회는 예비허가를 받은 자가 제3항에 따른 예비허가의 조건을 이행한 후 본허가를 신청하면 허가하여야 한다. ⑤ 예비허가의 기준과 그 밖에 예비허가에 관하여 필요한 사항은 총리령으로 정한다.	제9조(허가신청) ① 법 제5조에 따라 보험업의 허가를 신청하는 자는 금융위원회에 제출하는 신청서에 다음 각 호의 사항을 적어야 한다. 1. 상호 2. 주된 사무소의 소재지 3. 대표자 및 임원의 성명·주민등록번호 및 주소 4. 자본금 또는 기금에 관한 사항 5. 시설, 설비 및 인력에 관한 사항 6. 허가를 받으려는 보험종목 ② 법 제5조제3호에서 "대통령령으로 정하는 서류"란 보험종목별 사업방법서를 말한다. ③ 법 제5조제4호에서 "대통령령으로 정하는 서류"란 다음 각 호의 구분에 따른 서류를 말한다. 이 경우 금융위원회는 「전자정부법」 제36조제1항 또	제7조(허가신청 시 제출서류) ① 영 제9조제3항제1호사목에서 "총리령으로 정하는 서류"란 다음 각 호의 서류를 말한다. 1. 자본금 또는 기금의 조달 출처를 확인할 수 있는 서류 2. 영 제10조제1항 및 제3항에 따른 요건을 충족하는지를 확인할 수 있는 서류 3. 예비허가를 받은 경우에는 예비허가 사항의 이행 사실을 확인할 수 있는 서류 4. 영 별표 1에서 정한 요건을 충족하는지를 확인할 수 있는 서류 ② 영 제9조제3항제2호사목에서 "총리령으로 정하는 서류"란 다음 각 호의 서류를 말한다. 1. 영업기금의 조달 출처를 확인할 수 있는 서류 2. 제1항제2호 및 제3호의 서류

[전문개정 2010.7.23]	는 제2항에 따른 행정정보의 공동이용을 통하여 회사의 법인 등기사항증명서(외국보험회사를 제외한 주식회사 또는 상호회사의 경우만 해당한다)를 확인하여야 한다. 1. 외국보험회사를 제외한 주식회사 또는 상호회사의 경우에는 다음 각 목의 서류. 다만, 취급하는 보험종목을 추가하려는 경우에는 가목부터 다목까지의 서류를 제출하지 아니할 수 있다. 가. 발기인회의의 의사록 나. 임원 및 발기인의 이력서 및 경력증명서 다. 합작계약서(외국기업과 합작하여 보험업을 하려는 경우만 해당한다) 라. 법 제9조제1항 및 제2항에 따른 자본금 또는 기금의 납입을 증명하는 서류 마. 재무제표와 그 부속서류 바. 주주(상호회사의 경우에는 사원)의 성명 또는 명칭과 소유 주식 수(상호회사의 경우에는 출자지분)를 적은 서류 사. 그 밖에 법 또는 이 영에 따른 허가 요건의 심사에 필요한 서류로서 총리령으로 정하는 서류 2. 외국보험회사의 경우에는 다음 각 목의 서류. 다만, 취급하는 보험종목을 추가하려는 경우에는 나목, 라목 및 마목의 서류를 제출하지 아니할 수 있다. 가. 외국보험회사의 본점이 적법한 보험업을 경영하고 있음을 증명하는 해당 외국보험회사가 속한 국가의 권한 있는 기관의 증명서 나. 대한민국에서 외국보험회사를 대표하는 자(이하 이 호에서 "대표자"라 한다)의 대표권을 증명하는 서류	3. 설치하려는 국내지점의 법인 등기사항증명서 4. 외국보험회사의 본점이 국제적으로 인정받은 신용평가기관으로부터 받은 신용평가등급이 투자적격 이상임을 확인할 수 있는 서류 5. 외국보험회사의 본점이 그 외국보험회사가 속한 국가의 감독기관이 정한 재무건전성에 관한 기준을 충족하고 있음을 확인할 수 있는 서류 6. 외국보험회사의 본점이 최근 3년간 그 외국보험회사가 속한 국가의 감독기관으로부터 보험업의 경영과 관련하여 법인경고 이상에 해당하는 행정처분을 받거나 벌금형 이상에 해당하는 형사처벌을 받은 사실이 없음을 확인할 수 있는 서류 [전문개정 2011.1.24] 제9조(예비허가의 신청 등) ① 「보험업법」(이하 "법"이라 한다) 제7조에 따라 예비허가를 신청하려는 자는 별지 제1호서식의 신청서에 법 제5조 각 호의 서류를 첨부하여 금융위원회에 제출하여야 한다. ② 금융위원회는 예비허가의 신청을 받은 경우에는 이해관계인의 의견 수렴을 위하여 다음 각 호의 사항을 인터넷 등을 이용하여 일반인에게 알려야 한다. 1. 신청 취지 2. 신청인, 신청일, 신청 보험종목의 범위 등 주요 신청내용 3. 의견 제시 방법 및 기간 ③ 금융위원회는 금융시장에 중대한 영향을 미칠 우려가 있다고 판단되는 등 예비허가의 심사를 위하여 필요하다고 인정되는 경우에는 제2항에 따른 공고와는 별도로 예비허가의 신청에 대하여 이해관계인의 의견을 요청하거나 공청회

	다. 외국보험회사 본점의 최근 3년간의 대차대조표와 손익계산서 라. 법 제9조제3항에 따른 영업기금의 납입을 증명하는 서류 마. 대표자의 이력서 및 경력증명서 바. 재무제표와 그 부속서류 사. 그 밖에 법 또는 이 영에 따른 허가 요건의 심사에 필요한 서류로서 총리령으로 정하는 서류 ④ 금융위원회는 법 제5조에 따른 허가신청을 받았을 때에는 2개월(법 제7조에 따라 예비허가를 받은 경우에는 1개월) 이내에 이를 심사하여 신청인에게 허가 여부를 통지하여야 한다. 다만, 신청서류의 보완 또는 실지조사에 걸린 기간은 통지기간에 산입(算入)하지 아니한다. [전문개정 2011.1.24]	를 개최할 수 있다. ④ 금융위원회는 제2항 및 제3항에 따라 접수된 이해관계인의 의견 중 신청인에게 불리한 의견이 있는 경우에는 그 내용을 신청인에게 통보하고 기한을 정하여 소명(疏明)하게 할 수 있다. ⑤ 법 제7조제2항 단서에 따라 금융위원회는 다음 각 호의 어느 하나에 해당하는 사유가 있는 경우에는 한 차례만 3개월의 범위에서 통지기간을 연장할 수 있다. 1. 예비허가의 신청서 및 첨부서류에 적힌 사항 중 내용이 불명확하여 사실 확인 및 자료의 보완이 필요한 경우 2. 이해관계인 등의 이해 조정을 위하여 제3항 및 제4항에 따른 공청회 개최 또는 신청인의 소명이 필요한 경우 3. 그 밖에 금융시장 안정 및 보험계약자 보호를 위하여 금융위원회가 필요하다고 인정하는 경우 ⑥ 법 제7조제2항에 따라 예비허가를 받은 자는 예비허가를 받은 날부터 6개월 이내에 예비허가의 내용 및 조건을 이행한 후 법 제4조에 따른 허가(이하 이 항에서 "본허가"라 한다)를 신청하여야 한다. 다만, 금융위원회의 예비허가 당시 본허가 신청기한을 따로 정하였거나 예비허가 후 본허가 신청기한의 연장에 대하여 금융위원회의 승인을 받은 경우에는 그 기간을 달리 정할 수 있다. [전문개정 2011.1.24] 제10조(예비허가의 기준 등) ① 법 제7조에 따른 예비허가를 받으려는 자는 다음 각 호의 요건을 갖추어야 한다. 1. 법 제6조제1항, 제2항 또는 제3항의 요건을 갖출 것. 다만, 자본금·기금 또는

		영업기금과 인력, 물적 시설에 대해서는 그 이행계획이 타당할 것을 요건으로 한다. 2. 사업의 계획 및 실행방법이 법령에 위반되지 아니할 것 ② 금융위원회는 예비허가를 받으려는 자가 제1항에 따른 요건을 갖추고 있는지를 평가하기 위하여 평가위원회를 구성 · 운영할 수 있으며, 신청내용의 확인, 발기인 및 경영진과의 면담 등을 위하여 실지조사를 실시할 수 있다. ③ 금융위원회는 예비허가 신청에 대한 심사 결과 예비허가를 거부하기로 결정한 경우에는 그 사실 및 거부사유를 신청인에게 서면으로 알려야 한다. ④ 제2항에 따른 평가위원회의 구성 · 운영방법 등 예비허가에 필요한 사항은 금융위원회가 정하여 고시한다. [전문개정 2011.1.24]
제8조(상호 또는 명칭) ① 보험회사는 그 상호 또는 명칭 중에 주로 경영하는 보험업의 종류를 표시하여야 한다. ② 보험회사가 아닌 자는 그 상호 또는 명칭 중에 보험회사임을 표시하는 글자를 포함하여서는 아니 된다. [전문개정 2010.7.23]		
		제8조 삭제 〈2005.3.31〉
제9조(자본금 또는 기금) ① 보험회사는 300억원 이상의 자본금 또는 기금을 납입함으로써 보험업을 시작할 수 있다. 다만, 보험회사가 제4조제1항에 따른 보험종목의 일부만을 취급하려는 경우에는 50억원 이상의 범위에서 대통령령으로 자본금 또는 기금의 액수를 다르게 정할 수 있다. ② 제1항에도 불구하고 전화 · 우편 · 컴퓨터통신 등 통신수단을 이용하여 대통령령으로 정하는 바에 따라 모집을 하는 보험회사는 제1항에 따른 자	제12조(보험종목별 자본금 또는 기금) ① 법 제9조제1항 단서에 따라 보험종목의 일부만을 취급하려는 보험회사가 납입하여야 하는 보험종목별 자본금 또는 기금의 액수는 다음 각 호의 구분에 따른다. 1. 생명보험: 200억원 2. 연금보험(퇴직보험을 포함한다): 200억원 3. 화재보험: 100억원 4. 해상보험(항공 · 운송보험을 포함한다): 150억원 5. 자동차보험: 200억원 6. 보증보험: 300억원	제11조(영업기금의 납입) 영 제14조에 따라 대한민국에서 보험업을 경영하려는 외국보험회사가 납입하여야 하는 영업기금의 납입방법은 금융위원회가 정하여 고시한다. [전문개정 2011.1.24]

본금 또는 기금의 3분의 2에 상당하는 금액 이상을 자본금 또는 기금으로 납입함으로써 보험업을 시작할 수 있다. ③ 외국보험회사가 대한민국에서 보험업을 경영하려는 경우에는 대통령령으로 정하는 영업기금을 제1항 또는 제2항의 자본금 또는 기금으로 본다. [전문개정 2010.7.23]	7. 재보험: 300억원 8. 책임보험: 100억원 9. 기술보험: 50억원 10. 권리보험: 50억원 11. 상해보험: 100억원 12. 질병보험: 100억원 13. 간병보험: 100억원 14. 제1호부터 제13호까지 외의 보험종목: 50억원 ② 제1항제7호는 재보험을 전업(專業)으로 하려는 보험회사에 한정하여 적용한다. 다만, 취급하고 있는 보험종목에 대한 재보험을 하려는 경우에는 그러하지 아니하다. ③ 보험회사가 제1항 각 호의 보험종목 중 둘 이상의 보험종목을 취급하려는 경우에는 제1항 각 호의 구분에 따른 금액의 합계액을 자본금 또는 기금으로 한다. 다만, 그 합계액이 300억원 이상인 경우에는 300억원으로 한다. [전문개정 2011.1.24] 제13조(통신판매전문보험회사) ① 법 제9조제2항에서 "대통령령으로 정하는 바에 따라 모집을 하는 보험회사"란 총보험계약건수 및 수입보험료의 100분의 90 이상을 전화, 우편, 컴퓨터통신 등 통신수단을 이용하여 모집하는 보험회사(이하 "통신판매전문보험회사"라 한다)를 말한다. ② 통신판매전문보험회사가 제1항에 따른 모집비율을 위반한 경우에는 그 비율을 충족할 때까지 제1항에 따른 통신수단 외의 방법으로 모집할 수 없다. ③ 모집비율의 산정기준 등 통신수단을 이용한 모집에 필요한 사항은 금융위원회가 정하여 고시한다. [전문개정 2011.1.24] 제14조(외국보험회사의 영업기금) 법 제9조제3항에 따른 외국보험회사의 영업기금은 30억원 이상으로 한다. [전문개정 2011.1.24]	

第10条(보험업 겸영의 제한) 보험회사는 생명보험업과 손해보험업을 겸영(兼營)하지 못한다. 다만, 다음 각 호의 어느 하나에 해당하는 보험종목은 그러하지 아니하다. 1. 생명보험의 재보험 및 제3보험의 재보험 2. 다른 법령에 따라 겸영할 수 있는 보험종목으로서 대통령령으로 정하는 보험종목 3. 대통령령으로 정하는 기준에 따라 제3보험의 보험종목에 부가되는 보험 [전문개정 2010.7.23]	第15条(겸영 가능 보험종목) ① 법 제10조제2호에서 "대통령령으로 정하는 보험종목"이란 다음 각 호의 보험을 말한다. 다만, 법 제4조제1항제2호에 따른 손해보험업의 보험종목(재보험과 보증보험은 제외한다. 이하 이 조에서 같다) 일부만을 취급하는 보험회사와 제3보험업만을 경영하는 보험회사는 겸영할 수 없다. 〈개정 2012.7.24〉 1. 「조세특례제한법」 제86조의2에 따른 연금저축계약 2. 「근로자퇴직급여 보장법」 제29조제2항에 따른 보험계약 및 법률 제7379호 근로자퇴직급여보장법 부칙 제2조제1항에 따른 퇴직보험계약 ② 법 제10조제3호에서 "대통령령으로 정하는 기준에 따라 제3보험의 보험종목에 부가되는 보험"이란 손해보험업의 보험종목 전부를 취급하는 손해보험회사가 질병을 원인으로 하는 사망을 제3보험의 특약 형식으로 담보하는 보험으로서 다음 각 호의 요건을 충족하는 보험을 말한다. 1. 보험만기는 80세 이하일 것 2. 보험금액의 한도는 개인당 2억원 이내일 것 3. 만기 시에 지급하는 환급금은 납입보험료 합계액의 범위 내일 것 [전문개정 2011.1.24] 第19条(임원의 자격요건 등) ① 법 제13조제1항 각 호 외의 부분에서 "대통령령으로 정하는 자"란 「상법」 제401조의2제1항 각 호의 어느 하나에 해당하는 사람을 말한다. ② 법 제13조제1항제4호 · 제6호 · 제8호 및 제9호에서 "대통령령으로 정하는 금융 관계 법률"이란 다음 각 호의 법률을 말한다. 1. 「공사채등록법」 2. 「공인회계사법」 3. 「근로자퇴직급여 보장법」	

	4. 「금융기관부실자산 등의 효율적 처리 및 한국자산관리공사의 설립에 관한 법률」 5. 「금융산업의 구조개선에 관한 법률」 6. 「금융실명거래 및 비밀보장에 관한 법률」 7. 「금융위원회의 설치 등에 관한 법률」 8. 「금융지주회사법」 9. 「기술신용보증기금법」 10. 「농림수산식품투자조합 결성 및 운용에 관한 법률」 11. 「농업협동조합법」 12. 「담보부사채신탁법」 13. 「대부업 등의 등록 및 금융이용자 보호에 관한 법률」 14. 「문화산업진흥 기본법」 15. 「벤처기업육성에 관한 특별조치법」 16. 「부동산투자회사법」 17. 「부품 · 소재전문기업 등의 육성에 관한 특별조치법」 18. 「사회기반시설에 대한 민간투자법」 19. 「산업발전법」 20. 「상호저축은행법」 21. 「새마을금고법」 22. 「선박투자회사법」 23. 「수산업협동조합법」 24. 「신용보증기금법」 25. 「신용정보의 이용 및 보호에 관한 법률」 26. 「신용협동조합법」 27. 「여신전문금융업법」 28. 「예금자보호법」 29. 「외국인투자 촉진법」 30. 「외국환 거래법」 31. 「유사수신행위의 규제에 관한 법률」 32. 「은행법」 33. 「자본시장과 금융투자업에 관한 법률」 34. 「자산유동화에 관한 법률」 35. 「전자금융거래법」 36. 「주식회사의 외부감사에 관한 법률」 37. 「주택법」 38. 「주택저당채권 유동화회사법」 39. 「중소기업은행법」	

	40. 「중소기업창업 지원법」 41. 「채권의 공정한 추심에 관한 법률」 42. 「특정 금융거래정보의 보고 및 이용 등에 관한 법률」 43. 「한국산업은행법」 44. 「한국수출입은행법」 45. 「한국은행법」 46. 「한국정책금융공사법」 47. 「한국주택금융공사법」 48. 「해외자원개발 사업법」 ③ 법 제13조제1항제6호에서 "대통령령으로 정하는 자"란 인가·허가 등의 취소 원인이 되는 사유가 발생한 당시의 임원 또는 직원(「금융산업의 구조개선에 관한 법률」 제14조제2항에 따라 인가·허가 등이 취소된 회사 또는 법인의 경우에는 같은 법 제10조에 따른 적기시정조치의 원인이 되는 사유가 발생한 당시의 임원 또는 직원)으로서 다음 각 호의 어느 하나에 해당하는 사람을 말한다. 1. 감사 또는 감사위원회 위원 2. 인가·허가 등의 취소 원인이 되는 사유의 발생과 관련하여 위법·부당한 행위로 금융위원회 또는 금융감독원의 원장(이하 "금융감독원장"이라 한다)으로부터 주의, 경고, 문책, 직무정지, 해임요구 또는 그 밖의 조치를 받은 임원 3. 인가·허가 등의 취소 원인이 되는 사유의 발생과 관련하여 위법·부당한 행위로 금융위원회 또는 금융감독원장으로부터 직무정지요구 이상에 해당하는 조치를 받은 직원 4. 제2호 또는 제3호에 따른 제재대상자로서 그 제재를 받기 전에 사임하거나 사직한 사람 ④ 법 제13조제1항제7호에서 "대통령령으로 정하는 자"란 금융감독원장이 적기시정조치등을 받게 된 금융기관에 대하여	

	그 원인을 규명한 결과 책임이 있다고 인정된 사람으로서 다음 각 호의 어느 하나에 해당하는 사람을 말한다. 1. 해임권고 또는 업무집행정지명령을 받은 임원 2. 정직 또는 면직 처분을 받은 직원 3. 제1호 또는 제2호에 따른 제재대상자로서 그 제재를 받기 전에 사임하거나 사직한 사람 ⑤ 법 제13조제3항에 따라 임원은 다음 각 호의 어느 하나에 해당하지 아니하는 사람이어야 한다. 1. 법 제134조제1항제1호(문책만 해당한다) 및 제3호에 따라 금융위원회 또는 금융감독원장으로부터 조치를 받은 사람으로서 조치의 종류별로 4년을 초과하지 아니하는 범위에서 금융위원회가 정하는 기간이 지나지 아니한 사람 2. 재임 또는 재직 당시 그 소속 기관 또는 금융위원회 및 금융감독원 외의 감독·검사기관으로부터 제1호에 준하는 조치를 받은 사실이 있는 사람으로서 제1호에서 정하는 기간이 지나지 아니한 사람 3. 제1호 또는 제2호에 해당하는 사유로 조치를 받기 전에 사임하거나 사직한 사람으로서 사임하거나 사직한 날부터 3년이 지나지 아니한 사람 [전문개정 2011.1.24]	
제11조(보험회사의 겸영업무) 보험회사는 경영건전성을 해치거나 보험계약자 보호 및 건전한 거래질서를 해칠 우려가 없는 금융업무로서 다음 각 호에 규정된 업무를 할 수 있다. 이 경우 보험회사는 그 업무를 시작하려는 날의 7일 전까지 금융위원회에 신고하여야 한다.	제16조(겸영업무의 범위) ① 법 제11조제1호에서 "대통령령으로 정하는 금융 관련 법령에서 정하고 있는 금융업무"란 다음 각 호의 어느 하나에 해당하는 업무를 말한다. 1. 「자산유동화에 관한 법률」에 따른 유동화자산의 관리업무	제12조(겸영업무의 신고) 보험회사가 법 제11조 각 호 외의 부분 후단에 따라 겸영하려는 업무를 신고하려는 때에는 별지 제2호서식의 신고서에 다음 각 호의 서류를 첨부하여 금융위원회에 제출하여야 한다. 1. 겸영하려는 업무의 종류와 방법을 적은 서류

1. 대통령령으로 정하는 금융 관련 법령에서 정하고 있는 금융업무로서 해당 법령에서 보험회사가 할 수 있도록 한 업무 2. 대통령령으로 정하는 금융업으로서 해당 법령에 따라 인가·허가·등록 등이 필요한 금융업무 3. 그 밖에 보험회사의 경영건전성을 해치거나 보험계약자 보호 및 건전한 거래질서를 해칠 우려가 없다고 인정되는 금융업무로서 대통령령으로 정하는 금융업무 [전문개정 2010.7.23]	2. 「주택저당채권 유동화회사법」에 따른 유동화자산의 관리업무 3. 「한국주택금융공사법」에 따른 채권유동화자산의 관리업무 4. 「전자금융거래법」 제28조제2항제1호에 따른 전자자금이체업무[같은 법 제2조제6호에 따른 결제중계시스템(이하 이 호에서 "결제중계시스템"이라 한다)의 참가기관으로서 하는 전자자금이체업무와 보험회사의 전자자금이체업무에 따른 자금정산 및 결제를 위하여 결제중계시스템에 참가하는 기관을 거치는 방식의 전자자금이체업무는 제외한다] ② 법 제11조제2호에서 "대통령령으로 정하는 금융업"이란 다음 각 호의 어느 하나에 해당하는 업무를 말한다. 〈개정 2012.7.24〉 1. 「자본시장과 금융투자업에 관한 법률」 제6조제4항에 따른 집합투자업 2. 「자본시장과 금융투자업에 관한 법률」 제6조제6항에 따른 투자자문업 3. 「자본시장과 금융투자업에 관한 법률」 제6조제7항에 따른 투자일임업 4. 「자본시장과 금융투자업에 관한 법률」 제6조제8항에 따른 신탁업 5. 「자본시장과 금융투자업에 관한 법률」 제9조제21항에 따른 집합투자증권에 대한 투자매매업 6. 「자본시장과 금융투자업에 관한 법률」 제9조제21항에 따른 집합투자증권에 대한 투자중개업 7. 「외국환거래법」 제3조제16호에 따른 외국환업무 8. 「근로자퇴직급여 보장법」 제2조제13호에 따른 퇴직연금사업자의 업무	2. 보험업과 겸영하려는 업무와의 관계를 적은 서류 [전문개정 2011.1.24]

	③ 법 제11조제3호에서 "대통령령으로 정하는 금융업무"란 다른 금융기관의 업무 중 금융위원회가 정하여 고시하는 바에 따라 그 업무의 수행방법 또는 업무 수행을 위한 절차상 본질적 요소가 아니면서 중대한 의사결정을 필요로 하지 아니한다고 판단하여 위탁한 업무를 말한다. [전문개정 2011.1.24]	
제11조의2(보험회사의 부수업무) ① 보험회사는 보험업에 부수(附隨)하는 업무를 하려면 그 업무를 하려는 날의 7일 전까지 금융위원회에 신고하여야 한다. ② 금융위원회는 제1항에 따른 부수업무에 관한 신고내용이 다음 각 호의 어느 하나에 해당하면 그 부수업무를 하는 것을 제한하거나 시정할 것을 명할 수 있다. 1. 보험회사의 경영건전성을 해치는 경우 2. 보험계약자 보호에 지장을 가져오는 경우 3. 금융시장의 안정성을 해치는 경우 ③ 제2항에 따른 제한명령 또는 시정명령은 그 내용 및 사유가 구체적으로 적힌 문서로 하여야 한다. ④ 금융위원회는 제1항에 따라 신고받은 부수업무 및 제2항에 따라 제한명령 또는 시정명령을 한 부수업무를 대통령령으로 정하는 방법에 따라 인터넷 홈페이지 등에 공고하여야 한다. [본조신설 2010.7.23]	제16조의2(부수업무 등의 공고) ① 금융위원회는 보험회사가 법 제11조의2제1항에 따라 보험업에 부수(附隨)하는 업무(이하 "부수업무"라 한다)를 신고한 경우에는 그 신고일부터 7일 이내에 다음 각 호의 사항을 인터넷 홈페이지 등에 공고하여야 한다. 1. 보험회사의 명칭 2. 부수업무의 신고일 3. 부수업무의 개시 예정일 4. 부수업무의 내용 5. 그 밖에 보험계약자의 보호를 위하여 공시가 필요하다고 인정되는 사항으로서 금융위원회가 정하여 고시하는 사항 ② 금융위원회는 법 제11조의2제2항에 따라 부수업무를 하는 것을 제한하거나 시정할 것을 명한 경우에는 그 내용과 사유를 인터넷 홈페이지 등에 공고하여야 한다. [본조신설 2011.1.24]	
제11조의3(겸영업무·부수업무의 구분계리) 보험회사가 제11조 및 제11조의2에 따라 다른 금융업 또는 부수업무를 하는 경우에는 대통령령으로 정하는 바에 따라 그 업무를 보험업과 구분하여 계리(計理)하여야 한다. [본조신설 2010.7.23]	제17조(겸영업무·부수업무의 구분계리) ① 법 제11조의3에 따라 보험회사가 제16조제1항제1호부터 제3호까지, 제2항제2호부터 제4호까지의 업무 및 부수업무(직전 사업연도 매출액이 해당 보험회사 수입보험료의 1천분의 1 또는 10억원 중 많은 금액에 해당하는 금액을 초과	

	하는 업무만 해당한다)를 하는 경우에는 해당 업무에 속하는 자산·부채 및 수익·비용을 보험업과 구분하여 계리(計理)하여야 한다. ② 제1항에 따른 구분계리의 세부 기준 등 그 밖에 필요한 사항은 금융위원회가 정하여 고시한다. [전문개정 2011.1.24]	
제12조(외국보험회사 등의 국내사무소 설치 등) ① 외국보험회사, 외국에서 보험대리 및 보험중개를 업(業)으로 하는 자 또는 그 밖에 외국에서 보험과 관련된 업을 하는 자(이하 "외국보험회사등"이라 한다)는 보험시장에 관한 조사 및 정보의 수집이나 그 밖에 이와 비슷한 업무를 하기 위하여 국내에 사무소(이하 "국내사무소"라 한다)를 설치할 수 있다. ② 외국보험회사등이 제1항에 따라 국내사무소를 설치하는 경우에는 그 설치한 날부터 30일 이내에 금융위원회에 신고하여야 한다. ③ 국내사무소는 다음 각 호의 어느 하나에 해당하는 행위를 하여서는 아니 된다. 1. 보험업을 경영하는 행위 2. 보험계약의 체결을 중개하거나 대리하는 행위 3. 국내 관련 법령에 저촉되는 방법에 의하여 보험시장의 조사 및 정보의 수집을 하는 행위 4. 그 밖에 국내사무소의 설치 목적에 위반되는 행위로서 대통령령으로 정하는 행위 ④ 국내사무소는 그 명칭 중에 사무소라는 글자를 포함하여야 한다. ⑤ 금융위원회는 국내사무소가 이 법 또는 이 법에 따른 명령 또는 처분을 위반한 경우에는 6개월 이내의 기간을 정하여 업무의 정지를 명하거나 국내사무소의 폐쇄를 명할 수		

있다. [전문개정 2010.7.23]		
제3장 보험회사 〈개정 2010. 7.23〉		
제1절 임직원 〈개정 2010.7.23〉		
제13조(임원의 자격) ① 다음 각 호의 어느 하나에 해당하는 자는 보험회사의 임원(이사·감사 또는 사실상 이와 동등한 지위에 있는 자로서 대통령령으로 정하는 자를 말한다. 이하 이 장, 제76조제3항, 제89조의2제1항 및 제130조제2호에서 같다)이 될 수 없다. 1. 미성년자·금치산자 또는 한정치산자 2. 파산선고를 받은 자로서 복권되지 아니한 자 3. 금고 이상의 실형을 선고받고 그 집행이 끝나거나(집행이 끝난 것으로 보는 경우를 포함한다) 집행이 면제된 날부터 5년이 지나지 아니한 자 4. 이 법 또는 이에 상당하는 외국의 법령이나 그 밖에 대통령령으로 정하는 금융 관계 법률에 따라 벌금 이상의 형을 선고받고 그 집행이 끝나거나(집행이 끝난 것으로 보는 경우를 포함한다) 집행이 면제된 날부터 5년이 지나지 아니한 자 5. 금고 이상의 형의 집행유예를 선고받고 그 유예기간 중에 있는 자 6. 이 법 또는 대통령령으로 정하는 금융 관계 법률에 따라 영업의 인가·허가 등이 취소된 회사나 법인의 임직원이었던 자(그 취소사유의 발생에 직접 또는 이에 상응하는 책임이 있는 자로서 대통령령으로 정하는 자만 해당한다)로서 그 회사나 법인에 대한 취소처분이 있었던 날부터 5년이 지나지 아니한 자 7. 「금융산업의 구조개선에 관	제19조(임원의 자격요건 등) ① 법 제13조제1항 각 호 외의 부분에서 "대통령령으로 정하는 자"란 「상법」 제401조의2제1항 각 호의 어느 하나에 해당하는 사람을 말한다. ② 법 제13조제1항제4호·제6호·제8호 및 제9호에서 "대통령령으로 정하는 금융 관계 법률"이란 다음 각 호의 법률을 말한다. 1. 「공사채등록법」 2. 「공인회계사법」 3. 「근로자퇴직급여 보장법」 4. 「금융기관부실자산 등의 효율적 처리 및 한국자산관리공사의 설립에 관한 법률」 5. 「금융산업의 구조개선에 관한 법률」 6. 「금융실명거래 및 비밀보장에 관한 법률」 7. 「금융위원회의 설치 등에 관한 법률」 8. 「금융지주회사법」 9. 「기술신용보증기금법」 10. 「농림수산식품투자조합 결성 및 운용에 관한 법률」 11. 「농업협동조합법」 12. 「담보부사채신탁법」 13. 「대부업 등의 등록 및 금융이용자 보호에 관한 법률」 14. 「문화산업진흥 기본법」 15. 「벤처기업육성에 관한 특별조치법」 16. 「부동산투자회사법」 17. 「부품·소재전문기업 등의 육성에 관한 특별조치법」 18. 「사회기반시설에 대한 민간투자법」 19. 「산업발전법」 20. 「상호저축은행법」 21. 「새마을금고법」 22. 「선박투자회사법」 23. 「수산업협동조합법」	

한 법률」 제10조제1항에 따라 금융위원회로부터 적기시정조치를 받거나 같은 법 제14조제2항에 따라 계약이전의 결정 등 행정처분(이하 "적기시정조치등"이라 한다)을 받은 금융기관(같은 법 제2조제1호에 따른 금융기관을 말한다)의 임직원으로 재직하거나 재직하였던 자(그 적기시정조치등을 받게 된 원인에 대하여 직접 또는 이에 상응하는 책임이 있는 자로서 대통령령으로 정하는 자만 해당한다)로서 그 적기시정조치등을 받은 날부터 2년이 지나지 아니한 자 8. 이 법 또는 이에 상당하는 외국의 법령이나 그 밖에 대통령령으로 정하는 금융 관계 법률에 따라 해임되거나 징계면직된 자로서 해임 또는 징계면직된 날부터 5년이 지나지 아니한 자 9. 제135조 또는 대통령령으로 정하는 금융 관계 법률에 따라 재임 또는 재직 중이었더라면 해임 또는 징계면직의 조치를 받았을 것으로 통보된 퇴임한 임원 또는 퇴직한 직원으로서 그 통보가 있었던 날부터 5년(통보가 있었던 날부터 5년이 되는 날이 퇴임 또는 퇴직한 날부터 7년을 넘는 경우에는 퇴임 또는 퇴직한 날부터 7년으로 한다)이 지나지 아니한 자 ② 보험회사의 임원은 보험업의 공익성 및 건전경영과 거래질서를 해칠 우려가 없는 자이어야 한다. ③ 제2항에 따른 임원의 자격요건에 관하여 구체적인 사항은 대통령령으로 정할 수 있다. ④ 보험회사의 임원으로 선임(選任)된 자가 제1항 각 호의 어느 하나에 해당하게 되거나 선임 당시 그에 해당하는 자이	24. 「신용보증기금법」 25. 「신용정보의 이용 및 보호에 관한 법률」 26. 「신용협동조합법」 27. 「여신전문금융업법」 28. 「예금자보호법」 29. 「외국인투자 촉진법」 30. 「외국환 거래법」 31. 「유사수신행위의 규제에 관한 법률」 32. 「은행법」 33. 「자본시장과 금융투자업에 관한 법률」 34. 「자산유동화에 관한 법률」 35. 「전자금융거래법」 36. 「주식회사의 외부감사에 관한 법률」 37. 「주택법」 38. 「주택저당채권 유동화회사법」 39. 「중소기업은행법」 40. 「중소기업창업 지원법」 41. 「채권의 공정한 추심에 관한 법률」 42. 「특정 금융거래정보의 보고 및 이용 등에 관한 법률」 43. 「한국산업은행법」 44. 「한국수출입은행법」 45. 「한국은행법」 46. 「한국정책금융공사법」 47. 「한국주택금융공사법」 48. 「해외자원개발 사업법」 ③ 법 제13조제1항제6호에서 "대통령령으로 정하는 자"란 인가·허가 등의 취소 원인이 되는 사유가 발생한 당시의 임원 또는 직원(「금융산업의 구조개선에 관한 법률」 제14조제2항에 따라 인가·허가 등이 취소된 회사 또는 법인의 경우에는 같은 법 제10조에 따른 적기시정조치의 원인이 되는 사유가 발생한 당시의 임원 또는 직원)으로서 다음 각 호의 어느 하나에 해당하는 사람을 말한다. 1. 감사 또는 감사위원회 위원 2. 인가·허가 등의 취소 원인이 되는 사유의 발생과 관련하여 위법·부당한 행위로 금융위원회 또는 금융	

었음이 밝혀지면 해임된다. ⑤ 제4항에 따라 해임된 임원이 해임 전에 한 행위는 그 효력을 유지한다. [전문개정 2010.7.23]	감독원의 원장(이하 "금융감독원장"이라 한다)으로부터 주의, 경고, 문책, 직무정지, 해임요구 또는 그 밖의 조치를 받은 임원 3. 인가 · 허가 등의 취소 원인이 되는 사유의 발생과 관련하여 위법 · 부당한 행위로 금융위원회 또는 금융감독원장으로부터 직무정지요구 이상에 해당하는 조치를 받은 직원 4. 제2호 또는 제3호에 따른 제재대상자로서 그 제재를 받기 전에 사임하거나 사직한 사람 ④ 법 제13조제1항제7호에서 "대통령령으로 정하는 자"란 금융감독원장이 적기시정조치 등을 받게 된 금융기관에 대하여 그 원인을 규명한 결과 책임이 있다고 인정된 사람으로서 다음 각 호의 어느 하나에 해당하는 사람을 말한다. 1. 해임권고 또는 업무집행정지명령을 받은 임원 2. 정직 또는 면직 처분을 받은 직원 3. 제1호 또는 제2호에 따른 제재대상자로서 그 제재를 받기 전에 사임하거나 사직한 사람 ⑤ 법 제13조제3항에 따라 임원은 다음 각 호의 어느 하나에 해당하지 아니하는 사람이어야 한다. 1. 법 제134조제1항제1호(문책만 해당한다) 및 제3호에 따라 금융위원회 또는 금융감독원장으로부터 조치를 받은 사람으로서 조치의 종류별로 4년을 초과하지 아니하는 범위에서 금융위원회가 정하는 기간이 지나지 아니한 사람 2. 재임 또는 재직 당시 그 소속 기관 또는 금융위원회 및 금융감독원 외의 감독 · 검사기관으로부터 제1호에 준하는 조치를 받은 사실	

	이 있는 사람으로서 제1호에서 정하는 기간이 지나지 아니한 사람 3. 제1호 또는 제2호에 해당하는 사유로 조치를 받기 전에 사임하거나 사직한 사람으로서 사임하거나 사직한 날부터 3년이 지나지 아니한 사람 [전문개정 2011.1.24]	
第14조(임원의 겸직 제한) 보험회사의 상근임원은 다른 영리법인의 상시적인 업무에 종사할 수 없다. 다만, 다음 각 호의 어느 하나에 해당하는 경우에는 그러하지 아니하다. 1. 해당 보험회사를 자회사로 하는 「금융지주회사법」에 따른 금융지주회사의 임원 또는 사용인이 되는 경우 2. 「채무자 회생 및 파산에 관한 법률」에 따라 관리인으로 선임되는 경우 3. 자회사의 임원 또는 사용인이 되는 경우(대통령령으로 정하는 경우는 제외한다) 4. 그 밖에 보험계약자와 이해가 상충될 우려가 없는 경우로서 대통령령으로 정하는 경우 [전문개정 2010.7.23]	第20조(임원의 겸직 제한) ① 법 제14조제3호에서 "대통령령으로 정하는 경우"란 「금융산업의 구조개선에 관한 법률」 제2조제1호가목부터 아목까지 및 차목에 따른 금융기관의 상근임원 또는 사용인이 되는 경우를 말한다. ② 법 제14조제4호에서 "대통령령으로 정하는 경우"란 「금융산업의 구조개선에 관한 법률」 제10조제1항제4호에 따라 관리인으로 선임되는 경우를 말한다. [전문개정 2011.1.24]	
		第14조 삭제 〈2005.3.31〉
第15조(사외이사의 선임 등) ① 보험회사(자산 등을 고려하여 대통령령으로 정하는 보험회사만 해당한다. 이하 이 조에서 같다)는 상시적인 업무에 종사하지 아니하는 이사로서 제4항 각 호의 어느 하나에 해당하는 자가 아닌 자(이하 "사외이사"라 한다)를 이사회에 3명 이상 두어야 하며, 사외이사의 수는 전체 이사수의 2분의 1 이상이어야 한다. ② 보험회사는 사외이사후보를 추천하기 위하여 「상법」 제393조의2에 따른 위원회(이하 "사외이사후보추천위원회"라 한다)를 설치하여야 한다. 이	第21조(사외이사 선임 대상 등) 법 제15조제1항 및 제16조제1항에서 "대통령령으로 정하는 보험회사"란 최근 사업연도 말 현재 자산총액이 2조원 이상인 보험회사로서 다음 각 호의 어느 하나에 해당하지 아니하는 보험회사를 말한다. 1. 「채무자 회생 및 파산에 관한 법률」에 따라 회생절차가 개시된 보험회사 2. 정기주주총회 또는 사원총회일부터 6개월 이내에 합병 등으로 인하여 소멸이 확정된 보험회사 [전문개정 2011.1.24] 第21조의2(사외이사의 선임 등) ①	

경우 사외이사후보추천위원회는 사외이사가 총 위원의 2분의 1 이상이 되도록 구성하여야 한다. ③ 사외이사는 사외이사후보추천위원회의 추천을 받은 자 중 주주총회 또는 사원총회(이하 "주주총회등"이라 한다)에서 선임한다. ④ 다음 각 호의 어느 하나에 해당하는 자는 보험회사의 사외이사가 되지 못하며, 사외이사가 된 후 이에 해당하게 되면 그 직을 잃는다. 1. 제13조제1항제1호부터 제9호까지의 어느 하나에 해당하는 자 2. 최대주주 3. 최대주주의 특수관계인 4. 주요주주 및 그의 배우자와 직계 존속·비속 5. 그 보험회사 또는 계열회사(「독점규제 및 공정거래에 관한 법률」에 따른 계열회사를 말한다. 이하 같다)의 상근(常勤) 임직원이거나 최근 2년 이내에 상근 임직원이었던 자 6. 그 보험회사의 상근 임원의 배우자 및 직계 존속·비속 7. 그 보험회사와 대통령령으로 정하는 중요한 거래관계가 있거나, 사업상 경쟁관계 또는 협력관계에 있는 법인의 상근 임직원이거나 최근 2년 이내에 상근 임직원이었던 자 8. 그 보험회사의 상근 임직원이 비상임이사로 있는 회사의 상근 임직원 9. 그 밖에 사외이사로서의 직무를 충실하게 이행하기 어렵거나 그 보험회사와 이해관계가 있거나 경영에 영향을 미칠 수 있는 자로서 대통령령으로 정하는 자 ⑤ 보험회사는 사외이사의 사임 또는 사망 등의 사유로 이사회의 구성이 제1항의 요건에 적합하지 아니하게 되면 그	법 제15조제4항제7호에서 "대통령령으로 정하는 중요한 거래관계가 있거나, 사업상 경쟁관계 또는 협력관계에 있는 법인"이란 다음 각 호의 법인(「법인세법 시행령」 제161조제1항제4호에 따른 기관투자자, 이에 상당하는 외국금융기관은 제외한다)을 말한다. 1. 최근 3개 사업연도 중 해당 보험회사와의 거래실적 합계액이 자산총액(해당 보험회사의 최근 사업연도 말 현재의 대차대조표상의 자산총액을 말한다) 또는 매출총액(해당 보험회사의 최근 사업연도 말 현재의 손익계산서상의 매출총액을 말한다. 이하 이 조에서 같다)의 100분의 10 이상인 법인 2. 최근 사업연도 중에 해당 보험회사와 매출총액의 100분의 10 이상의 금액에 상당하는 단일 거래계약을 체결한 법인 3. 최근 사업연도 중에 해당 보험회사가 금전, 유가증권, 그 밖의 증권 또는 증서를 대여하거나 차입(借入)한 금액과 담보제공 등 채무보증을 한 금액의 합계액이 자본금(해당 법인의 최근 사업연도 말 현재의 대차대조표상의 자본금을 말한다)의 100분의 10 이상인 법인 4. 해당 보험회사의 정기주주총회일 또는 정기사원총회일 현재 해당 보험회사가 자본금(해당 회사가 출자한 법인의 자본금을 말한다)의 100분의 5 이상을 출자한 법인 5. 해당 보험회사와 기술제휴계약을 체결하고 있는 법인 6. 해당 보험회사의 감사인으로 선임된 회계법인 7. 해당 보험회사와 법률자문, 경영자문 등의 자문계약을	

사유가 발생한 날 이후 최초로 소집되는 정기주주총회등에서 이사회의 구성이 제1항의 요건에 적합하게 되도록 하여야 한다. [전문개정 2010.7.23]	체결하고 있는 법인 ② 법 제15조제4항제9호에서 "대통령령으로 정하는 자"란 다음 각 호의 어느 하나에 해당하는 사람을 말한다. 1. 해당 보험회사 외에 2개 이상의 다른 주권상장법인의 사외이사, 비상임이사 또는 비상임감사로 재임 중인 사람 2. 해당 보험회사에 대한 회계감사 또는 세무대리를 하거나 해당 보험회사와 법률자문, 경영자문 등의 자문계약을 체결하고 있는 변호사, 공인회계사, 세무사, 그 밖의 자문용역을 제공하고 있는 사람 3. 해당 보험회사의 발행주식 총수 또는 출자총액의 100분의 1 이상에 해당하는 주식 또는 지분을 보유(「자본시장과 금융투자업에 관한 법률」 제133조제3항에 따른 보유를 말한다)하고 있는 사람 4. 제3호 외에 해당 보험회사와의 거래(「약관의 규제에 관한 법률」 제2조제1호에 따른 약관에 따라 이루어지는 그 보험회사와의 정형화된 거래는 제외한다) 잔액이 1억원 이상인 사람 5. 다음 각 목의 어느 하나에 해당하는 단체에 소속된 변호사, 공인회계사 및 세무사 또는 최근 2년 이내에 그 단체에 소속되었던 변호사, 공인회계사 및 세무사 가. 해당 보험회사와 법률자문, 경영자문 등의 자문계약을 체결하고 있는 법률사무소(「변호사법」 제31조제2항에 따른 법률사무소를 말한다) 나. 해당 보험회사와 법률자문, 경영자문 등의 자문계약을 체결하고 있는 법무조합(「변호사법」 제58조의18에 따른 법	

	무조합을 말한다) 다. 해당 보험회사의 회계감사인으로 선임된 감사반(「주식회사의 외부감사에 관한 법률」 제3조제1항제3호에 따른 감사반을 말한다) [전문개정 2011.1.24]	
		제15조 삭제 〈2011.1.24〉
제16조(감사위원회) ① 보험회사(자산 등을 고려하여 대통령령으로 정하는 보험회사만 해당한다)는 감사위원회(「상법」 제415조의2제1항에 따른 감사위원회를 말한다. 이하 같다)를 설치하여야 한다. ② 감사위원회는 다음 각 호의 요건 모두에 적합하여야 한다. 1. 총 위원의 3분의 2 이상이 사외이사일 것 2. 위원 중 1명 이상은 대통령령으로 정하는 회계 또는 재무 전문가일 것 ③ 다음 각 호의 어느 하나에 해당하는 자는 감사위원회의 사외이사가 아닌 위원이 되지 못하며, 감사위원회의 사외이사가 아닌 위원이 된 후 다음 각 호의 어느 하나에 해당하게 되면 그 직을 잃는다. 다만, 상근감사나 감사위원회의 사외이사가 아닌 위원으로 재임 중인 자는 제2호에 해당하더라도 감사위원회의 사외이사가 아닌 위원이 될 수 있다. 1. 제13조제1항제1호부터 제9호까지의 규정 중 어느 하나에 해당하는 자 1의2. 제15조제4항제2호부터 제4호까지의 규정 중 어느 하나에 해당하는 자 2. 그 보험회사의 상근 임직원이거나 최근 2년 이내에 상근 임직원이었던 자 3. 그 밖에 그 보험회사의 경영에 영향을 미칠 수 있는 자로서 대통령령으로 정하는 자 ④ 보험회사는 감사위원회 위	제21조의3(감사위원회) ① 법 제16조제2항제2호에서 "대통령령으로 정하는 회계 또는 재무 전문가"란 다음 각 호의 어느 하나에 해당하는 사람을 말한다. 〈개정 2012. 2.29〉 1. 공인회계사 자격이 있는 사람으로서 자격 취득 후 그 자격과 관련된 업무에 5년 이상 종사한 경력이 있는 사람 2. 재무 또는 회계 분야의 석사 이상의 학위를 가진 사람으로서 학위 취득 후 연구기관이나 대학에서 재무 또는 회계 관련 분야의 연구원 또는 조교수 이상의 직(職)에 5년 이상 근무한 경력이 있는 사람 3. 주권상장법인에서 재무 또는 회계 관련 업무에 임원으로 5년 이상 근무하거나 임직원으로 10년 이상 근무한 경력이 있는 사람 4. 국가, 지방자치단체, 「공공기관의 운영에 관한 법률」에 따른 공공기관, 금융감독원, 「자본시장과 금융투자업에 관한 법률」에 따른 한국거래소 또는 같은 법 제9조제17항에 따른 금융투자업관계기관(금융투자관계 단체는 제외한다)에서 재무 또는 회계 관련 업무 또는 이에 대한 감독업무에 5년 이상 종사한 경력이 있는 사람 5. 「금융위원회의 설치 등에 관한 법률」 제38조에 따른 검사대상기관(이에 상당하	

원의 사임 또는 사망 등의 사유로 감사위원회의 구성이 제2항의 요건에 적합하지 아니하게 된 경우에는 그 사유가 발생한 날 이후 최초로 소집되는 정기주주총회등에서 감사위원회의 구성이 제2항의 요건에 적합하게 되도록 하여야 한다. ⑤ 제1항에 따른 감사위원회의 구성에 관하여는 「상법」 제415조의2제2항 단서를 적용하지 아니한다. [전문개정 2010.7.23]	는 외국금융기관을 포함한다)에서 재무 또는 회계 관련 업무에 5년 이상 종사한 경력이 있는 사람 ② 법 제16조제3항제3호에서 "대통령령으로 정하는 자"란 다음 각 호의 어느 하나에 해당하는 사람을 말한다. 1. 주요주주의 배우자와 직계존속 · 비속 2. 상근임원의 배우자와 직계존속 · 비속 3. 계열회사의 상근 임직원 또는 최근 2년 이내에 상근 임직원이었던 사람 [전문개정 2011.1.24]	
제17조(내부통제기준 등) ① 보험회사는 법령을 준수하고 자산운용을 건전하게 하며 보험계약자를 보호하기 위하여 그 임직원이 직무를 수행할 때 따라야 할 기본적인 절차와 기준(이하 "내부통제기준"이라 한다)을 정하여야 한다. ② 보험회사는 내부통제기준의 준수 여부를 점검하고, 그 위반사항을 조사하여 감사 또는 감사위원회에 보고하는 자(이하 "준법감시인"이라 한다)를 1명 이상 두어야 한다. ③ 보험회사는 준법감시인을 임면하려면 이사회의 의결을 거쳐야 한다. 다만, 외국보험회사국내지점의 경우에는 그러하지 아니하다. ④ 준법감시인은 다음 각 호의 요건에 해당하는 자이어야 한다. 〈개정 2011.7.21〉 1. 다음 각 목의 어느 하나에 해당하는 경력이 있는 자일 것 가. 한국은행이나 「금융위원회의 설치 등에 관한 법률」 제38조에 따른 검사대상기관(이에 상당하는 외국금융기관을 포함한다)에서 10년 이상 근무한 경력이 있는 자 나. 금융 관계 분야의 석사	제22조(내부통제기준) ① 법 제17조제1항에 따른 내부통제기준(이하 "내부통제기준"이라 한다)에는 다음 각 호의 사항이 포함되어야 한다. 1. 업무 분장 및 조직구조에 관한 사항 2. 자산의 운용 또는 업무의 수행 과정에서 발생하는 위험의 관리에 관한 사항 3. 임원 또는 직원이 업무를 수행할 때 반드시 지켜야 하는 절차에 관한 사항 4. 경영의사결정에 필요한 정보가 효율적으로 전달될 수 있는 체제 구축에 관한 사항 5. 임원 또는 직원의 내부통제기준 준수 여부를 확인하는 절차 · 방법 및 내부통제기준을 위반한 임원 또는 직원의 처리에 관한 사항 6. 임원 또는 직원의 유가증권 거래내용의 보고 등 불공정거래행위를 방지하기 위한 절차나 기준에 관한 사항 7. 내부통제기준의 제정 또는 변경 절차에 관한 사항 8. 법 제17조제2항에 따른 준법감시인(이하 "준법감시인"이라 한다)의 임면절차에 관한 사항	

학위 이상의 학위소지자로서 연구기관이나 대학에서 연구원 또는 조교수 이상으로 5년 이상 근무한 경력이 있는 자

다. 변호사·공인회계사 또는 보험계리사의 자격을 가진 자로서 그 자격과 관련된 업무에 5년 이상 종사한 경력이 있는 자

라. 기획재정부, 금융위원회, 「금융위원회의 설치 등에 관한 법률」에 따라 설립된 금융감독원(이하 "금융감독원"이라 한다) 또는 같은 법에 따른 증권선물위원회에서 5년 이상 근무한 경력이 있는 자로서 그 기관에서 퇴임하거나 퇴직한 후 5년이 지난 자

2. 제13조제1항 각 호의 어느 하나에 해당되지 아니하는 자일 것
3. 최근 5년간 대통령령으로 정하는 금융 관계 법령을 위반하여 금융위원회 또는 금융감독원 원장(이하 "금융감독원장"이라 한다)으로부터 주의·경고의 요구 이상에 해당하는 조치를 받은 사실이 없는 자일 것

⑤ 준법감시인은 선량한 관리자의 주의로 그 직무를 수행하여야 하며, 다음 각 호의 업무를 하는 직무를 담당하여서는 아니 된다.

1. 자산운용에 관한 업무
2. 해당 보험회사가 취급하는 보험에 관한 업무로서 대통령령으로 정하는 업무와 그에 딸린 업무
3. 제2호의 업무 이외에 해당 보험회사가 겸영하는 금융업무

⑥ 보험회사는 준법감시인이 그 직무를 수행할 때 임직원에게 자료나 정보의 제출을 요구하는 경우에는 그 임직원으로

9. 제1호부터 제8호까지의 사항에 관한 구체적인 기준으로서 금융위원회가 정하여 고시하는 사항

② 보험회사가 내부통제기준을 제정하거나 변경하려는 경우에는 이사회의 결의를 거쳐야 한다.

③ 금융위원회는 법 제133조제2항에 따른 금융감독원의 검사 결과 법령을 위반한 사실이 드러난 보험회사에 대하여 위반행위의 재발 방지를 위하여 내부통제기준의 변경을 권고할 수 있다.

[전문개정 2011.1.24]

제23조(준법감시인의 준수사항 등) ① 법 제17조제4항제3호에서 "대통령령으로 정하는 금융 관계 법령"이란 법, 제19조제2항 각 호의 법률 및 그 하위법령을 말한다. 〈개정 2011.12.31〉

② 법 제17조제5항제2호에서 "대통령령으로 정하는 업무"란 다음 각 호의 업무를 말한다.

1. 보험상품 개발에 관한 업무
2. 보험계리에 관한 업무
3. 모집 및 보험계약 체결에 관한 업무
4. 보험계약 인수에 관한 업무
5. 보험계약 관리에 관한 업무
6. 보험금 지급에 관한 업무
7. 재보험에 관한 업무
8. 그 밖에 보험에 관한 업무로서 총리령으로 정하는 업무

③ 보험회사는 준법감시인을 임면하였을 때에는 그 사실을 금융위원회에 통보하여야 한다.

④ 준법감시인은 직무 수행 과정에서 얻은 정보나 지위를 이용하여 부당한 이득을 취득해서는 아니 된다.

[전문개정 2011.1.24]

하여금 성실히 따르도록 하여야 한다. ⑦ 보험회사는 준법감시인이었던 자에게 그 직무 수행과 관련된 이유로 인사(人事)에서 부당한 불이익을 주어서는 아니 된다. ⑧ 금융위원회는 효과적인 내부통제기준을 정하고 이를 엄격하게 준수하고 있다고 인정되는 보험회사에 대하여는 제133조에 따른 검사의 생략, 검사기간의 단축 또는 제134조에 따른 제재(制裁)를 감면할 수 있다. ⑨ 내부통제기준에 포함되어야 할 사항, 준법감시인의 준수사항 등에 관하여 필요한 사항은 대통령령으로 정한다. [전문개정 2010.7.23]		
		제17조 삭제 〈2011.1.24〉
제2절 주식회사 〈개정 2010.7.23〉		
제18조(자본감소) ① 보험회사인 주식회사(이하 "주식회사"라 한다)가 자본감소를 결의한 경우에는 그 결의를 한 날부터 2주 이내에 결의의 요지와 대차대조표를 공고하여야 한다. ② 제1항에 따른 자본감소를 결의할 때 대통령령으로 정하는 자본감소를 하려면 미리 금융위원회의 승인을 받아야 한다. ③ 자본감소에 관하여는 제141조제2항·제3항, 제149조 및 제151조제3항을 준용한다. [전문개정 2010.7.23]	제23조의2(자본감소) 법 제18조제2항에서 "대통령령으로 정하는 자본감소"란 주식 금액 또는 주식 수의 감소에 따른 자본금의 실질적 감소를 말한다. [본조신설 2011.1.24]	제13조(자본감소의 승인신청) 법 제18조제2항에 따라 주식회사인 보험회사는 자본감소의 승인을 받으려면 신청서에 다음 각 호의 서류를 첨부하여 금융위원회에 제출하여야 한다. 1. 자본감소의 방법을 적은 서류 2. 재산목록과 대차대조표 3. 법 제18조·제19조 및 「상법」 제232조·제363조에 따른 공고 및 이의제출 등 그 밖에 필요한 절차의 종료를 증명하는 서류 [전문개정 2011.1.24]
	제18조 삭제 〈2011.1.24〉	
		제18조 삭제 〈2005.3.31〉
제19조(주식회사의 소수주주권의 행사) ① 6개월 이상 계속하여 주식회사(자산 등을 고려하여 대통령령으로 정하는 주식회사만 해당한다. 이하 이 조에서 같다)의 발행주식 총수의 10만분의 5 이상에 해당하는 주식을 대통령령으로 정하는 바에 따라 보유한 자는 「상법」 제403조(같은 법 제324조·제	제24조(주식회사의 소수주주권 행사 등) ① 법 제19조제1항에서 "대통령령으로 정하는 주식회사"란 최근 사업연도 말 현재 자산총액이 2조원 이상인 보험회사를 말한다. ② 법 제19조제1항, 제2항, 제3항 전단 및 제4항 전단에서 "대통령령으로 정하는 바에 따라 보유한 자"란 다음 각 호의	

415조 · 제424조의2 · 제467조의2 및 제542조에서 준용하는 경우를 포함한다)에서 규정하는 주주의 권리를 행사할 수 있다. ② 6개월 이상 계속하여 주식회사의 발행주식 총수의 10만분의 250 이상(대통령령으로 정하는 주식회사의 경우에는 10만분의 125 이상)에 해당하는 주식을 대통령령으로 정하는 바에 따라 보유한 자는 「상법」 제385조(같은 법 제415조에서 준용하는 경우를 포함한다) · 제402조 및 제539조에서 규정하는 주주의 권리를 행사할 수 있다. ③ 6개월 이상 계속하여 주식회사의 발행주식 총수의 1만분의 50 이상(대통령령으로 정하는 주식회사의 경우에는 1만분의 25 이상)에 해당하는 주식을 대통령령으로 정하는 바에 따라 보유한 자는 「상법」 제363조의2 및 제466조에서 규정하는 주주의 권리를 행사할 수 있다. 이 경우 같은 법 제363조의2에서 규정하는 주주의 권리를 행사하는 경우에는 의결권 있는 주식을 기준으로 한다. ④ 6개월 이상 계속하여 주식회사의 발행주식 총수의 1만분의 150 이상(대통령령으로 정하는 주식회사의 경우에는 1만분의 75 이상)에 해당하는 주식을 대통령령으로 정하는 바에 따라 보유한 자는 「상법」 제366조 및 제467조에서 규정하는 주주의 권리를 행사할 수 있다. 이 경우 같은 법 제366조에서 규정하는 주주의 권리를 행사하는 경우에는 의결권 있는 주식을 기준으로 한다. ⑤ 제1항에 따른 주주가 「상법」 제403조(같은 법 제324조 · 제415조 · 제424조의2 · 제467조의2 및 제542조에서 준용하는 경우를 포함한다)에 따른 소송을 제기하여 승소한 경우에는	어느 하나에 해당하는 방법으로 주주권을 행사할 수 있는 자를 말한다. 1. 주식의 소유 2. 주주권 행사에 관한 위임장의 취득 3. 2인 이상의 주주의 주주권 공동행사 ③ 법 제19조제2항, 같은 조 제3항 전단 및 제4항 전단에서 "대통령령으로 정하는 주식회사"란 직전 사업연도 말 현재 자산총액이 2조원 이상으로서 자본금이 1천억원 이상인 보험회사를 말한다. [전문개정 2011.1.24]	

주식회사에 대하여 소송비용과 그 밖에 소송으로 생긴 모든 비용의 지급을 청구할 수 있다. [전문개정 2010.7.23]		
제20조(조직 변경) ① 주식회사는 그 조직을 변경하여 상호회사로 할 수 있다. ② 제1항에 따른 상호회사는 제9조에도 불구하고 기금의 총액을 300억원 미만으로 하거나 설정하지 아니할 수 있다. ③ 제1항의 경우에는 손실 보전(補塡)에 충당하기 위하여 금융위원회가 필요하다고 인정하는 금액을 준비금으로 적립하여야 한다. [전문개정 2010.7.23]		
		제20조 삭제 〈2011.1.24〉
제21조(조직 변경 결의) ① 주식회사의 조직 변경은 주주총회의 결의를 거쳐야 한다. ② 제1항의 결의는 「상법」 제434조에 따른다. [전문개정 2010.7.23]		
제22조(조직 변경 결의의 공고와 통지) ① 주식회사가 조직 변경을 결의한 경우 그 결의를 한 날부터 2주 이내에 결의의 요지와 대차대조표를 공고하고 주주명부에 적힌 질권자(質權者)에게는 개별적으로 알려야 한다. ② 제1항의 경우에는 제141조제2항 · 제3항과 「상법」 제232조를 준용한다. [전문개정 2010.7.23]		
제23조(조직 변경 결의 공고 후의 보험계약) ① 주식회사는 제22조제1항에 따른 공고를 한 날 이후에 보험계약을 체결하려면 보험계약자가 될 자에게 조직 변경 절차가 진행 중임을 알리고 그 승낙을 받아야 한다. ② 제1항에 따른 승낙을 한 보험계약자는 조직 변경 절차를 진행하는 중에는 보험계약자가 아닌 자로 본다. [전문개정 2010.7.23]		

		제23조(공시비용의 부담) 제21조제2항 및 제22조제3항에 따른 공시절차의 진행에 드는 비용은 해당 보험중개사가 부담한다. [전문개정 2011.1.24]
제24조(보험계약자 총회의 소집) ① 제22조제1항의 공고에 대하여 제141조제2항에서 규정하는 기간에 이의를 제출한 보험계약자의 수와 그 보험금이 제141조제3항에서 규정하는 비율을 초과하지 아니하는 경우에는 이사는 「상법」 제232조에 따른 절차가 끝나면 7일 이내에 보험계약자 총회를 소집하여야 한다. ② 제1항의 경우 보험계약자에 대한 통지에 관하여는 「상법」 제353조를 준용한다. [전문개정 2010.7.23]		
제25조(보험계약자 총회 대행기관) ① 주식회사는 조직 변경을 결의할 때 보험계약자 총회를 갈음하는 기관에 관한 사항을 정할 수 있다. ② 제1항에 따른 기관에 대하여는 보험계약자 총회에 관한 규정을 준용한다. ③ 제1항에 따른 기관에 관한 사항을 정한 경우에는 그 기관의 구성방법을 제22조제1항에 따른 공고의 내용에 포함하여야 한다. [전문개정 2010.7.23]		
제26조(보험계약자 총회의 결의방법) ① 보험계약자 총회는 보험계약자 과반수의 출석과 그 의결권의 4분의 3 이상의 찬성으로 결의한다. ② 보험계약자총회에 관하여는 제55조와 「상법」 제363조제1항 · 제2항, 제364조, 제367조, 제368조제3항 · 제4항, 제371조제2항, 제372조, 제373조 및 제376조부터 제381조까지의 규정을 준용한다. [전문개정 2010.7.23]		
제27조(보험계약자 총회에서의 보		

고) 주식회사의 이사는 조직 변경에 관한 사항을 보험계약자 총회에 보고하여야 한다. [전문개정 2010.7.23]		
		제27조 삭제 〈2005.3.31〉
제28조(보험계약자 총회의 결의 등) ① 보험계약자 총회는 정관의 변경이나 그 밖에 상호회사의 조직에 필요한 사항을 결의하여야 한다. ② 제21조제1항에 따른 결의는 제1항의 결의로 변경할 수 있다. 이 경우 주식회사의 채권자의 이익을 해치지 못한다. ③ 제2항에 따른 변경으로 주주에게 손해를 입히게 되는 경우에는 주주총회의 동의를 받아야 한다. 이 경우 제21조제2항을 준용한다. ④ 제1항의 결의에 관하여는 「상법」 제316조제2항을 준용한다. [전문개정 2010.7.23]		
제29조(조직 변경의 등기) ① 주식회사가 그 조직을 변경한 경우에는 변경한 날부터 본점과 주된 사무소의 소재지에서는 2주 이내에, 지점과 종(從)된 사무소의 소재지에서는 3주 이내에 주식회사는 해산의 등기를 하고 상호회사는 제40조제2항에 따른 등기를 하여야 한다. ② 제1항에 따른 등기의 신청서에는 정관과 다음 각 호의 사항이 적힌 서류를 첨부하여야 한다. 1. 제21조제1항의 결의 2. 제22조제1항의 공고 3. 제28조의 결의 및 동의 4. 제141조제3항의 이의(異義) 5. 「상법」 제232조에 따른 절차를 마쳤음을 증명하는 내용 [전문개정 2010.7.23]		
제30조(조직 변경에 따른 입사) 주식회사의 보험계약자는 조직		

변경에 따라 해당 상호회사의 사원이 된다. [전문개정 2010.7.23]		
제31조(「상법」 등의 준용) 주식회사의 조직 변경에 관하여는 제145조와 「상법」 제40조, 제339조, 제340조제1항 · 제2항, 제439조제1항, 제445조 및 제446조를 준용한다. 이 경우 「상법」 제446조 중 "제192조"는 "제238조"로 본다. [전문개정 2010.7.23]		
제32조(보험계약자 등의 우선취득권) ① 보험계약자나 보험금을 취득할 자는 피보험자를 위하여 적립한 금액을 다른 법률에 특별한 규정이 없으면 주식회사의 자산에서 우선하여 취득한다. ② 제108조에 따라 특별계정이 설정된 경우에는 제1항은 특별계정과 그 밖의 계정을 구분하여 적용한다. [전문개정 2010.7.23]		
제33조(예탁자산에 대한 우선변제권) ① 보험계약자나 보험금을 취득할 자는 피보험자를 위하여 적립한 금액을 주식회사가 이 법에 따른 금융위원회의 명령에 따라 예탁한 자산에서 다른 채권자보다 우선하여 변제를 받을 권리를 가진다. ② 제1항의 경우에는 제32조 제2항을 준용한다. [전문개정 2010.7.23]		
		제33조 삭제 〈2005.3.31〉
제3절 상호(相互)회사 〈개정 2010.7.23〉		
제1관 설립 〈개정 2010.7.23〉		
제34조(정관기재사항) 상호회사의 발기인은 정관을 작성하여 다음 각 호의 사항을 적고 기명날인하여야 한다. 1. 취급하려는 보험종목과 사업의 범위 2. 명칭 3. 사무소 소재지		

4. 기금의 총액 5. 기금의 갹출자가 가질 권리 6. 기금과 설립비용의 상각 방법 7. 잉여금의 분배 방법 8. 회사의 공고 방법 9. 회사 성립 후 양수할 것을 약정한 자산이 있는 경우에는 그 자산의 가격과 양도인의 성명 10. 존립시기 또는 해산사유를 정한 경우에는 그 시기 또는 사유 [전문개정 2010.7.23]		
第35조(명칭) 상호회사는 그 명칭 중에 상호회사라는 글자를 포함하여야 한다. [전문개정 2010.7.23]		
第36조(기금의 납입) ① 상호회사의 기금은 금전 이외의 자산으로 납입하지 못한다. ② 기금의 납입에 관하여는 「상법」 제295조제1항, 제305조제1항·제2항 및 제318조를 준용한다. [전문개정 2010.7.23]		
第37조(사원의 수) 상호회사는 100명 이상의 사원으로써 설립한다. [전문개정 2010.7.23]		
第38조(입사청약서) ① 발기인이 아닌 자가 상호회사의 사원이 되려면 입사청약서 2부에 보험의 목적과 보험금액을 적고 기명날인하여야 한다. 다만, 상호회사가 성립한 후 사원이 되려는 자는 그러하지 아니하다. ② 발기인은 제1항에 따른 입사청약서를 다음 각 호의 사항을 포함하여 작성하고, 이를 비치(備置)하여야 한다. 1. 정관의 인증 연월일과 그 인증을 한 공증인의 이름 2. 제34조 각 호의 사항 3. 기금 갹출자의 이름·주소와 그 각자가 갹출하는 금액 4. 발기인의 이름과 주소 5. 발기인이 보수를 받는 경우에는 그 보수액 6. 설립 시 모집하려는 사원의 수		

7. 일정한 시기까지 창립총회가 끝나지 아니하면 입사청약을 취소할 수 있다는 뜻 ③ 상호회사 성립 전의 입사청약에 대하여는 「민법」 제107조제1항 단서를 적용하지 아니한다. [전문개정 2010.7.23]		
제39조(창립총회) ① 상호회사의 발기인은 상호회사의 기금의 납입이 끝나고 사원의 수가 예정된 수가 되면 그 날부터 7일 이내에 창립총회를 소집하여야 한다. ② 창립총회는 사원 과반수의 출석과 그 의결권의 4분의 3 이상의 찬성으로 결의한다. ③ 상호회사의 창립총회에 관하여는 제55조와 「상법」 제363조제1항 · 제2항, 제364조, 제368조제3항 · 제4항, 제371조제2항, 제372조, 제373조 및 제376조부터 제381조까지의 규정을 준용한다. [전문개정 2010.7.23]		
제40조(설립등기) ① 상호회사의 설립등기는 창립총회가 끝난 날부터 2주 이내에 하여야 한다. ② 제1항에 따른 설립등기에는 다음 각 호의 사항이 포함되어야 한다. 1. 제34조 각 호의 사항 2. 이사와 감사의 이름 및 주소 3. 대표이사의 이름 4. 여러 명의 대표이사가 공동으로 회사를 대표할 것을 정한 경우에는 그 규정 ③ 제1항과 제2항에 따른 설립등기는 이사 및 감사의 공동신청으로 하여야 한다. [전문개정 2010.7.23]	제25조(설립등기신청서의 첨부서류) 법 제40조에 따라 상호회사의 설립등기를 하려는 경우에는 등기신청서에 다음 각 호의 서류를 첨부하여야 한다. 1. 정관 2. 사원명부 3. 사원을 모집하는 경우에는 각 사원의 입사청약서 4. 이사, 감사 또는 검사인의 조사보고서 및 그 부속서류 5. 창립총회의 의사록 6. 대표이사에 관한 이사회의 의사록 [전문개정 2011.1.24]	
제41조(등기부) 관할 등기소에 상호회사 등기부를 비치하여야 한다. [전문개정 2010.7.23]		
		제41조(청산인의 결산에 관한 보고) 보험회사의 청산인은 「상법」 제533조제1항 · 제534조제5

		항 및 제540조제1항에 따라 총회에서 재산목록, 대차대조표, 사업보고서 또는 결산보고서의 승인을 받았을 때에는 지체 없이 그 사실을 금융위원회에 보고하여야 한다. [전문개정 2011.1.24]
제42조(배상책임) 이사가 다음 각 호의 어느 하나에 해당하는 행위로 상호회사에 손해를 입힌 경우에는 사원총회의 동의가 없으면 그 손해에 대한 배상책임을 면제하지 못한다. 1. 위법한 이익 배당에 관한 의안을 사원총회에 제출하는 행위 2. 다른 이사에게 금전을 대부하는 행위 3. 그 밖의 부당한 거래를 하는 행위 [전문개정 2010.7.23]		
		제42조(장부 등의 보존자 신고) 보험회사의 청산인은 「상법」 제541조에 따른 장부 또는 그 밖에 영업과 청산에 관한 중요서류의 보존자가 선임되었을 때에는 그 성명 또는 명칭과 주소를 금융위원회에 지체 없이 신고하여야 한다. [전문개정 2011.1.24]
제43조(발기인에 대한 소송) 상호회사의 발기인에 관하여는 제19조와 「상법」 제400조를 준용한다. [전문개정 2010.7.23]		
제44조(「상법」의 준용) 상호회사에 관하여는 「상법」 제10조부터 제15조까지, 제17조, 제22조, 제23조, 제26조, 제27조, 제29조부터 제33조까지, 제35조, 제37조부터 제40조까지, 제87조부터 제89조까지, 제91조, 제92조, 제171조부터 제173조까지, 제176조, 제177조, 제181조부터 제183조까지, 제288조, 제289조제3항, 제292조, 제310조부터 제316조까지 및 제322조부터 제327조까지		

의 규정을 준용한다. [전문개정 2010.7.23]		
제45조(「비송사건절차법」의 준용) 상호회사에 관하여는 「비송사건절차법」 제72조제1항·제2항, 제73조, 제77조, 제78조, 제80조, 제81조, 제84조, 제85조, 제90조부터 제100조까지, 제117조부터 제121조까지 및 제123조부터 제127조까지의 규정을 준용한다. [전문개정 2010.7.23]		
제45조의2(「상업등기법」의 준용) 상호회사에 관하여는 「상업등기법」 제3조, 제5조제2항·제3항, 제6조부터 제11조까지, 제14조, 제17조부터 제30조까지, 제53조부터 제55조까지, 제61조제2항, 제66조, 제67조, 제94조, 제95조, 제102조, 제114조부터 제128조까지 및 제131조를 준용한다. [본조신설 2010.7.23]		
제2관 사원의 권리와 의무 〈개정 2010.7.23〉		
제46조(간접책임) 상호회사의 사원은 회사의 채권자에 대하여 직접적인 의무를 지지 아니한다. [전문개정 2010.7.23]		
제47조(유한책임) 상호회사의 채무에 관한 사원의 책임은 보험료를 한도로 한다.		
		제47조(보험계리사의 시험면제) ① 금융감독원·보험회사·보험협회 또는 보험요율산출기관에서 보험수리 업무에 5년 이상 종사한 경력이 있는 자에 대하여는 제1차시험을 면제한다. ②금융위원회가 인정하는 외국의 보험계리사 자격을 가진 자에 대하여는 제1차 시험 및 제2차시험을 면제한다. 〈개정 2008.3.3〉 ③ 법률 제10522호 농업협동조합법 일부개정법률의 시행 당시 종전의 「농업협동조합법」에 따른 농업협동조합중앙회에서 공제계리업무에 종사한

		경력은 제1항에 따른 보험계리 업무에 종사한 것으로 본다. 〈신설 2012.2.28〉 ④제1차시험에 합격한 자에 대하여는 다음 회의 시험에 한하여 제1차시험을 면제한다. 〈개정 2012.2.28〉
제48조(상계의 금지) 상호회사의 사원은 보험료의 납입에 관하여 상계(相計)로써 회사에 대항하지 못한다. [전문개정 2010.7.23]		
		제48조(시험합격자의 결정) ①제1차시험 합격자의 결정에 있어서는 매 과목 100점을 만점으로 하여 매과목 40점 이상, 전과목 평균 60점 이상 득점한 자를 합격자로 한다. ② 제2차시험 합격자의 결정에 있어서는 매과목 100점을 만점으로 하여 매과목 40점 이상, 전과목 평균 60점 이상 득점한 자를 합격자로 한다. 다만, 금융감독원장이 보험계리사의 수급상 필요하다고 인정하여 미리 선발예정인원을 공고한 경우에는 매과목 40점 이상 득점한 자중에서 선발예정인원의 범위안에서 전과목 총득점에 의한 고득점자순으로 합격자를 결정할 수 있다. ③제2항 단서의 규정에 의하여 합격자를 결정함에 있어서 동점자로 인하여 선발예정인원을 초과하는 경우에는 당해 동점자 모두를 합격자로 한다. 이 경우 동점자의 점수계산은 소수점 이하 둘째자리까지 계산한다.
제49조(보험금액의 삭감) 상호회사는 정관으로 보험금액의 삭감에 관한 사항을 정하여야 한다. [전문개정 2010.7.23]		
		제49조(시험 실시의 공고 등) ① 금융감독원장은 보험계리사 시험을 실시하려면 다음 각 호의 사항을 시험 실시 3개월 전까지 전국적으로 배포되는 1개

		이상의 일간신문에 공고하고 인터넷에도 공고하여야 한다. 〈개정 2012.2.28〉 1. 시험일시 및 장소 2. 시험방법 및 과목 3. 응시자격 및 응시절차 4. 그 밖에 시험의 실시와 관련하여 필요한 사항 ② 보험계리사 시험에 응시하려는 사람은 금융감독원장이 정하는 시험수수료를 금융감독원에 내야 한다. ③ 금융감독원은 시험 응시자가 시험 전날까지 응시 의사를 철회하는 경우에는 금융감독원장이 정하는 바에 따라 시험수수료를 반환하여야 한다. ④ 보험계리사 시험 실시에 필요한 세부 사항은 금융감독원장이 정한다. [전문개정 2011.1.24]
제50조(생명보험계약 등의 승계) 생명보험 및 제3보험을 목적으로 하는 상호회사의 사원은 회사의 승낙을 받아 타인으로 하여금 그 권리와 의무를 승계하게 할 수 있다.		
제51조(손해보험의 목적의 양도) 손해보험을 목적으로 하는 상호회사의 사원이 보험의 목적을 양도한 경우에는 양수인은 회사의 승낙을 받아 양도인의 권리와 의무를 승계할 수 있다. [전문개정 2010.7.23]		
		제51조(보험계리사의 등록) 보험계리사의 등록을 하려는 사람은 별지 제15호서식의 등록신청서에 다음 각 호의 서류를 첨부하여 금융감독원장에게 제출하여야 한다. 다만, 외국의 보험계리사 자격을 가진 사람이 등록신청을 하는 경우에는 제1호의 서류를 해당 외국의 보험계리사 자격을 증명하는 서류로 대체할 수 있다. 1. 실무수습을 마친 사실을 증명할 수 있는 서류(제50조 제3항에 따라 같은 조 제1항에 따른 기관에서 보험

		계리 업무에 2년 이상 종사한 경력이 있는 사람의 경우에는 그 사실을 증명할 수 있는 서류를 말한다) 2. 이력서 [전문개정 2011.1.24]
第52조(사원명부) 상호회사의 사원명부에는 다음 각 호의 사항을 적어야 한다. 1. 사원의 이름과 주소 2. 각 사원의 보험계약의 종류, 보험금액 및 보험료 [전문개정 2010.7.23]		
第53조(통지와 최고) 상호회사의 입사청약서나 사원에 대한 통지 및 최고(催告)에 관하여는 「상법」 제353조를 준용한다. 다만, 보험관계에 속하는 사항의 통지 및 최고에 관하여는 그러하지 아니하다. [전문개정 2010.7.23]		
제3관 회사의 기관 〈개정 2010.7.23〉		
第54조(사원총회 대행기관) ① 상호회사는 사원총회를 갈음할 기관을 정관으로 정할 수 있다 ② 제1항에 따른 기관에 대하여는 사원총회에 관한 규정을 준용한다. [전문개정 2010.7.23]		
第55조(의결권) 상호회사의 사원은 사원총회에서 각각 1개의 의결권을 가진다. 다만, 정관에 특별한 규정이 있는 경우에는 그러하지 아니하다.		
		第55조(준용규정) 제46조제1항 내지 제3항 · 제48조 · 제49조 및 제51조의 규정은 손해사정사의 시험 및 등록에 관하여 이를 준용한다.
第56조(총회소집청구권) ① 상호회사의 100분의 5 이상의 사원은 회의의 목적과 그 소집의 이유를 적은 서면을 이사에게 제출하여 사원총회의 소집을 청구할 수 있다. 다만, 이 권리의 행사에 관하여는 정관으		

로 다른 기준을 정할 수 있다. ② 제1항의 경우에는 「상법」 제366조제2항 및 제3항을 준용한다. [전문개정 2010.7.23]		
第57조(서류의 비치와 열람 등) ① 상호회사의 이사는 정관과 사원총회 및 이사회의 의사록을 각 사무소에, 사원명부를 주된 사무소에 비치하여야 한다. ② 상호회사의 사원과 채권자는 영업시간 중에는 언제든지 제1항의 서류를 열람하거나 복사할 수 있고, 회사가 정한 비용을 내면 그 등본 또는 초본의 발급을 청구할 수 있다. [전문개정 2010.7.23]		
第58조(상호회사의 소수사원권의 행사) 상호회사에 관하여는 제19조를 준용한다. 이 경우 "발행주식 총수"는 "사원 총수"로, "주식을 대통령령으로 정하는 바에 따라 보유한 자"는 "사원"으로 본다. [전문개정 2010.7.23]		
		제58조 삭제 〈2009.12.31〉
第59조(「상법」 등의 준용) ① 상호회사의 사원총회에 관하여는 「상법」 제362조, 제363조제1항·제2항, 제364조, 제365조제1항·제3항, 제367조, 제368조제1항·제3항·제4항, 제371조제2항, 제372조, 제373조 및 제375조부터 제381조까지의 규정을 준용한다. ② 상호회사의 이사에 관하여는 「상법」 제382조, 제383조제2항·제3항, 제385조, 제386조, 제388조, 제389조, 제393조, 제395조, 제398조, 제399조제1항, 제401조제1항, 제407조 및 제408조를 준용한다. ③ 상호회사의 감사에 관하여는 제19조와 「상법」 제382조, 제385조, 제386조, 제388조, 제394조, 제399조제1항, 제401조제1항, 제407조, 제410조부터 제412조까지, 제412조의2		

부터 제412조의4까지, 제413조, 제413조의2 및 제414조제3항을 준용한다. [전문개정 2010.7.23]		
제4관 회사의 계산 〈개정 2010. 7.23〉		
제60조(손실보전준비금) ① 상호회사는 손실을 보전하기 위하여 각 사업연도의 잉여금 중에서 준비금을 적립하여야 한다. ② 제1항에 따른 준비금의 총액과 매년 적립할 최저액은 정관으로 정한다. [전문개정 2010.7.23]		
제61조(기금이자 지급 등의 제한) ① 상호회사는 손실을 보전하기 전에는 기금이자를 지급하지 못한다. ② 상호회사는 설립비용과 사업비의 전액을 상각(償却)하고 제60조제1항에 따른 준비금을 공제하기 전에는 기금의 상각 또는 잉여금의 분배를 하지 못한다. ③ 상호회사가 제1항 또는 제2항을 위반하여 기금이자의 지급, 기금의 상각 또는 잉여금의 분배를 한 경우에는 회사의 채권자는 이를 반환하게 할 수 있다. [전문개정 2010.7.23]		
제62조(기금상각적립금) 상호회사가 기금을 상각할 때에는 상각하는 금액과 같은 금액을 적립하여야 한다. [전문개정 2010.7.23]		
제63조(잉여금의 분배) 상호회사의 잉여금은 정관에 특별한 규정이 없으면 각 사업연도 말 당시 사원에게 분배한다. [전문개정 2010.7.23]		
제64조(「상법」의 준용) 상호회사의 계산에 관하여는 「상법」 제447조, 제447조의2부터 제447조의4까지, 제448조부터 제450조까지, 제452조 및 제468조를 준용한다. [전문개정 2010.7.23]		

제5관 정관의 변경 〈개정 2010.7.23〉		
제65조(정관의 변경) ① 상호회사의 정관을 변경하려면 사원총회의 결의를 거쳐야 한다. ② 제1항의 경우에는 제55조와 「상법」 제363조제1항 · 제2항, 제364조, 제368조제3항 · 제4항, 제371조제2항, 제372조, 제373조, 제376조부터 제381조까지 및 제433조제2항을 준용한다. [전문개정 2010.7.23]		
제6관 사원의 퇴사 〈개정 2010.7.23〉		
제66조(퇴사이유) ① 상호회사의 사원은 다음 각 호의 사유로 퇴사한다. 1. 정관으로 정하는 사유의 발생 2. 보험관계의 소멸 ② 상호회사의 사원이 사망한 경우에는 「상법」 제283조를 준용한다. [전문개정 2010.7.23]		
제67조(환급청구권) ① 상호회사에서 퇴사한 사원은 정관이나 보험약관으로 정하는 바에 따라 그 권리에 따른 금액의 환급을 청구할 수 있다. ② 퇴사한 사원이 회사에 대하여 부담한 채무가 있는 경우에는 회사는 제1항의 금액에서 그 채무액을 공제할 수 있다. [전문개정 2010.7.23]		
제68조(환급기한 및 시효) ① 상호회사에서 퇴사한 사원의 권리에 따른 금액의 환급은 퇴사한 날이 속하는 사업연도가 종료한 날부터 3개월 이내에 하여야 한다. ② 퇴사원의 환급청구권은 제1항의 기간이 지난 후 2년 동안 행사하지 아니하면 시효로 소멸한다. [전문개정 2010.7.23]		
제7관 해산 〈개정 2010.7.23〉		
제69조(해산의 공고) ① 상호회사		

가 해산을 결의한 경우에는 그 결의가 제139조에 따라 인가를 받은 날부터 2주 이내에 결의의 요지와 대차대조표를 공고하여야 한다. ② 제1항의 경우에는 제141조제2항부터 제4항까지, 제145조 및 제149조를 준용한다. [전문개정 2010.7.23]		
제70조(「상법」의 준용) ① 상호회사에 관하여는 「상법」 제174조제3항, 제175조제1항, 제228조, 제232조, 제234조부터 제240조까지, 제522조제1항 · 제2항, 제526조제1항, 제527조제1항 · 제2항, 제528조제1항 및 제529조를 준용한다. 이 경우 「상법」 제528조제1항 중 "제317조"는 "「보험업법」 제40조"로 본다. ② 「상법」 제175조제1항에 따른 선임에 관하여는 제39조제2항을 준용한다. [전문개정 2010.7.23]		
제8관 청산 〈개정 2010.7.23〉		
제71조(청산) 상호회사가 해산한 경우에는 합병과 파산의 경우가 아니면 이 관의 규정에 따라 청산을 하여야 한다. [전문개정 2010.7.23]		
제72조(자산 처분의 순위 등) ① 상호회사의 청산인은 다음 각 호의 순위에 따라 회사자산을 처분하여야 한다. 1. 일반채무의 변제 2. 사원의 보험금액과 제158조제2항에 따라 사원에게 환급할 금액의 지급 3. 기금의 상각 ② 제1항에 따른 처분을 한 후 남은 자산은 상호회사의 정관에 특별한 규정이 없으면 잉여금을 분배할 때와 같은 비율로 사원에게 분배하여야 한다. [전문개정 2010.7.23]		
제73조(「상법」 등의 준용) 상호회사의 청산에 관하여는 제19조 · 제56조 · 제57조와 「상법」 제		

245조, 제253조부터 제255조까지, 제259조, 제260조 단서, 제264조, 제328조, 제362조, 제367조, 제373조제2항, 제376조, 제377조, 제382조제2항, 제386조, 제388조, 제389조, 제394조, 제398조, 제399조제1항, 제401조제1항, 제407조, 제408조, 제411조, 제412조, 제412조의2부터 제412조의4까지, 제413조, 제414조제3항, 제448조부터 제450조까지, 제531조부터 제537조까지, 제539조제1항, 제540조 및 제541조를 준용한다. [전문개정 2010.7.23]		
제4절 외국보험회사국내지점 〈개정 2010.7.23〉		
제74조(외국보험회사국내지점의 허가취소 등) ① 금융위원회는 외국보험회사의 본점이 다음 각 호의 어느 하나에 해당하게 되면 그 외국보험회사국내지점에 대하여 청문을 거쳐 보험업의 허가를 취소할 수 있다. 1. 합병, 영업양도 등으로 소멸한 경우 2. 위법행위, 불건전한 영업행위 등의 사유로 외국감독기관으로부터 제134조제2항에 따른 처분에 상당하는 조치를 받은 경우 3. 휴업하거나 영업을 중지한 경우 ② 금융위원회는 외국보험회사국내지점이 이 법 또는 이 법에 따른 명령이나 처분을 위반하거나 외국보험회사의 본점이 그 본국의 법령을 위반하는 등의 사유로 해당 외국보험회사국내지점의 보험업 수행이 어렵다고 인정되면 공익 또는 보험계약자 보호를 위하여 영업정지 또는 그 밖에 필요한 조치를 하거나 청문을 거쳐 보험업의 허가를 취소할 수 있다. ③ 외국보험회사국내지점은 그 외국보험회사의 본점이 제1항 각 호의 어느 하나에 해당하게		

되면 그 사유가 발생한 날부터 7일 이내에 그 사실을 금융위원회에 알려야 한다. [전문개정 2010.7.23]		
제75조(국내자산 보유의무) ① 외국보험회사국내지점은 대한민국에서 체결한 보험계약에 관하여 제120조에 따라 적립한 책임준비금 및 비상위험준비금에 상당하는 자산을 대한민국에서 보유하여야 한다. ② 제1항에 따라 대한민국에서 보유하여야 하는 자산의 종류 및 범위 등에 관하여는 대통령령으로 정한다. [전문개정 2010.7.23]	제25조의2(외국보험회사국내지점의 자산 보유 등) 법 제75조제1항에 따라 외국보험회사국내지점은 다음 각 호의 어느 하나에 해당하는 자산을 대한민국에서 보유하여야 한다. 1. 현금 또는 국내 금융기관에 대한 예금, 적금 및 부금 2. 국내에 예탁하거나 보관된 증권 3. 국내에 있는 자에 대한 대여금, 그 밖의 채권 4. 국내에 있는 고정자산 5. 미상각신계약비 6. 제1호부터 제5호까지의 자산과 유사한 자산으로서 금융위원회가 정하여 고시하는 자산 [본조신설 2011.1.24]	
제76조(국내 대표자) ① 외국보험회사국내지점에 관하여는 「상법」 제209조를 준용한다. ② 외국보험회사국내지점의 대표자는 퇴임한 후에도 후임 대표자의 이름 및 주소에 관하여 「상법」 제614조제3항에 따른 등기가 있을 때까지는 계속하여 대표자의 권리와 의무를 가진다. ③ 외국보험회사국내지점의 대표자는 이 법에 따른 보험회사의 임원으로 본다. [전문개정 2010.7.23]		
제77조(잔무처리자) ① 제4조에 따라 허가를 받은 외국보험회사의 본점이 보험업을 폐업하거나 해산한 경우 또는 대한민국에서의 보험업을 폐업하거나 그 허가가 취소된 경우에는 금융위원회가 필요하다고 인정하면 잔무(殘務)를 처리할 자를 선임하거나 해임할 수 있다. ② 제1항의 잔무처리자에 관하여는 제76조제1항 및 제157조를 준용한다.		

③ 제1항의 경우에는 제160조를 준용한다. [전문개정 2010.7.23]		
第78조(등기) ① 상호회사인 외국보험회사(이하 "외국상호회사"라 한다) 국내지점에 관하여는 제41조를 준용한다. ② 외국상호회사 국내지점이 등기를 신청하는 경우에는 그 외국상호회사 국내지점의 대표자는 신청서에 대한민국에서의 주된 영업소와 대표자의 이름 및 주소를 적고 다음 각 호의 서류를 첨부하여야 한다. 1. 대한민국에 주된 영업소가 있다는 것을 인정할 수 있는 서류 2. 대표자의 자격을 인정할 수 있는 서류 3. 회사의 정관이나 그 밖에 회사의 성격을 판단할 수 있는 서류 ③ 제2항 각 호의 서류는 해당 외국상호회사 본국의 관할 관청이 증명한 것이어야 한다. [전문개정 2010.7.23]		
	第78조(협의회의 운영) ① 협의회장은 협의회를 대표하고 회의를 총괄한다. ② 협의회 회의는 협의회장이 필요하다고 인정하거나 재적위원 3분의 1 이상이 요구할 때에 협의회장이 소집한다. ③ 협의회의 회의는 재적위원 과반수 이상의 출석으로 개의하고 출석위원 과반수 이상의 찬성으로 의결한다. ④ 협의회장은 제2항에 따라 회의를 소집하려는 경우에는 회의 개최 2일 전까지 회의의 일시·장소 및 회의에 부치는 사항을 위원에게 서면으로 알려야 한다. 다만, 긴급한 사정이 있거나 부득이한 경우에는 그러하지 아니하다. ⑤ 협의회는 보험조사에 필요한 경우 제76조제1항제5호에 따른 기관 및 단체에 자료 제공을 요청할 수 있다.	

	⑥ 협의회의 운영에 필요한 사항은 협의회의 의결을 거쳐 협의회장이 정한다. [전문개정 2011.1.24]	
제79조(「상법」의 준용) ① 외국상호회사 국내지점에 관하여는 「상법」 제1편제3장(제16조는 제외한다), 제22조 · 제23조 및 제24조, 제26조, 제1편제5장 · 제6장, 제2편제5장(제90조는 제외한다) 및 제177조를 준용한다. ② 외국보험회사국내지점이 대한민국에 종된 영업소를 설치하거나 외국보험회사국내지점을 위하여 모집을 하는 자가 영업소를 설치한 경우에는 「상법」 제619조 및 제620조제1항 · 제2항을 준용한다. [전문개정 2010.7.23]		
제80조(「비송사건절차법」의 준용) 외국상호회사의 국내지점에 관하여는 「비송사건절차법」 제72조제3항, 제101조제2항 및 제128조를 준용한다. [전문개정 2010.7.23]		
제80조의2(「상업등기법」의 준용) 외국상호회사의 국내지점에 관하여는 「상업등기법」 제3조, 제5조제2항 · 제3항, 제7조부터 제11조까지, 제14조, 제17조부터 제19조까지, 제22조부터 제24조까지, 제26조부터 제30조까지, 제53조, 제55조, 제61조제2항, 제66조, 제67조, 제113조부터 제119조까지, 제121조부터 제128조까지 및 제131조를 준용한다. [본조신설 2010.7.23]		
제81조(총회 결의의 의제) 제141조, 제142조, 제144조제1항 및 제146조제2항을 외국보험회사국내지점에 적용할 경우 제141조제1항 중 "제138조에 따른 결의를 한 날"은 "이전계약서를 작성한 날"로, 제142조 및 제144조제1항 중 "주주총회등의 결의가 있었던 때"는 각각 "이전계약서를 작성한 때"로,		

제146조제2항 중 "보험계약 이전의 결의를 한 후"는 "이전계약서를 작성한 후"로 본다. [전문개정 2010.7.23]		
제82조(적용 제외) ① 외국보험회사국내지점에 관하여는 제8조, 제15조, 제16조, 제138조 · 제139조 중 해산 및 합병에 관한 부분, 제141조제4항, 제148조, 제149조, 제151조부터 제154조까지, 제156조, 제157조 및 제159조부터 제161조까지의 규정을 적용하지 아니한다. ② 외국보험회사국내지점에 관하여는 제8장 중 총회의 결의에 관한 규정을 적용하지 아니한다. [전문개정 2010.7.23]		
제4장 모집 〈개정 2010.7.23〉		
제1절 모집종사자 〈개정 2010.7.23〉		
제83조(모집할 수 있는 자) ① 모집을 할 수 있는 자는 다음 각 호의 어느 하나에 해당하는 자이어야 한다. 1. 보험설계사 2. 보험대리점 3. 보험중개사 4. 보험회사의 임원(대표이사 · 사외이사 · 감사 및 감사위원은 제외한다. 이하 이 장에서 같다) 또는 직원 ② 제91조에 따른 금융기관보험대리점등은 대통령령으로 정하는 바에 따라 그 금융기관 소속 임직원이 아닌 자로 하여금 모집을 하게 하거나, 보험계약 체결과 관련한 상담 또는 소개를 하게 하고 상담 또는 소개의 대가를 지급하여서는 아니 된다. [전문개정 2010.7.23]	제26조(모집할 수 있는 자) ①법 제83조제2항에 따라 법 제91조제2항에 따른 금융기관보험대리점등(이하 "금융기관보험대리점등"이라 한다) 중 다음 각 호의 어느 하나에 해당하는 자는 소속 임직원이 아닌 자로 하여금 모집을 하게 하거나, 보험계약 체결과 관련한 상담 또는 소개를 하게 하고 상담 또는 소개의 대가를 지급할 수 있다. 〈개정 2011.12.31〉 1. 제40조제1항제3호에 따른 신용카드업자 2. 제40조제1항제4호에 따른 조합(「농업협동조합법」 제134조의5에 따라 설립된 농협생명보험 또는 농협손해보험이 판매하는 보험상품을 모집하는 경우로 한정한다) ② 제1항제2호에 따라 보험을 모집하거나 보험계약을 상담 또는 소개하게 할 수 있는 조합의 소속 임직원이 아닌 자는 보험설계사로서 구체적인 범위는 금융위원회가 정하여 고시한다. 〈신설 2011.12.31〉	

	[전문개정 2011.1.24] [대통령령 제23479호(2011. 12. 31) 부칙 제2조의 규정에 의하여 이 조 제1항제2호 및 같은 조 제2항은 2017년 3월 1일까지 유효함] 第56조(특별계정의 운용전문인력 확보의무 등) ① 특별계정(법 제108조제1항제3호의 계약에 따라 설정된 특별계정은 제외한다)을 설정·운용하는 보험회사는 특별계정의 공정한 관리를 위하여 특별계정의 관리 및 운용을 전담하는 조직과 인력을 갖추어야 한다. 다만, 특별계정을 통한 대출업무의 경우에는 내부통제기준의 준수 여부에 대한 준법감시인의 확인을 거쳐 일반계정의 운용인력 및 조직을 이용할 수 있다. ② 법 제83조제1항 각 호의 자가 변액보험계약을 모집하려는 경우에는 금융위원회가 정하여 고시하는 바에 따라 변액보험계약의 모집에 관한 연수과정을 이수하여야 한다. [전문개정 2011.1.24]	
第84조(보험설계사의 등록) ① 보험회사·보험대리점 및 보험중개사(이하 이 절에서 "보험회사등"이라 한다)는 소속 보험설계사가 되려는 자를 금융위원회에 등록하여야 한다. ② 다음 각 호의 어느 하나에 해당하는 자는 보험설계사가 되지 못한다. 1. 금치산자 또는 한정치산자 2. 파산선고를 받은 자로서 복권되지 아니한 자 3. 이 법에 따라 벌금 이상의 형을 선고받고 그 집행이 끝나거나(집행이 끝난 것으로 보는 경우를 포함한다) 집행이 면제된 날부터 2년이 지나지 아니한 자 4. 이 법에 따라 금고 이상의 형의 집행유예를 선고받고 그 유예기간 중에 있는 자 5. 이 법에 따라 보험설계사·	第27조(보험설계사의 구분 및 등록요건) ① 법 제84조에 따른 보험설계사는 생명보험설계사, 손해보험설계사 및 제3보험설계사로 구분한다. ② 제1항에 따른 보험설계사의 등록요건은 별표 3과 같다. ③ 법 제84조제2항제7호에서 "대통령령으로 정하는 자"란 다음 각 호의 어느 하나에 해당하는 사람을 말한다. 1. 직무정지 이상의 조치를 받은 임원 2. 정직 이상의 조치를 받은 직원 3. 제1호나 제2호에 따른 제재를 받기 전에 사임 또는 사직한 사람 ④ 보험설계사 등록의 신청방법과 그 밖에 보험설계사의 등록에 필요한 사항은 금융위원회가 정하여 고시한다.	

보험대리점 또는 보험중개사의 등록이 취소된 후 2년이 지나지 아니한 자
6. 제5호에도 불구하고 이 법에 따라 보험설계사·보험대리점 또는 보험중개사 등록취소 처분을 2회 이상 받은 경우 최종 등록취소 처분을 받은 날부터 3년이 지나지 아니한 자
7. 이 법에 따라 과태료 또는 과징금 처분을 받고 이를 납부하지 아니하거나 업무정지 및 등록취소 처분을 받은 보험대리점·보험중개사 소속의 임직원이었던 자(처분사유의 발생에 관하여 직접 또는 이에 상응하는 책임이 있는 자로서 대통령령으로 정하는 자만 해당한다)로서 과태료·과징금·업무정지 및 등록취소 처분이 있었던 날부터 2년이 지나지 아니한 자
8. 영업에 관하여 성년자와 같은 능력을 가지지 아니한 미성년자로서 그 법정대리인이 제1호부터 제7호까지의 규정 중 어느 하나에 해당하는 자
9. 법인 또는 법인이 아닌 사단이나 재단으로서 그 임원이나 관리인 중에 제1호부터 제7호까지의 규정 중 어느 하나에 해당하는 자가 있는 자
10. 이전에 모집과 관련하여 받은 보험료, 대출금 또는 보험금을 다른 용도에 유용(流用)한 후 3년이 지나지 아니한 자

③ 보험설계사의 구분·등록요건·영업기준 및 영업범위 등에 관하여 필요한 사항은 대통령령으로 정한다.

[전문개정 2010.7.23]

[전문개정 2011.1.24]

제29조의2(보험설계사 등의 교육) ① 법 제85조의2제1항에 따라 보험회사, 보험대리점 및 보험중개사(이하 이 조에서 "보험회사등"이라 한다)는 소속 보험설계사에게 법 제84조에 따라 등록한 날부터 2년이 지날 때마다 2년이 된 날부터 6개월 이내에 별표 4의 기준에 따라 교육을 하여야 한다.

② 법 제85조의2제2항에 따라 법인이 아닌 보험대리점 및 보험중개사는 법 제87조 또는 제89조에 따라 등록한 날부터 2년이 지날 때마다 2년이 된 날부터 6개월 이내에 별표 4의 기준에 따라 교육을 받아야 한다.

③ 보험협회, 보험회사등은 제1항 및 제2항에 따른 교육을 효율적으로 실시하기 위하여 필요한 단체를 구성·운영할 수 있다.

④ 제1항 및 제2항에 따른 교육의 세부적인 기준, 방법 및 절차, 제3항에 따른 단체의 구성 및 운영에 필요한 사항은 금융위원회가 정하여 고시한다. 〈개정 2011. 12.31〉

[본조신설 2011.1.24]

제40조(금융기관보험대리점등의 영업기준 등) ① 법 제91조제1항제4호에서 "대통령령으로 정하는 기관"이란 다음 각 호의 기관을 말한다. 〈개정 2011.12.31, 2012.1.6〉
1. 「한국산업은행법」에 따라 설립된 한국산업은행
2. 「중소기업은행법」에 따라 설립된 중소기업은행
2의2. 삭제 〈2012.6.1〉
3. 「여신전문금융업법」에 따라 허가를 받은 신용카드업자(겸영여신업자는 제외한다. 이하 같다)
4. 「농업협동조합법」에 따라 설립된 조합 및 농협은행

② 법 제91조제2항에 따라 금융기관보험대리점등이 모집할 수 있는 보험상품의 범위는 별

	표 5와 같다. 다만, 제1항제3호에 따른 신용카드업자가 모집할 수 있는 보험상품의 범위는 금융기관보험대리점등이 아닌 보험대리점이 모집할 수 있는 보험상품의 범위와 같고, 같은 항 제4호에 따른 조합이 모집할 수 있는 보험상품의 범위는 법률 제10522호 농업협동조합법 일부개정법률 부칙 제15조제8항에 따라 허가받은 것으로 보는 보험상품으로서 구체적인 보험상품의 범위는 금융위원회가 정하여 고시한다. 〈개정 2011.12.31〉 ③ 금융기관보험대리점등은 다음 각 호의 어느 하나에 해당하는 방법으로 모집하여야 한다. 다만, 제3호의 방법은 제1항제3호에 따른 신용카드업자만 사용할 수 있다. 1. 법 제100조제2항제3호에 따라 해당 금융기관보험대리점등의 점포 내의 지정된 장소에서 보험계약자와 직접 대면하여 모집하는 방법 2. 인터넷 홈페이지를 이용하여 불특정 다수를 대상으로 보험상품을 안내하거나 설명하여 모집하는 방법 3. 법 제96조제1항에 따른 전화, 우편, 컴퓨터통신 등의 통신수단을 이용하여 모집하는 방법 ④ 금융기관보험대리점등(제1항제3호에 따른 신용카드업자는 제외한다)은 그 금융기관보험대리점등의 본점·지점 등 점포별로 2명(보험설계사 자격을 갖춘 사람으로서 금융위원회가 정한 기준과 방법에 따라 채용된 사람은 제외한다)의 범위에서 법 제84조제1항에 따라 등록된 소속 임원 또는 직원으로 하여금 모집에 종사하게 할 수 있다. ⑤ 금융기관보험대리점등에서 모집에 종사하는 사람은 대출 등 불공정 모집의 우려가 있는 업무를 취급할 수 없다.	

	⑥ 금융기관보험대리점등(최근 사업연도 말 현재 자산총액이 2조원 이상인 기관만 해당한다)이 모집할 수 있는 1개 생명보험회사 또는 1개 손해보험회사 상품의 모집액은 매 사업연도별로 해당 금융기관보험대리점등이 신규로 모집하는 생명보험회사 상품의 모집총액 또는 손해보험회사 상품의 모집총액 각각의 100분의 25(제7항에 따라 보험회사 상품의 모집액을 합산하여 계산하는 경우에는 100분의 33)를 초과할 수 없다. ⑦ 제6항에 따른 1개 보험회사 상품의 모집액 산정 시 금융기관보험대리점등과 대리점계약을 체결한 보험회사(이하 이 조에서 "체약보험회사"라 한다)와 다음 각 호의 어느 하나에 해당하는 관계에 있는 보험회사 상품의 모집액은 합산하여 계산한다. 1. 최대주주가 동일한 보험회사 2. 체약보험회사 지분의 100분의 15 이상을 소유한 금융기관보험대리점등이 지분의 100분의 15 이상을 소유한 보험회사 3. 체약보험회사 지분의 100분의 15 이상을 소유한 금융기관보험대리점등의 지주회사가 지분의 100분의 15 이상을 소유한 보험회사 4. 제1호부터 제3호까지에 준하는 경우로서 금융위원회가 정하여 고시하는 관계에 있는 보험회사 ⑧ 금융기관보험대리점등은 해당 금융기관에 적용되는 모집수수료율을 모집을 하는 점포의 창구 및 인터넷 홈페이지에 공시하여야 하며 보험회사는 모집을 위탁한 금융기관보험대리점등의 모집수수료율을, 보험협회는 전체 금융기관보험대리점등의 모집수수료율을 각각 비교 · 공시하여야 한다. ⑨ 금융기관보험대리점등은 보	

	험계약의 체결을 대리하거나 중개할 때에는 금융위원회가 정하여 고시하는 바에 따라 다음 각 호의 모든 사항을 보험계약자에게 설명하여야 한다. 1. 대리하거나 중개하는 보험계약의 주요 보장 내용 2. 대리하거나 중개하는 보험계약의 환급금 3. 그 밖에 불완전 판매를 방지하기 위하여 필요한 경우로서 금융위원회가 정하여 고시하는 사항 ⑩ 제2항부터 제9항까지의 규정에 관한 세부 기준·방법 등 그 밖에 금융기관보험대리점등의 모집에 필요한 사항은 금융위원회가 정하여 고시한다. 다만, 「전자상거래 등에서의 소비자보호에 관한 법률」 등 소비자 관련 법령에서 규율하고 있는 사항에 대해서는 그러하지 아니하다. ⑪ 금융감독원장은 제6항에 따른 금융기관보험대리점등의 모집총액과 제8항에 따른 모집수수료율 등에 관한 보고서를 금융기관보험대리점등의 사업연도별로 작성하여야 한다. ⑫ 제1항제4호에 따른 조합이 농업인을 대상으로 다음 각 호의 보험상품을 모집하는 경우에는 제3항, 제4항 또는 제6항을 적용하지 아니한다. 〈신설 2011.12.31〉 1. 「농어업재해보험법」 제2조제2호에 따른 농어업재해보험 2. 「농어업인 삶의 질 향상 및 농어촌지역 개발촉진에 관한 특별법」 제3조제3호에 따른 농어업인등의 복지증진 및 농어촌의 개발촉진 등을 위하여 정부나 지방자치단체가 보험료의 일부를 지원하는 보험상품으로서 금융위원회가 정하여 고시하는 보험상품 [전문개정 2011.1.24]	

第85조(보험설계사에 의한 모집의 제한) ① 보험회사등은 다른 보험회사등에 소속된 보험설계사에게 모집을 위탁하지 못한다. ② 보험설계사는 자기가 소속된 보험회사등 이외의 자를 위하여 모집을 하지 못한다. ③ 다음 각 호의 어느 하나에 해당하는 경우에는 제1항 및 제2항을 적용하지 아니한다. 1. 생명보험회사 또는 제3보험업을 전업(專業)으로 하는 보험회사에 소속된 보험설계사가 1개의 손해보험회사를 위하여 모집을 하는 경우 2. 손해보험회사 또는 제3보험업을 전업으로 하는 보험회사에 소속된 보험설계사가 1개의 생명보험회사를 위하여 모집을 하는 경우 3. 생명보험회사나 손해보험회사에 소속된 보험설계사가 1개의 제3보험업을 전업으로 하는 보험회사를 위하여 모집을 하는 경우 ④ 제3항을 적용받는 보험회사 및 보험설계사가 모집을 할 때 지켜야 할 사항은 대통령령으로 정한다. [전문개정 2010.7.23]	第29조(보험설계사의 교차모집) ① 보험설계사가 법 제85조제3항에 따라 소속 보험회사 외의 보험회사를 위하여 모집(이하 이 조에서 "교차모집"이라 한다)하려는 경우에는 교차모집을 하려는 보험회사의 명칭 등 금융위원회가 정하여 고시하는 사항을 적은 서류를 법 제175조에 따라 설립된 보험협회(이하 "보험협회"라 한다)에 제출하여야 한다. ② 교차모집을 하려는 보험설계사(이하 이 조에서 "교차모집보험설계사"라 한다)는 모집하려는 보험계약의 종류에 따라 제27조제1항 및 제2항의 구분에 따른 등록요건을 갖추어 보험협회에 보험설계사 등록을 하여야 한다. ③ 법 제85조제4항에 따라 교차모집보험설계사의 소속 보험회사 또는 교차모집을 위탁한 보험회사는 다음 각 호의 행위를 하여서는 아니 된다. 1. 교차모집보험설계사에게 자사 소속의 보험설계사로 전환하도록 권유하는 행위 2. 교차모집보험설계사에게 자사를 위하여 모집하는 경우 보험회사가 정한 수수료·수당 외에 추가로 대가를 지급하기로 약속하거나 이를 지급하는 행위 3. 교차모집보험설계사가 다른 보험회사를 위하여 모집한 보험계약을 자사의 보험계약으로 처리하도록 유도하는 행위 4. 교차모집보험설계사에게 정당한 사유 없이 위탁계약 해지, 위탁범위 제한 등 불이익을 주는 행위 5. 교차모집보험설계사의 소속 영업소를 변경하거나 모집한 계약의 관리자를 변경하는 등 교차모집을 제약·방해하는 행위 6. 그 밖에 보험계약자 보호와 모집질서 유지를 위하여	第16조(교차모집에 대한 보험회사등의 금지행위) ① 영 제29조제3항제6호에서 "총리령으로 정하는 행위"란 다음 각 호의 어느 하나에 해당하는 행위를 말한다. 1. 소속 보험설계사에게 특정 보험회사를 지정하여 영 제29조제1항에 따른 교차모집(이하 "교차모집"이라 한다) 위탁계약의 체결을 강요하는 행위 2. 소속 보험설계사에게 영 제29조제2항에 따른 교차모집보험설계사(이하 "교차모집보험설계사"라 한다)가 될 자의 유치를 강요하는 행위 3. 합리적 근거 없이 교차모집보험설계사를 소속 보험설계사보다 우대하는 행위 ② 영 제29조제4항제4호에서 "총리령으로 정하는 행위"란 다음 각 호의 어느 하나에 해당하는 행위를 말한다. 1. 교차모집을 위탁한 보험회사에 대하여 합리적 근거 없이 다른 보험설계사보다 우대하여 줄 것을 요구하는 행위 2. 교차모집을 위탁한 보험회사에 대하여 다른 교차모집보험설계사 유치를 조건으로 대가를 요구하는 행위 3. 교차모집 관련 보험계약 정보를 외부에 유출하는 행위 [본조신설 2009.12.31]

	총리령으로 정하는 행위 ④ 교차모집보험설계사는 다음 각 호의 어느 하나에 해당하는 행위를 하여서는 아니 된다. 1. 업무상 알게 된 특정 보험회사의 정보를 다른 보험회사에 제공하는 행위 2. 보험계약을 체결하려는 자의 의사에 반하여 다른 보험회사와의 보험계약 체결을 권유하는 등 모집을 위탁한 보험회사 중 어느 한 쪽의 보험회사만을 위하여 모집하는 행위 3. 모집을 위탁한 보험회사에 대하여 회사가 정한 수수료·수당 외에 추가로 대가를 지급하도록 요구하는 행위 4. 그 밖에 보험계약자 보호와 모집질서 유지를 위하여 총리령으로 정하는 행위 [전문개정 2011.1.24]	
제85조의2(보험설계사 등의 교육) ① 보험회사등은 대통령령으로 정하는 바에 따라 소속 보험설계사에게 보험계약의 모집에 관한 교육을 하여야 한다. ② 법인이 아닌 보험대리점 및 보험중개사는 대통령령으로 정하는 바에 따라 제1항에 따른 교육을 받아야 한다. [본조신설 2010.7.23]	제29조의2(보험설계사 등의 교육) ① 법 제85조의2제1항에 따라 보험회사, 보험대리점 및 보험중개사(이하 이 조에서 "보험회사등"이라 한다)는 소속 보험설계사에게 법 제84조에 따라 등록한 날부터 2년이 지날 때마다 2년이 된 날부터 6개월 이내에 별표 4의 기준에 따라 교육을 하여야 한다. ② 법 제85조의2제2항에 따라 법인이 아닌 보험대리점 및 보험중개사는 법 제87조 또는 제89조에 따라 등록한 날부터 2년이 지날 때마다 2년이 된 날부터 6개월 이내에 별표 4의 기준에 따라 교육을 받아야 한다. ③ 보험협회, 보험회사등은 제1항 및 제2항에 따른 교육을 효율적으로 실시하기 위하여 필요한 단체를 구성·운영할 수 있다. ④ 제1항 및 제2항에 따른 교육의 세부적인 기준, 방법 및 절차, 제3항에 따른 단체의 구성 및 운영에 필요한 사항은	

	금융위원회가 정하여 고시한다. 〈개정 2011.12.31〉 [본조신설 2011.1.24]	
제85조의3(보험설계사에 대한 불공정 행위 금지) ① 보험회사등은 보험설계사에게 보험계약의 모집을 위탁할 때 다음 각 호의 행위를 하여서는 아니 된다. 1. 보험모집 위탁계약서를 교부하지 아니하는 행위 2. 위탁계약서상 계약사항을 이행하지 아니하는 행위 3. 그 밖에 대통령령으로 정하는 불공정한 행위 ② 제175조에 따른 보험협회(이하 "보험협회"라 한다)는 보험설계사에 대한 보험회사등의 불공정한 모집위탁행위를 막기 위하여 보험회사등이 지켜야 할 규약을 정할 수 있다. [본조신설 2010.7.23]	제29조의3(보험설계사에 대한 불공정 행위) 법 제85조의3제1항제3호에서 "대통령령으로 정하는 불공정한 행위"란 다음 각 호의 어느 하나에 해당하는 행위를 말한다. 1. 위탁계약서에서 정한 해지요건 외의 사유로 위탁계약을 해지하는 행위 2. 정당한 사유 없이 보험설계사가 요청한 위탁계약 해지를 거부하는 행위 3. 위탁계약서에서 정한 위탁업무 외의 업무를 강요하는 행위 4. 정당한 사유 없이 보험설계사에게 지급되어야 할 수수료의 일부 또는 전부를 지급하지 아니하거나 지연하여 지급하는 행위 5. 정당한 사유 없이 보험설계사에게 지급한 수수료를 환수하는 행위 6. 보험설계사에게 보험료 대납(代納)을 강요하는 행위 [본조신설 2011.1.24]	
제86조(등록의 취소 등) ① 금융위원회는 보험설계사가 다음 각 호의 어느 하나에 해당하는 경우에는 그 등록을 취소하여야 한다. 1. 제84조제2항 각 호의 어느 하나에 해당하게 된 경우 2. 등록 당시 제84조제2항 각 호의 어느 하나에 해당하는 자이었음이 밝혀진 경우 3. 거짓이나 그 밖의 부정한 방법으로 제84조에 따른 등록을 한 경우 4. 이 법에 따라 업무정지 처분을 2회 이상 받은 경우 ② 금융위원회는 보험설계사가 다음 각 호의 어느 하나에 해당하는 경우에는 6개월 이내의 기간을 정하여 그 업무의 정지를 명하거나 그 등록을 취		

소할 수 있다. 1. 모집에 관한 이 법의 규정을 위반한 경우 2. 이 법에 따른 명령이나 처분을 위반한 경우 3. 이 법에 따라 과태료 처분을 2회 이상 받은 경우 ③ 금융위원회는 제1항 또는 제2항에 따라 등록을 취소하거나 업무의 정지를 명하려면 보험설계사에 대하여 청문을 하여야 한다. ④ 금융위원회는 보험설계사의 등록을 취소하거나 업무의 정지를 명한 경우에는 지체 없이 그 이유를 적은 문서로 보험설계사 및 해당 보험설계사가 소속된 보험회사등에 그 뜻을 알려야 한다. [전문개정 2010.7.23]		
제87조(보험대리점의 등록) ① 보험대리점이 되려는 자는 개인과 법인을 구분하여 대통령령으로 정하는 바에 따라 금융위원회에 등록하여야 한다. ② 다음 각 호의 어느 하나에 해당하는 자는 보험대리점이 되지 못한다. 1. 제84조제2항 각 호의 어느 하나에 해당하는 자 2. 보험설계사 또는 보험중개사로 등록된 자 3. 다른 보험회사등의 임직원 4. 외국의 법령에 따라 제1호에 해당하는 것으로 취급되는 자 5. 그 밖에 경쟁을 실질적으로 제한하는 등 불공정한 모집행위를 할 우려가 있는 자로서 대통령령으로 정하는 자 ③ 금융위원회는 제1항에 따른 등록을 한 보험대리점으로 하여금 금융위원회가 지정하는 기관에 영업보증금을 예탁하게 할 수 있다. ④ 보험대리점의 구분, 등록요건, 영업기준 및 영업보증금의 한도액 등에 관하여 필요한 사	제29조의2(보험설계사 등의 교육) ① 법 제85조의2제1항에 따라 보험회사, 보험대리점 및 보험중개사(이하 이 조에서 "보험회사등"이라 한다)는 소속 보험설계사에게 법 제84조에 따라 등록한 날부터 2년이 지날 때마다 2년이 된 날부터 6개월 이내에 별표 4의 기준에 따라 교육을 하여야 한다. ② 법 제85조의2제2항에 따라 법인이 아닌 보험대리점 및 보험중개사는 법 제87조 또는 제89조에 따라 등록한 날부터 2년이 지날 때마다 2년이 된 날부터 6개월 이내에 별표 4의 기준에 따라 교육을 받아야 한다. ③ 보험협회, 보험회사등은 제1항 및 제2항에 따른 교육을 효율적으로 실시하기 위하여 필요한 단체를 구성·운영할 수 있다. ④ 제1항 및 제2항에 따른 교육의 세부적인 기준, 방법 및 절차, 제3항에 따른 단체의 구성 및 운영에 필요한 사항은 금융위원회가 정하여 고시한다. 〈개정 2011. 12.31〉	

항은 대통령령으로 정한다. [전문개정 2010.7.23]	[본조신설 2011.1.24] 제30조(보험대리점의 구분 및 등록요건) ① 법 제87조에 따른 보험대리점은 개인인 보험대리점(이하 "개인보험대리점"이라 한다)과 법인인 보험대리점(이하 "법인보험대리점"이라 한다)으로 구분하고, 각각 생명보험대리점 · 손해보험대리점 및 제3보험대리점으로 구분한다. ② 제1항에 따른 보험대리점의 등록요건은 별표 3과 같다. ③ 보험대리점 등록의 신청방법과 그 밖에 보험대리점의 등록에 필요한 사항은 금융위원회가 정하여 고시한다. [전문개정 2011.1.24] 제32조(보험대리점의 등록 제한) 법 제87조제2항제5호에서 "대통령령으로 정하는 자"란 다음 각 호의 어느 하나에 해당하는 자를 말한다. 1. 국가기관과 특별법에 따라 설립된 기관 및 그 기관의 퇴직자로 구성된 법인 또는 단체 2. 제1호의 기관, 「금융지주회사법」에 따른 금융지주회사 또는 법 제91조제1항 각 호의 금융기관(겸영업무로 「자본시장과 금융투자업에 관한 법률」에 따른 투자매매업 또는 투자중개업 인가를 받은 보험회사는 제외한다)이 출연 · 출자하는 등 금융위원회가 정하여 고시하는 방법과 기준에 따라 사실상의 지배력을 행사하고 있다고 인정되는 법인 또는 단체 3. 「금융위원회의 설치 등에 관한 법률」 제38조 각 호의 기관(법 제91조제1항 각 호의 금융기관은 제외한다) 4. 제1호부터 제3호까지의 법인 · 단체 또는 기관의 임원 또는 직원 5. 그 밖에 보험대리점을 운영하는 것이 공정한 보험거래질서 확립 및 보험대리	

	점 육성을 저해한다고 금융위원회가 인정하는 자 [전문개정 2011.1.24] 제33조(보험대리점의 영업보증금) ① 법 제87조제4항에 따른 보험대리점의 영업보증금은 1억원(법인보험대리점의 경우에는 3억원)의 범위에서 보험회사와 대리점이 협의하여 정할 수 있다. 다만, 금융기관보험대리점에 대해서는 영업보증금 예탁의무를 면제한다. ② 금융위원회는 보험계약자의 보호와 모집질서의 유지를 위하여 필요하다고 인정하면 제1항에도 불구하고 영업보증금의 증액을 명할 수 있다. ③ 보험대리점의 등록을 한 자는 제1항 및 제2항에 따른 영업보증금을 금융위원회가 지정하는 기관(이하 "영업보증금예탁기관"이라 한다)에 예탁하지 아니하고는 영업을 시작할 수 없다. ④ 제1항 및 제2항에 따른 영업보증금은 현금 또는 다음 각 호의 어느 하나에 해당하는 증권 등으로 예탁할 수 있다. 1. 「자본시장과 금융투자업에 관한 법률」에 따른 한국거래소에 상장된 증권 중 금융위원회가 인정하는 증권 2. 금융위원회가 인정하는 보증보험증권 3. 금융위원회가 인정하는 기관이 발행한 지급보증서 ⑤ 보험대리점의 등록을 한 자는 제4항에 따라 예탁된 증권 등이 그 평가액의 변동으로 제1항 및 제2항에 따른 금액에 미치지 못하게 되었을 때에는 금융위원회가 정하는 기간 내에 그 부족한 금액을 보전하여야 한다. ⑥ 제4항에 따라 예탁된 증권 등의 평가방법 및 평가액 결정은 금융감독원장이 정하는 바에 따른다. [전문개정 2011.1.24] 제33조의2(보험대리점의 영업기준	

	등) ① 법 제87조제4항에 따라 보험설계사가 100명 이상인 법인보험대리점으로서 금융위원회가 정하여 고시하는 법인보험대리점은 다음 각 호의 요건을 모두 갖추어야 한다. 1. 법령을 준수하고 보험계약자를 보호하기 위한 업무지침을 정할 것 2. 제1호에 따른 업무지침의 준수 여부를 점검하고 그 위반사항을 조사하는 임원 또는 직원을 1명 이상 둘 것 3. 보험계약자를 보호하고 보험계약의 모집 업무를 수행하기 위하여 필요한 전산설비 등 물적 시설을 충분히 갖출 것 ② 보험대리점과 그 보험대리점에 소속된 임직원 및 보험설계사는 다음 각 호의 자료 또는 광고에서 보험대리점의 상호를 사용하는 경우에는 그 상호 중에 "보험대리점"이라는 글자를 사용하여야 한다. 1. 법 제95조제1항에 따른 보험안내자료(이하 "보험안내자료"라 한다) 등 보험계약의 체결 또는 모집을 위하여 제공하는 자료 2. 보험상품에 관한 광고 ③ 보험대리점은 그 보험대리점에 소속된 보험설계사와의 위탁계약서, 수입 및 지출 명세에 관한 회계장부 등을 보관하고 관리하여야 한다. ④ 제1항부터 제3항까지에서 규정한 사항 외에 보험대리점의 영업기준과 관련하여 필요한 사항은 금융위원회가 정하여 고시한다. [본조신설 2011.1.24]	
	제87조(참조순보험요율의 산출 및 검증) ① 보험요율 산출기관의 장은 보험회사의 경험통계 등을 기초로 보험종목별·위험별 특성에 따른 위험률을 산출하거나 조정하여 금융위원회에 신고한 순보험요율(이하 "참	

	조순보험요율"이라 한다)을 보험회사가 요청하는 경우에 제시할 수 있다. ② 제1항에 따른 신고는 참조순보험요율 시행예정일 30일 전까지 하여야 한다. ③ 보험요율 산출기관의 장은 참조순보험요율의 적정성 여부를 파악하고 참조순보험요율이 합리적인 수준을 유지할 수 있도록 매년(생명보험, 그 밖에 이와 유사한 보험상품으로서 금융위원회가 정하여 고시하는 보험상품은 3년마다) 이에 대한 검증을 실시하고, 그 검증보고서를 사업연도가 끝난 후 6개월 이내에 금융위원회에 제출하여야 한다. 〈개정 2011.12.31〉 [전문개정 2011.1.24]	
제87조의2(법인보험대리점 임원의 자격) ① 다음 각 호의 어느 하나에 해당하는 자는 법인인 보험대리점(이하 "법인보험대리점"이라 한다)의 임원(이사·감사 또는 사실상 이와 동등한 지위에 있는 자로서 대통령령으로 정하는 자를 말한다)이 되지 못한다. 1. 제13조제1항제1호·제2호 및 제5호에 해당하는 자 2. 제84조제2항제5호부터 제7호까지에 해당하는 자 3. 금고 이상의 실형을 선고받고 그 집행이 끝나거나(집행이 끝난 것으로 보는 경우를 포함한다) 집행이 면제된 날부터 3년이 지나지 아니한 자 4. 이 법에 따라 벌금 이상의 형을 선고받고 그 집행이 끝나거나(집행이 끝난 것으로 보는 경우를 포함한다) 집행이 면제된 날부터 3년이 지나지 아니한 자 ② 제1항에 따른 임원의 자격요건에 관하여 구체적인 사항은 대통령령으로 정한다. [본조신설 2010.7.23]	제33조의3(법인보험대리점 임원의 자격요건) 법 제87조의2제1항 각 호 외의 부분에서 "대통령령으로 정하는 자"란 「상법」 제401조의2제1항 각 호의 어느 하나에 해당하는 사람을 말한다. [본조신설 2011.1.24]	

第87조의3(법인보험대리점의 업무 범위 등) ① 법인보험대리점은 보험계약자 보호 등을 해칠 우려가 없는 업무로서 대통령령으로 정하는 업무 또는 보험계약의 모집 업무 이외의 업무를 하지 못한다. ② 법인보험대리점은 경영현황 등 대통령령으로 정하는 업무상 주요 사항을 대통령령으로 정하는 바에 따라 공시하고 금융위원회에 알려야 한다. [본조신설 2010.7.23]	第33조의4(법인보험대리점의 업무 범위 등) ① 법 제87조의3제1항에 따라 법인보험대리점은 다음 각 호의 어느 하나에 해당하는 업무를 하지 못한다. 1. 「방문판매 등에 관한 법률」에 따른 다단계판매업 2. 「대부업 등의 등록 및 금융이용자 보호에 관한 법률」에 따른 대부업 또는 대부중개업 ② 법 제87조의3제2항에서 "경영현황 등 대통령령으로 정하는 업무상 주요 사항"이란 다음 각 호의 사항을 말한다. 1. 경영하고 있는 업무의 종류 2. 모집조직에 관한 사항 3. 모집실적에 관한 사항 4. 그 밖에 보험계약자 보호를 위하여 금융위원회가 정하여 고시하는 사항 ③ 법 제87조의3제2항에 따른 공시를 위하여 보험회사는 공시에 필요한 자료를 모집에 관한 위탁계약을 체결한 법인보험대리점에 제공하여야 하며, 보험회사 또는 보험협회는 법인보험대리점을 대신하여 제2항 각 호의 사항을 금융위원회에 알릴 수 있다. ④ 법인보험대리점은 법 제87조의3제2항에 따라 제2항 각 호의 사항을 보험협회의 인터넷 홈페이지 등을 통하여 반기별로 공시하여야 한다. ⑤ 제2항부터 제4항까지에서 규정한 사항 외에 법인보험대리점의 공시 등의 방법 및 절차에 관하여 필요한 사항은 금융위원회가 정하여 고시한다. [본조신설 2011.1.24]	
第88조(보험대리점의 등록취소 등) ① 금융위원회는 보험대리점이 다음 각 호의 어느 하나에 해당하는 경우에는 그 등록을 취소하여야 한다. 1. 제87조제2항 각 호의 어느 하나에 해당하게 된 경우 2. 등록 당시 제87조제2항 각		

호의 어느 하나에 해당하는 자이었음이 밝혀진 경우 3. 거짓이나 그 밖에 부정한 방법으로 제87조에 따른 등록을 한 경우 4. 제87조의3제1항을 위반한 경우 5. 제101조를 위반한 경우 ② 금융위원회는 보험대리점이 다음 각 호의 어느 하나에 해당하는 경우에는 6개월 이내의 기간을 정하여 그 업무의 정지를 명하거나 그 등록을 취소할 수 있다. 1. 모집에 관한 이 법의 규정을 위반한 경우 2. 이 법에 따른 명령이나 처분을 위반한 경우 3. 해당 보험대리점 소속 보험설계사가 제1호 및 제2호에 해당하는 경우 ③ 보험대리점에 관하여는 제86조제3항 및 제4항을 준용한다. [전문개정 2010.7.23]		
제89조(보험중개사의 등록) ① 보험중개사가 되려는 자는 개인과 법인을 구분하여 대통령령으로 정하는 바에 따라 금융위원회에 등록하여야 한다. ② 다음 각 호의 어느 하나에 해당하는 자는 보험중개사가 되지 못한다. 1. 제84조제2항 각 호의 어느 하나에 해당하는 자 2. 보험설계사 또는 보험대리점으로 등록된 자 3. 다른 보험회사등의 임직원 4. 제87조제2항제4호 및 제5호에 해당하는 자 5. 부채가 자산을 초과하는 법인 ③ 금융위원회는 제1항에 따른 등록을 한 보험중개사가 보험계약 체결 중개와 관련하여 보험계약자에게 입힌 손해의 배상을 보장하기 위하여 보험중개사로 하여금 금융위원회가 지정하는 기관에 영업보증금을 예탁하게 하거나 보험 가입, 그 밖에 필요한 조치를 하	제34조(보험중개사의 구분 및 등록요건 등) ① 법 제89조에 따른 보험중개사는 개인인 보험중개사(이하 "개인보험중개사"라 한다)와 법인인 보험중개사(이하 "법인보험중개사"라 한다)로 구분하고, 각각 생명보험중개사·손해보험중개사 및 제3보험중개사로 구분한다. ② 제1항에 따른 보험중개사의 등록요건은 별표 3과 같다. ③ 보험중개사 등록의 신청방법과 그 밖에 보험중개사의 등록에 필요한 사항은 금융위원회가 정하여 고시한다. [전문개정 2011.1.24] 제36조(보험중개사의 영업기준) ① 법 제89조제4항에 따라 법인보험중개사로서 금융위원회가 정하여 고시하는 법인보험중개사는 다음 각 호의 요건을 모두 갖추어야 한다. 1. 법령을 준수하고 보험계약자를 보호하기 위한 업무지침을 정할 것	제19조(보험중개사의 영업보증금) 영 제37조제1항에 따른 보험중개사의 영업보증금은 영업개시일부터 최초의 사업연도(금융위원회가 정하는 사업연도를 기준으로 한다)가 끝난 후 3월 14일까지는 영 제37조제1항에서 정한 영업보증금(이하 이 조에서"최저영업보증금"이라 한다)으로 하고, 그 기간이 지난 후부터는 1년 단위로 해당 보험중개사의 최근 2개 사업연도의 보험중개와 관련된 수입금액 중 큰 금액으로 한다. 다만, 그 금액이 최저영업보증금보다 적은 경우에는 최저영업보증금으로 하고, 100억원보다 큰 경우에는 100억원으로 한다. [전문개정 2011.1.24] 제21조(보험중개사 영업보증금의 반환절차) ① 영 제37조제3항에 따라 보험중개사가 영업보증금을 반환받으려는 경우에는 별지 제11호서식의 영업보

게 할 수 있다. ④ 보험중개사의 구분, 등록요건, 영업기준 및 영업보증금의 한도액 등에 관하여 필요한 사항은 대통령령으로 정한다. [전문개정 2010.7.23]	2. 제1호에 따른 업무지침의 준수 여부를 점검하고 그 위반사항을 조사하는 임원 또는 직원을 1명 이상 둘 것 3. 보험계약자를 보호하고 보험계약의 모집 업무를 수행하기 위하여 필요한 전산설비 등 물적 시설을 충분히 갖출 것 ② 보험중개사와 그 보험중개사에 소속된 임직원 및 보험설계사는 다음 각 호의 자료 또는 광고에서 보험중개사의 상호를 사용하는 경우에는 그 상호 중에 "보험중개사"라는 글자를 사용하여야 한다. 1. 보험안내자료 등 보험계약의 중개를 위하여 소비자에게 제공하는 자료 2. 보험상품에 관한 광고 ③ 보험중개사는 그 보험중개사에 소속된 보험설계사와의 위탁계약서, 수입 및 지출 명세에 관한 회계장부 등을 보관하고 관리하여야 한다. ④ 제1항부터 제3항까지에서 규정한 사항 외에 보험중개사의 영업기준과 관련하여 필요한 사항은 금융위원회가 정하여 고시한다. [전문개정 2011.1.24] 제37조(보험중개사의 영업보증금) ① 법 제89조제3항에 따른 보험중개사의 영업보증금은 개인은 1억원 이상, 법인은 3억원 이상으로 하며, 그 구체적인 금액은 해당 보험중개사의 영업 규모를 고려하여 총리령으로 정한다. 다만, 금융기관보험중개사에 대해서는 영업보증금 예탁의무를 면제한다. ② 금융위원회는 보험계약자의 보호와 모집질서의 유지를 위하여 필요하다고 인정하면 제1항에도 불구하고 최근 사업연도의 보험중개와 관련된 총수입금액의 5배의 범위에서 영업보증금의 증액을 명할 수 있다. ③ 금융위원회는 보험중개사	증금 반환신청서에 영 제37조제3항 각 호의 사항을 확인할 수 있는 서류를 첨부하여 금융위원회에 제출하여야 한다. ② 금융위원회는 보험중개사가 영 제37조제3항제1호부터 제4호까지의 사유로 영업보증금 반환신청을 하는 경우에는 다음 각 호의 사항을 일간신문 또는 인터넷 등에 공시하여야 한다. 1. 해당 보험중개사의 영업보증금 반환신청 사실 및 그 사유 2. 해당 보험중개사의 보험계약 체결의 중개행위와 관련하여 손해를 입은 자는 공시일 부터 6개월 이내에 손해배상금의 지급을 신청하여야 하며, 해당 기간에 손해배상금의 지급을 신청하지 아니하는 경우에는 해당 보험중개사가 예탁(預託)한 영업보증금에서 배분을 받을 수 없다는 내용 ③ 제2항에 따른 공시 결과 손해배상금의 지급신청이 있는 경우 그 처리절차에 관하여는 제22조제1항·제2항 및 제5항부터 제7항까지의 규정을 준용한다. ④ 금융위원회는 제2항 및 제3항에 따른 절차를 진행한 결과 해당 보험중개사가 예탁한 영업보증금의 남은 금액이 있는 경우에는 보험계약자 등의 보호에 지장이 없다고 인정될 때에만 영업보증금예탁기관의 장으로 하여금 그 남은 금액을 반환하도록 하여야 한다. [전문개정 2011.1.24]

	가 다음 각 호의 어느 하나에 해당하는 경우에는 총리령으로 정하는 바에 따라 영업보증금의 전부 또는 일부를 반환한다. 1. 보험중개사가 보험중개업무를 폐지한 경우 2. 보험중개사인 개인이 사망한 경우 3. 보험중개사인 법인이 파산 또는 해산하거나 합병으로 소멸한 경우 4. 법 제90조제1항에 따라 등록이 취소된 경우 5. 보험중개사의 업무상황 변화 등으로 이미 예탁한 영업보증금이 예탁하여야 할 영업보증금을 초과하게 된 경우 ④ 보험중개사의 영업보증금의 예탁방법 등에 관하여는 제33조제4항부터 제6항까지의 규정을 준용한다. ⑤ 제1항에 따른 영업보증금의 산출기준 등 보험중개사의 영업보증금에 관하여 필요한 사항은 금융위원회가 정하여 고시한다. [전문개정 2011.1.24]	
제89조의2(법인보험중개사 임원의 자격) ① 다음 각 호의 어느 하나에 해당하는 자는 법인인 보험중개사(이하 "법인보험중개사"라 한다)의 임원이 되지 못한다. 1. 제13조제1항제1호 · 제2호 및 제5호에 해당하는 자 2. 제84조제2항제5호부터 제7호까지에 해당하는 자 3. 금고 이상의 실형을 선고받고 그 집행이 끝나거나(집행이 끝난 것으로 보는 경우를 포함한다) 집행이 면제된 날부터 3년이 지나지 아니한 자 4. 이 법에 따라 벌금 이상의 형을 선고받고 그 집행이 끝나거나(집행이 끝난 것으로 보는 경우를 포함한다) 집행이 면제된 날부터		

3년이 지나지 아니한 자 ② 제1항에 따른 임원의 자격요건에 관하여 구체적인 사항은 대통령령으로 정한다. [본조신설 2010.7.23]		
제89조의3(법인보험중개사의 업무 범위 등) ① 법인보험중개사는 보험계약자 보호 등을 해칠 우려가 없는 업무로서 대통령령으로 정하는 업무 또는 보험계약의 모집 업무 이외의 업무를 하지 못한다. ② 법인보험중개사는 경영현황 등 대통령령으로 정하는 업무상 주요사항을 대통령령으로 정하는 바에 따라 공시하고 금융위원회에 알려야 한다. [본조신설 2010.7.23]	제38조의2(법인보험중개사의 업무 범위 등) ① 법 제89조의3제1항에 따라 법인보험중개사는 제33조의4제1항 각 호의 어느 하나에 해당하는 업무를 하지 못한다. ② 법 제89조의3제2항에서 "경영현황 등 대통령령으로 정하는 업무상 주요사항"이란 다음 각 호의 사항을 말한다. 1. 경영하고 있는 업무의 종류 2. 모집조직에 관한 사항 3. 모집실적에 관한 사항 4. 그 밖에 보험계약자 보호를 위하여 금융위원회가 정하여 고시하는 사항 ③ 법 제89조의3제2항에 따른 공시를 위하여 보험회사는 공시에 필요한 자료를 보험계약 체결을 중개한 법인보험중개사에 제공하여야 한다. ④ 법인보험중개사는 법 제89조의3제2항에 따라 제2항 각 호의 사항을 법인보험중개사의 인터넷 홈페이지 등을 통하여 반기별로 공시하여야 한다. ⑤ 제2항부터 제4항까지에서 규정한 사항 외에 법인보험중개사의 공시 등의 방법 및 절차에 관하여 필요한 사항은 금융위원회가 정하여 고시한다. [본조신설 2011.1.24]	
제90조(보험중개사의 등록취소 등) ① 금융위원회는 보험중개사가 다음 각 호의 어느 하나에 해당하는 경우에는 그 등록을 취소하여야 한다. 1. 제89조제2항 각 호의 어느 하나에 해당하게 된 경우. 다만, 같은 항 제5호의 경우 일시적으로 부채가 자산을 초과하는 법인으로서 대통령령으로 정하는 법인인 경우에는 그러하지 아	제39조(보험중개사에 대한 등록취소의 예외) ① 법 제90조제1항 제1호 단서에서 "대통령령으로 정하는 법인"이란 보험중개사의 사업 개시에 따른 투자비용의 발생, 급격한 영업환경의 변화, 그 밖에 보험중개사에게 책임을 물을 수 없는 사유로 보험중개사의 재산상태에 변동이 생겨 부채가 자산을 초과하게 된 법인으로서 등록취소 대신 6개월 이내에 이를 개선	

니하다. 2. 등록 당시 제89조제2항 각 호의 어느 하나에 해당하는 자이었음이 밝혀진 경우 3. 거짓이나 그 밖의 부정한 방법으로 제89조에 따른 등록을 한 경우 3의2. 제89조의3제1항을 위반한 경우 4. 제101조를 위반한 경우 ② 금융위원회는 보험중개사가 다음 각 호의 어느 하나에 해당하는 경우에는 6개월 이내의 기간을 정하여 그 업무의 정지를 명하거나 그 등록을 취소할 수 있다. 1. 모집에 관한 이 법의 규정을 위반한 경우 2. 이 법에 따른 명령이나 처분을 위반한 경우 3. 해당 보험중개사 소속 보험설계사가 제1호 및 제2호에 해당하는 경우 ③ 보험중개사에 관하여는 제86조제3항 및 제4항을 준용한다. [전문개정 2010.7.23]	하는 조건으로 금융위원회의 승인을 받은 법인을 말한다. ② 금융위원회는 제1항에 따라 승인을 받은 날부터 6개월이 지난 후에도 해당 보험중개사의 부채가 자산을 초과하는 경우에는 지체 없이 그 등록을 취소하여야 한다. ③ 제1항에 따른 승인의 방법 및 절차에 관하여 필요한 사항은 금융위원회가 정하여 고시한다. [전문개정 2011.1.24]	
제91조(금융기관보험대리점 등의 영업기준) ① 다음 각 호의 어느 하나에 해당하는 기관(이하 "금융기관"이라 한다)은 제87조 또는 제89조에 따라 보험대리점 또는 보험중개사로 등록할 수 있다. 1. 「은행법」에 따라 설립된 은행 2. 「자본시장과 금융투자업에 관한 법률」에 따른 투자매매업자 또는 투자중개업자 3. 「상호저축은행법」에 따른 상호저축은행 4. 그 밖에 다른 법률에 따라 금융업무를 하는 기관으로서 대통령령으로 정하는 기관 ② 제1항에 따라 보험대리점 또는 보험중개사로 등록한 금융기관(이하 "금융기관보험대리점등"이라 한다)이 모집할 수 있는 보험상품의 범위는 금융기관에서의 판매 용이성(容易性), 불공정거래 가능성 등	제26조(모집할 수 있는 자) ①법 제83조제2항에 따라 법 제91조제2항에 따른 금융기관보험대리점등(이하 "금융기관보험대리점등"이라 한다) 중 다음 각 호의 어느 하나에 해당하는 자는 소속 임직원이 아닌 자로 하여금 모집을 하게 하거나, 보험계약 체결과 관련한 상담 또는 소개를 하게 하고 상담 또는 소개의 대가를 지급할 수 있다. 〈개정 2011.12.31〉 1. 제40조제1항제3호에 따른 신용카드업자 2. 제40조제1항제4호에 따른 조합(「농업협동조합법」 제134조의5에 따라 설립된 농협생명보험 또는 농협손해보험이 판매하는 보험상품을 모집하는 경우로 한정한다) ② 제1항제2호에 따라 보험을 모집하거나 보험계약을 상담	

을 고려하여 대통령령으로 정한다. ③ 금융기관보험대리점등의 모집방법, 모집에 종사하는 모집인의 수, 영업기준 등과 그 밖에 필요한 사항은 대통령령으로 정한다. [전문개정 2010.7.23]	또는 소개하게 할 수 있는 조합의 소속 임직원이 아닌 자는 보험설계사로서 구체적인 범위는 금융위원회가 정하여 고시한다. 〈신설 2011.12.31〉 [전문개정 2011.1.24] [대통령령 제23479호(2011.12.31) 부칙 제2조의 규정에 의하여 이 조 제1항제2호 및 같은 조 제2항은 2017년 3월 1일까지 유효함] 제31조(보험대리점의 영업범위) ① 보험대리점[법 제91조제1항에 따라 보험대리점으로 등록한 금융기관(이하 "금융기관보험대리점"이라 한다)은 제외한다. 이하 이 조에서 같다]의 영업범위는 다음 각 호의 구분에 따른다. 1. 생명보험대리점: 법 제4조제1항제1호의 보험종목 2. 손해보험대리점: 법 제4조제1항제2호의 보험종목 3. 제3보험대리점: 법 제4조제1항제3호의 보험종목 ② 제1항에서 규정한 사항 외에 보험대리점의 영업에 관하여 필요한 사항은 금융위원회가 정하여 고시한다. [전문개정 2011.1.24] 제40조(금융기관보험대리점등의 영업기준 등) ① 법 제91조제1항제4호에서 "대통령령으로 정하는 기관"이란 다음 각 호의 기관을 말한다. 〈개정 2011.12.31, 2012. 1.6〉 1. 「한국산업은행법」에 따라 설립된 한국산업은행 2. 「중소기업은행법」에 따라 설립된 중소기업은행 2의2. 삭제 〈2012.6.1〉 3. 「여신전문금융업법」에 따라 허가를 받은 신용카드업자(겸영여신업자는 제외한다. 이하 같다) 4. 「농업협동조합법」에 따라 설립된 조합 및 농협은행 ② 법 제91조제2항에 따라 금융기관보험대리점등이 모집할 수 있는 보험상품의 범위는 별	

	표 5와 같다. 다만, 제1항제3호에 따른 신용카드업자가 모집할 수 있는 보험상품의 범위는 금융기관보험대리점등이 아닌 보험대리점이 모집할 수 있는 보험상품의 범위와 같고, 같은 항 제4호에 따른 조합이 모집할 수 있는 보험상품의 범위는 법률 제10522호 농업협동조합법 일부개정법률 부칙 제15조제8항에 따라 허가받은 것으로 보는 보험상품으로서 구체적인 보험상품의 범위는 금융위원회가 정하여 고시한다. 〈개정 2011.12.31〉 ③ 금융기관보험대리점등은 다음 각 호의 어느 하나에 해당하는 방법으로 모집하여야 한다. 다만, 제3호의 방법은 제1항제3호에 따른 신용카드업자만 사용할 수 있다. 1. 법 제100조제2항제3호에 따라 해당 금융기관보험대리점등의 점포 내의 지정된 장소에서 보험계약자와 직접 대면하여 모집하는 방법 2. 인터넷 홈페이지를 이용하여 불특정 다수를 대상으로 보험상품을 안내하거나 설명하여 모집하는 방법 3. 법 제96조제1항에 따른 전화, 우편, 컴퓨터통신 등의 통신수단을 이용하여 모집하는 방법 ④ 금융기관보험대리점등(제1항제3호에 따른 신용카드업자는 제외한다)은 그 금융기관보험대리점등의 본점·지점 등 점포별로 2명(보험설계사 자격을 갖춘 사람으로서 금융위원회가 정한 기준과 방법에 따라 채용된 사람은 제외한다)의 범위에서 법 제84조제1항에 따라 등록된 소속 임원 또는 직원으로 하여금 모집에 종사하게 할 수 있다. ⑤ 금융기관보험대리점등에서 모집에 종사하는 사람은 대출 등 불공정 모집의 우려가 있는 업무를 취급할 수 없다.	

	⑥ 금융기관보험대리점등(최근 사업연도 말 현재 자산총액이 2조원 이상인 기관만 해당한다)이 모집할 수 있는 1개 생명보험회사 또는 1개 손해보험회사 상품의 모집액은 매 사업연도별로 해당 금융기관보험대리점등이 신규로 모집하는 생명보험회사 상품의 모집총액 또는 손해보험회사 상품의 모집총액 각각의 100분의 25(제7항에 따라 보험회사 상품의 모집액을 합산하여 계산하는 경우에는 100분의 33)를 초과할 수 없다. ⑦ 제6항에 따른 1개 보험회사 상품의 모집액 산정 시 금융기관보험대리점등과 대리점계약을 체결한 보험회사(이하 이 조에서 "체약보험회사"라 한다)와 다음 각 호의 어느 하나에 해당하는 관계에 있는 보험회사 상품의 모집액은 합산하여 계산한다. 1. 최대주주가 동일한 보험회사 2. 체약보험회사 지분의 100분의 15 이상을 소유한 금융기관보험대리점등이 지분의 100분의 15 이상을 소유한 보험회사 3. 체약보험회사 지분의 100분의 15 이상을 소유한 금융기관보험대리점등의 지주회사가 지분의 100분의 15 이상을 소유한 보험회사 4. 제1호부터 제3호까지에 준하는 경우로서 금융위원회가 정하여 고시하는 관계에 있는 보험회사 ⑧ 금융기관보험대리점등은 해당 금융기관에 적용되는 모집수수료율을 모집을 하는 점포의 창구 및 인터넷 홈페이지에 공시하여야 하며 보험회사는 모집을 위탁한 금융기관보험대리점등의 모집수수료율을, 보험협회는 전체 금융기관보험대리점등의 모집수수료율을 각각 비교·공시하여야 한다. ⑨ 금융기관보험대리점등은 보	

	험계약의 체결을 대리하거나 중개할 때에는 금융위원회가 정하여 고시하는 바에 따라 다음 각 호의 모든 사항을 보험계약자에게 설명하여야 한다. 1. 대리하거나 중개하는 보험계약의 주요 보장 내용 2. 대리하거나 중개하는 보험계약의 환급금 3. 그 밖에 불완전 판매를 방지하기 위하여 필요한 경우로서 금융위원회가 정하여 고시하는 사항 ⑩ 제2항부터 제9항까지의 규정에 관한 세부 기준·방법 등 그 밖에 금융기관보험대리점등의 모집에 필요한 사항은 금융위원회가 정하여 고시한다. 다만, 「전자상거래 등에서의 소비자보호에 관한 법률」 등 소비자 관련 법령에서 규율하고 있는 사항에 대해서는 그러하지 아니하다. ⑪ 금융감독원장은 제6항에 따른 금융기관보험대리점등의 모집총액과 제8항에 따른 모집수수료율 등에 관한 보고서를 금융기관보험대리점등의 사업연도별로 작성하여야 한다. ⑫ 제1항제4호에 따른 조합이 농업인을 대상으로 다음 각 호의 보험상품을 모집하는 경우에는 제3항, 제4항 또는 제6항을 적용하지 아니한다. 〈신설 2011.12.31〉 1. 「농어업재해보험법」 제2조제2호에 따른 농어업재해보험 2. 「농어업인 삶의 질 향상 및 농어촌지역 개발촉진에 관한 특별법」 제3조제3호에 따른 농어업인등의 복지증진 및 농어촌의 개발촉진 등을 위하여 정부나 지방자치단체가 보험료의 일부를 지원하는 보험상품으로서 금융위원회가 정하여 고시하는 보험상품 [전문개정 2011.1.24]	

제91조의2(금융기관보험대리점등에 대한 특례) 금융기관보험대리점등에 대하여는 제87조의2 제1항 및 제87조의3을 적용하지 아니한다. [본조신설 2010.7.23]		
제92조(보험중개사의 의무 등) ① 보험중개사는 보험계약의 체결을 중개할 때 그 중개와 관련된 내용을 대통령령으로 정하는 바에 따라 장부에 적고 보험계약자에게 알려야 하며, 그 수수료에 관한 사항을 비치하여 보험계약자가 열람할 수 있도록 하여야 한다. ② 보험중개사는 보험회사의 임직원이 될 수 없으며, 보험계약의 체결을 중개하면서 보험회사·보험설계사·보험대리점·보험계리사 및 손해사정사의 업무를 겸할 수 없다. [전문개정 2010.7.23]	제41조(보험중개사의 의무) ① 법 제92조제1항에 따라 보험중개사가 장부에 적어야 할 사항은 다음 각 호와 같다. 1. 「상법」 제96조에 따라 작성·교부하는 결약서(이하 "결약서"라 한다)의 기재사항으로서 금융위원회가 정하여 고시하는 사항 2. 보험계약 체결의 중개와 관련하여 해당 보험중개사가 받은 수수료·보수와 그 밖의 대가 3. 법 제101조에 따른 자기 또는 자기를 고용하고 있는 자를 보험계약자 또는 피보험자로 하는 보험계약의 체결을 중개한 경우에는 그 내용 ② 법 제92조제1항에 따라 보험중개사가 갖춰 두어야 할 장부 및 서류는 다음 각 호와 같다. 1. 결약서 사본 2. 제1항제2호 및 제3호의 사항을 적은 서류 3. 제3항에 따라 발급한 서류 4. 보험회사와 중개업무계약을 체결하거나 보험계약자와 보수계약을 체결한 경우에는 그 계약서 ③ 법 제92조제1항에 따라 보험중개사는 보험계약의 체결을 할 때 다음 각 호의 사항을 적은 서면을 미리 보험계약자에게 발급하고 설명하여야 한다. 1. 보험중개사의 상호 또는 명칭, 대표자의 성명 및 주소 2. 총리령으로 정하는 보험중개사의 권한과 지위에 관한 사항 3. 총리령으로 정하는 보험중개사의 손해배상에 관한 사항	제24조(보험중개사의 권한과 지위에 관한 사항) 영 제41조제3항제2호에서 "총리령으로 정하는 보험중개사의 권한과 지위에 관한 사항"이란 다음 각 호의 사항을 말한다. 1. 보험중개사는 보험증권을 발행하거나 보험회사를 대리하여 보험계약의 체결 및 변경 또는 해지의 의사표시를 수령할 권한이 없으며, 보험료의 수령 또는 환급, 보험계약자 등으로부터의 보험계약에 관한 고지 또는 통지사항의 수령, 보험사고에 대한 보험회사 책임 유무의 판단이나 보험금의 결정에 대한 권한이 없다는 내용 2. 최근 2개 사업연도에 생명보험업·손해보험업·제3보험업별로 해당 보험중개사가 중개한 보험계약을 인수한 주요 보험회사의 상호 또는 명칭과 거래상황(각 사업연도의 주요 보험회사별 수수료·보험료 및 보험가입금액을 포함한다) 3. 보험중개사가 법인인 경우에는 해당 법인의 주식 또는 출자지분의 100분의 25 이상을 소유한 자의 명단 [전문개정 2011.1.24] 제25조(보험중개사의 손해배상에 관한 사항) 영 제41조제3항제3호에서 "총리령으로 정하는 보험중개사의 손해배상에 관한 사항"이란 다음 각 호의 사항을 말한다. 1. 영업보증금의 예탁금액 및 예탁방법 2. 보험중개사 배상책임보험에 가입한 경우에는 그 보

	4. 보험회사로부터 위임받은 권한이 있는 경우에는 그 내용 5. 총리령으로 정하는 보험중개사의 준수사항 ④ 보험중개사는 보험계약자가 요청하는 경우에는 보험계약체결의 중개와 관련하여 보험회사로부터 받은 수수료·보수와 그 밖의 대가를 알려주어야 한다. ⑤ 보험중개사는 제2항에 따라 갖춰 두고 있는 장부 또는 서류를 보험계약자나 이해당사자가 열람할 수 있도록 하고 보험계약자 등이 요청할 때에는 그 내용에 대한 증명서를 발급하여야 한다. ⑥ 제2항에 따른 장부 및 서류의 비치방법 등에 관하여 그 밖에 필요한 사항은 금융위원회가 정하여 고시한다. [전문개정 2011.1.24]	험회사 및 가입금액과 주요 내용 3. 보험중개사가 보험계약 체결의 중개와 관련하여 보험계약자 등에게 손해를 가한 경우에도 보험중개사가 중개한 보험계약을 인수한 보험회사는 그에 대한 책임을 지지 아니한다는 내용 [전문개정 2011.1.24] 제26조(보험중개사의 준수사항) 영 제41조제3항제5호에서 "총리령으로 정하는 보험중개사의 준수사항"이란 다음 각 호의 사항을 말한다. 1. 보험계약의 체결을 중개할 때에 보험계약자 등에게 성실히 업무를 수행하고, 직무상 객관적이고 독립적인 조언을 하며, 어떠한 경우에도 보험계약자 등의 이익에 배치되는 행위를 하지 아니한다는 내용 2. 보수의 많고 적음에 따라 보험계약자 등에 대하여 업무수행에 차별을 두지 아니한다는 내용 3. 보험계약자 등의 사전동의를 받은 경우 또는 보험계약 체결의 중개, 계약의 유지·관리 및 보험금 처리를 위한 경우를 제외하고는 보험계약 체결의 중개로 인하여 알게 된 보험계약자 등의 정보 또는 비밀을 누설하지 아니한다는 내용 4. 보험회사 또는 보험계약자 등으로부터 얻은 보험에 관한 정보를 객관적이고 성실하게 전달한다는 내용 5. 보험계약자 또는 불특정 다수인을 대상으로 보험안내자료 등을 배포하거나 광고하는 경우에는 객관적 사실만을 적거나 광고하고, 오해 또는 과장의 소지가 있는 내용을 적거나 광고하지 아니한다는 내용 6. 제1호부터 제5호까지의 내

		용을 위반하여 보험계약자 등에게 손해를 가한 경우에는 그 손해를 배상한다는 내용 [전문개정 2011.1.24]
제93조(신고사항) ① 보험설계사·보험대리점 또는 보험중개사는 다음 각 호의 어느 하나에 해당하는 경우에는 지체 없이 그 사실을 금융위원회에 신고하여야 한다. 1. 제84조·제87조 및 제89조에 따른 등록을 신청할 때 제출한 서류에 적힌 사항이 변경된 경우 2. 제84조제2항 각 호의 어느 하나에 해당하게 된 경우 3. 모집업무를 폐지한 경우 4. 개인의 경우에는 본인이 사망한 경우 5. 법인의 경우에는 그 법인이 해산한 경우 6. 법인이 아닌 사단 또는 재단의 경우에는 그 단체가 소멸한 경우 7. 보험대리점 또는 보험중개사가 소속 보험설계사와 보험모집에 관한 위탁을 해지한 경우 8. 제85조제3항에 따라 보험설계사가 다른 보험회사를 위하여 모집을 한 경우나, 보험대리점 또는 보험중개사가 생명보험계약의 모집과 손해보험계약의 모집을 겸하게 된 경우 ② 제1항제4호의 경우에는 그 상속인, 같은 항 제5호의 경우에는 그 청산인·업무집행임원이었던 자 또는 파산관재인, 같은 항 제6호의 경우에는 그 관리인이었던 자가 각각 제1항의 신고를 하여야 한다. ③ 보험회사는 모집을 위탁한 보험설계사 또는 보험대리점이 제1항 각 호의 어느 하나에 해당하는 사실을 알게 된 경우에는 제1항 및 제2항에도 불구하고 그 사실을 금융위원회에		

신고하여야 한다. ④ 보험대리점 및 보험중개사에 관하여는 제3항을 준용한다. 이 경우 "보험설계사 또는 보험대리점"은 "보험설계사"로 본다. [전문개정 2010.7.23]		
제94조(등록수수료) 제84조·제87조 및 제89조에 따라 보험설계사·보험대리점 또는 보험중개사가 되려는 자가 등록을 신청하는 경우에는 총리령으로 정하는 바에 따라 수수료를 내야 한다. [전문개정 2010.7.23]		제28조(등록수수료) 법 제94조에 따른 수수료는 다음 각 호의 구분에 따른 금액으로 한다. 1. 보험설계사: 6천원 2. 개인인 보험대리점: 2만원 3. 법인인 보험대리점: 20만원 4. 개인인 보험중개사: 5만원 5. 법인인 보험중개사: 20만원 6. 금융기관보험대리점 또는 금융기관보험중개사: 100만원 [전문개정 2011.1.24] 제56조(등록수수료) 법 제183조제3항 및 법 제187조제3항에 따른 등록수수료는 1만원으로 한다. [전문개정 2011.1.24]
제2절 모집 관련 준수사항 〈개정 2010.7.23〉		
제95조(보험안내자료) ① 모집을 위하여 사용하는 보험안내자료(이하 "보험안내자료"라 한다)에는 다음 각 호의 사항을 명백하고 알기 쉽게 적어야 한다. 1. 보험회사의 상호나 명칭 또는 보험설계사·보험대리점 또는 보험중개사의 이름·상호나 명칭 2. 보험 가입에 따른 권리·의무에 관한 주요 사항 3. 보험약관으로 정하는 보장에 관한 사항 3의2. 보험금 지급제한 조건에 관한 사항 4. 해약환급금에 관한 사항 5. 「예금자보호법」에 따른 예금자보호와 관련된 사항 6. 그 밖에 보험계약자를 보호하기 위하여 대통령령으로 정하는 사항 ② 보험안내자료에 보험회사의 자산과 부채에 관한 사항을 적는 경우에는 제118조에 따	제42조(보험안내자료의 기재사항 등) ① 법 제95조제1항제2호에 따른 보험 가입에 따른 권리·의무에 관한 사항에는 법 제108조제1항제3호에 따른 변액보험계약(이하 "변액보험계약"이라 한다)의 경우 다음 각 호의 사항이 포함된다. 1. 변액보험자산의 운용성과에 따라 납입한 보험료의 원금에 손실이 발생할 수 있으며 그 손실은 보험계약자에게 귀속된다는 사실 2. 최저로 보장되는 보험금이 설정되어 있는 경우에는 그 내용 ② 보험안내자료에는 다음 각 호의 사항을 적어서는 아니 된다. 1. 「독점규제 및 공정거래에 관한 법률」 제23조에 따른 사항 2. 보험계약의 내용과 다른 사항 3. 보험계약자에게 유리한 내용만을 골라 안내하거나	

라 금융위원회에 제출한 서류에 적힌 사항과 다른 내용의 것을 적지 못한다. ③ 보험안내자료에는 보험회사의 장래의 이익 배당 또는 잉여금 분배에 대한 예상에 관한 사항을 적지 못한다. 다만, 보험계약자의 이해를 돕기 위하여 금융위원회가 필요하다고 인정하여 정하는 경우에는 그러하지 아니하다. ④ 방송·인터넷 홈페이지 등 그 밖의 방법으로 모집을 위하여 보험회사의 자산 및 부채에 관한 사항과 장래의 이익 배당 또는 잉여금 분배에 대한 예상에 관한 사항을 불특정다수인에게 알리는 경우에는 제2항 및 제3항을 준용한다. [전문개정 2010.7.23]	다른 보험회사 상품과 비교한 사항 4. 확정되지 아니한 사항이나 사실에 근거하지 아니한 사항을 기초로 다른 보험회사 상품에 비하여 유리하게 비교한 사항 ③ 법 제95조제1항제6호에서 "대통령령으로 정하는 사항"이란 다음 각 호의 사항을 말한다. 1. 보험금이 금리에 연동되는 보험상품의 경우 적용금리 및 보험금 변동에 관한 사항 2. 보험금 지급제한 조건 3. 보험안내자료의 제작자·제작일, 보험안내자료에 대한 보험회사의 심사 또는 관리번호 4. 보험 상담 및 분쟁의 해결에 관한 사항 ④ 금융위원회는 보험계약자를 보호하고 정보취득자의 오해를 방지하기 위하여 보험안내자료의 작성 및 관리 등에 필요한 사항을 정하여 고시할 수 있다. [전문개정 2011.1.24]	
제95조의2(설명의무 등) ① 보험회사 또는 보험의 모집에 종사하는 자는 일반보험계약자에게 보험계약 체결을 권유하는 경우에는 보험료, 보장범위, 보험금 지급제한 사유 등 대통령령으로 정하는 보험계약의 중요 사항을 일반보험계약자가 이해할 수 있도록 설명하여야 한다. ② 보험회사 또는 보험의 모집에 종사하는 자는 제1항에 따라 설명한 내용을 일반보험계약자가 이해하였음을 서명, 기명날인, 녹취, 그 밖에 대통령령으로 정하는 방법으로 확인을 받아야 한다. ③ 보험회사는 보험계약의 체결 시부터 보험금 지급 시까지의 주요 과정을 대통령령으로 정하는 바에 따라 일반보험계	제42조의2(설명의무의 중요 사항 등) ① 법 제95조의2제1항에서 "보험료, 보장범위, 보험금 지급제한 사유 등 대통령령으로 정하는 보험계약의 중요 사항"이란 다음 각 호의 사항을 말한다. 1. 주계약 및 특약별 보험료 2. 주계약 및 특약별로 보장하는 사망, 질병, 상해 등 주요 위험 및 보험금 3. 보험료 납입기간 및 보험기간 4. 보험회사의 명칭, 보험상품의 종목 및 명칭 5. 청약의 철회에 관한 사항 6. 지급한도, 면책사항, 감액지급 사항 등 보험금 지급제한 조건 7. 고지의무 위반의 효과 8. 계약의 취소 및 무효에 관한 사항	

약자에게 설명하여야 한다. 다만, 일반보험계약자가 설명을 거부하는 경우에는 그러하지 아니하다. ④ 보험회사는 일반보험계약자가 보험금 지급을 요청한 경우에는 대통령령으로 정하는 바에 따라 보험금의 지급절차 및 지급내역 등을 설명하여야 하며, 보험금을 감액하여 지급하거나 지급하지 아니하는 경우에는 그 사유를 설명하여야 한다. [본조신설 2010.7.23]	9. 해약환급금에 관한 사항 10. 분쟁조정절차에 관한 사항 11. 그 밖에 보험계약자 보호를 위하여 금융위원회가 정하여 고시하는 사항 ② 법 제95조의2제2항에서 "대통령령으로 정하는 방법"이란 「전자서명법」 제2조제2호에 따른 전자서명을 말한다. 〈신설 2011.12.31〉 ③ 보험회사는 법 제95조의2제3항에 따라 다음 각 호의 단계에서 중요 사항을 항목별로 일반보험계약자에게 설명하여야 한다. 다만, 제2호에 따른 보험금 청구 단계의 경우 일반보험계약자가 계약 체결 전에 또는 보험금 청구권자가 보험금 청구 단계에서 동의한 경우에 한정하여 서면, 문자메시지, 전자우편 또는 모사전송 등으로 중요 사항을 통보하는 것으로 이를 대신할 수 있다. 〈개정 2011.12.31〉 1. 보험계약 체결 단계 가. 보험의 모집에 종사하는 자의 성명, 연락처 및 소속 나. 보험의 모집에 종사하는 자가 보험회사를 위하여 보험계약의 체결을 대리할 수 있는지 여부 다. 보험의 모집에 종사하는 자가 보험료나 고지의무사항을 보험회사를 대신하여 수령할 수 있는지 여부 라. 보험계약의 승낙절차 마. 보험계약 승낙거절 시 거절 사유 2. 보험금 청구 단계 가. 담당 부서 및 연락처 나. 예상 심사기간 및 예상 지급일 3. 보험금 지급 단계: 심사 지연 시 지연 사유 ④ 보험회사는 법 제95조의2제4항에 따라 일반보험계약자가 보험금 지급을 요청한 경우에는 다음 각 호의 사항을 설	

	명하여야 한다. 다만, 일반보험계약자가 계약을 체결하기 전에 또는 보험금 청구권자가 보험금 청구 단계에서 동의한 경우에 한정하여 서면, 문자메시지, 전자우편 또는 모사전송 등으로 다음 각 호의 사항을 통보하는 것으로 이를 대신할 수 있다. 〈개정 2011.12.31〉 1. 보험금 지급일 등 지급절차 2. 보험금 지급 내역 3. 보험금을 감액하여 지급하거나 지급하지 아니하는 경우에는 그 사유 ⑤ 제1항부터 제4항까지의 사항과 관련하여 필요한 세부 사항은 금융위원회가 정하여 고시한다. 〈개정 2011. 12.31〉 [본조신설 2011.1.24]	
제95조의3(적합성의 원칙) ① 보험회사 또는 보험의 모집에 종사하는 자는 일반보험계약자가 보험계약을 체결하기 전에 면담 또는 질문을 통하여 보험계약자의 연령, 재산상황, 보험가입의 목적 등 대통령령으로 정하는 사항을 파악하고 일반보험계약자의 서명(「전자서명법」 제2조제2호에 따른 전자서명을 포함한다), 기명날인, 녹취, 그 밖에 대통령령으로 정하는 방법으로 확인을 받아 유지·관리하여야 하며, 확인받은 내용은 일반보험계약자에게 지체 없이 제공하여야 한다. ② 보험회사 또는 보험의 모집에 종사하는 자는 일반보험계약자의 연령, 재산상황, 보험가입의 목적 등에 비추어 그 일반보험계약자에게 적합하지 아니하다고 인정되는 보험계약의 체결을 권유하여서는 아니 된다. ③ 제1항 및 제2항을 적용받는 보험상품은 대통령령으로 정한다. ④ 보험회사 및 보험의 모집에 종사하는 자가 제1항에 따라 확인을 받아야 할 내용 및 확	제42조의3(적합성 원칙의 확인 내용 등) ① 법 제95조의3제1항에서 "보험계약자의 연령, 재산상황, 보험가입의 목적 등 대통령령으로 정하는 사항"이란 다음 각 호의 사항을 말한다. 1. 보험계약자의 연령 2. 월 소득 및 월 소득에서 보험료 지출이 차지하는 비중 3. 보험가입의 목적 4. 변액보험계약 및 「자본시장과 금융투자업에 관한 법률」 제9조제21항에 따른 집합투자증권의 가입 여부 5. 그 밖에 보험계약자에게 적합한 보험계약의 체결을 권유하기 위하여 필요하다고 인정되는 사항으로서 금융위원회가 정하여 고시하는 사항 ② 법 제95조의3제3항에 따라 같은 조 제1항 및 제2항을 적용받는 보험상품은 변액보험계약으로 한다. 다만, 「자본시장과 금융투자업에 관한 법률」 제46조를 적용받는 보험상품은 제외한다. ③ 보험회사 및 보험의 모집에 종사하는 자는 법 제95조의3제1항에 따라 확인받은 내용	

인 내용의 유지 · 관리기간은 대통령령으로 정한다. [본조신설 2010.7.23]	을 보험계약 체결 이후 종료일부터 2년간 유지 · 관리하여야 한다. ④ 제1항부터 제3항까지에서 규정한 사항 외에 적합성 원칙의 적용에 필요한 세부 사항은 금융위원회가 정하여 고시한다. [본조신설 2011.1.24]	
제95조의4(모집광고 관련 준수사항) ① 보험회사 또는 보험의 모집에 종사하는 자가 보험상품에 관하여 광고를 하는 경우에는 보험계약자가 보험상품의 내용을 오해하지 아니하도록 명확하고 공정하게 전달하여야 한다. ② 보험회사 또는 보험의 모집에 종사하는 자가 보험상품에 관하여 광고를 하는 경우에는 다음 각 호의 내용이 포함되어야 한다. 1. 보험계약 체결 전에 상품설명서 및 약관을 읽어 볼 것을 권유하는 내용 2. 보험계약자가 기존에 체결했던 보험계약을 해지하고 다른 보험계약을 체결하면 보험인수가 거절되거나 보험료가 인상되거나 보장내용이 달라질 수 있다는 내용 3. 변액보험 계약과 관련하여 대통령령으로 정하는 내용 4. 그 밖에 대통령령으로 정하는 내용 ③ 보험회사 또는 보험의 모집에 종사하는 자가 보험상품에 대하여 광고를 하는 경우에는 다음 각 호의 행위를 하여서는 아니 된다. 1. 보험금 지급한도, 지급제한 조건, 면책사항, 감액지급 사항 등을 누락하거나 충분히 고지하지 아니하여 제한 없이 보험금을 수령할 수 있는 것으로 오인하게 하는 행위 2. 보장금액이 큰 특정 내용만을 강조하거나 고액 보험	제42조의4(모집광고 관련 준수사항 등) ① 법 제95조의4제2항제3호에서 "대통령령으로 정하는 내용"이란 다음 각 호의 사항을 말한다. 1. 자산운용의 성과에 따라 보험금이 변동될 수 있다는 내용 2. 「예금자보호법」이 적용되는 보험금의 범위 ② 법 제95조의4제2항제4호에서 "대통령령으로 정하는 내용"이란 다음 각 호의 사항을 말한다. 1. 보험회사 및 보험상품의 명칭 2. 주계약 및 특약별 보험료 예시 3. 주계약 및 특약별로 보장하는 사망, 질병, 상해 등 주요 위험 및 보험금 예시 4. 해약환급금 예시 5. 지급한도, 면책사항, 감액지급 사항 등 보험금 지급제한 조건 6. 금리연동형 상품인 경우 적용이율에 관한 사항 ③ 법 제95조의4제3항제6호에서 "대통령령으로 정하는 행위"란 다음 각 호의 행위를 말한다. 1. 지급사유 또는 지급시점이 다른 두 개 이상의 보험금을 더하여 하나의 보험사고 발생 시에 지급될 수 있는 것으로 오인하게 하는 행위 2. 「방송법」 제9조제5항 단서에 따라 방송채널사용사업자로 승인된 보험대리점이 법 제83조에 따른 모집을	

금 수령 사례 등을 소개하여 보험금을 많이 지급하는 것으로 오인하게 하는 행위 3. 보험료를 일할로 분할하여 표시하거나 보험료 산출기준(보험가입금액, 보험료 납입기간, 보험기간, 성별, 연령 등)을 불충분하게 설명하여 보험료가 저렴한 것으로 오인하게 하는 행위 4. 만기 시 자동갱신되는 보험상품의 경우 갱신 시 보험료가 인상될 수 있음을 보험계약자가 인지할 수 있도록 충분히 고지하지 아니하는 행위 5. 금리 및 투자실적에 따라 만기환급금이 변동이 될 수 있는 보험상품의 경우 만기환급금이 보험만기일에 확정적으로 지급되는 것으로 오인하게 하는 행위 6. 그 밖에 보험계약자 보호를 위하여 대통령령으로 정하는 행위 ④ 제1항 및 제2항 각 호에 관한 구체적인 내용, 보험회사 또는 보험의 모집에 종사하는 자가 광고를 하는 방법 및 절차, 그 밖에 필요한 사항은 대통령령으로 정한다. ⑤ 보험회사 또는 보험의 모집에 종사하는 자가 광고를 할 때 「표시 · 광고의 공정화에 관한 법률」 제4조제1항에 따른 표시 · 광고사항이 있는 경우에는 같은 법에서 정하는 바에 따른다. ⑥ 보험협회는 필요하면 보험회사 또는 보험의 모집에 종사하는 자로부터 광고물을 미리 제출받아 보험회사등의 광고가 이 법이 정한 광고기준을 지키는지를 확인할 수 있다. [본조신설 2010.7.23]	할 수 있는 자가 아닌 자로 하여금 보험상품을 설명하게 하는 행위 ④ 법 제95조의4제4항에 따라 보험회사 또는 보험의 모집에 종사하는 자는 보험상품에 관하여 광고를 할 때에 다음 각 호에 따른 방법 및 절차를 지켜야 한다. 1. 보장 내용을 표시하는 글씨의 크기와 보험금 지급제한 조건을 표시하는 글씨의 크기가 비슷할 것 2. 만기 시 자동갱신되는 보험상품의 경우 갱신 시 보험료가 인상될 수 있음을 안내하는 글씨의 크기와 보험료를 예시하는 글씨의 크기가 비슷할 것 3. 광고를 할 때에 지켜야 할 사항을 해당 보험회사의 내부통제기준에 반영할 것 4. 보험상품 광고에 대하여 사전에 해당 보험회사의 준법감시인의 확인을 받을 것 ⑤ 제1항부터 제4항까지에서 규정한 사항 외에 보험상품의 광고에 필요한 사항은 금융위원회가 정하여 고시한다. [본조신설 2011.1.24]	
제95조의5(중복계약 체결 확인 의무) ① 보험회사 또는 보험의 모집에 종사하는 자는 대통령	제42조의5(중복계약 체결 확인 의무) ① 법 제95조의5제1항에서 "대통령령으로 정하는 보험계	

령으로 정하는 보험계약을 모집하기 전에 보험계약자가 되려는 자의 동의를 얻어 모집하고자 하는 보험계약과 동일한 위험을 보장하는 보험계약을 체결하고 있는지를 확인하여야 하며 확인한 내용을 보험계약자가 되려는 자에게 즉시 알려야 한다. ② 제1항의 중복계약 체결의 확인 절차 등에 관하여 필요한 사항은 대통령령으로 정한다. [본조신설 2010.7.23]	약"이란 실제 부담한 의료비만 지급하는 제3보험상품계약(이하 "실손의료보험계약"이라 한다)을 말한다. 다만, 다음 각 호의 보험계약은 제외한다. 1. 민간법인 또는 단체가 정관이나 그 밖의 규약에 따라 체결하는 단체보험계약 2. 여행 중 발생한 위험을 보장하는 보험계약으로서 「관광진흥법」 제4조에 따라 등록한 여행업자가 일괄 체결하는 보험계약 3. 국외여행, 연수 또는 유학 등 국외체류 중 발생한 위험을 보장하는 보험계약 ② 보험회사 또는 보험의 모집에 종사하는 자가 실손의료보험계약을 모집하는 경우에는 법 제95조의5제1항에 따라 피보험자가 되려는 자가 이미 다른 실손의료보험계약의 피보험자로 되어 있는지를 확인하여야 한다. ③ 제2항에 따른 확인 결과, 피보험자가 되려는 자가 다른 실손의료보험계약의 피보험자로 되어 있는 경우에는 보험금 비례분담 등 보장금 지급에 관한 세부 사항을 안내하여야 한다 ④ 제2항 및 제3항에 따른 확인 및 안내에 관한 세부 사항은 금융위원회가 정하여 고시한다. [본조신설 2011.1.24]	
제96조(통신수단을 이용한 모집·철회 및 해지 등 관련 준수사항) ① 전화·우편·컴퓨터통신 등 통신수단을 이용하여 모집을 하는 자는 제83조에 따라 모집을 할 수 있는 자이어야 하며, 다른 사람의 평온한 생활을 침해하는 방법으로 모집을 하여서는 아니 된다. ② 보험회사는 다음 각 호의 어느 하나에 해당하는 경우 통신수단을 이용할 수 있도록 하여야 한다. 1. 보험계약을 청약한 자가 청	제43조(통신수단을 이용한 모집·철회 및 해지 등 관련 준수사항) ① 법 제96조제1항에 따른 통신수단을 이용한 모집은 다음 각 호의 어느 하나에 해당하는 자를 대상으로 하여야 한다. 1. 통신수단을 이용한 모집에 대하여 동의를 한 자 2. 통신수단을 이용하여 모집하는 자가 소속되거나 통신수단을 이용하여 모집하는 자에게 모집을 위탁한 보험회사(이하 이 항에서 "위탁보험회사"라 한다)와	

약의 내용을 확인·정정 요청하거나 청약을 철회하고자 하는 경우 2. 보험계약자가 체결한 계약의 내용을 확인하고자 하는 경우 3. 보험계약자가 체결한 계약을 해지하고자 하는 경우(보험계약자가 계약을 체결하기 전에 통신수단을 이용한 계약해지에 동의한 경우에 한한다) ③ 제1항에 따른 통신수단을 이용하여 모집을 하는 방법과 제2항에 따른 통신수단을 이용한 청약 철회 등을 하는 방법에 관하여 필요한 사항은 대통령령으로 정한다. [전문개정 2010.7.23]	보험계약을 체결한 실적이 있는 보험계약자 또는 피보험자(통신수단을 이용한 모집 당시 보험계약이 유효한 피보험자만 해당한다. 이하 이 항에서 같다) 3. 통신수단을 이용하여 모집하는 보험중개사가 보험계약을 중개한 실적이 있는 보험계약자 또는 피보험자 4. 위탁보험회사, 보험설계사, 보험대리점 또는 보험중개사가 적법한 절차에 따라 개인정보를 제공받거나 개인정보의 활용에 관하여 동의를 받은 경우의 해당 개인 ② 법 제96조제1항에 따른 통신수단 중 전화를 이용하여 모집하는 자는 보험계약의 청약이 있는 경우 보험계약자의 동의를 받아 청약 내용, 보험료의 납입, 보험기간, 고지의무, 약관의 주요 내용 등 보험계약 체결을 위하여 필요한 사항을 질문 또는 설명하고 그에 대한 보험계약자의 답변 및 확인 내용을 음성녹음하는 등 증거자료를 확보·유지하여야 하며, 우편이나 팩스 등을 통하여 지체 없이 보험계약자로부터 청약서에 자필서명을 받아야 한다. ③ 제2항에도 불구하고 청약자의 신원을 확인할 수 있는 증명자료가 있는 등 금융위원회가 정하여 고시하는 경우에는 제2항에 따른 자필서명을 받지 아니할 수 있다. ④ 사이버몰(「전자상거래 등에서의 소비자보호에 관한 법률」 제2조제4호에 따른 사이버몰을 말한다. 이하 같다)을 이용하여 모집하는 자는 다음 각 호의 사항을 준수하여야 한다. 1. 모집을 위하여 설치하는 사이버몰은 모집을 위탁한 보험회사의 심사를 거쳐 관리번호를 부여받은 후 이용할 것 2. 사이버몰에는 보험약관의 주요 내용을 표시하여야	

	하며 보험계약자의 청약 내용에 대해서는 「전자서명법」 제2조제3호에 따른 공인전자서명을 받은 경우 외에는 보험계약자로부터 자필서명을 받을 것 3. 보험약관 또는 보험증권을 전자문서로 발급하는 경우에는 보험계약자가 해당 문서를 수령하였는지를 확인하여야 하며 보험계약자가 서면으로 발급해 줄 것을 요청하는 경우에는 서면으로 발급할 것 ⑤ 보험회사는 법 제96조제2항제1호에 따라 보험계약을 청약한 자가 전화를 이용하여 청약의 내용을 확인 · 정정 요청하거나 청약을 철회하려는 경우에는 상대방의 동의를 받아 청약 내용, 청약자 본인인지를 확인하고 그 내용을 음성녹음하는 등 증거자료를 확보 · 유지하여야 한다. ⑥ 보험회사는 법 제96조제2항제1호에 따라 보험계약을 청약한 자가 컴퓨터통신을 이용하여 청약의 내용을 확인 · 정정 요청하거나 청약을 철회하려는 경우에는 「전자서명법」 제2조제3호에 따른 공인전자서명을 이용하여 청약자 본인인지를 확인하여야 한다. ⑦ 보험회사는 법 제96조제2항제2호에 따라 보험계약자가 전화를 이용하여 체결한 계약의 내용을 확인하려는 경우에는 상대방의 동의를 받아 보험계약자 본인인지를 확인하고 그 내용을 음성녹음하는 등 증거자료를 확보 · 유지하여야 한다. ⑧ 보험회사는 법 제96조제2항제3호에 따라 보험계약자가 전화를 이용하여 체결한 계약을 해지하려는 경우에는 상대방의 동의를 받아 다음 각 호의 내용을 확인하고 그 내용을 음성녹음하는 등 증거자료를 확보 · 유지하여야 한다.	

	1. 보험계약자 본인인지 여부 2. 계약체결 전에 통신수단을 이용한 계약해지에 동의하였는지 여부 3. 삭제 〈2011.12.31〉 ⑨ 보험회사는 법 제96조제2항제3호에 따라 보험계약자가 컴퓨터통신을 이용하여 체결한 계약을 해지하려는 경우에는 다음 각 호의 내용을 확인하여야 한다. 1. 보험계약자 본인인지 여부. 이 경우 본인 확인은 「전자서명법」 제2조제3호에 따른 공인전자서명으로 하여야 한다. 2. 계약체결 전에 통신수단을 이용한 계약해지에 동의하였는지 여부 3. 삭제 〈2011.12.31〉 ⑩ 금융위원회는 사이버몰의 표시사항, 통신수단을 이용한 모집, 청약 내용의 확인, 청약의 철회, 계약 내용의 확인 및 계약의 해지에 필요한 세부 사항을 정하여 고시할 수 있다. 다만, 「전자상거래 등에서의 소비자보호에 관한 법률」 등 소비자 관련 법령에서 규율하고 있는 사항에 대해서는 그러하지 아니하다. [전문개정 2011.1.24]	
제97조(보험계약의 체결 또는 모집에 관한 금지행위) ① 보험계약의 체결 또는 모집에 종사하는 자는 그 체결 또는 모집에 관하여 다음 각 호의 어느 하나에 해당하는 행위를 하여서는 아니 된다. 1. 보험계약자나 피보험자에게 보험상품의 내용을 사실과 다르게 알리거나 그 내용의 중요한 사항을 알리지 아니하는 행위 2. 보험계약자나 피보험자에게 보험상품의 내용의 일부에 대하여 비교의 대상 및 기준을 분명하게 밝히지 아니하거나 객관적인	제43조의2(보험계약의 체결 또는 모집에 관한 금지행위) ① 법 제97조제1항제5호에 따라 이미 성립된 보험계약(이하 "기존보험계약"이라 한다)과 보장내용 등이 비슷한 새로운 보험계약은 다음 각 호의 사항에 모두 해당하여야 한다. 다만, 기존보험계약 또는 새로운 보험계약의 보험기간이 1년 이하인 경우에는 그러하지 아니하다. 1. 기존보험계약과 새로운 보험계약의 피보험자가 같을 것 2. 기존보험계약과 새로운 보험계약의 위험보장의 범위	

근거 없이 다른 보험상품과 비교하여 그 보험상품이 우수하거나 유리하다고 알리는 행위 3. 보험계약자나 피보험자가 보험상품의 중요한 사항을 보험회사에 알리는 것을 방해하거나 알리지 아니할 것을 권유하는 행위 4. 보험계약자나 피보험자가 보험상품의 중요한 사항에 대하여 부실한 사항을 보험회사에 알릴 것을 권유하는 행위 5. 보험계약자 또는 피보험자로 하여금 이미 성립된 보험계약(이하 이 조에서 "기존보험계약"이라 한다)을 부당하게 소멸시킴으로써 새로운 보험계약(대통령령으로 정하는 바에 따라 기존보험계약과 보장 내용 등이 비슷한 경우만 해당한다. 이하 이 조에서 같다)을 청약하게 하거나 새로운 보험계약을 청약하게 함으로써 기존보험계약을 부당하게 소멸시키거나 그 밖에 부당하게 보험계약을 청약하게 하거나 이러한 것을 권유하는 행위 6. 실제 명의인이 아닌 자의 보험계약을 모집하거나 실제 명의인의 동의가 없는 보험계약을 모집하는 행위 7. 보험계약자 또는 피보험자의 자필서명이 필요한 경우에 보험계약자 또는 피보험자로부터 자필서명을 받지 아니하고 서명을 대신하거나 다른 사람으로 하여금 서명하게 하는 행위 8. 다른 모집 종사자의 명의를 이용하여 보험계약을 모집하는 행위 9. 보험계약자 또는 피보험자와의 금전대차의 관계를 이용하여 보험계약자 또는 피보험자로 하여금 보험계약을 청약하게 하거나 이	가 법 제2조제1호 각 목의 생명보험상품, 손해보험상품, 제3보험상품의 구분에 따라 비슷할 것 ② 법 제97조제3항제1호 단서에 따른 본인 의사의 증명은 다음 각 호의 어느 하나에 해당하는 방법으로 한다. 〈개정 2011.12.31〉 1. 서명(「전자서명법」 제2조제2호에 따른 전자서명을 포함한다) 2. 기명날인 3. 녹취 [본조신설 2011.1.24] 제44조(보험계약 변경 시 비교·고지사항) 법 제97조제3항제2호에서 "보험기간 및 예정 이자율 등 대통령령으로 정하는 중요한 사항"이란 다음 각 호의 사항을 말한다. 1. 보험료, 보험기간, 보험료 납입주기 및 납입기간 2. 보험가입금액 및 주요 보장내용 3. 보험금액 및 환급금액 4. 예정 이자율 중 공시이율 5. 보험 목적 6. 보험회사의 면책사유 및 면책사항 [전문개정 2011.1.24] 제45조(보험계약의 부활 청구 절차 등) ① 법 제97조제4항에 따라 소멸된 보험계약의 부활을 청구하고 새로운 보험계약을 취소하려는 보험계약자는 보험계약 부활청구서에 다음 각 호의 서류를 첨부하여 보험회사에 제출하여야 한다. 1. 기존보험계약의 소멸을 증명하는 서류 2. 새로운 보험계약의 보험증권 ② 보험회사는 제1항에 따른 서류를 접수하였을 때에는 접수증을 발급하고 부활사유 및 제출된 서류의 기재사항 등을 확인하여야 한다. ③ 보험회사는 보험계약의 부활 청구를 받은 날(건강진단을	

러한 것을 요구하는 행위 10. 정당한 이유 없이 「장애인차별금지 및 권리구제 등에 관한 법률」 제2조에 따른 장애인의 보험가입을 거부하는 행위 ② 제1항제2호에 따른 보험상품의 내용의 일부에 대한 비교금지규정은 다음 각 호의 어느 하나에 해당하는 자가 보험계약자의 합리적인 보험상품 선택을 위하여 비교하는 경우에는 적용하지 아니한다. 1. 제85조제3항에 따라 다른 보험회사를 위하여 모집을 하는 보험설계사 2. 제87조에 따라 등록한 보험대리점 중 각각 2 이상의 생명보험업을 경영하는 보험회사·손해보험업을 경영하는 보험회사(보증보험업만을 경영하는 보험회사는 제외한다) 또는 제3보험업을 경영하는 보험회사와 모집에 관한 위탁계약을 체결한 보험대리점 3. 제89조에 따라 등록한 보험중개사 ③ 보험계약의 체결 또는 모집에 종사하는 자가 다음 각 호의 어느 하나에 해당하는 행위를 한 경우에는 제1항제5호를 위반하여 기존보험계약을 부당하게 소멸시키거나 소멸하게 하는 행위를 한 것으로 본다. 1. 기존보험계약이 소멸된 날부터 1개월 이내에 새로운 보험계약을 청약하게 하거나 새로운 보험계약을 청약하게 한 날부터 1개월 이내에 기존보험계약을 소멸하게 하는 행위. 다만, 보험계약자가 기존 보험계약 소멸 후 새로운 보험계약 체결 시 손해가 발생할 가능성이 있다는 사실을 알고 있음을 자필로 서명하는 등 대통령령으로 정하는 바에 따라 본인의 의사에 따른 행위임이 명백히 증	받는 계약의 경우에는 진단일)부터 30일 이내에 승낙 또는 거절의 통지를 하여야 하며 그 기간에 통지가 없을 때에는 승낙한 것으로 본다. ④ 법 제97조제4항에 따른 소멸된 보험계약의 부활 및 새로운 보험계약의 취소의 효력은 다음 각 호의 요건을 충족하였을 때에 발생한다. 1. 기존보험계약의 소멸로 인하여 보험계약자가 수령한 해약환급금의 반환 2. 새로운 보험계약으로부터 보험계약자가 제급부금을 수령한 경우 그 반환 ⑤ 법 제97조제4항 및 제5항에 따른 보험계약의 부활 및 취소는 해당 보험계약이 같은 보험회사를 대상으로 한 계약에만 적용한다. ⑥ 금융위원회는 보험계약의 부활에 필요한 세부 사항을 정하여 고시할 수 있다. [전문개정 2011.1.24]	

명되는 경우에는 그러하지 아니하다. 2. 기존보험계약이 소멸된 날부터 6개월 이내에 새로운 보험계약을 청약하게 하거나 새로운 보험계약을 청약하게 한 날부터 6개월 이내에 기존보험계약을 소멸하게 하는 경우로서 해당 보험계약자 또는 피보험자에게 기존보험계약과 새로운 보험계약의 보험기간 및 예정 이자율 등 대통령령으로 정하는 중요한 사항을 비교하여 알리지 아니하는 행위 ④ 보험계약자는 보험계약의 체결 또는 모집에 종사하는 자(보험중개사는 제외한다. 이하 이 항에서 같다)가 제1항제5호를 위반하여 기존보험계약을 소멸시키거나 소멸하게 하였을 때에는 그 보험계약의 체결 또는 모집에 종사하는 자가 속하거나 모집을 위탁한 보험회사에 대하여 그 보험계약이 소멸한 날부터 6개월 이내에 소멸된 보험계약의 부활을 청구하고 새로운 보험계약은 취소할 수 있다. ⑤ 제4항에 따라 보험계약의 부활의 청구를 받은 보험회사는 특별한 사유가 없으면 소멸된 보험계약의 부활을 승낙하여야 한다. ⑥ 제4항과 제5항에 따라 보험계약의 부활을 청구하는 절차 및 방법과 그 밖에 보험계약의 부활에 관하여 필요한 사항은 대통령령으로 정한다. [전문개정 2010.7.23]		
제98조(특별이익의 제공 금지) 보험계약의 체결 또는 모집에 종사하는 자는 그 체결 또는 모집과 관련하여 보험계약자나 피보험자에게 다음 각 호의 어느 하나에 해당하는 특별이익을 제공하거나 제공하기로 약속하여서는 아니 된다.	제46조(특별이익의 제공 금지) 법 제98조제1호에서 "대통령령으로 정하는 금액"이란 보험계약 체결 시부터 최초 1년간 납입되는 보험료의 100분의 10과 3만원 중 적은 금액을 말한다. [전문개정 2011.1.24]	

1. 금품(대통령령으로 정하는 금액을 초과하지 아니하는 금품은 제외한다) 2. 기초서류에서 정한 사유에 근거하지 아니한 보험료의 할인 또는 수수료의 지급 3. 기초서류에서 정한 보험금액보다 많은 보험금액의 지급 약속 4. 보험계약자나 피보험자를 위한 보험료의 대납(代納) 5. 보험계약자나 피보험자가 해당 보험회사로부터 받은 대출금에 대한 이자의 대납 6. 보험료로 받은 수표 또는 어음에 대한 이자 상당액의 대납 7. 「상법」 제682조에 따른 제3자에 대한 청구권 대위행사의 포기 [전문개정 2010.7.23]		
第99조(수수료 지급 등의 금지) ① 보험회사는 제83조에 따라 모집할 수 있는 자 이외의 자에게 모집을 위탁하거나 모집에 관하여 수수료, 보수, 그 밖의 대가를 지급하지 못한다. 다만, 다음 각 호의 어느 하나에 해당하는 경우에는 그러하지 아니하다. 1. 기초서류에서 정하는 방법에 따른 경우 2. 보험회사가 대한민국 밖에서 외국보험사와 공동으로 원보험계약(原保險契約)을 인수하거나 대한민국 밖에서 외국의 모집조직(외국의 법령에 따라 모집을 할 수 있도록 허용된 경우만 해당한다)을 이용하여 원보험계약 또는 재보험계약을 인수하는 경우 3. 그 밖에 대통령령으로 정하는 경우 ② 모집에 종사하는 자는 다음 각 호의 어느 하나에 해당하는 경우 이외에는 타인에게 모집을 하게 하거나 그 위탁을 하거나, 모집에 관하여 수수료 ·	第47조(수수료 지급 등의 금지 예외) ① 법 제99조제3항에서 "대통령령으로 정하는 경우"란 보험계약 체결의 중개와는 별도로 보험계약자에게 특별히 제공한 서비스에 대하여 일정 금액으로 표시되는 보수나 그 밖의 대가를 지급할 것을 미리 보험계약자와 합의한 서면약정서에 의하여 청구하는 경우를 말한다. ② 보험중개사는 제1항에 따른 보수나 그 밖의 대가를 청구하려는 경우에는 해당 서비스를 제공하기 전에 제공할 서비스별 내용이 표시된 보수명세표를 보험계약자에게 알려야 한다. [전문개정 2011.1.24]	

보수나 그 밖의 대가를 지급하지 못한다. 1. 보험설계사: 같은 보험회사등에 소속된 다른 보험설계사에 대한 경우 2. 보험대리점: 같은 보험회사와 모집에 관한 위탁계약이 체결된 다른 보험대리점이나 소속 보험설계사에 대한 경우 3. 보험중개사: 다른 보험중개사나 소속 보험설계사에 대한 경우 ③ 보험중개사는 대통령령으로 정하는 경우 이외에는 보험계약 체결의 중개와 관련한 수수료나 그 밖의 대가를 보험계약자에게 청구할 수 없다. [전문개정 2010.7.23]		
제100조(금융기관보험대리점등의 금지행위 등) ① 금융기관보험대리점등은 모집을 할 때 다음 각 호의 어느 하나에 해당하는 행위를 하여서는 아니 된다. 1. 대출 등 해당 금융기관이 제공하는 용역(이하 이 조에서 "대출등"이라 한다)을 제공하는 조건으로 대출등을 받는 자에게 그 금융기관이 대리 또는 중개하는 보험계약을 체결할 것을 요구하거나 특정한 보험회사와 보험계약을 체결할 것을 요구하는 행위 2. 대출등을 받는 자의 동의를 미리 받지 아니하고 보험료를 대출등의 거래에 포함시키는 행위 3. 해당 금융기관의 임직원(제83조에 따라 모집할 수 있는 자는 제외한다)에게 모집을 하도록 하거나 이를 용인하는 행위 4. 해당 금융기관의 점포 외의 장소에서 모집을 하는 행위 5. 모집과 관련이 없는 금융거래를 통하여 취득한 개인정보를 미리 그 개인의 동의를 받지 아니하고 모집	제48조(금융기관보험대리점등의 금지행위 등) ① 법 제100조제1항제6호에서 "대통령령으로 정하는 행위"란 다음 각 호의 어느 하나에 해당하는 행위를 말한다. 1. 제40조제4항에 따라 모집에 종사하는 자 외에 소속 임직원으로 하여금 보험상품의 구입에 대한 상담 또는 소개를 하게 하거나 상담 또는 소개의 대가를 지불하는 행위 2. 대출을 조건으로 차주의 의사에 반하여 보험가입을 강요하는 행위 3. 그 밖에 건전한 거래질서를 해칠 우려가 있는 행위로서 금융위원회가 정하여 고시하는 행위 ② 법 제100조제2항제4호에서 "대통령령으로 정하는 사항"이란 보험계약자 등의 보험민원을 접수하여 처리할 전담창구를 해당 금융기관의 본점에 설치·운영하는 것을 말한다. ③ 법 제100조제3항제3호에서 "대통령령으로 정하는 행위"란 모집수수료 외에 금융기관보험대리점등이 모집한 보험계	

에 이용하는 행위 6. 그 밖에 제1호부터 제5호까지의 행위와 비슷한 행위로서 대통령령으로 정하는 행위 ② 금융기관보험대리점등은 모집을 할 때 다음 각 호의 사항을 지켜야 한다. 1. 해당 금융기관이 대출등을 받는 자에게 보험계약의 청약을 권유하는 경우 대출등을 받는 자가 그 금융기관이 대리하거나 중개하는 보험계약을 체결하지 아니하더라도 대출등을 받는데 영향이 없음을 알릴 것 2. 해당 금융기관이 보험회사가 아니라 보험대리점 또는 보험중개사라는 사실과 보험계약의 이행에 따른 지급책임은 보험회사에 있음을 보험계약을 청약하는 자에게 알릴 것 3. 보험을 모집하는 장소와 대출등을 취급하는 장소를 보험계약을 청약하는 자가 쉽게 알 수 있을 정도로 분리할 것 4. 제1호부터 제3호까지의 사항과 비슷한 사항으로서 대통령령으로 정하는 사항 ③ 금융기관보험대리점등이나 금융기관보험대리점등이 되려는 자는 보험계약 체결을 대리하거나 중개하는 조건으로 보험회사에 대하여 다음 각 호의 어느 하나의 행위를 하여서는 아니 된다. 1. 해당 금융기관을 계약자로 하는 보험계약의 할인을 요구하거나 그 금융기관에 대한 신용공여, 자금지원 및 보험료 등의 예탁을 요구하는 행위 2. 보험계약 체결을 대리하거나 중개하면서 발생하는 비용 또는 손실을 보험회사에 부당하게 떠넘기는 행위 3. 그 밖에 금융기관의 우월적 지위를 이용하여 부당한	약에서 발생한 이익의 배분을 요구하는 행위(금융위원회가 정하여 고시하는 기준에 따라 이익의 배분을 요구하는 경우는 제외한다)를 말한다. ④ 법 제100조제4항에 따라 금융기관보험대리점등 또는 금융기관보험대리점등이 되려는 자의 금지행위 기준은 다음 각 호와 같다. 1. 금융기관보험대리점등이 요구하는 행위가 일반적인 거래조건에 비추어 명백히 보험회사의 이익에 반하는 것으로 인정될 수 있을 것 2. 해당 행위가 보험회사의 경영건전성이나 보험계약자의 이익, 그 밖에 건전한 모집질서를 명백히 해치는 것으로 인정될 수 있을 것 ⑤ 제1항부터 제4항까지의 규정에 따른 금융기관보험대리점등의 금지행위 기준 및 우월적 지위 남용 방지를 위한 기준 등에 관하여 필요한 사항은 금융위원회가 정하여 고시한다. [전문개정 2011.1.24]	

요구 등을 하는 행위로서 대통령령으로 정하는 행위 ④ 제3항에 따른 행위의 구체적 기준은 대통령령으로 정하는 바에 따라 금융위원회가 정한다. [전문개정 2010.7.23]		
제101조(자기계약의 금지) ① 보험대리점 또는 보험중개사는 자기 또는 자기를 고용하고 있는 자를 보험계약자 또는 피보험자로 하는 보험을 모집하는 것을 주된 목적으로 하지 못한다. ② 보험대리점 또는 보험중개사가 모집한 자기 또는 자기를 고용하고 있는 자를 보험계약자나 피보험자로 하는 보험의 보험료 누계액(累計額)이 그 보험대리점 또는 보험중개사가 모집한 보험의 보험료의 100분의 50을 초과하게 된 경우에는 그 보험대리점 또는 보험중개사는 제1항을 적용할 때 자기 또는 자기를 고용하고 있는 자를 보험계약자 또는 피보험자로 하는 보험을 모집하는 것을 그 주된 목적으로 한 것으로 본다. [전문개정 2010.7.23]		
제3절 보험계약자의 권리 〈개정 2010.7.23〉		
제102조(모집을 위탁한 보험회사의 배상책임) ① 보험회사는 그 임직원·보험설계사 또는 보험대리점(보험대리점 소속 보험설계사를 포함한다. 이하 이 조에서 같다)이 모집을 하면서 보험계약자에게 손해를 입힌 경우 배상할 책임을 진다. 다만, 보험회사가 보험설계사 또는 보험대리점에 모집을 위탁하면서 상당한 주의를 하였고 이들이 모집을 하면서 보험계약자에게 손해를 입히는 것을 막기 위하여 노력한 경우에는 그러하지 아니하다. ② 제1항은 해당 임직원·보험설계사 또는 보험대리점에		

대한 보험회사의 구상권(求償權) 행사를 방해하지 아니한다. ③ 제1항에 따라 발생한 청구권에 관하여는 「민법」 제766조를 준용한다. [전문개정 2010.7.23]		
제102조의2(보험계약자 등의 의무) 보험계약자, 피보험자, 보험금을 취득할 자, 그 밖에 보험계약에 관하여 이해관계가 있는 자는 보험사기행위를 하여서는 아니 된다. [전문개정 2010.7.23]		
제103조(영업보증금에 대한 우선변제권) 보험계약자나 보험금을 취득할 자가 보험중개사의 보험계약체결 중개행위와 관련하여 손해를 입은 경우에는 그 손해액을 제89조제3항에 따른 영업보증금에서 다른 채권자보다 우선하여 변제받을 권리를 가진다. [전문개정 2010.7.23]		
제5장 자산운용 〈개정 2010. 7.23〉		
제1절 자산운용의 원칙 〈개정 2010.7.23〉		
제104조(자산운용의 원칙) ① 보험회사는 그 자산을 운용할 때 안정성 · 유동성 · 수익성 및 공익성이 확보되도록 하여야 한다. ② 보험회사는 선량한 관리자의 주의로써 그 자산을 운용하여야 한다. [전문개정 2010.7.23]		
제105조(금지 또는 제한되는 자산운용) 보험회사는 그 자산을 다음 각 호의 어느 하나에 해당하는 방법으로 운용하여서는 아니 된다. 1. 대통령령으로 정하는 업무용 부동산이 아닌 부동산(저당권 등 담보권의 실행으로 취득하는 부동산은 제외한다)의 소유 2. 제108조제1항제2호에 따라 설정된 특별계정을 통한 부동산의 소유	제49조(금지 또는 제한되는 자산운용) ① 법 제105조제1호에서 "대통령령으로 정하는 업무용 부동산"이란 「법인세법 시행령」 제49조제1항제1호에 해당하지 아니하는 부동산으로서 다음 각 호의 어느 하나에 해당하는 것을 말한다. 1. 업무시설용 부동산: 영업장(연면적의 100분의 10 이상을 보험회사가 직접 사용하고 있는 것만 해당한다), 연수시설, 임원 또는	

3. 상품이나 유가증권에 대한 투기를 목적으로 하는 자금의 대출 4. 직접·간접을 불문하고 해당 보험회사의 주식을 사도록 하기 위한 대출 5. 직접·간접을 불문하고 정치자금의 대출 6. 해당 보험회사의 임직원에 대한 대출(보험약관에 따른 대출 및 금융위원회가 정하는 소액대출은 제외한다) 7. 자산운용의 안정성을 크게 해칠 우려가 있는 행위로서 대통령령으로 정하는 행위 [전문개정 2010.7.23]	직원의 복리후생시설 및 이에 준하는 용도로 사용하고 있거나 사용할 토지·건물과 그 부대시설. 다만, 영업장은 원칙적으로 단일 소유권의 객체가 되는 부동산이어야 하며, 단일 건물에 구분소유되어 있는 경우에는 다음 각 목의 요건을 모두 충족하여야 한다. 가. 구분소유권의 객체인 여러 개의 층이 연접해 있거나 물리적으로 하나의 부동산으로 인정할 수 있을 것 나. 부동산의 소유 목적, 경제적 효용 및 거래관행에 비추어 복수 부동산 취득의 불가피성이 인정될 것 2. 투자사업용 부동산: 주택사업, 부동산임대사업, 장묘사업 등 사회복지사업, 도시재개발사업, 사회기반시설사업 등 공공성 사업과 해외부동산업을 위한 토지·건물 및 그 부대시설 ② 법 제105조제7호에서 "대통령령으로 정하는 행위"란 다음 각 호의 어느 하나에 해당하는 행위를 말한다. 1. 금융위원회가 정하는 기준을 충족하지 아니하는 외국환(「외국환 거래법」 제3조제13호에 따른 외국환 중 대외지급수단, 외화증권, 외화채권만 해당한다) 및 파생금융거래(「외국환 거래법」 제3조제9호에 따른 파생상품에 관한 거래로서 채무불이행, 신용등급 하락 등 계약 당사자 간의 약정된 조건에 의한 신용사건 발생 시 신용위험을 거래당사자 한쪽에게 전가(轉嫁)하는 거래 또는 이와 유사한 거래를 포함한다) 2. 삭제 〈2011.12.31〉 3. 그 밖에 자산운용의 안정성을 크게 해칠 우려가 있는	

	행위로서 금융위원회가 정하여 고시하는 행위 ③ 제1항 및 제2항에 관한 세부 사항은 금융위원회가 정하여 고시한다. [전문개정 2011.1.24]	
제106조(자산운용의 방법 및 비율) ① 보험회사는 일반계정(제108조제1항제1호 및 제4호의 특별계정을 포함한다. 이하 이 조에서 같다)에 속하는 자산과 제108조제1항제2호에 따른 특별계정(이하 이 조에서 특별계정이라 한다)에 속하는 자산을 운용할 때 다음 각 호의 비율을 초과할 수 없다. 1. 동일한 개인 또는 법인에 대한 신용공여 가. 일반계정: 총자산의 100분의 3 나. 특별계정: 각 특별계정 자산의 100분의 5 2. 동일한 법인이 발행한 채권 및 주식 소유의 합계액 가. 일반계정: 총자산의 100분의 7 나. 특별계정: 각 특별계정 자산의 100분의 10 3. 동일차주에 대한 신용공여 또는 그 동일차주가 발행한 채권 및 주식 소유의 합계액 가. 일반계정: 총자산의 100분의 12 나. 특별계정: 각 특별계정 자산의 100분의 15 4. 동일한 개인·법인, 동일차주 또는 대주주(그의 특수관계인을 포함한다. 이하 이 절에서 같다)에 대한 총자산의 100분의 1을 초과하는 거액 신용공여의 합계액 가. 일반계정: 총자산의 100분의 20 나. 특별계정: 각 특별계정 자산의 100분의 20 5. 대주주 및 대통령령으로 정하는 자회사에 대한 신용공여	제50조(자산운용의 비율) ① 법 제106조제1항제5호 각 목 외의 부분 및 제6호 각 목 외의 부분에서 "대통령령으로 정하는 자회사"란 다음 각 호의 어느 하나에 해당하지 아니하는 자회사를 말한다. 1. 제59조제1항제1호부터 제13호까지에 해당하는 업무를 수행하는 회사로서 보험회사가 해당 회사의 의결권 있는 발행주식(출자지분을 포함한다)의 전부를 소유하는 회사 2. 「자본시장과 금융투자업에 관한 법률」에 따른 투자회사 또는 사모투자전문회사 3. 「부동산투자회사법」에 따른 부동산투자회사 4. 「선박투자회사법」에 따른 선박투자회사 5. 제59조제1항제14호에 따른 업무를 수행하는 회사 6. 제59조제2항제1호에 따른 업무를 수행하는 회사 ② 법 제106조제1항제10호 각 목 외의 부분에 따른 위탁증거금(장외파생상품거래의 경우에는 약정금액)은 다음 각 호의 구분에 따른 금액으로 한다. 1. 장내파생상품거래: 「자본시장과 금융투자업에 관한 법률」 제396조제1항에 따른 파생상품시장업무규정에서 정하는 위탁증거금 2. 장외파생상품거래: 장외파생상품의 거래구조 등을 반영하여 금융위원회가 정하여 고시하는 기준에 따라 산정한 약정금액 ③ 법 제106조제2항에 따라 법 제106조제1항제8호가목에 따른 부동산 소유에 대한 자산운	

가. 일반계정: 자기자본의 100분의 40(자기자본의 100분의 40에 해당하는 금액이 총자산의 100분의 2에 해당하는 금액보다 큰 경우에는 총자산의 100분의 2) 나. 특별계정: 각 특별계정 자산의 100분의 2 6. 대주주 및 대통령령으로 정하는 자회사가 발행한 채권 및 주식 소유의 합계액 가. 일반계정: 자기자본의 100분의 60(자기자본의 100분의 60에 해당하는 금액이 총자산의 100분의 3에 해당하는 금액보다 큰 경우에는 총자산의 100분의 3) 나. 특별계정: 각 특별계정 자산의 100분의 3 7. 동일한 자회사에 대한 신용공여 가. 일반계정: 자기자본의 100분의 10 나. 특별계정: 각 특별계정 자산의 100분의 4 8. 부동산의 소유 가. 일반계정: 총자산의 100분의 25 나. 특별계정: 각 특별계정 자산의 100분의 15 9. 「외국환거래법」에 따른 외국환이나 외국부동산의 소유(외화표시 보험에 대하여 지급보험금과 같은 외화로 보유하는 자산의 경우에는 금융위원회가 정하는 바에 따라 책임준비금을 한도로 자산운용비율의 산정 대상에 포함하지 아니한다) 가. 일반계정: 총자산의 100분의 30 나. 특별계정: 각 특별계정 자산의 100분의 20 10. 「자본시장과 금융투자업에 관한 법률」에 따른 파생상품거래(금융위원회가 정하는 바에 따른 위험회피	용비율을 총자산의 100분의 15로 인하한다. ④ 법 제106조제3항에서 "대통령령으로 정하는 금액"이란 매 분기 말 기준으로 300억원을 말한다. [전문개정 2011.1.24] 제53조(특별계정자산의 운용비율) ① 보험회사는 특별계정(법 제108조제1항제3호의 계약에 따라 설정된 특별계정은 제외한다)의 자산으로 취득한 주식에 대하여 의결권을 행사할 수 없다. 다만, 주식을 발행한 회사의 합병, 영업의 양도·양수, 임원의 선임, 그 밖에 이에 준하는 사항으로서 특별계정의 자산에 손실을 초래할 것이 명백하게 예상되는 사항에 관하여는 그러하지 아니하다. ② 보험회사는 법 제108조제1항제2호의 계약에 대하여 설정된 특별계정의 부담으로 차입할 수 없다. 다만, 각 특별계정별로 자산의 100분의 10의 범위에서 다음 각 호의 어느 하나에 해당하는 방법으로 차입하는 경우에는 그러하지 아니하다. 1. 「은행법」에 따른 은행으로부터의 당좌차월 2. 금융기관으로부터의 만기 1개월 이내의 단기자금 차입 3. 일반계정(특별계정에 속하는 보험계약을 제외한 보험계약이 속하는 계정을 말한다. 이하 같다)으로부터의 만기 1개월 이내의 단기자금 차입. 이 경우 금리는 금융위원회가 정하여 고시하는 기준에 따른다. 4. 제1호부터 제3호까지에 준하는 방법으로서 금융위원회가 정하여 고시하는 방법 ③ 보험회사는 특별계정의 자산을 운용할 때 다음 각 호의 어느 하나에 해당하는 행위를 하여서는 아니 된다. 1. 보험계약자의 지시에 따라 자산을 운용하는 행위	

수단 요건에 해당하는 경우는 제외한다)를 위한 대통령령으로 정하는 바에 따른 위탁증거금(장외파생상품거래의 경우에는 약정금액)의 합계액 가. 일반계정: 총자산의 100분의 6(장외파생상품거래에 관하여는 총자산의 100분의 3 미만) 나. 특별계정: 각 특별계정 자산의 100분의 6(장외파생상품거래에 관하여는 각 특별계정 자산의 100분의 3 미만) ② 제1항 각 호에 따른 자산운용비율은 자산운용의 건전성 향상 또는 보험계약자 보호에 필요한 경우에는 대통령령으로 정하는 바에 따라 그 비율의 100분의 50의 범위에서 인하하거나, 발행주체 및 투자수단 등을 구분하여 별도로 정할 수 있다. ③ 제1항에도 불구하고 대통령령으로 정하는 금액 이하의 특별계정에 대하여는 일반계정에 포함하여 자산운용비율을 적용한다. [전문개정 2010.7.23]	2. 변액보험계약에 대하여 사전수익률을 보장하는 행위 3. 특별계정에 속하는 자산을 일반계정 또는 다른 특별계정에 편입하거나 일반계정의 자산을 특별계정에 편입하는 행위. 다만, 다음 각 목의 어느 하나에 해당하는 행위는 제외한다. 가. 특별계정의 원활한 운영을 위하여 금융위원회가 정하여 고시하는 바에 따라 초기투자자금을 일반계정에서 편입받는 행위 나. 특별계정이 일반계정으로부터 만기 1개월 이내의 단기자금을 금융위원회가 정하여 고시하는 금리 기준에 따라 차입받는 행위 다. 법률 제7379호 근로자퇴직급여보장법 부칙 제2조제1항에 따른 퇴직보험계약을 같은 법 제16조제2항에 따른 보험계약으로 전환하면서 자산을 이전하는 행위 라. 법 제108조제1항제3호의 계약에 따라 설정된 특별계정을 「자본시장과 금융투자업에 관한 법률」 제233조에 따른 모자형집합투자기구로 운용하는 경우로서 모집합투자기구의 자산을 자집합투자기구에 편입하거나 자집합투자기구의 자산을 모집합투자기구에 편입하는 행위 마. 그 밖에 가목부터 라목까지에 준하는 행위로서 금융위원회가 정하여 고시하는 행위 4. 보험료를 어음으로 수납하는 행위 5. 특정한 특별계정 자산으로 제3자의 이익을 꾀하는 행위 ④ 보험회사의 자산가격의 변동, 담보권의 실행, 그 밖에 보	

	험회사의 의사에 의하지 아니하는 사유로 자산상태에 변동이 있는 경우에는 법 제106조제1항을 적용하지 아니한다. 이 경우 그 보험회사는 그 한도를 초과하게 된 날부터 1년 이내에 법 제106조제1항에 적합하게 하여야 하고, 제51조에서 정하는 사유에 해당하는 경우에는 금융위원회가 그 기간을 연장할 수 있다. [전문개정 2011.1.24]	
제107조(자산운용 제한에 대한 예외) 다음 각 호의 어느 하나에 해당하는 경우에는 제106조를 적용하지 아니한다. 다만, 제1호의 사유로 자산운용비율을 초과하게 된 경우에는 해당 보험회사는 그 비율을 초과하게 된 날부터 1년 이내(대통령령으로 정하는 사유에 해당하는 경우에는 금융위원회가 정하는 바에 따라 그 기간을 연장할 수 있다)에 제106조에 적합하도록 하여야 한다. 1. 보험회사의 자산가격의 변동, 담보권의 실행, 그 밖에 보험회사의 이사와 관계없는 사유로 자산상태가 변동된 경우 2. 다음 각 목의 어느 하나에 해당하는 경우로서 금융위원회의 승인을 받은 경우 가. 보험회사가 제123조에 따라 재무건전성 기준을 지키기 위하여 필요한 경우 나. 「기업구조조정 촉진법」에 따른 출자전환 또는 채무재조정 등 기업의 구조조정을 지원하기 위하여 필요한 경우 다. 그 밖에 보험계약자의 이익을 보호하기 위하여 필수적인 경우 [전문개정 2010.7.23]	제51조(자산운용 제한의 예외) 법 제107조 각 호 외의 부분 단서에서 "대통령령으로 정하는 사유"란 보험회사가 자산운용비율의 한도를 초과하게 된 날부터 1년 이내에 한도를 초과하는 자산을 처분하는 것이 일반적인 경우에 비추어 해당 보험회사에 현저한 재산상의 손실이나 재무건전성의 악화를 초래할 것이 명백하다고 금융위원회가 인정하는 경우를 말한다. [전문개정 2011.1.24]	
제108조(특별계정의 설정·운용) ① 보험회사는 다음 각 호의 어느 하나에 해당하는 계약에 대하	제3조(총자산의 범위) ① 법 제2조제14호에서 "미상각신계약비(未償却新契約費), 영업권 등	

여는 대통령령으로 정하는 바에 따라 그 준비금에 상당하는 자산의 전부 또는 일부를 그 밖의 자산과 구별하여 이용하기 위한 계정(이하 "특별계정"이라 한다)을 각각 설정하여 운용할 수 있다. 1. 「조세특례제한법」 제86조의2에 따른 연금저축계약 2. 「근로자퇴직급여 보장법」 제16조제2항에 따른 보험계약 및 법률 제7379호 근로자퇴직급여보장법 부칙 제2조제1항에 따른 퇴직보험계약 3. 변액보험계약(보험금이 자산운용의 성과에 따라 변동하는 보험계약을 말한다) 4. 그 밖에 금융위원회가 필요하다고 인정하는 보험계약 ② 보험회사는 특별계정에 속하는 자산은 다른 특별계정에 속하는 자산 및 그 밖의 자산과 구분하여 계리하여야 한다. ③ 보험회사는 특별계정에 속하는 이익을 그 계정상의 보험계약자에게 분배할 수 있다. ④ 특별계정에 속하는 자산의 운용방법 및 평가, 이익의 분배, 자산운용실적의 비교·공시, 운용전문인력의 확보, 의결권 행사의 제한 등 보험계약자 보호에 필요한 사항은 대통령령으로 정한다. [전문개정 2010.7.23]	대통령령으로 정하는 자산"이란 미상각신계약비 및 영업권과 법 제108조제1항제2호 및 제3호에 따른 특별계정 자산을 말한다. ② 제1항에 따른 자산의 범위 등에 관하여 필요한 세부 사항은 금융위원회가 정하여 고시한다. [전문개정 2011.1.24] 제42조(보험안내자료의 기재사항 등) ① 법 제95조제1항제2호에 따른 보험 가입에 따른 권리·의무에 관한 사항에는 법 제108조제1항제3호에 따른 변액보험계약(이하 "변액보험계약"이라 한다)의 경우 다음 각 호의 사항이 포함된다. 1. 변액보험자산의 운용성과에 따라 납입한 보험료의 원금에 손실이 발생할 수 있으며 그 손실은 보험계약자에게 귀속된다는 사실 2. 최저로 보장되는 보험금이 설정되어 있는 경우에는 그 내용 ② 보험안내자료에는 다음 각 호의 사항을 적어서는 아니 된다. 1. 「독점규제 및 공정거래에 관한 법률」 제23조에 따른 사항 2. 보험계약의 내용과 다른 사항 3. 보험계약자에게 유리한 내용만을 골라 안내하거나 다른 보험회사 상품과 비교한 사항 4. 확정되지 아니한 사항이나 사실에 근거하지 아니한 사항을 기초로 다른 보험회사 상품에 비하여 유리하게 비교한 사항 ③ 법 제95조제1항제6호에서 "대통령령으로 정하는 사항"이란 다음 각 호의 사항을 말한다. 1. 보험금이 금리에 연동되는 보험상품의 경우 적용금리 및 보험금 변동에 관한 사항 2. 보험금 지급제한 조건	

	3. 보험안내자료의 제작자 · 제작일, 보험안내자료에 대한 보험회사의 심사 또는 관리번호 4. 보험 상담 및 분쟁의 해결에 관한 사항 ④ 금융위원회는 보험계약자를 보호하고 정보취득자의 오해를 방지하기 위하여 보험안내자료의 작성 및 관리 등에 필요한 사항을 정하여 고시할 수 있다. [전문개정 2011.1.24] 제52조(특별계정의 설정·운용) ① 법 제108조제1항에 따른 특별계정을 설정 · 운용하는 보험회사는 같은 항 각 호의 구분에 따른 보험계약별로 별도의 특별계정을 설정 · 운용하여야 한다. ② 보험회사는 특별계정의 효율적인 운용을 위하여 금융위원회가 필요하다고 인정하는 경우에는 법 제108조제1항 각 호의 구분에 따른 보험계약별로 둘 이상의 특별계정을 설정 · 운용할 수 있다. [전문개정 2011.1.24] 제53조(특별계정자산의 운용비율) ① 보험회사는 특별계정(법 제108조제1항제3호의 계약에 따라 설정된 특별계정은 제외한다)의 자산으로 취득한 주식에 대하여 의결권을 행사할 수 없다. 다만, 주식을 발행한 회사의 합병, 영업의 양도 · 양수, 임원의 선임, 그 밖에 이에 준하는 사항으로서 특별계정의 자산에 손실을 초래할 것이 명백하게 예상되는 사항에 관하여는 그러하지 아니하다. ② 보험회사는 법 제108조제1항제2호의 계약에 대하여 설정된 특별계정의 부담으로 차입할 수 없다. 다만, 각 특별계정별로 자산의 100분의 10의 범위에서 다음 각 호의 어느 하나에 해당하는 방법으로 차입하는 경우에는 그러하지 아니하다.	

	1. 「은행법」에 따른 은행으로부터의 당좌차월 2. 금융기관으로부터의 만기 1개월 이내의 단기자금 차입 3. 일반계정(특별계정에 속하는 보험계약을 제외한 보험계약이 속하는 계정을 말한다. 이하 같다)으로부터의 만기 1개월 이내의 단기자금 차입. 이 경우 금리는 금융위원회가 정하여 고시하는 기준에 따른다. 4. 제1호부터 제3호까지에 준하는 방법으로서 금융위원회가 정하여 고시하는 방법 ③ 보험회사는 특별계정의 자산을 운용할 때 다음 각 호의 어느 하나에 해당하는 행위를 하여서는 아니 된다. 1. 보험계약자의 지시에 따라 자산을 운용하는 행위 2. 변액보험계약에 대하여 사전수익률을 보장하는 행위 3. 특별계정에 속하는 자산을 일반계정 또는 다른 특별계정에 편입하거나 일반계정의 자산을 특별계정에 편입하는 행위. 다만, 다음 각 목의 어느 하나에 해당하는 행위는 제외한다. 가. 특별계정의 원활한 운영을 위하여 금융위원회가 정하여 고시하는 바에 따라 초기투자자금을 일반계정에서 편입받는 행위 나. 특별계정이 일반계정으로부터 만기 1개월 이내의 단기자금을 금융위원회가 정하여 고시하는 금리 기준에 따라 차입받는 행위 다. 법률 제7379호 근로자퇴직급여보장법 부칙 제2조제1항에 따른 퇴직보험계약을 같은 법 제16조제2항에 따른 보험계약으로 전환하면서 자산을 이전하는 행위 라. 법 제108조제1항제3호의 계약에 따라 설정된	

	특별계정을 「자본시장과 금융투자업에 관한 법률」 제233조에 따른 모자형집합투자기구로 운용하는 경우로서 모집합투자기구의 자산을 자집합투자기구에 편입하거나 자집합투자기구의 자산을 모집합투자기구에 편입하는 행위 마. 그 밖에 가목부터 라목까지에 준하는 행위로서 금융위원회가 정하여 고시하는 행위 4. 보험료를 어음으로 수납하는 행위 5. 특정한 특별계정 자산으로 제3자의 이익을 꾀하는 행위 ④ 보험회사의 자산가격의 변동, 담보권의 실행, 그 밖에 보험회사의 의사에 의하지 아니하는 사유로 자산상태에 변동이 있는 경우에는 법 제106조제1항을 적용하지 아니한다. 이 경우 그 보험회사는 그 한도를 초과하게 된 날부터 1년 이내에 법 제106조제1항에 적합하게 하여야 하고, 제51조에서 정하는 사유에 해당하는 경우에는 금융위원회가 그 기간을 연장할 수 있다. [전문개정 2011.1.24] 제54조(특별계정 자산의 평가 및 손익배분) ① 특별계정(법 제108조제1항제3호의 계약에 따라 설정된 특별계정은 제외한다)에 속하는 자산은 금융위원회가 정하는 방법으로 평가한다. ② 보험회사는 변액보험 특별계정의 운용수익에서 해당 특별계정의 운용에 대한 보수 및 그 밖의 수수료를 뺀 수익을 해당 특별계정 보험계약자의 몫으로 처리하여야 한다. [전문개정 2011.1.24] 제55조(특별계정 운용실적의 공시 등) ① 보험회사는 특별계정(법 제108조제1항제3호의 계약에 따라 설정된 특별계정은 제외한다)의 자산운용에 관한	

	다음 각 호의 사항을 공시하여야 한다. 1. 매월 말 현재의 특별계정별 자산·부채 및 자산구성 내용 2. 자산운용에 대한 보수 및 수수료 3. 그 밖에 보험계약자의 보호를 위하여 공시가 필요하다고 인정되는 사항으로서 금융위원회가 정하여 고시하는 사항 ② 보험협회는 보험회사별로 보험회사가 설정하고 있는 특별계정별 자산의 기준가격 및 수익률 등 자산운용실적을 비교·공시할 수 있다. ③ 보험회사는 특별계정(법 제108조제1항제3호의 계약에 따라 설정된 특별계정은 제외한다)으로 설정·운용되는 보험계약의 관리 내용을 매년 1회 이상 보험계약자에게 제공하여야 한다. ④ 제1항부터 제3항까지의 규정에 따른 공시의 방법·절차, 그 밖에 필요한 사항은 금융위원회가 정하여 고시한다. [전문개정 2011.1.24] 제56조(특별계정의 운용전문인력 확보의무 등) ① 특별계정(법 제108조제1항제3호의 계약에 따라 설정된 특별계정은 제외한다)을 설정·운용하는 보험회사는 특별계정의 공정한 관리를 위하여 특별계정의 관리 및 운용을 전담하는 조직과 인력을 갖추어야 한다. 다만, 특별계정을 통한 대출업무의 경우에는 내부통제기준의 준수 여부에 대한 준법감시인의 확인을 거쳐 일반계정의 운용인력 및 조직을 이용할 수 있다. ② 법 제83조제1항 각 호의 자가 변액보험계약을 모집하려는 경우에는 금융위원회가 정하여 고시하는 바에 따라 변액보험계약의 모집에 관한 연수과정을 이수하여야 한다. [전문개정 2011.1.24]	

제109조(다른 회사에 대한 출자 제한) 보험회사는 다른 회사의 의결권 있는 발행주식(출자지분을 포함한다) 총수의 100분의 15를 초과하는 주식을 소유할 수 없다. 다만, 제115조에 따라 금융위원회의 승인(신고로써 갈음하는 경우를 포함한다)을 받은 자회사의 주식은 그러하지 아니하다. [전문개정 2010.7.23]		
제110조(자금지원 관련 금지행위) ① 보험회사는 다른 금융기관(「금융산업의 구조개선에 관한 법률」 제2조제1호에 따른 금융기관을 말한다. 이하 이 조에서 같다) 또는 회사와 다음 각 호의 행위를 하여서는 아니 된다. 1. 제106조와 제108조에 따른 자산운용한도의 제한을 피하기 위하여 다른 금융기관 또는 회사의 의결권 있는 주식을 서로 교차하여 보유하거나 신용공여를 하는 행위 2. 「상법」 제341조와 「자본시장과 금융투자업에 관한 법률」 제165조의2에 따른 자기주식 취득의 제한을 피하기 위한 목적으로 서로 교차하여 주식을 취득하는 행위 3. 그 밖에 보험계약자의 이익을 크게 해칠 우려가 있는 행위로서 대통령령으로 정하는 행위 ② 보험회사는 제1항을 위반하여 취득한 주식에 대하여는 의결권을 행사할 수 없다. ③ 금융위원회는 제1항을 위반하여 주식을 취득하거나 신용공여를 한 보험회사에 대하여 그 주식의 처분 또는 공여한 신용의 회수를 명하는 등 필요한 조치를 할 수 있다. [전문개정 2010.7.23]		
제110조의2(불공정한 대출의 금지 등) ① 보험회사는 다음 각 호	제56조의2(불공정한 대출의 유형) 법 제110조의2제1항에 따른	

의 어느 하나에 해당하는 불공정한 대출을 하여서는 아니 된다. 1. 대출을 조건으로 차주(借主)의 의사에 반하여 보험가입을 강요하는 행위 2. 부당하게 담보를 요구하거나 연대보증을 요구하는 행위 3. 보험회사 또는 그 임직원이 대출업무와 관련하여 부당한 편익을 제공받는 행위 4. 보험회사가 우월적 지위를 이용하여 보험회사 이용자의 권익을 부당하게 침해하는 행위 ② 제1항에 따른 불공정한 대출의 구체적인 유형 및 기준은 대통령령으로 정한다. ③ 금융위원회는 제1항의 위반행위가 있는 경우에는 해당 보험회사에 대하여 불공정한 대출의 중지 또는 시정조치를 명할 수 있다. [본조신설 2010.7.23]	불공정한 대출의 구체적인 유형은 다음 각 호와 같다. 〈개정 2011.12.31〉 1. 대출과 관련하여 차주의 의사에 반하여 보험상품의 가입을 강요하는 행위 2. 대출과 관련하여 차주 또는 제3자로부터 담보 또는 보증을 취득할 때 정당한 사유 없이 포괄근담보(포괄근담보: 현재 발생하였거나 장래에 발생할 다수의 채무 또는 불확정 채무를 일정한 한도에서 담보하기 위한 물건 또는 권리를 제공하는 것을 말한다) 또는 포괄근보증(포괄근보증: 현재 발생하였거나 장래에 발생할 다수의 채무 또는 불확정 채무를 일정한 한도에서 보증하는 것을 말한다)을 요구하는 행위 3. 대출과 관련하여 제3자인 담보제공자에게 연대보증을 요구하는 행위 4. 그 밖에 보험회사가 우월적 지위를 이용하여 할 수 있는 불공정한 행위로서 금융위원회가 정하여 고시하는 행위 [본조신설 2011.1.24]	
제111조(대주주와의 거래제한 등) ① 보험회사는 직접 또는 간접으로 그 보험회사의 대주주와 다음 각 호의 행위를 하여서는 아니 된다. 1. 대주주가 다른 회사에 출자하는 것을 지원하기 위한 신용공여 2. 자산을 대통령령으로 정하는 바에 따라 무상으로 양도하거나 일반적인 거래조건에 비추어 해당 보험회사에 뚜렷하게 불리한 조건으로 자산에 대하여 매매·교환·신용공여 또는 재보험계약을 하는 행위 ② 보험회사는 그 보험회사의 대주주에 대하여 대통령령으	제57조(대주주와의 거래제한 등) ① 법 제111조제1항제2호에 따라 보험회사는 직접 또는 간접으로 그 보험회사의 대주주와 다음 각 호의 행위를 하여서는 아니 된다. 1. 증권, 부동산, 무체재산권 등 경제적 가치가 있는 유형·무형의 자산을 무상으로 제공하는 행위 2. 제1호의 자산을 정상가격(일반적인 거래에서 적용되거나 적용될 것으로 판단되는 가격을 말한다. 이하 이 조에서 같다)에 비하여 뚜렷하게 낮거나 높은 가격으로 매매하는 행위 3. 제1호의 자산을 정상가격	

로 정하는 금액 이상의 신용공여를 하거나 그 보험회사의 대주주가 발행한 채권 또는 주식을 대통령령으로 정하는 금액 이상으로 취득하려는 경우에는 미리 이사회의 의결을 거쳐야 한다. 이 경우 이사회는 재적이사 전원의 찬성으로 의결하여야 한다. ③ 보험회사는 그 보험회사의 대주주와 다음 각 호의 어느 하나에 해당하는 행위를 하였을 때에는 7일 이내에 그 사실을 금융위원회에 보고하고 인터넷 홈페이지 등을 이용하여 공시하여야 한다. 1. 대통령령으로 정하는 금액 이상의 신용공여 2. 해당 보험회사의 대주주가 발행한 채권 또는 주식을 대통령령으로 정하는 금액 이상으로 취득하는 행위 3. 해당 보험회사의 대주주가 발행한 주식에 대한 의결권을 행사하는 행위 ④ 보험회사는 해당 보험회사의 대주주에 대한 신용공여나 그 보험회사의 대주주가 발행한 채권 또는 주식의 취득에 관한 사항을 대통령령으로 정하는 바에 따라 분기별로 금융위원회에 보고하고, 인터넷 홈페이지 등을 이용하여 공시하여야 한다. ⑤ 보험회사의 대주주는 해당 보험회사의 이익에 반하여 대주주 개인의 이익을 위하여 다음 각 호의 어느 하나에 해당하는 행위를 하여서는 아니 된다. 1. 부당한 영향력을 행사하기 위하여 해당 보험회사에 대하여 외부에 공개되지 아니한 자료 또는 정보의 제공을 요구하는 행위. 다만, 제19조제5항(제58조에 따라 준용되는 경우를 포함한다)에 해당하는 경우는 제외한다. 2. 경제적 이익 등 반대급부를 제공하는 조건으로 다른	에 비하여 뚜렷하게 낮은 가격의 자산과 교환하는 행위 4. 정상가격에 비하여 뚜렷하게 낮은 가격의 자산을 대가로 신용공여를 하는 행위 5. 정상가격에 비하여 뚜렷하게 낮거나 높은 보험료를 지급받거나 지급하고 재보험계약을 체결하는 행위 ② 법 제111조제2항 전단 및 같은 조 제3항제1호·제2호에서 "대통령령으로 정하는 금액"이란 단일거래금액(법 제111조제2항 및 같은 조 제3항제2호에 따른 대주주가 발행한 주식을 취득하는 경우에는 「자본시장과 금융투자업에 관한 법률」에 따른 유가증권시장·코스닥시장 또는 이와 유사한 시장으로서 외국에 있는 시장에서 취득하는 금액은 제외한다)이 자기자본의 1천분의 1에 해당하는 금액 또는 10억원 중 적은 금액을 말한다. 이 경우 단일거래금액의 구체적인 산정기준은 금융위원회가 정하여 고시한다. ③ 법 제111조제4항에 따라 보험회사는 매 분기 말 현재 대주주에 대한 신용공여 규모, 분기 중 신용공여의 증감액, 신용공여의 거래조건, 해당 보험회사의 대주주가 발행한 채권 또는 주식의 취득 규모, 그 밖에 금융위원회가 정하여 고시하는 사항을 매 분기 말이 지난 후 1개월 이내에 금융위원회에 보고하고, 인터넷 홈페이지 등을 이용하여 공시하여야 한다. ④ 법 제111조제5항제5호에서 "대통령령으로 정하는 행위"란 대주주의 경쟁사업자에 대하여 신용공여를 할 때 정당한 이유 없이 금리, 담보 등 계약조건을 불리하게 하도록 요구하는 행위를 말한다. ⑤ 법 제111조제6항 각 호 외의 부분 중 "대통령령으로 정	

주주 또는 출자자와 담합(談合)하여 해당 보험회사의 인사 또는 경영에 부당한 영향력을 행사하는 행위 3. 제106조제1항제4호 및 제5호에서 정한 비율을 초과하여 보험회사로부터 신용공여를 받는 행위 4. 제106조제1항제6호에서 정한 비율을 초과하여 보험회사에게 대주주의 채권 및 주식을 소유하게 하는 행위 5. 그 밖에 보험회사의 이익에 반하여 대주주 개인의 이익을 위한 행위로서 대통령령으로 정하는 행위 ⑥ 금융위원회는 보험회사의 대주주(회사만 해당한다)의 부채가 자산을 초과하는 등 재무구조가 부실하여 보험회사의 경영건전성을 뚜렷하게 해칠 우려가 있는 경우로서 대통령령으로 정하는 경우에는 그 보험회사에 대하여 다음 각 호의 조치를 할 수 있다. 1. 대주주에 대한 신규 신용공여 금지 2. 대주주가 발행한 유가증권의 신규 취득 금지 3. 그 밖에 대주주에 대한 자금지원 성격의 거래제한 등 대통령령으로 정하는 조치 [전문개정 2010.7.23]	하는 경우"란 대주주가 다음 각 호의 어느 하나에 해당하는 경우를 말한다. 1. 대주주(회사만 해당하며, 회사인 특수관계인을 포함한다. 이하 이 항에서 같다)의 부채가 자산을 초과하는 경우 2. 대주주가 「신용정보의 이용 및 보호에 관한 법률」에 따른 신용평가회사 중 둘 이상의 신용평가회사에 의하여 투자부적격 등급으로 평가받은 경우 [전문개정 2011.1.24]	
제112조(대주주 등에 대한 자료 제출 요구) 금융위원회는 보험회사 또는 그 대주주가 제106조 및 제111조를 위반한 혐의가 있다고 인정되는 경우에는 보험회사 또는 그 대주주에 대하여 필요한 자료의 제출을 요구할 수 있다. [전문개정 2010.7.23]		
제113조(타인을 위한 채무보증의 금지) 보험회사는 타인을 위하여 그 소유자산을 담보로 제공하거나 채무보증을 할 수 없다. 다만, 이 법 및 대통령령으로 정하는 바에 따라 채무보증을 할 수 있는 경우에는 그	제57조의2(타인을 위한 채무보증 금지의 예외) ①보험회사는 법 제113조 단서에 따라 신용위험을 이전하려는 자가 신용위험을 인수한 자에게 금전 등의 대가를 지급하고, 신용사건이 발생하면 신용위험을 인수한	

러하지 아니하다. [전문개정 2010.7.23]	자가 신용위험을 이전한 자에게 손실을 보전해 주기로 하는 계약에 기초한 증권(「자본시장과 금융투자업에 관한 법률」 제3조제2항제1호에 따른 증권을 말한다) 또는 예금을 매수하거나 가입할 수 있다. 〈개정 2011.12.31〉 ② 보험회사는 법 제113조 단서에 따라 법 제115조제1항에 따른 자회사(외국에서 보험업을 경영하는 자회사를 말한다. 이하 이 조에서 같다)를 위한 채무보증을 할 수 있다. 이 경우 다음 각 호의 요건을 모두 갖추어야 한다. 〈신설 2011.12.31〉 1. 채무보증 한도액이 보험회사 총자산의 100분의 3 이내일 것 2. 보험회사의 직전 분기 말 지급여력비율이 100분의 200 이상일 것 3. 보험금 지급 채무에 대한 채무보증일 것 4. 보험회사가 채무보증을 하려는 자회사의 의결권 있는 발행주식(출자지분을 포함한다) 총수의 100분의 50을 초과하여 소유할 것(외국 정부에서 최대 소유 한도를 정하는 경우 그 한도까지 소유하는 것을 말한다) ③ 금융위원회는 제2항 각 호의 요건을 갖추었는지를 확인하기 위하여 보험회사에 필요한 자료의 제출을 요청할 수 있다. 〈신설 2011. 12.31〉 ④ 제2항에 따른 채무보증 한도액, 지급여력비율의 산정 및 제3항에 따른 자료제출 요청 방법 등에 관한 구체적인 사항은 금융위원회가 정하여 고시한다. 〈신설 2011.12.31〉 [본조신설 2011.1.24]	
제114조(자산평가의 방법 등) 보험회사가 취득·처분하는 자산의 평가방법, 채권 발행 또는 자금차입의 제한 등에 관하여	제58조(자산평가의 방법 등) ① 법 제114조에 따라 보험회사가 자산의 취득·처분 또는 대출 등을 위한 감정을 필요로 하	

필요한 사항은 대통령령으로 정한다. [전문개정 2010.7.23]	는 경우에는 「부동산 가격공시 및 감정평가에 관한 법률」에 따라야 한다. ② 법 제114조에 따라 보험회사는 법 제123조에 따른 재무건전성 기준을 충족시키기 위한 경우 또는 적정한 유동성을 유지하기 위한 경우에만 다음 각 호의 어느 하나에 해당하는 방법으로 자금을 차입할 수 있다. 1. 「은행법」에 따른 은행으로부터의 당좌차월 2. 사채 또는 어음의 발행 3. 환매조건부채권의 매도 4. 후순위차입 5. 그 밖에 보험회사의 경영건전성을 해칠 우려가 없는 자금 차입 방법으로서 금융위원회가 정하여 고시하는 방법 ③ 제2항제2호에 따른 사채의 발행한도는 직전 분기 말 현재 자기자본의 범위 내로 한다. ④ 금융위원회는 사채 또는 어음의 발행조건 등 제2항 각 호에 따른 자금차입 방법에 관하여 필요한 세부 사항을 정하여 고시할 수 있다. [전문개정 2011.1.24]	
제2절 자회사 〈개정 2010.7.23〉		
제115조(자회사의 소유) ① 보험회사는 다음 각 호의 어느 하나에 해당하는 업무를 주로 하는 회사를 금융위원회의 승인을 받아 자회사로 소유할 수 있다. 다만, 보험업 경영과 밀접한 관련이 있는 업무 등으로서 대통령령으로 정하는 업무를 주로 하는 회사를 자회사로 소유하려는 경우에는 신고로써 승인을 갈음할 수 있다. 1. 「금융산업의 구조개선에 관한 법률」 제2조제1호에 따른 금융기관이 경영하는 금융업 2. 「신용정보의 이용 및 보호에 관한 법률」에 따른 신용	제57조의2(타인을 위한 채무보증 금지의 예외) ①보험회사는 법 제113조 단서에 따라 신용위험을 이전하려는 자가 신용위험을 인수한 자에게 금전 등의 대가를 지급하고, 신용사건이 발생하면 신용위험을 인수한 자가 신용위험을 이전한 자에게 손실을 보전해 주기로 하는 계약에 기초한 증권(「자본시장과 금융투자업에 관한 법률」 제3조제2항제1호에 따른 증권을 말한다) 또는 예금을 매수하거나 가입할 수 있다. 〈개정 2011.12.31〉 ② 보험회사는 법 제113조 단서에 따라 법 제115조제1항에	

정보업(같은 법 제2조제12호에 따른 신용평가업무는 제외한다) 3. 보험계약의 유지·해지·변경 또는 부활 등을 관리하는 업무 4. 그 밖에 보험업의 건전성을 저해하지 아니하는 업무로서 대통령령으로 정하는 업무 ② 제1항제1호에도 불구하고 보험회사의 대주주가 「은행법」 제16조의2제1항에 따른 비금융주력자인 경우에는 그 보험회사는 「은행법」에 따른 은행을 자회사로 소유할 수 없다. ③ 보험회사가 소유하고 있는 자회사가 업무를 추가하거나 변경하는 경우에는 제1항을 준용한다. ④ 제1항에 따른 승인의 요건 등 필요한 사항은 대통령령으로 정한다. [전문개정 2010.7.23]	따른 자회사(외국에서 보험업을 경영하는 자회사를 말한다. 이하 이 조에서 같다)를 위한 채무보증을 할 수 있다. 이 경우 다음 각 호의 요건을 모두 갖추어야 한다. 〈신설 2011.12.31〉 1. 채무보증 한도액이 보험회사 총자산의 100분의 3 이내일 것 2. 보험회사의 직전 분기 말 지급여력비율이 100분의 200 이상일 것 3. 보험금 지급 채무에 대한 채무보증일 것 4. 보험회사가 채무보증을 하려는 자회사의 의결권 있는 발행주식(출자지분을 포함한다) 총수의 100분의 50을 초과하여 소유할 것(외국 정부에서 최대 소유 한도를 정하는 경우 그 한도까지 소유하는 것을 말한다) ③ 금융위원회는 제2항 각 호의 요건을 갖추었는지를 확인하기 위하여 보험회사에 필요한 자료의 제출을 요청할 수 있다. 〈신설 2011. 12.31〉 ④ 제2항에 따른 채무보증 한도액, 지급여력비율의 산정 및 제3항에 따른 자료제출 요청 방법 등에 관한 구체적인 사항은 금융위원회가 정하여 고시한다. 〈신설 2011.12.31〉 [본조신설 2011.1.24] 제59조(자회사의 소유) ① 법 제115조제1항 각 호 외의 부분 단서 중 "대통령령으로 정하는 업무"란 다음 각 호의 어느 하나에 해당하는 업무를 말한다. 1. 보험회사의 사옥관리업무 2. 보험수리업무 3. 손해사정업무 4. 보험대리업무 5. 보험사고 및 보험계약 조사업무 6. 보험에 관한 교육·연수·도서출판·금융리서치·경영컨설팅 업무 7. 보험업과 관련된 전산시스	

	템·소프트웨어 등의 대여·판매 및 컨설팅 업무 8. 보험계약 및 대출 등과 관련된 상담업무 9. 보험에 관한 인터넷 정보서비스의 제공업무 10. 자동차와 관련된 긴급출동·차량관리·운행정보 등 부가서비스 업무 11. 보험계약자 등에 대한 위험관리 업무 12. 건강·장묘·장기간병·신체장애 등의 사회복지사업 및 이와 관련된 조사·분석·조언 업무 13. 「노인복지법」 제31조에 따른 노인복지시설(같은 법 제34조제1항제3호의 노인전문병원은 제외한다)의 설치·운영에 관한 업무 및 이와 관련된 조사·분석·조언 업무 14. 외국에서 하는 보험업, 보험수리업무, 손해사정업무, 보험대리업무, 투자자문업, 투자일임업 또는 집합투자업 15. 「사회기반시설에 대한 민간투자법」에 따른 사회기반시설사업 및 사회기반시설사업에 대한 투융자사업 16. 「자산유동화에 관한 법률」에 따른 자산유동화업무 및 유동화자산의 관리업무 17. 「중소기업창업 지원법」에 따른 중소기업창업투자회사 또는 중소기업창업투자조합이 하는 업무 18. 「자본시장과 금융투자업에 관한 법률」에 따른 투자회사 또는 사모투자전문회사가 하는 업무 19. 「부동산투자회사법」에 따른 부동산투자회사가 하는 업무 20. 「선박투자회사법」에 따른 선박투자회사가 하는 업무 21. 「벤처기업육성에 관한 특별조치법」에 따른 한국벤처투자조합이 하는 업무	

	22. 「여신전문금융업법」에 따른 신기술사업투자조합이 하는 업무 ② 법 제115조제1항제4호에서 "대통령령으로 정하는 업무"란 다음 각 호의 어느 하나에 해당하는 업무를 말한다. 1. 외국에서 하는 사업(제1항제14호에 해당하는 사업은 제외한다) 2. 기업의 후생복지에 관한 상담 및 사무처리 대행업무 ③ 법 제115조제1항 본문에 따라 자회사의 소유에 대하여 승인을 받으려는 보험회사는 다음 각 호의 요건을 모두 갖추어야 한다. 1. 보험회사의 재무상태와 경영관리상태가 건전할 것 2. 자회사의 재무상태가 적정할 것 3. 법 제106조제1항제6호에 따른 자산운용의 비율 한도를 초과하지 아니할 것 ④ 금융위원회는 법 제115조제1항 본문에 따른 승인 신청을 받은 경우에는 2개월 이내에 이를 심사하여 승인 여부를 신청인에게 알려야 한다. ⑤ 제3항 및 제4항에서 규정한 사항 외에 자회사 승인의 요건에 필요한 세부 사항은 금융위원회가 정하여 고시한다. [전문개정 2011.1.24]	
第116조(자회사와의 금지행위) 보험회사는 자회사와 다음 각 호의 행위를 하여서는 아니 된다. 1. 자산을 대통령령으로 정하는 바에 따라 무상으로 양도하거나 일반적인 거래조건에 비추어 해당 보험회사에 뚜렷하게 불리한 조건으로 매매·교환·신용공여 또는 재보험계약을 하는 행위 2. 자회사가 소유하는 주식을 담보로 하는 신용공여 및 자회사가 다른 회사에 출자하는 것을 지원하기 위한	第59조의2(자회사와의 금지행위) 법 제116조제1호에 따라 보험회사는 자회사와 제57조제1항 각 호의 어느 하나에 해당하는 행위를 하여서는 아니 된다. [본조신설 2011.1.24]	

신용공여 3. 자회사 임직원에 대한 대출(보험약관에 따른 대출과 금융위원회가 정하는 소액대출은 제외한다) [전문개정 2010.7.23]		
제117조(자회사에 관한 보고의무 등) ① 보험회사는 자회사를 소유하게 된 날부터 15일 이내에 그 자회사의 정관과 대통령령으로 정하는 서류를 금융위원회에 제출하여야 한다. ② 보험회사는 자회사의 사업연도가 끝난 날부터 3개월 이내에 자회사의 대차대조표와 대통령령으로 정하는 서류를 금융위원회에 제출하여야 한다. ③ 보험회사의 자회사가 대통령령으로 정하는 자회사인 경우에는 제1항 및 제2항에 따른 제출서류 일부를 대통령령으로 정하는 바에 따라 제출하지 아니할 수 있다. [전문개정 2010.7.23]	제60조(자회사에 관한 보고서류 등) ① 법 제117조제1항에서 "대통령령으로 정하는 서류"란 다음 각 호의 서류를 말한다. 1. 정관 2. 업무의 종류 및 방법을 적은 서류 3. 주주현황 4. 대차대조표 및 손익계산서 등의 재무제표와 영업보고서 5. 자회사가 발행주식 총수의 100분의 10을 초과하여 소유하고 있는 회사의 현황 ② 법 제117조제2항에서 "대통령령으로 정하는 서류"란 다음 각 호의 서류를 말한다. 1. 대차대조표 및 손익계산서 등의 재무제표와 영업보고서 2. 자회사와의 주요거래 상황을 적은 서류 ③ 법 제117조제3항에서 "대통령령으로 정하는 자회사"란 다음 각 호의 어느 하나에 해당하는 회사를 말한다. 1. 「자본시장과 금융투자업에 관한 법률」에 따른 투자회사 및 외국에서 이와 같은 유형의 사업을 수행하는 회사 2. 설립일부터 1년이 지나지 아니한 회사 ④ 제3항에 따른 자회사를 소유한 보험회사는 법 제117조제3항에 따라 다음 각 호의 구분에 따른 서류를 제출하지 아니할 수 있다. 1. 제3항제1호에 해당하는 자회사를 소유한 경우: 제1항제1호 및 제2호의 서류, 제2항제2호의 서류 2. 제3항제2호에 해당하는 자회사를 소유한 경우: 제1항제4호의 서류 [전문개정 2011.1.24]	

第6장 계산 〈개정 2010.7.23〉		
第118조(재무제표 등의 제출) ① 보험회사는 매년 대통령령으로 정하는 날에 그 장부를 폐쇄하여야 하고 장부를 폐쇄한 날부터 3개월 이내에 금융위원회가 정하는 바에 따라 재무제표(부속명세서를 포함한다) 및 사업보고서를 금융위원회에 제출하여야 한다. ② 보험회사는 매월의 업무 내용을 적은 보고서를 다음 달 말일까지 금융위원회가 정하는 바에 따라 금융위원회에 제출하여야 한다. ③ 보험회사는 제1항 및 제2항에 따른 제출서류를 대통령령으로 정하는 바에 따라 전자문서로 제출할 수 있다. [전문개정 2010.7.23]	第61조(장부폐쇄일) 법 제118조제1항에서 "대통령령으로 정하는 날"이란 12월 31일을 말한다. [전문개정 2011.1.24] [시행일 : 2013.4.1] 제61조(「농업협동조합법」에 따라 설립되는 농업생명보험 및 농업손해보험은 제외한다) 第62조(전자문서의 제출방법) ① 보험회사는 법 제118조제3항에 따라 같은 조 제1항 및 제2항에 따른 서류를 정보통신망(「정보통신망 이용촉진 및 정보보호 등에 관한 법률」에 따른 정보통신망을 말한다)을 이용한 전자문서(「전자문서 및 전자거래 기본법」 제2조제1호에 따른 전자문서를 말한다)로 제출할 수 있다. 〈개정 2012.8.31〉 ② 금융위원회는 제1항에 따른 서류 제출 방법에 관하여 필요한 세부 기준을 정하여 고시할 수 있다. [전문개정 2011.1.24]	
第119조(서류의 비치 등) 보험회사는 제118조제1항에 따른 재무제표 및 사업보고서를 일반인이 열람할 수 있도록 금융위원회에 제출하는 날부터 본점과 지점, 그 밖의 영업소에 비치하거나 전자문서로 제공하여야 한다. [전문개정 2010.7.23]		
第120조(책임준비금 등의 적립) ① 보험회사는 결산기마다 보험계약의 종류에 따라 대통령령으로 정하는 책임준비금과 비상위험준비금을 계상(計上)하고 따로 작성한 장부에 각각 기재하여야 한다. ② 제1항에 따른 책임준비금과 비상위험준비금의 계상에 관하여 필요한 사항은 총리령으로 정한다. ③ 금융위원회는 제1항에 따른 책임준비금과 비상위험준비금의 적정한 계상과 관련하	第63조(책임준비금 등의 계상) ① 보험회사는 법 제120조제1항에 따라 장래에 지급할 보험금·환급금 및 계약자배당금(이하 이 조에서 "보험금등"이라 한다)의 지급에 충당하기 위하여 다음 각 호의 금액을 책임준비금으로 계상(計上)하여야 한다. 1. 매 결산기 말 현재 보험금등의 지급사유가 발생하지 아니한 계약과 관련하여 다음 각 목의 금액 가. 보험금을 일정 수준 이	第29조(책임준비금 등의 계산) ① 영 제63조제1항제1호나목에 따른 보험료 적립금은 금융위원회가 정하여 고시하는 기초율 등을 적용한 순보험료식에 따라 계산한 금액보다 적은 금액으로 할 수 없다. ② 영 제63조제1항 및 제4항에 따른 책임준비금과 비상위험준비금의 계산방법 등 책임준비금과 비상위험준비금의 계상(計上)에 필요한 세부 사항은 금융위원회가 정하여 고시한다.

여 필요한 경우에는 보험회사의 자산 및 비용, 그 밖에 대통령령으로 정하는 사항에 관한 회계처리기준을 정할 수 있다. [전문개정 2010.7.23]	상으로 지급하기 위하여 적립한 금액 나. 보험종목별 또는 계약기간 경과별로 보험료 및 책임준비금 산출방법서에서 정하는 바에 따라 계산한 보험료 적립금과 미경과 보험료 2. 매 결산기 말 현재 보험금 등의 지급사유가 발생한 계약에 대하여 보험금등에 관한 소송이 계속 중인 금액이나 지급이 확정된 금액과 보험금 지급사유가 이미 발생하였으나 보험금 지급금액의 미확정으로 인하여 아직 지급하지 아니한 금액 3. 보험회사가 보험계약자에게 배당하기 위하여 적립한 금액 ② 보험회사가 다음 각 호의 요건을 모두 충족하는 재보험에 가입하는 경우에 재보험을 받은 보험회사는 재보험을 받은 부분에 대한 책임준비금을 적립하여야 하며, 보험회사는 재보험을 받은 보험회사가 적립한 책임준비금을 별도의 자산(이하 이 조에서 "재보험자산"이라 한다)으로 표기하여야 한다. 1. 보험위험의 전가가 있을 것 2. 해당 재보험계약으로 인하여 재보험을 받은 회사에 손실 발생 가능성이 있을 것 ③ 보험회사는 제2항에도 불구하고 재보험을 받은 회사가 다음 각 호의 어느 하나에 해당하는 경우에는 금융위원회가 정하여 고시하는 방법에 따라 재보험자산을 감액하여야 한다. 1. 국내외 감독기관이 정하는 재무건전성에 관한 기준을 충족하지 못하는 경우 2. 국제적으로 인정받는 신용평가기관에서 실시한 최근 3년 이내의 신용평가에서 평가등급(이에 상응하는 국	[전문개정 2011.1.24] 제30조(대차대조표에의 계상) 보험회사가 법령에 따라 대차대조표를 작성하는 경우에는 영 제63조 및 이 규칙 제29조를 준용한다. [전문개정 2011.1.24]

	내 신용평가기관의 신용등급을 포함한다)이 투자적격이 아닌 경우. 다만, 외국정부가 자본금의 2분의 1 이상을 출자한 외국보험회사로서 국제적으로 인정받는 신용평가기관에서 실시한 최근 3년 이내의 신용평가에서 해당 정부가 받은 국가신용등급이 투자적격인 경우는 제외한다. ④ 손해보험업을 경영하는 보험회사는 법 제120조제1항에 따라 해당 사업연도의 보험료합계액의 100분의 50의 범위에서 금융위원회가 정하여 고시하는 기준에 따라 비상위험준비금을 계상하여야 한다. ⑤ 법 제120조제3항에서 "대통령령으로 정하는 사항"이란 다음 각 호의 사항을 말한다. 1. 장래의 손실 보전을 목적으로 하는 준비금의 적립에 관한 사항 2. 책임준비금 및 비상위험준비금의 계상과 관련된 손익의 처리에 관한 사항 [전문개정 2011.1.24]	
제121조(배당보험계약의 구분계리 등) ① 보험회사는 배당보험계약(해당 보험계약으로부터 발생하는 이익의 일부를 보험회사가 보험계약자에게 배당하기로 약정한 보험계약을 말한다. 이하 이 조에서 같다)에 대하여는 대통령령으로 정하는 바에 따라 다른 보험계약과 구분하여 계리하여야 한다. ② 보험회사는 대통령령으로 정하는 바에 따라 배당보험계약의 보험계약자에게 배당을 할 수 있다. ③ 제2항에 따른 보험계약자에 대한 배당기준은 배당보험계약자의 이익과 보험회사의 재무건전성 등을 고려하여 정하여야 한다. [전문개정 2010.7.23]	제64조(배당보험계약의 구분계리 등) ① 법 제121조제1항에 따라 보험회사는 내 결산기 말에 배당보험계약의 손익과 무배당보험계약의 손익을 구분하여 계리하고, 배당보험계약 이익의 계약자지분 중 일부는 금융위원회가 정하여 고시하는 범위에서 배당보험계약의 손실 보전을 위한 준비금으로 적립할 수 있다. ② 보험회사는 법 제121조제2항에 따라 배당을 할 때 이익 발생에 대한 기여도, 보험회사의 재무건전성 등을 고려하여 총리령으로 정하는 기준에 따라 계약자지분과 주주지분을 정하여야 한다. ③ 보험회사는 다음 각 호의 어느 하나의 재원으로 배당보험계약에 대하여 배당을 할 수	제30조의2(배당보험계약의 이익배분기준 등) ① 보험회사는 영 제64조제2항에 따라 배당보험계약에서 발생하는 이익의 100분의 10 이하를 주주지분으로 하고, 나머지 부분을 계약자지분으로 계리(計理)하여야 한다. ② 영 제64조제4항에 따라 보험회사는 배당보험계약에서 발생한 손실을 같은 조 제1항에 따른 준비금(이하 이 조에서 "배당보험계약 손실보전준비금"이라 한다)으로 보전(補塡)하고도 손실이 남는 경우에는 그 남은 손실을 우선 주주지분으로 보전한 후, 주주지분으로 보전한 손실을 주주지분의 결손이나 배당보험계약의 이월결손으로 계리할 수 있다. ③ 제2항에 따른 배당보험계약의 이월결손은 이월결손이

	있다. 다만, 제1호의 재원은 제1항에 따른 준비금 적립의 재원으로 사용할 수 있다. 1. 해당 회계연도에 배당보험계약에서 발생한 계약자지분 2. 해당 회계연도 이전에 발생한 계약자지분 중 배당에 지급되지 아니하고 총액으로 적립된 금액 3. 제1호 및 제2호의 재원으로 배당재원이 부족한 경우에는 주주지분 ④ 배당보험계약에서 손실이 발생한 경우에는 제1항에 따른 준비금을 우선 사용하여 보전하고, 손실이 남는 경우에는 총리령으로 정하는 방법에 따라 이를 보전한다. ⑤ 배당보험계약의 계약자지분은 계약자배당을 위한 재원과 배당보험계약의 손실을 보전하기 위한 목적 외에 다른 용도로 사용할 수 없다. ⑥ 제1항부터 제5항까지에서 규정한 사항 외에 배당보험계약의 계약자배당에 필요한 사항은 금융위원회가 정하여 고시한다. [전문개정 2011.1.24]	발생한 해당 사업연도 종료일부터 5년 이내에 신규로 적립되는 배당보험계약 손실보전준비금으로 보전하거나 주주지분의 결손으로 계리하여야 한다. [전문개정 2011.1.24]
제121조의2(배당보험계약 이외의 보험계약에 대한 구분계리) 보험회사는 배당보험계약 이외의 보험계약에 대하여 자산의 효율적 관리와 계약자 보호를 위하여 필요한 경우에는 보험계약별로 대통령령으로 정하는 바에 따라 금융위원회의 승인을 받아 자산 또는 손익을 구분하여 계리할 수 있다. [전문개정 2010.7.23]	제64조의2(배당보험계약 외의 보험계약에 대한 구분계리) ① 법 제121조의2에 따른 배당보험계약 외의 보험계약별 자산 또는 손익의 구분계리는 다음 각 호의 어느 하나에 해당하는 방식으로 한다. 1. 자산을 보험계약별로 구분하지 아니하고 통합하여 운용하되, 이 경우 발생한 손익을 전체 보험계약의 평균 책임준비금에 대한 보험계약별 평균 책임준비금의 비율을 기준으로 구분하여 보험계약별로 배분하는 방식 2. 자산을 보험계약별로 구분하지 아니하고 통합하여 운용하되, 이 경우 발생한	

	손익을 자산을 취득할 때 필요한 자금에 대한 보험계약별로 조성된 자금의 비율을 기준으로 구분하여 보험계약별로 배분하는 방식 3. 자산을 보험계약별로 구분하여 운용하되, 이 경우 발생한 손익을 보험계약별로 직접 배분하는 방식 4. 그 밖에 금융위원회가 합리적이라고 인정하는 배분 방식 ② 제1항제3호 또는 제4호의 방식에 따르는 경우에는 미리 금융위원회의 승인을 받아야 한다. ③ 제1항 및 제2항에 관한 세부 적용기준, 그 밖에 필요한 사항은 금융위원회가 정하여 고시한다. [전문개정 2011.1.24]	
제122조(재평가적립금의 사용에 관한 특례) 보험회사가 「자산재평가법」에 따른 재평가를 한 경우 그 재평가에 따른 재평가적립금은 같은 법 제28조제2항 각 호에 따른 처분 이외에 금융위원회의 허가를 받아 보험계약자에 대한 배당을 위하여도 처분할 수 있다. [전문개정 2010.7.23]		제31조(재평가적립금의 처분에 관한 허가신청) 보험회사는 법 제122조에 따라 재평가적립금의 처분에 관한 허가를 받으려면 신청서에 「상법」 제447조에 따른 서류를 첨부하여 정기총회 개최일 2주 전에 금융위원회에 제출하여야 한다. [전문개정 2011.1.24]
제7장 감독 〈개정 2010.7.23〉		
제123조(재무건전성의 유지) ① 보험회사는 보험금 지급능력과 경영건전성을 확보하기 위하여 다음 각 호의 사항에 관하여 대통령령으로 정하는 재무건전성 기준을 지켜야 한다. 1. 자본의 적정성에 관한 사항 2. 자산의 건전성에 관한 사항 3. 그 밖에 경영건전성 확보에 필요한 사항 ② 금융위원회는 보험회사가 제1항에 따른 기준을 지키지 아니하여 경영건전성을 해칠 우려가 있다고 인정되는 경우에는 대통령령으로 정하는 바에 따라 자본금 또는 기금의 증액명령, 주식 등 위험자산의	제58조(자산평가의 방법 등) ① 법 제114조에 따라 보험회사가 자산의 취득·처분 또는 대출 등을 위한 감정을 필요로 하는 경우에는 「부동산 가격공시 및 감정평가에 관한 법률」에 따라야 한다. ② 법 제114조에 따라 보험회사는 법 제123조에 따른 재무건전성 기준을 충족시키기 위한 경우 또는 적정한 유동성을 유지하기 위한 경우에만 다음 각 호의 어느 하나에 해당하는 방법으로 자금을 차입할 수 있다. 1. 「은행법」에 따른 은행으로부터의 당좌차월	

소유 제한 등 필요한 조치를 할 수 있다. [전문개정 2010.7.23]	2. 사채 또는 어음의 발행 3. 환매조건부채권의 매도 4. 후순위차입 5. 그 밖에 보험회사의 경영건전성을 해칠 우려가 없는 자금 차입 방법으로서 금융위원회가 정하여 고시하는 방법 ③ 제2항제2호에 따른 사채의 발행한도는 직전 분기 말 현재 자기자본의 범위 내로 한다. ④ 금융위원회는 사채 또는 어음의 발행조건 등 제2항 각 호에 따른 자금차입 방법에 관하여 필요한 세부 사항을 정하여 고시할 수 있다. [전문개정 2011.1.24] 第65조(재무건전성 기준) ① 이 조에서 사용하는 용어의 뜻은 다음 각 호와 같다. 1. "지급여력금액"이란 자본금, 계약자배당을 위한 준비금, 대손충당금, 후순위차입금, 그 밖에 이에 준하는 것으로서 금융위원회가 정하여 고시하는 금액을 합산한 금액에서 미상각신계약비, 영업권, 그 밖에 이에 준하는 것으로서 금융위원회가 정하여 고시하는 금액을 뺀 금액을 말한다. 2. "지급여력기준금액"이란 보험업을 경영함에 따라 발생하게 되는 위험을 금융위원회가 정하여 고시하는 방법에 의하여 금액으로 환산한 것을 말한다. 3. "지급여력비율"이란 지급여력금액을 지급여력기준금액으로 나눈 비율을 말한다. ② 법 제123조제1항에 따라 보험회사가 지켜야 하는 재무건전성 기준은 다음 각 호와 같다. 1. 지급여력비율은 100분의 100 이상을 유지할 것 2. 대출채권 등 보유자산의 건전성을 정기적으로 분류하고 대손충당금을 적립할 것 3. 보험회사의 위험, 유동성 및 재보험의 관리에 관하	

	여 금융위원회가 정하여 고시하는 기준을 충족할 것 ③ 법 제123조제2항에 따라 금융위원회가 보험회사에 대하여 자본금 또는 기금의 증액명령, 주식 등 위험자산 소유의 제한 등의 조치를 하려는 경우에는 다음 각 호의 사항을 고려하여야 한다. 1. 해당 조치가 보험계약자의 보호를 위하여 적절한지 여부 2. 해당 조치가 보험회사의 부실화를 예방하고 건전한 경영을 유도하기 위하여 필요한지 여부 ④ 금융위원회는 제1항부터 제3항까지의 규정에 관하여 필요한 세부 기준을 정하여 고시할 수 있다. [전문개정 2011.1.24] 제66조(재무건전성 평가의 실시) 금융위원회는 법 제123조제2항에 따라 보험회사의 재무건전성 확보를 위한 경영실태 및 위험에 대한 평가를 실시하여야 한다. [전문개정 2011.1.24]	
제124조(공시 등) ① 보험회사는 보험계약자를 보호하기 위하여 필요한 사항으로서 대통령령으로 정하는 사항을 금융위원회가 정하는 바에 따라 즉시 공시하여야 한다. ② 보험협회는 보험료·보험금 등 보험계약에 관한 사항으로서 대통령령으로 정하는 사항을 금융위원회가 정하는 바에 따라 비교·공시할 수 있다. ③ 보험협회가 제2항에 따른 비교·공시를 하는 경우에는 대통령령으로 정하는 바에 따라 보험상품공시위원회를 구성하여야 한다. ④ 보험회사는 제2항에 따른 비교·공시에 필요한 정보를 보험협회에 제공하여야 한다. ⑤ 보험협회 이외의 자가 보험계약에 관한 사항을 비교·공	제67조(공시사항) ① 법 제124조제1항에서 "대통령령으로 정하는 사항"이란 다음 각 호의 사항을 말한다. 1. 재무 및 손익에 관한 사항 2. 자금의 조달 및 운용에 관한 사항 3. 법 제123조제2항, 제131조제1항, 제134조 및 「금융산업의 구조개선에 관한 법률」 제10조, 제14조에 따른 조치를 받은 경우 그 내용 4. 보험약관 및 사업방법서, 보험료 및 해약환급금, 공시이율 등 보험료 비교에 필요한 자료 5. 그 밖에 보험계약자의 보호를 위하여 공시가 필요하다고 인정되는 사항으로서 금융위원회가 정하여 고시하는 사항	

시하는 경우에는 제2항에 따라 금융위원회가 정하는 바에 따라 객관적이고 공정하게 비교·공시하여야 한다. ⑥ 금융위원회는 제2항 및 제5항에 따른 비교·공시가 거짓이거나 사실과 달라 보험계약자 등을 보호할 필요가 있다고 인정되는 경우에는 공시의 중단이나 시정조치 등을 요구할 수 있다. [전문개정 2010.7.23]	② 법 제124조제2항에서 "대통령령으로 정하는 사항"이란 다음 각 호의 사항을 말한다. 1. 보험료, 보험금, 보험기간, 보험계약에 따라 보장되는 위험, 보험회사의 면책사유, 공시이율 등 보험료 비교에 필요한 자료 2. 그 밖에 보험계약자 보호 및 보험계약 체결에 필요하다고 인정되는 사항으로 금융위원회가 정하여 고시하는 사항 ③ 금융위원회는 제1항 및 제2항에 따른 공시사항에 관한 세부 기준, 공시 방법 및 절차 등에 관하여 필요한 사항을 정하여 고시할 수 있다. [전문개정 2011.1.24] **제68조(보험상품공시위원회)** ① 법 제124조제3항에 따른 보험상품공시위원회(이하 이 조에서 "위원회"라 한다)는 보험협회가 실시하는 보험상품의 비교·공시에 관한 중요 사항을 심의·의결한다. ② 위원회는 위원장 1명을 포함하여 9명의 위원으로 구성한다. ③ 위원회의 위원장은 보험협회의 장이 그 소속 임원 중에서 지명하는 사람이 되며, 위원회의 위원은 금융감독원 상품담당 부서장, 보험요율 산출기관의 상품담당 부서장 및 보험협회의 장이 위촉하는 다음 각 호의 사람으로 구성한다. 1. 보험회사 상품담당 임원 또는 선임계리사 3명 2. 판사, 검사 또는 변호사의 자격이 있는 사람 1명 3. 소비자단체에서 추천하는 사람 1명 4. 보험에 관한 학식과 경험이 풍부한 사람 1명 ④ 위원의 임기는 2년으로 한다. 다만, 금융감독원 상품담당 부서장과 보험요율 산출기관의 상품담당 부서장인 위원의 임기는 해당 직에 재직하는	

	기간으로 한다. ⑤ 위원회의 회의는 재적위원 과반수의 출석으로 개의(開議)하고 출석위원 과반수의 찬성으로 의결한다. ⑥ 제1항부터 제5항까지에서 규정한 사항 외에 위원회의 구성 및 운영에 필요한 사항은 위원회의 의결을 거쳐 위원장이 정한다. [전문개정 2011.1.24]	
第125조(상호협정의 인가) ① 보험회사가 그 업무에 관한 공동행위를 하기 위하여 다른 보험회사와 상호협정을 체결(변경하거나 폐지하려는 경우를 포함한다)하려는 경우에는 대통령령으로 정하는 바에 따라 금융위원회의 인가를 받아야 한다. 다만, 대통령령으로 정하는 경미한 사항을 변경하려는 경우에는 신고로써 갈음할 수 있다. ② 금융위원회는 공익 또는 보험업의 건전한 발전을 위하여 특히 필요하다고 인정되는 경우에는 보험회사에 대하여 제1항에 따른 협정의 체결·변경 또는 폐지를 명하거나 그 협정의 전부 또는 일부에 따를 것을 명할 수 있다. ③ 금융위원회는 제1항 또는 제2항에 따라 상호협정의 체결·변경 또는 폐지의 인가를 하거나 협정에 따를 것을 명하려면 미리 공정거래위원회와 협의하여야 한다. 다만, 대통령령으로 정하는 경미한 사항을 변경하려는 경우에는 그러하지 아니하다. [전문개정 2010.7.23]	第69조(상호협정의 인가) ① 보험회사는 법 제125조제1항에 따라 상호협정의 체결·변경 또는 폐지의 인가를 받으려는 경우에는 다음 각 호의 사항을 적은 신청서에 총리령으로 정하는 서류를 첨부하여 금융위원회에 제출하여야 한다. 1. 상호협정을 체결하는 경우 가. 상호협정 당사자의 상호 또는 명칭과 본점 또는 주된 사무소의 소재지 나. 상호협정의 명칭과 그 내용 다. 상호협정의 효력의 발생시기와 기간 라. 상호협정을 하려는 사유 마. 상호협정에 관한 사무를 총괄하는 점포 또는 사무소가 있는 경우에는 그 명칭과 소재지 바. 외국보험회사와의 상호협정인 경우에는 그 보험회사의 영업 종류와 현재 수행 중인 사업의 개요 및 현황 2. 상호협정을 변경하는 경우 가. 제1호가목 및 나목의 기재사항 나. 변경될 상호협정의 효력의 발생시기와 기간 다. 상호협정을 변경하려는 사유 및 변경 내용 3. 상호협정을 폐지하는 경우 가. 폐지할 상호협정의 명칭 나. 상호협정 폐지의 효력 발생시기 다. 상호협정을 폐지하려는	第32조(상호협정의 인가신청 시 첨부서류) 영 제69조제1항 각 호 외의 부분에서 "총리령으로 정하는 서류"란 다음 각 호의 서류를 말한다. 1. 상호협정서 2. 상호협정서 변경 대비표(상호협정을 변경하는 경우만 해당한다) 3. 그 밖에 상호협정의 내용을 설명하는 데에 필요한 서류 [전문개정 2011.1.24]

	사유 ② 금융위원회는 제1항의 신청서를 받았을 때에는 다음 각 호의 사항을 심사하여 그 인가 여부를 결정하여야 한다. 1. 상호협정의 내용이 보험회사 간의 공정한 경쟁을 저해하는지 여부 2. 상호협정의 내용이 보험계약자의 이익을 침해하는지 여부 ③ 법 제125조제1항 단서 및 제3항 단서에서 "대통령령으로 정하는 경미한 사항"이란 다음 각 호의 어느 하나에 해당하는 사항을 말한다. 1. 보험회사의 상호 변경, 보험회사 간의 합병, 보험회사의 신설 등으로 상호협정의 구성원이 변경되는 사항 2. 조문체제의 변경, 자구수정 등 상호협정의 실질적인 내용이 변경되지 아니하는 사항 [전문개정 2011.1.24]	
第126조(정관변경의 보고) 보험회사는 정관을 변경한 경우에는 변경한 날부터 7일 이내에 금융위원회에 알려야 한다. [전문개정 2010.7.23]	第70조(정관변경의 보고 등) ① 금융위원회는 법 제126조에 따라 보고받은 내용이 이 법 또는 관계 법령에 위반되거나 보험계약자 및 피보험자 등의 권익을 침해하는 내용이 있는 경우에는 해당 보험회사에 대하여 이를 보완하도록 요구할 수 있다. ② 법 제126조에 따른 정관변경의 보고의 방법 및 절차 등에 관하여 필요한 사항은 금융위원회가 정하여 고시한다. [전문개정 2011.1.24]	
第127조(기초서류의 신고) ① 보험회사는 취급하려는 보험상품에 관한 기초서류를 작성하여야 한다. ② 보험회사는 기초서류를 작성하거나 변경하려는 경우 그 내용이 다음 각 호의 어느 하나에 해당하는 경우에는 미리 금융위원회에 신고하여야 한다. 1. 법령의 제정·개정에 따라	第71조(기초서류의 작성 및 변경) ① 법 제127조제2항제3호에 따라 보험회사가 기초서류(법 제5조제3항에 따른 기초서류를 말한다. 이하 같다)를 작성하거나 변경하려는 경우 미리 금융위원회에 신고하여야 하는 사항은 별표 6과 같다. ② 보험회사는 제1항에 따라 기초서류를 신고하는 경우에	

새로운 보험상품이 도입되거나 보험상품 가입이 의무가 되는 경우 2. 보험회사가 금융기관보험대리점등을 통하여 모집하는 경우 3. 보험계약자 보호 등을 위하여 대통령령으로 정하는 경우 ③ 금융위원회는 기초서류의 내용이 제2항 각 호의 어느 하나에 해당하지 아니하더라도 보험계약자 보호 등을 위하여 필요하다고 인정되면 보험회사에 대하여 기초서류에 관한 자료 제출을 요구할 수 있다. ④ 제2항 및 제3항에 따른 신고 또는 제출의 절차 및 방법과 그 밖에 필요한 사항은 대통령령으로 정한다. [전문개정 2010.7.23]	는 시행예정일 30일 전까지 금융위원회가 정하여 고시하는 보험상품신고서에 다음 각 호의 서류를 첨부하여 제출하여야 한다. 1. 법 제184조제1항에 따라 선임계리사가 검증·확인한 기초서류 2. 보험료, 책임준비금 및 위험률 산출의 변경이 있는 경우에는 그 변경이 적절한지에 대한 보험요율 산출기관 또는 법 제128조제2항에 따른 독립계리업자의 검증확인서 ③ 금융위원회는 법 제127조제3항에 따라 보험계약자 보호 등에 필요하다고 인정되면 보험회사로 하여금 매분기 종료일의 다음 달 10일까지 금융위원회가 정하여 고시하는 바에 따라 분기별 보험상품 판매목록을 제출하게 할 수 있다. ④ 금융위원회는 법 제127조제3항에 따라 보험계약자 보호 등을 위하여 확인이 필요하다고 인정되는 보험상품에 대해서는 그 사유를 적어 서면으로 법 제184조제1항에 따라 선임계리사가 검증·확인한 기초서류를 제출하도록 요구할 수 있다. ⑤ 금융위원회는 제4항에 따라 확인한 보험상품에 대하여 보험료 및 책임준비금의 적절성 검증이 필요하다고 판단한 경우에는 그 사유를 적어 서면으로 제4항의 제출서류 외에 보험요율 산출기관 또는 법 제128조제2항에 따른 독립계리업자의 검증확인서 및 제2항에 따른 보험상품신고서를 제출하도록 요구할 수 있다. 이 경우 보험회사는 제출요구일부터 20일 이내에 검증확인서를 제출하여야 한다. ⑥ 제1항부터 제5항까지의 규정과 관련하여 필요한 세부 사항은 금융위원회가 정하여 고시한다.	

	[전문개정 2011.1.24]	
제127조의2(기초서류의 변경 권고) ① 금융위원회는 보험회사가 제127조제2항에 따라 신고한 기초서류의 내용 및 같은 조 제3항에 따라 제출한 기초서류에 관한 자료의 내용이 제128조의3 및 제129조를 위반하는 경우에는 대통령령으로 정하는 바에 따라 기초서류의 변경을 권고할 수 있다. ② 제1항에 따른 변경권고는 그 내용 및 사유가 구체적으로 적힌 문서로 하여야 한다. [본조신설 2010.7.23]	제71조의2(기초서류의 변경 권고) 금융위원회는 법 제127조의2 제1항에 따라 보험회사가 제71조제2항 따라 신고한 기초서류 및 같은 조 제4항에 따라 제출한 기초서류의 내용이 법 제128조의3 또는 제129조를 위반하는 경우에는 신고접수일 또는 제출접수일(제71조제5항에 따라 검증확인서를 제출한 경우에는 검증확인서의 제출일을 말한다)부터 15일 이내에 그 기초서류의 변경을 권고할 수 있다. [본조신설 2011.1.24]	
제127조의3(기초서류 기재사항 준수의무) 보험회사는 기초서류에 기재된 사항을 준수하여야 한다. [본조신설 2010.7.23]		
제128조(기초서류에 대한 확인) ① 금융위원회는 보험회사가 제127조제2항에 따라 기초서류를 신고할 때 필요하면 금융감독원의 확인을 받도록 할 수 있다. ② 금융위원회는 보험회사가 제127조제2항에 따라 기초서류를 신고하는 경우 보험료 및 책임준비금 산출방법서에 대하여 제176조에 따른 보험요율 산출기관 또는 대통령령으로 정하는 보험계리업자(이하 "독립계리업자"라 한다)의 검증확인서를 첨부하도록 할 수 있다. [전문개정 2010.7.23]	제71조(기초서류의 작성 및 변경) ① 법 제127조제2항제3호에 따라 보험회사가 기초서류(법 제5조제3항에 따른 기초서류를 말한다. 이하 같다)를 작성하거나 변경하려는 경우 미리 금융위원회에 신고하여야 하는 사항은 별표 6과 같다. ② 보험회사는 제1항에 따라 기초서류를 신고하는 경우에는 시행예정일 30일 전까지 금융위원회가 정하여 고시하는 보험상품신고서에 다음 각 호의 서류를 첨부하여 제출하여야 한다. 1. 법 제184조제1항에 따라 선임계리사가 검증·확인한 기초서류 2. 보험료, 책임준비금 및 위험률 산출의 변경이 있는 경우에는 그 변경이 적절한지에 대한 보험요율 산출기관 또는 법 제128조제2항에 따른 독립계리업자의 검증확인서 ③ 금융위원회는 법 제127조제3항에 따라 보험계약자 보호 등에 필요하다고 인정되면	

	보험회사로 하여금 매분기 종료일의 다음 달 10일까지 금융위원회가 정하여 고시하는 바에 따라 분기별 보험상품 판매목록을 제출하게 할 수 있다. ④ 금융위원회는 법 제127조제3항에 따라 보험계약자 보호 등을 위하여 확인이 필요하다고 인정되는 보험상품에 대해서는 그 사유를 적어 서면으로 법 제184조제1항에 따라 선임계리사가 검증·확인한 기초서류를 제출하도록 요구할 수 있다. ⑤ 금융위원회는 제4항에 따라 확인한 보험상품에 대하여 보험료 및 책임준비금의 적절성 검증이 필요하다고 판단한 경우에는 그 사유를 적어 서면으로 제4항의 제출서류 외에 보험요율 산출기관 또는 법 제128조제2항에 따른 독립계리업자의 검증확인서 및 제2항에 따른 보험상품신고서를 제출하도록 요구할 수 있다. 이 경우 보험회사는 제출요구일부터 20일 이내에 검증확인서를 제출하여야 한다. ⑥ 제1항부터 제5항까지의 규정과 관련하여 필요한 세부 사항은 금융위원회가 정하여 고시한다. [전문개정 2011.1.24] 제71조의3(독립계리업자의 자격 요건) 법 제128조제2항에서 "대통령령으로 정하는 보험계리업자"란 법 제183조제1항에 따라 등록된 법인(5명 이상의 상근 보험계리사를 두고 있는 법인만 해당한다)인 보험계리업자를 말한다. 다만, 다음 각 호의 어느 하나에 해당하는 보험계리업자는 제외한다. 1. 법 제181조제1항에 따라 해당 보험회사로부터 보험계리에 관한 업무를 위탁받아 수행 중인 보험계리업자 2. 대표자가 최근 2년 이내에 해당 보험회사에 고용된	

	사실이 있는 보험계리업자 3. 대표자나 그 배우자가 해당 보험회사의 대주주인 보험계리업자 4. 보험회사의 자회사인 보험계리업자 5. 보험계리업자 또는 보험계리업자의 대표자가 최근 5년 이내에 다음 각 목의 어느 하나에 해당하는 제재조치를 받은 사실이 있는 경우 해당 보험계리업자 가. 법 제134조제1항제1호에 따른 경고 또는 문책 나. 법 제134조제1항제3호에 따른 해임 또는 직무정지 다. 법 제190조에 따른 보험계리업자 등록의 취소 라. 법 제192조제1항에 따른 업무의 정지 또는 해임 [본조신설 2011.1.24]	
제128조의2(기초서류 관리기준) ① 보험회사는 기초서류를 작성하거나 변경할 때 지켜야 할 절차와 기준(이하 "기초서류관리기준"이라 한다)을 정하고 이를 지켜야 한다. ② 기초서류관리기준에는 다음 각 호의 사항이 포함되어야 한다. 1. 기초서류 작성·변경의 절차 및 기준 2. 기초서류의 적정성에 대한 내부·외부 검증 절차 및 방법 3. 기초서류 작성 오류에 대한 통제 및 수정 방법 4. 기초서류 작성 및 관리과정을 감시·통제·평가하는 방법 및 관련 임직원 또는 제181조제2항에 따른 선임계리사의 역할과 책임 5. 그 밖에 기초서류관리기준의 제정·개정 절차 등 대통령령으로 정하는 사항 ③ 보험회사는 기초서류관리기준을 제정·개정하는 경우에는 금융위원회에 보고하여	제71조의4(기초서류관리기준) ① 법 제128조의2제2항제5호에서 "기초서류관리기준의 제정·개정 절차 등 대통령령으로 정하는 사항"이란 다음 각 호의 사항을 말한다. 1. 법 제128조의2제1항에 따른 기초서류관리기준(이하 "기초서류관리기준"이라 한다)의 제정 및 개정 절차 2. 기초서류 작성·변경과 관련한 업무의 분장 및 기초서류 관리책임자에 관한 사항 3. 임직원의 기초서류관리기준 준수 여부를 확인하는 절차·방법과 그 기준을 위반한 임직원의 처리에 관한 사항 4. 그 밖에 법령을 준수하고 보험계약자를 보호하기 위하여 기초서류를 작성·변경할 때 따라야 할 사항으로서 금융위원회가 정하여 고시하는 사항 ② 금융위원회는 법 제128조의2제3항에 따라 보험회사가	

야 하며, 금융위원회는 해당 기준이나 그 운용이 부당하다고 판단되면 기준의 변경 또는 업무의 개선을 명할 수 있다. ④ 제1항부터 제3항까지에 규정한 사항 외에 기초서류관리기준의 작성 및 운용 등에 필요한 사항은 대통령령으로 정한다. [본조신설 2010.7.23]	보고한 기초서류관리기준이 부당하다고 판단되면 보고일부터 15일 이내에 해당 기준의 변경 또는 업무의 개선을 명할 수 있다. [본조신설 2011.1.24]	
제128조의3(기초서류 작성·변경 원칙) ① 보험회사는 기초서류를 작성·변경할 때 다음 각 호의 사항을 지켜야 한다. 1. 이 법 또는 다른 법령에 위반되는 내용을 포함하지 아니할 것 2. 정당한 사유 없는 보험계약자의 권리 축소 또는 의무 확대 등 보험계약자에게 불리한 내용을 포함하지 아니할 것 3. 그 밖에 보험계약자 보호, 재무건전성 확보 등을 위하여 대통령령으로 정하는 바에 따라 금융위원회가 정하는 기준에 적합할 것 ② 보험회사가 기초서류를 작성·변경할 때 그 내용이 제127조제2항 각 호의 어느 하나에 해당하지 아니하면 제1항 각 호의 사항을 지켜 작성·변경한 것으로 추정(推定)한다. [본조신설 2010.7.23]	제71조의2(기초서류의 변경 권고) 금융위원회는 법 제127조의2제1항에 따라 보험회사가 제71조제2항 따라 신고한 기초서류 및 같은 조 제4항에 따라 제출한 기초서류의 내용이 법 제128조의3 또는 제129조를 위반하는 경우에는 신고접수일 또는 제출접수일(제71조제5항에 따라 검증확인서를 제출한 경우에는 검증확인서의 제출일을 말한다)부터 15일 이내에 그 기초서류의 변경을 권고할 수 있다. [본조신설 2011.1.24] 제71조의5(기초서류 작성·변경 원칙) 법 제128조의3제1항에 따라 보험회사가 기초서류를 작성·변경할 때 지켜야 할 사항은 별표 7과 같다. [본조신설 2011.1.24]	
제128조의4(보험약관 이해도 평가) ① 금융위원회는 보험소비자와 보험의 모집에 종사하는 자 등 대통령령으로 정하는 자(이하 이 조에서 "보험소비자등"이라 한다)를 대상으로 보험약관에 대하여 보험약관의 이해도를 평가하고 그 결과를 대통령령으로 정하는 바에 따라 공시할 수 있다. 〈개정 2011.5.19〉 ② 금융위원회는 보험소비자등의 보험약관에 대한 이해도를 평가하기 위해 평가대행기관을 지정할 수 있다. 〈개정	제71조의6(보험약관 이해도 평가) ① 법 제128조의4제1항에 따른 보험약관의 이해도 평가대상자는 다음 각 호와 같다. 1. 금융감독원장이 추천하는 보험소비자 2명 2. 「소비자기본법」에 따라 설립된 한국소비자원의 장이 추천하는 보험소비자 2명 3. 보험요율 산출기관의 장이 추천하는 보험소비자 1명 4. 보험요율 산출기관의 장이 추천하는 보험 관련 전문가 1명	

2011.5.19〉 ③ 제2항에 따라 지정된 평가대행기관은 조사대상 보험약관에 대하여 보험소비자등의 이해도를 평가하고 그 결과를 금융위원회에 보고하여야 한다. 〈개정 2011.5.19〉 ④ 보험약관 이해도 평가에 수반되는 비용의 부담, 평가 시기, 평가 방법 등 평가에 관한 사항은 금융위원회가 정한다. [본조신설 2010.7.23]	5. 보험협회 중 생명보험회사로 구성된 협회(이하 "생명보험협회"라 한다)의 장이 추천하는 보험의 모집에 종사하는 자 1명 6. 보험협회 중 손해보험회사로 구성된 협회(이하 "손해보험협회"라 한다)의 장이 추천하는 보험의 모집에 종사하는 자 1명 7. 「민법」 제32조에 따라 금융위원회의 허가를 받아 설립된 사단법인 보험연구원의 장이 추천하는 보험 관련 법률전문가 1인 ② 법 제128조의4제1항에 따른 보험약관 이해도 평가결과에 대한 공시기준은 다음 각 호와 같다. 1. 공시대상: 보험약관의 이해도 평가 기준 및 해당 기준에 따른 평가 결과 2. 공시방법: 법 제128조의4제2항에 따라 지정된 평가대행기관의 홈페이지에 공시 3. 공시주기: 연 2회 이상 ③ 제1항에 따른 보험약관 이해도 평가대상자의 추천 기준 및 추천 절차 등에 관하여 필요한 세부사항은 금융위원회가 정하여 고시한다. [전문개정 2011.9.29]	
제129조(보험요율 산출의 원칙) 보험회사는 보험요율을 산출할 때 객관적이고 합리적인 통계자료를 기초로 대수(大數)의 법칙 및 통계신뢰도를 바탕으로 하여야 하며, 다음 각 호의 사항을 지켜야 한다. 1. 보험요율이 보험금과 그 밖의 급부(給付)에 비하여 지나치게 높지 아니할 것 2. 보험요율이 보험회사의 재무건전성을 크게 해칠 정도로 낮지 아니할 것 3. 보험요율이 보험계약자 간에 부당하게 차별적이지 아니할 것 [전문개정 2010.7.23]		

제130조(보고사항) 보험회사는 다음 각 호의 어느 하나에 해당하는 사유가 발생한 경우에는 그 사유가 발생한 날부터 5일 이내에 금융위원회에 보고하여야 한다. 1. 상호나 명칭을 변경한 경우 2. 임원을 선임하거나 해임한 경우 3. 본점의 영업을 중지하거나 재개(再開)한 경우 4. 최대주주가 변경된 경우 5. 대주주가 소유하고 있는 주식 총수가 의결권 있는 발행주식 총수의 100분의 1 이상만큼 변동된 경우 6. 그 밖에 해당 보험회사의 업무 수행에 중대한 영향을 미치는 경우로서 대통령령으로 정하는 경우 [전문개정 2010.7.23]	제72조(보고사항) 법 제130조제6호에서 "대통령령으로 정하는 경우"란 다음 각 호의 어느 하나에 해당하는 경우를 말한다. 1. 자본금 또는 기금을 증액한 경우 2. 법 제21조에 따른 조직 변경의 결의를 한 경우 3. 법 제13장에 따른 처벌을 받은 경우 4. 조세 체납처분을 받은 경우 또는 조세에 관한 법령을 위반하여 형벌을 받은 경우 5. 「외국환 거래법」에 따른 해외투자를 하거나 외국에 영업소, 그 밖의 사무소를 설치한 경우 6. 보험회사의 주주 또는 주주였던 자가 제기한 소송의 당사자가 된 경우 [전문개정 2011.1.24]	
제131조(금융위원회의 명령권) ① 금융위원회는 보험회사의 업무운영이 적정하지 아니하거나 자산상황이 불량하여 보험계약자 및 피보험자 등의 권익을 해칠 우려가 있다고 인정되는 경우에는 다음 각 호의 어느 하나에 해당하는 조치를 명할 수 있다. 1. 업무집행방법의 변경 2. 금융위원회가 지정하는 기관에의 자산 예탁 3. 자산의 장부가격 변경 4. 불건전한 자산에 대한 적립금의 보유 5. 가치가 없다고 인정되는 자산의 손실처리 6. 그 밖에 대통령령으로 정하는 필요한 조치 ② 금융위원회는 보험회사의 업무 및 자산상황, 그 밖의 사정의 변경으로 공익 또는 보험계약자의 보호와 보험회사의 건전한 경영을 크게 해칠 우려가 있거나 보험회사의 기초서류에 법령을 위반하거나 보험계약자에게 불리한 내용이 있다고 인정되는 경우에는 청문	제73조(금융위원회의 명령권) ① 법 제131조제1항제6호에서 "대통령령으로 정하는 필요한 조치"란 보험계약자 보호에 필요한 사항의 공시를 명하는 것을 말한다. ② 법 제131조제2항 단서에서 "대통령령으로 정하는 경미한 사항"이란 법령의 개정에 따라 기초서류의 변경이 필요한 사항을 말한다. ③ 법 제131조제5항에 따른 공고는 전국적으로 배포되는 둘 이상의 일간신문에 각각 1회 이상 하여야 하며, 금융위원회가 필요하다고 인정하는 경우에는 보험계약자 등에게 서면으로 안내하여야 한다. [전문개정 2011.1.24]	

을 거쳐 기초서류의 변경 또는 그 사용의 정지를 명할 수 있다. 다만, 대통령령으로 정하는 경미한 사항에 관하여 기초서류의 변경을 명하는 경우에는 청문을 하지 아니할 수 있다. ③ 금융위원회는 제2항에 따라 기초서류의 변경을 명하는 경우 보험계약자·피보험자 또는 보험금을 취득할 자의 이익을 보호하기 위하여 특히 필요하다고 인정하면 이미 체결된 보험계약에 대하여도 장래에 향하여 그 변경의 효력이 미치게 할 수 있다. ④ 금융위원회는 제3항에도 불구하고 제2항에 따라 변경명령을 받은 기초서류 때문에 보험계약자·피보험자 또는 보험금을 취득할 자가 부당한 불이익을 받을 것이 명백하다고 인정되는 경우에는 이미 체결된 보험계약에 따라 납입된 보험료의 일부를 되돌려주거나 보험금을 증액하도록 할 수 있다. ⑤ 보험회사는 제2항에 따른 명령을 받은 경우에는 대통령령으로 정하는 바에 따라 그 요지를 공고하여야 한다. [전문개정 2010.7.23]		
제131조의2(보험금 지급불능 등에 대한 조치) 금융위원회는 보험회사의 파산 또는 보험금 지급불능 우려 등 보험계약자의 이익을 크게 해칠 우려가 있다고 인정되는 경우에는 보험계약 체결 제한, 보험금 전부 또는 일부의 지급정지 또는 그 밖에 필요한 조치를 명할 수 있다. [본조신설 2010.7.23]		
제132조(준용) 국내사무소·보험대리점 및 보험중개사에 관하여는 제131조제1항을 준용한다. 이 경우 "보험회사"는 "국내사무소"·"보험대리점" 또는 "보험중개사"로 본다. [전문개정 2010.7.23]		

第133조(자료 제출 및 검사 등) ① 금융위원회는 공익 또는 보험계약자 등을 보호하기 위하여 보험회사에 이 법에서 정하는 감독업무의 수행과 관련한 주주 현황, 그 밖에 사업에 관한 보고 또는 자료 제출을 명할 수 있다. ② 보험회사는 그 업무 및 자산상황에 관하여 금융감독원의 검사를 받아야 한다. ③ 금융감독원장은 제2항에 따른 검사를 할 때 필요하다고 인정하면 보험회사에 대하여 업무 또는 자산에 관한 보고, 자료의 제출, 관계인의 출석 및 의견의 진술을 요구할 수 있다. ④ 제2항에 따라 검사를 하는 자는 그 권한을 표시하는 증표를 지니고 이를 관계인에게 내보여야 한다. ⑤ 금융감독원장은 제2항에 따라 검사를 한 경우에는 그 결과에 따라 필요한 조치를 하고, 그 내용을 금융위원회에 보고하여야 한다. ⑥ 금융감독원장은 「주식회사의 외부감사에 관한 법률」에 따라 보험회사가 선임한 외부감사인에게 그 보험회사를 감사한 결과 알게 된 정보나 그 밖에 경영건전성과 관련되는 자료의 제출을 요구할 수 있다. [전문개정 2010.7.23]	第22조(내부통제기준) ① 법 제17조제1항에 따른 내부통제기준(이하 "내부통제기준"이라 한다)에는 다음 각 호의 사항이 포함되어야 한다. 1. 업무 분장 및 조직구조에 관한 사항 2. 자산의 운용 또는 업무의 수행 과정에서 발생하는 위험의 관리에 관한 사항 3. 임원 또는 직원이 업무를 수행할 때 반드시 지켜야 하는 절차에 관한 사항 4. 경영의사결정에 필요한 정보가 효율적으로 전달될 수 있는 체제 구축에 관한 사항 5. 임원 또는 직원의 내부통제기준 준수 여부를 확인하는 절차·방법 및 내부통제기준을 위반한 임원 또는 직원의 처리에 관한 사항 6. 임원 또는 직원의 유가증권 거래내용의 보고 등 불공정거래행위를 방지하기 위한 절차나 기준에 관한 사항 7. 내부통제기준의 제정 또는 변경 절차에 관한 사항 8. 법 제17조제2항에 따른 준법감시인(이하 "준법감시인"이라 한다)의 임면절차에 관한 사항 9. 제1호부터 제8호까지의 사항에 관한 구체적인 기준으로서 금융위원회가 정하여 고시하는 사항 ② 보험회사가 내부통제기준을 제정하거나 변경하려는 경우에는 이사회의 결의를 거쳐야 한다. ③ 금융위원회는 법 제133조제2항에 따른 금융감독원의 검사 결과 법령을 위반한 사실이 드러난 보험회사에 대하여 위반행위의 재발 방지를 위하여 내부통제기준의 변경을 권고할 수 있다. [전문개정 2011.1.24]	第34조(검사의 증표) 법 제133조제4항에 따른 검사를 하는 사람의 권한을 표시하는 증표는 별지 제12호서식에 따른다. [전문개정 2011.1.24]

제134조(보험회사에 대한 제재) ① 금융위원회는 보험회사(그 소속 임직원을 포함한다)가 이 법 또는 이 법에 따른 규정·명령 또는 지시를 위반하여 보험회사의 건전한 경영을 해칠 우려가 있다고 인정되는 경우에는 금융감독원장의 건의에 따라 다음 각 호의 어느 하나에 해당하는 조치를 하거나 금융감독원장으로 하여금 제1호의 조치를 하게 할 수 있다. 1. 보험회사에 대한 주의·경고 또는 그 임직원에 대한 주의·경고·문책의 요구 2. 해당 위반행위에 대한 시정명령 3. 임원의 해임권고·직무정지의 요구 4. 6개월 이내의 영업의 일부정지 ② 금융위원회는 보험회사가 다음 각 호의 어느 하나에 해당하는 경우에는 6개월 이내의 기간을 정하여 영업 전부의 정지를 명하거나 청문을 거쳐 보험업의 허가를 취소할 수 있다. 1. 거짓이나 그 밖의 부정한 방법으로 보험업의 허가를 받은 경우 2. 허가의 내용 또는 조건을 위반한 경우 3. 영업의 정지기간 중에 영업을 한 경우 4. 제1항제2호에 따른 시정명령을 이행하지 아니한 경우 ③ 금융위원회는 금융감독원장의 건의에 따라 보험회사가 제1항에 따른 조치, 제2항에 따른 영업정지 또는 허가취소 처분을 받은 사실을 대통령령으로 정하는 바에 따라 공표하도록 할 수 있다. [전문개정 2010.7.23]	제73조의2(제재 사실의 공표) ① 금융위원회는 법 제134조제3항에 따라 보험회사가 같은 조 제1항 및 제2항에 따른 제재를 받은 경우에는 그 사실을 다음 각 호의 구분에 따라 공표하도록 할 수 있다. 1. 보험회사에 대한 경고, 임원의 해임권고·직무정지의 요구: 해당 보험회사의 인터넷 홈페이지에 7영업일 이상 게재 2. 시정명령, 영업의 일부 또는 전부의 정지, 허가취소: 전국적으로 배포되는 일간신문에 1회 이상 게재 및 해당 보험회사의 본점과 영업소에 7영업일 이상 게시 ② 제1항에서 규정한 사항 외에 제재 사실의 공표에 필요한 세부 사항은 금융위원회가 정하여 고시한다. [본조신설 2011.1.24]	
제135조(퇴임한 임원 등에 대한 조치 내용의 통보) ① 금융위원회는 보험회사의 퇴임한 임원 또는 퇴직한 직원이 재임 또는		

재직 중이었더라면 제134조제1항제1호 및 제3호에 해당하는 조치를 받았을 것으로 인정되는 경우에는 그 조치의 내용을 금융감독원장으로 하여금 그 보험회사의 장에게 통보하도록 할 수 있다. ② 제1항에 따른 통보를 받은 보험회사의 장은 이를 해당 임직원에게 알리고, 인사기록부에 기록·유지하여야 한다. [전문개정 2010.7.23]		
제136조(준용) ① 국내사무소·보험대리점 및 보험중개사에 관하여는 제133조 및 제134조를 준용한다. 이 경우 "보험회사"는 각각 "국내사무소"·"보험대리점" 또는 "보험중개사"로 본다. ② 보험업과 밀접하게 관련된 업무로서 대통령령으로 정하는 업무를 하는 자회사에 관하여는 제133조를 준용한다. 이 경우 "보험회사"는 "자회사"로 본다. ③ 보험업과 밀접하게 관련된 업무로서 대통령령으로 정하는 업무를 보험회사로부터 위탁받은 자에 관하여는 제133조를 준용한다. 이 경우 "보험회사"는 "위탁받은 자"로 본다. [전문개정 2010.7.23]	제74조(자료 제출 및 검사 등에 관한 규정의 준용) ① 법 제136조제2항 전단에서 "대통령령으로 정하는 업무"란 제59조제1항제2호·제3호 및 제5호의 업무를 말한다. ② 법 제136조제3항 전단에서 "대통령령으로 정하는 업무"란 제59조제1항 각 호의 업무를 말한다. [전문개정 2011.1.24] 제101조(금융감독원장 업무의 위탁) ① 금융감독원장은 법 제194조제4항에 따라 다음 각 호의 업무를 보험협회의 장에게 위탁한다. 1. 법 제86조제4항에 따른 보험설계사의 등록취소 또는 업무정지 통지에 관한 업무 2. 법 제88조제3항에 따른 보험대리점의 등록취소 또는 업무정지 통지에 관한 업무 3. 법 제93조제1항제1호부터 제6호까지 및 제8호에서 정한 사항 중 보험설계사에 관한 신고의 수리 4. 법 제93조제1항에서 정한 사항 중 보험대리점에 관한 신고의 수리 ② 금융감독원장은 법 제194조제4항에 따라 법 제182조제1항 및 제186조제1항의 시험에 관한 업무 중 다음 각 호의 업무를 보험요율 산출기관의 장에게 위탁한다. 1. 시험 응시원서의 교부 및 접수	

	2. 시험의 시행 및 그에 부수하는 업무 ③ 금융감독원장은 법 제136조에 따른 보험대리점에 대한 검사업무 중 보험대리점 및 소속 모집인의 영업행위에 대한 검사업무의 일부를 보험협회의 장 또는 법 제178조에 따른 보험 관계 단체의 장에게 위탁한다. 이 경우 검사업무 수탁기관은 위탁받은 검사업무를 공정하고 독립적으로 수행할 수 있는 조직구조를 갖추어 금융감독원장에게 미리 확인을 받아야 한다. ④ 금융감독원장은 제3항에 따른 위탁 검사업무의 대상, 범위, 방법 및 절차 등에 관하여 기준을 정할 수 있다. ⑤ 제3항의 검사업무 위탁에 관하여는 「행정권한의 위임 및 위탁에 관한 규정」 제11조제2항 · 제3항, 제12조제1항 · 제3항 및 제13조부터 제16조까지의 규정을 준용한다. [전문개정 2011.1.24]	
제8장 해산 · 청산 〈개정 2010.7.23〉		
제1절 해산 〈개정 2010.7.23〉		
제137조(해산사유 등) ① 보험회사는 다음 각 호의 사유로 해산한다. 1. 존립기간의 만료, 그 밖에 정관으로 정하는 사유의 발생 2. 주주총회등의 결의 3. 회사의 합병 4. 보험계약 전부의 이전 5. 회사의 파산 6. 보험업의 허가취소 7. 해산을 명하는 재판 ② 보험회사가 제1항제6호의 사유로 해산하면 금융위원회는 7일 이내에 그 보험회사의 본점과 지점 또는 각 사무소 소재지의 등기소에 그 등기를 촉탁(囑託)하여야 한다. ③ 등기소는 제2항의 촉탁을 받으면 7일 이내에 그 등기를		

하여야 한다. [전문개정 2010.7.23]		
제138조(해산·합병 등의 결의) 해산·합병과 보험계약의 이전에 관한 결의는 제39조제2항 또는 「상법」 제434조에 따라 하여야 한다. [전문개정 2010.7.23]		
제139조(해산·합병 등의 인가) 해산의 결의·합병과 보험계약의 이전은 금융위원회의 인가를 받아야 한다. 〈개정 2008.2.29〉	제75조(합병계약서의 기재사항 등) ① 보험회사가 법 제139조에 따라 합병의 인가를 받으려는 경우에는 법 제141조제2항에 따른 이의제출 기간이 지난 후 1개월 이내에 신청서에 다음 각 호의 서류를 첨부하여 양쪽 회사가 공동으로 금융위원회에 제출하여야 한다. 1. 합병계약서 2. 합병 후 존속하는 회사 또는 합병으로 인하여 설립되는 회사의 정관 3. 각 회사의 재산목록과 대차대조표 4. 각 회사의 보험계약건수·금액·계약자수 및 그 지역별 통계표 5. 그 밖에 합병인가에 필요한 서류로서 금융위원회가 정하여 고시하는 서류 ② 법 제153조제4항에 따라 합병 후 존속하는 회사가 상호회사인 경우에는 합병계약서에 다음 각 호의 사항을 적어야 한다. 1. 존속하는 회사가 그 사원총회에서의 사원의 의결권을 증가시킬 것을 정한 경우에는 그 수 2. 합병으로 인하여 소멸되는 회사의 보험계약자 또는 사원이 존속하는 회사의 사원총회에서 가질 수 있는 권리에 관한 사항 3. 합병으로 인하여 소멸되는 회사의 주주 또는 기금의 갹출자나 사원에게 지급할 금액을 정한 경우에는 그 규정 4. 각 회사에서 합병의 결의를	제35조(해산 결의의 인가신청) 보험회사는 법 제139조에 따라 해산결의의 인가를 받으려면 별지 제13호서식의 신청서에 다음 각 호의 서류를 첨부하여 금융위원회에 제출하여야 한다. 1. 주주총회 의사록(상호회사인 경우에는 사원총회 의사록) 2. 청산 사무의 추진계획서 3. 보험계약자 및 이해관계인의 보호절차 이행을 증명하는 서류 4. 「상법」 등 관계 법령에 따른 절차의 이행에 흠이 없음을 증명하는 서류 5. 그 밖에 금융위원회가 필요하다고 인정하는 서류 [전문개정 2011.1.24] 제36조(보험계약 이전의 인가신청) 보험회사는 법 제139조에 따라 보험계약 이전의 인가를 받으려면 별지 제14호서식의 신청서에 다음 각 호의 서류를 첨부하여 법 제141조제2항에 따른 기간이 지난 후 1개월 이내에 금융위원회에 제출하여야 한다. 1. 보험계약 이전계약서 2. 각 보험회사의 재산목록과 대차대조표 3. 이전할 보험계약의 종류·건수·금액 및 계약자수와 그 지역별 통계 4. 이전할 보험계약에 관한 책임준비금 및 그 밖의 준비금의 금액과 그 산출방법을 적은 서류 5. 이전할 재산의 총액과 재산종류별 수량 및 가액(價額)을 적은 서류

	할 주주총회 또는 사원총회의 기일 5. 합병의 시기를 정한 경우에는 그 시기 6. 제1호부터 제5호까지에 준하는 사항으로서 금융위원회가 정하여 고시하는 사항 ③ 합병으로 인하여 설립되는 회사가 상호회사인 경우에는 합병계약서에 다음 각 호의 사항을 적어야 한다. 1. 법 제34조제2호 및 제4호부터 제7호까지의 기재사항과 주된 사무소의 소재지 2. 합병으로 인하여 설립되는 회사의 사원총회에서의 의결권 수와 각 회사의 보험계약자 또는 사원에 대한 의결권의 배정에 관한 사항 3. 각 회사의 주주 또는 기금의 갹출자나 사원에게 지급할 금액을 정한 경우에는 그 규정 4. 이전하여야 할 보험계약에 관한 책임준비금, 그 밖의 준비금의 금액과 그 산출방법 5. 이전하여야 할 재산의 총액과 그 종류별 수량 및 가격 6. 제1호부터 제5호까지에 준하는 경우로서 금융위원회가 정하여 고시하는 사항 ④ 주식회사와 상호회사가 합병하는 경우에 합병 후 존속하는 회사가 주식회사인 경우에는 합병계약서에 다음 각 호의 사항을 적어야 한다. 1. 존속하는 회사가 자본을 증가시킬 것을 정한 경우에는 그 증가액 2. 제1호의 경우에는 존속하는 회사가 발행할 신주(新株)의 종류·수 및 납입금액과 신주의 배정에 관한 사항 3. 제2항제3호부터 제5호까지의 기재사항 4. 제1호부터 제3호까지에 준하는 사항으로서 금융위원회가 정하여 고시하는 사항	6. 각 보험회사의 보험계약의 건수·금액 및 계약자수와 보험계약의 종류별 건수·금액·계약자수 및 책임준비금의 금액을 적은 서류 7. 법 제141조에 따른 계약 이전 절차를 마쳤음을 증명하는 서류 8. 그 밖에 보험계약 이전에 관한 서류로서 보험계약자 보호를 위하여 금융위원회가 필요하다고 인정하는 서류 [전문개정 2011.1.24] 제37조(해산 결의·합병 등의 인가 시 고려사항) 금융위원회는 법 제139조에 따라 해산의 결의·합병 또는 보험계약의 이전에 대하여 인가를 하려는 경우에는 다음 각 호의 사항을 고려하여 인가 여부를 결정하여야 한다. 1. 해산·합병 또는 보험계약의 이전이 이 법, 「상법」, 「자본시장과 금융투자업에 관한 법률」, 그 밖의 관련 법령에 따른 절차를 이행하였는지 여부 2. 해산·합병 또는 보험계약의 이전으로 인하여 보험계약자 및 이해관계인에게 불이익이 발생하는지 여부 [전문개정 2011.1.24] 제38조(보험계약 이전 인가의 통지 등) ① 법 제139조에 따른 보험계약 이전의 인가가 있을 때에는 보험계약을 이전받은 보험회사는 1개월 이내에 이전된 보험계약의 계약자에게 그 취지를 통지하여야 한다. ② 보험계약을 이전한 보험회사가 그 이전한 보험계약에 관하여 사용하던 사업방법서, 보험약관, 보험료 및 책임준비금 산출방법서는 법 제139조에 따른 보험계약 이전의 인가가 있을 때에 이전받은 보험회사가 승계한 것으로 본다. [전문개정 2011.1.24]

	⑤ 주식회사와 상호회사가 합병하는 경우에 합병으로 인하여 설립되는 회사가 주식회사인 경우에는 합병계약서에 다음 각 호의 사항을 적어야 한다. 1. 「상법」 제524조제1호의 기재사항 2. 합병으로 인하여 설립되는 회사가 발행할 주식의 종류·수 및 납입금액과 주식의 배정에 관한 사항 3. 제3항제3호부터 제5호까지의 기재사항 4. 제1호부터 제3호까지에 준하는 사항으로서 금융위원회가 정하여 고시하는 사항 ⑥ 해산의 결의, 보험계약 이전 및 해산·합병 등에 대한 인가 절차·방법, 그 밖에 필요한 사항은 금융위원회가 정하여 고시한다. [전문개정 2011.1.24]	
제140조(보험계약 등의 이전) ① 보험회사는 계약의 방법으로 책임준비금 산출의 기초가 같은 보험계약의 전부를 포괄하여 다른 보험회사에 이전할 수 있다. ② 보험회사는 제1항에 따른 계약에서 회사자산을 이전할 것을 정할 수 있다. 다만, 금융위원회가 그 보험회사의 채권자의 이익을 보호하기 위하여 필요하다고 인정하는 자산은 유보하여야 한다. [전문개정 2010.7.23]		
제141조(보험계약 이전 결의의 공고와 이의 제기) ① 보험계약을 이전하려는 보험회사는 제138조에 따른 결의를 한 날부터 2주 이내에 계약 이전의 요지와 각 보험회사의 대차대조표를 공고하여야 한다. ② 제1항에 따른 공고에는 이전될 보험계약의 보험계약자로서 이의가 있는 자는 일정한 기간 동안 이의를 제출할 수 있다는 뜻을 덧붙여야 한다. 다만, 그 기간은 1개월 이상으	제75조(합병계약서의 기재사항 등) ① 보험회사가 법 제139조에 따라 합병의 인가를 받으려는 경우에는 법 제141조제2항에 따른 이의제출 기간이 지난 후 1개월 이내에 신청서에 다음 각 호의 서류를 첨부하여 양쪽 회사가 공동으로 금융위원회에 제출하여야 한다. 1. 합병계약서 2. 합병 후 존속하는 회사 또는 합병으로 인하여 설립되는 회사의 정관	제36조(보험계약 이전의 인가신청) 보험회사는 법 제139조에 따라 보험계약 이전의 인가를 받으려면 별지 제14호서식의 신청서에 다음 각 호의 서류를 첨부하여 법 제141조제2항에 따른 기간이 지난 후 1개월 이내에 금융위원회에 제출하여야 한다. 1. 보험계약 이전계약서 2. 각 보험회사의 재산목록과 대차대조표 3. 이전할 보험계약의 종류·

로 하여야 한다. ③ 제2항의 기간에 이의를 제기한 보험계약자가 이전될 보험계약자 총수의 10분의 1을 초과하거나 그 보험금액이 이전될 보험금 총액의 10분의 1을 초과하는 경우에는 보험계약을 이전하지 못한다. 제143조에 따라 계약조항의 변경을 정하는 경우에 이의를 제기한 보험계약자로서 그 변경을 받을 자가 변경을 받을 보험계약자 총수의 10분의 1을 초과하거나 그 보험금액이 변경을 받을 보험계약자의 보험금 총액의 10분의 1을 초과하는 경우에도 또한 같다. ④ 상호회사가 제54조제1항의 기관에 의하지 아니하고 보험계약 이전의 결의를 한 경우에는 제2항 및 제3항을 적용하지 아니한다. [전문개정 2010.7.23]	3. 각 회사의 재산목록과 대차대조표 4. 각 회사의 보험계약건수·금액·계약자수 및 그 지역별 통계표 5. 그 밖에 합병인가에 필요한 서류로서 금융위원회가 정하여 고시하는 서류 ② 법 제153조제4항에 따라 합병 후 존속하는 회사가 상호회사인 경우에는 합병계약서에 다음 각 호의 사항을 적어야 한다. 1. 존속하는 회사가 그 사원총회에서의 사원의 의결권을 증가시킬 것을 정한 경우에는 그 수 2. 합병으로 인하여 소멸되는 회사의 보험계약자 또는 사원이 존속하는 회사의 사원총회에서 가질 수 있는 권리에 관한 사항 3. 합병으로 인하여 소멸되는 회사의 주주 또는 기금의 갹출자나 사원에게 지급할 금액을 정한 경우에는 그 규정 4. 각 회사에서 합병의 결의를 할 주주총회 또는 사원총회의 기일 5. 합병의 시기를 정한 경우에는 그 시기 6. 제1호부터 제5호까지에 준하는 사항으로서 금융위원회가 정하여 고시하는 사항 ③ 합병으로 인하여 설립되는 회사가 상호회사인 경우에는 합병계약서에 다음 각 호의 사항을 적어야 한다. 1. 법 제34조제2호 및 제4호부터 제7호까지의 기재사항과 주된 사무소의 소재지 2. 합병으로 인하여 설립되는 회사의 사원총회에서의 의결권 수와 각 회사의 보험계약자 또는 사원에 대한 의결권의 배정에 관한 사항 3. 각 회사의 주주 또는 기금의 갹출자나 사원에게 지급할 금액을 정한 경우에	건수·금액 및 계약자수와 그 지역별 통계 4. 이전할 보험계약에 관한 책임준비금 및 그 밖의 준비금의 금액과 그 산출방법을 적은 서류 5. 이전할 재산의 총액과 재산 종류별 수량 및 가액(價額)을 적은 서류 6. 각 보험회사의 보험계약의 건수·금액 및 계약자수와 보험계약의 종류별 건수·금액·계약자수 및 책임준비금의 금액을 적은 서류 7. 법 제141조에 따른 계약 이전 절차를 마쳤음을 증명하는 서류 8. 그 밖에 보험계약 이전에 관한 서류로서 보험계약자 보호를 위하여 금융위원회가 필요하다고 인정하는 서류 [전문개정 2011.1.24]

	는 그 규정 4. 이전하여야 할 보험계약에 관한 책임준비금, 그 밖의 준비금의 금액과 그 산출방법 5. 이전하여야 할 재산의 총액과 그 종류별 수량 및 가격 6. 제1호부터 제5호까지에 준하는 경우로서 금융위원회가 정하여 고시하는 사항 ④ 주식회사와 상호회사가 합병하는 경우에 합병 후 존속하는 회사가 주식회사인 경우에는 합병계약서에 다음 각 호의 사항을 적어야 한다. 1. 존속하는 회사가 자본을 증가시킬 것을 정한 경우에는 그 증가액 2. 제1호의 경우에는 존속하는 회사가 발행할 신주(新株)의 종류·수 및 납입금액과 신주의 배정에 관한 사항 3. 제2항제3호부터 제5호까지의 기재사항 4. 제1호부터 제3호까지에 준하는 사항으로서 금융위원회가 정하여 고시하는 사항 ⑤ 주식회사와 상호회사가 합병하는 경우에 합병으로 인하여 설립되는 회사가 주식회사인 경우에는 합병계약서에 다음 각 호의 사항을 적어야 한다. 1. 「상법」 제524조제1호의 기재사항 2. 합병으로 인하여 설립되는 회사가 발행할 주식의 종류·수 및 납입금액과 주식의 배정에 관한 사항 3. 제3항제3호부터 제5호까지의 기재사항 4. 제1호부터 제3호까지에 준하는 사항으로서 금융위원회가 정하여 고시하는 사항 ⑥ 해산의 결의, 보험계약 이전 및 해산·합병 등에 대한 인가 절차·방법, 그 밖에 필요한 사항은 금융위원회가 정하여 고시한다. [전문개정 2011.1.24]	

제142조(신계약의 금지) 보험계약을 이전하려는 보험회사는 주주총회등의 결의가 있었던 때부터 보험계약을 이전하거나 이전하지 아니하게 될 때까지 그 이전하려는 보험계약과 같은 종류의 보험계약을 하지 못한다. [전문개정 2010.7.23]		
제143조(계약조건의 변경) 보험회사는 보험계약의 전부를 이전하는 경우에 이전할 보험계약에 관하여 이전계약의 내용으로 다음 각 호의 사항을 정할 수 있다. 1. 계산의 기초의 변경 2. 보험금액의 삭감과 장래 보험료의 감액 3. 계약조항의 변경 [전문개정 2010.7.23]		
제144조(자산 처분의 금지 등) ① 제143조에 따라 보험금액을 삭감하기로 정하는 경우에는 보험계약을 이전하려는 보험회사는 주주총회등의 결의가 있었던 때부터 보험계약을 이전하거나 이전하지 아니하게 될 때까지 그 자산을 처분하거나 채무를 부담하려는 행위를 하지 못한다. 다만, 보험업을 유지하기 위하여 필요한 비용을 지출하는 경우 또는 자산의 보전이나 그 밖의 특별한 필요에 따라 금융위원회의 허가를 받아 자산을 처분하는 경우에는 그러하지 아니하다. ② 보험계약이 이전된 경우에는 보험계약에 따라 발생한 채권으로서 제1항에 따라 지급이 정지된 것에 관하여 이전계약에서 정한 보험금액 삭감의 비율에 따라 그 금액을 삭감하여 지급하여야 한다. ③ 제143조에 따라 계약조항의 변경을 정하는 경우에 그 변경을 하려는 보험회사에 대하여도 제1항을 적용한다. 다만, 보험계약으로 발생한 채무를 변제하거나 금융위원회의		

허가를 받아 그 변경과 관계없는 행위를 하는 경우에는 그러하지 아니하다. [전문개정 2010.7.23]		
第145조(보험계약 이전의 공고) 보험회사는 보험계약을 이전한 경우에는 7일 이내에 그 취지를 공고하여야 한다. 보험계약을 이전하지 아니하게 된 경우에도 또한 같다. [전문개정 2010.7.23]		
第146조(권리·의무의 승계) ① 보험계약을 이전한 보험회사가 그 보험계약에 관하여 가진 권리와 의무는 보험계약을 이전받은 보험회사가 승계한다. 이전계약으로써 이전할 것을 정한 자산에 관하여도 또한 같다. ② 보험계약 이전의 결의를 한 후 이전할 보험계약에 관하여 발생한 수지(收支)나 그 밖에 이전할 보험계약 또는 자산에 관하여 발생한 변경은 이전을 받은 보험회사에 귀속된다. [전문개정 2010.7.23]		
第147조(계약 이전으로 인한 입사) 보험계약이 이전된 경우 이전을 받은 보험회사가 상호회사인 경우에는 그 보험계약자는 그 상호회사에 입사한다. [전문개정 2010.7.23]		
第148조(해산 후의 계약 이전 결의) ① 보험회사는 해산한 후에도 3개월 이내에는 보험계약 이전을 결의할 수 있다. ② 제1항의 경우에는 제158조를 적용하지 아니한다. 다만, 보험계약을 이전하지 아니하게 된 경우에는 그러하지 아니하다. [전문개정 2010.7.23]		
第149조(해산등기의 신청) 보험계약의 이전에 따른 해산등기의 신청서에는 다음 각 호의 모든 서류를 첨부하여야 한다. 1. 이전계약서 2. 각 보험회사 주주총회등의 의사록		

3. 제141조의 공고 및 이의에 관한 서류 4. 보험계약 이전의 인가를 증명하는 서류 [전문개정 2010.7.23]		
제150조(영업양도·양수의 인가) 보험회사는 그 영업을 양도·양수하려면 금융위원회의 인가를 받아야 한다. [전문개정 2010.7.23]		
제151조(합병 결의의 공고) ① 보험회사가 합병을 결의한 경우에는 그 결의를 한 날부터 2주 이내에 합병계약의 요지와 각 보험회사의 대차대조표를 공고하여야 한다. ② 합병의 경우에는 제141조 제2항부터 제4항까지, 제145조 및 제149조를 준용한다. ③ 제1항 및 제2항에 따른 합병은 이의를 제기한 보험계약자나 그 밖에 보험계약으로 발생한 권리를 가진 자에 대하여도 그 효력이 미친다. [전문개정 2010.7.23]		
제152조(계약조건의 변경) ① 보험회사가 합병을 하는 경우에는 합병계약으로써 그 보험계약에 관한 계산의 기초 또는 계약조항의 변경을 정할 수 있다. ② 제1항에 따라 계약조항의 변경을 정하는 경우 그 변경을 하려는 보험회사에 관하여는 제142조 및 제144조제3항을 준용한다. [전문개정 2010.7.23]		
제153조(상호회사의 합병) ① 상호회사는 다른 보험회사와 합병할 수 있다. ② 제1항의 경우 합병 후 존속하는 보험회사 또는 합병으로 설립되는 보험회사는 상호회사이어야 한다. 다만, 합병하는 보험회사의 한 쪽이 주식회사인 경우에는 합병 후 존속하는 보험회사 또는 합병으로 설립되는 보험회사는 주식회사로 할 수 있다.	제75조(합병계약서의 기재사항 등) ① 보험회사가 법 제139조에 따라 합병의 인가를 받으려는 경우에는 법 제141조제2항에 따른 이의제출 기간이 지난 후 1개월 이내에 신청서에 다음 각 호의 서류를 첨부하여 양쪽 회사가 공동으로 금융위원회에 제출하여야 한다. 1. 합병계약서 2. 합병 후 존속하는 회사 또는 합병으로 인하여 설립	

③ 상호회사와 주식회사가 합병하는 경우에는 이 법 또는 「상법」의 합병에 관한 규정에 따른다. ④ 합병계약서에 적을 사항이나 그 밖에 합병에 관하여 필요한 사항은 대통령령으로 정한다. [전문개정 2010.7.23]	되는 회사의 정관 3. 각 회사의 재산목록과 대차대조표 4. 각 회사의 보험계약건수·금액·계약자수 및 그 지역별 통계표 5. 그 밖에 합병인가에 필요한 서류로서 금융위원회가 정하여 고시하는 서류 ② 법 제153조제4항에 따라 합병 후 존속하는 회사가 상호회사인 경우에는 합병계약서에 다음 각 호의 사항을 적어야 한다. 1. 존속하는 회사가 그 사원총회에서의 사원의 의결권을 증가시킬 것을 정한 경우에는 그 수 2. 합병으로 인하여 소멸되는 회사의 보험계약자 또는 사원이 존속하는 회사의 사원총회에서 가질 수 있는 권리에 관한 사항 3. 합병으로 인하여 소멸되는 회사의 주주 또는 기금의 각출자나 사원에게 지급할 금액을 정한 경우에는 그 규정 4. 각 회사에서 합병의 결의를 할 주주총회 또는 사원총회의 기일 5. 합병의 시기를 정한 경우에는 그 시기 6. 제1호부터 제5호까지에 준하는 사항으로서 금융위원회가 정하여 고시하는 사항 ③ 합병으로 인하여 설립되는 회사가 상호회사인 경우에는 합병계약서에 다음 각 호의 사항을 적어야 한다. 1. 법 제34조제2호 및 제4호부터 제7호까지의 기재사항과 주된 사무소의 소재지 2. 합병으로 인하여 설립되는 회사의 사원총회에서의 의결권 수와 각 회사의 보험계약자 또는 사원에 대한 의결권의 배정에 관한 사항 3. 각 회사의 주주 또는 기금의 각출자나 사원에게 지급할 금액을 정한 경우에	

	는 그 규정 4. 이전하여야 할 보험계약에 관한 책임준비금, 그 밖의 준비금의 금액과 그 산출 방법 5. 이전하여야 할 재산의 총액과 그 종류별 수량 및 가격 6. 제1호부터 제5호까지에 준하는 경우로서 금융위원회가 정하여 고시하는 사항 ④ 주식회사와 상호회사가 합병하는 경우에 합병 후 존속하는 회사가 주식회사인 경우에는 합병계약서에 다음 각 호의 사항을 적어야 한다. 1. 존속하는 회사가 자본을 증가시킬 것을 정한 경우에는 그 증가액 2. 제1호의 경우에는 존속하는 회사가 발행할 신주(新株)의 종류 · 수 및 납입금액과 신주의 배정에 관한 사항 3. 제2항제3호부터 제5호까지의 기재사항 4. 제1호부터 제3호까지에 준하는 사항으로서 금융위원회가 정하여 고시하는 사항 ⑤ 주식회사와 상호회사가 합병하는 경우에 합병으로 인하여 설립되는 회사가 주식회사인 경우에는 합병계약서에 다음 각 호의 사항을 적어야 한다. 1. 「상법」 제524조제1호의 기재사항 2. 합병으로 인하여 설립되는 회사가 발행할 주식의 종류 · 수 및 납입금액과 주식의 배정에 관한 사항 3. 제3항제3호부터 제5호까지의 기재사항 4. 제1호부터 제3호까지에 준하는 사항으로서 금융위원회가 정하여 고시하는 사항 ⑥ 해산의 결의, 보험계약 이전 및 해산 · 합병 등에 대한 인가 절차 · 방법, 그 밖에 필요한 사항은 금융위원회가 정하여 고시한다. [전문개정 2011.1.24]	

第154조(합병의 경우의 사원관계) ① 제153조에 따른 합병이 있는 경우 합병 후 존속하는 보험회사 또는 합병으로 설립되는 보험회사가 상호회사인 경우에는 합병으로 해산하는 보험회사의 보험계약자는 그 회사에 입사하고, 주식회사인 경우에는 상호회사의 사원은 그 지위를 잃는다. 다만, 보험관계에 속하는 권리와 의무는 합병계약에서 정하는 바에 따라 합병 후 존속하는 주식회사 또는 합병으로 설립된 주식회사가 승계한다. ② 제1항에 따라 합병 후 존속하는 상호회사에 입사할 자는 「상법」 제526조제1항에 따른 사원총회에서 사원과 같은 권리를 가진다. 다만, 합병계약에 따로 정한 것이 있으면 그러하지 아니하다. ③ 합병으로 설립되는 상호회사의 창립총회에 관하여는 제39조제2항 · 제55조와 「상법」 제311조, 제312조, 제316조제2항, 제363조제1항 · 제2항, 제364조, 제368조제3항 · 제4항, 제371조제2항, 제372조, 제373조 및 제376조부터 제381조까지의 규정을 준용한다. [전문개정 2010.7.23]		
第155조(정리계획서의 제출) 보험회사가 그 보험업의 전부 또는 일부를 폐업하려는 경우에는 그 60일 전에 사업 폐업에 따른 정리계획서를 금융위원회에 제출하여야 한다. [전문개정 2010.7.23]		
第2절 청산 〈개정 2010.7.23〉		
第156조(청산인) ① 보험회사가 보험업의 허가취소로 해산한 경우에는 금융위원회가 청산인을 선임한다. ② 「상법」 제193조 · 제252조 및 제531조제2항에 따른 청산인은 금융위원회가 선임한다. 이 경우 이해관계인의 청구 없이 선임할 수 있다.		第39조(청산인 선임의 청구) 법 제156조제2항 전단에 따라 보험회사의 이해관계인이 「상법」 제193조 · 제252조 및 제531조제2항에 따라 청산인의 선임을 청구하려는 경우에는 청구서에 이해관계인임을 증명하는 서류를 첨부하여야 한다. [전문개정 2011.1.24]

③ 제1항과 제2항의 경우에는 「상법」 제255조제2항을 준용한다. ④ 금융위원회는 다음 각 호의 어느 하나에 해당하는 자의 청구에 따라 청산인을 해임할 수 있다. 1. 감사 2. 3개월 전부터 계속하여 자본금의 100분의 5 이상의 주식을 가진 주주 3. 100분의 5 이상의 사원 ⑤ 상호회사는 제4항에 따른 청구를 하는 사원에 관하여 정관으로 다른 기준을 정할 수 있다. ⑥ 금융위원회는 중요한 사유가 있으면 제4항의 청구 없이 청산인을 해임할 수 있다. [전문개정 2010.7.23]		제40조(청산인 해임의 청구) ① 법 제156조제4항에 따른 주주 또는 사원이 청산인의 해임을 청구하려는 경우에는 청구서에 3개월 전부터 계속하여 자본금의 100분의 5 이상의 주식을 가진 주주 또는 전체 사원의 100분의 5 이상에 해당하는 사원임을 증명하는 서류를 첨부하여 금융위원회에 제출하여야 한다. ② 제1항에도 불구하고 법 제156조제5항에 따라 청구를 하는 사원에 관하여 정관으로 다른 기준을 정하였을 때에는 청구서에 그 기준에 적합함을 증명하는 서류를 첨부하여야 한다. [전문개정 2011.1.24]
제157조(청산인의 보수) 제156조에 따라 청산인을 선임하는 경우에는 청산 중인 회사로 하여금 금융위원회가 정하는 보수를 지급하게 할 수 있다. [전문개정 2010.7.23]		
제158조(해산 후의 보험금 지급) ① 보험회사는 제137조제1항 제2호·제6호 또는 제7호의 사유로 해산한 경우에는 보험금 지급 사유가 해산한 날부터 3개월 이내에 발생한 경우에만 보험금을 지급하여야 한다. ② 보험회사는 제1항의 기간이 지난 후에는 피보험자를 위하여 적립한 금액이나 아직 지나지 아니한 기간에 대한 보험료를 되돌려주어야 한다. [전문개정 2010.7.23]		
제159조(채권신고기간 내의 변제) 보험회사에 관하여 「상법」 제536조제2항을 적용할 때 "법원"은 "금융위원회"로 본다. [전문개정 2010.7.23]		
제160조(청산인의 감독) 금융위원회는 청산인을 감독하기 위하여 보험회사의 청산업무와 자산상황을 검사하고, 자산의 공		

탁을 명하며, 그 밖에 청산의 감독상 필요한 명령을 할 수 있다. [전문개정 2010.7.23]		
제161조(해산 후의 강제관리) ① 금융위원회는 해산한 보험회사의 업무 및 자산상황으로 보아 필요하다고 인정하는 경우에는 업무와 자산의 관리를 명할 수 있다. ② 제1항의 명령이 있는 경우에는 제148조제2항을 준용한다. [전문개정 2010.7.23]		
제9장 관계자에 대한 조사 〈개정 2010.7.23〉		
제162조(조사대상 및 방법 등) ① 금융위원회는 다음 각 호의 어느 하나에 해당하는 경우에는 보험회사, 보험계약자, 피보험자, 보험금을 취득할 자, 그 밖에 보험계약에 관하여 이해관계가 있는 자(이하 이 장에서 "관계자"라 한다)에 대한 조사를 할 수 있다. 1. 이 법 및 이 법에 따른 명령 또는 조치를 위반한 사실이 있는 경우 2. 공익 또는 건전한 보험거래질서의 확립을 위하여 필요한 경우 ② 금융위원회는 제1항에 따른 조사를 위하여 필요하다고 인정되는 경우에는 관계자에게 다음 각 호의 사항을 요구할 수 있다. 1. 조사사항에 대한 사실과 상황에 대한 진술서의 제출 2. 조사에 필요한 장부, 서류, 그 밖의 물건의 제출 ③ 제1항 및 제2항의 조사에 관하여는 제133조제4항을 준용한다. ④ 금융위원회는 관계자가 제1항에 따른 조사를 방해하거나 제2항에 따라 제출하는 자료를 거짓으로 작성하거나 그 제출을 게을리한 경우에는 관계자가 소속된 단체의 장에게 관계자에 대한 문책 등을 요구할	제77조(협의회의 기능) 협의회는 보험조사와 관련된 다음 각 호의 사항을 심의한다. 1. 법 제162조에 따른 조사업무의 효율적 수행을 위한 공동 대책의 수립 및 시행에 관한 사항 2. 조사한 정보의 교환에 관한 사항 3. 공동조사의 실시 등 관련기관 간 협조에 관한 사항 4. 조사 지원에 관한 사항 5. 그 밖에 협의회장이 협의회의 회의에 부친 사항 [전문개정 2011.1.24]	

수 있다. [전문개정 2010.7.23]		
第163조(보험조사협의회) ① 제162조제1항에 따른 조사업무를 효율적으로 수행하기 위하여 금융위원회에 보건복지부, 금융감독원, 보험 관련 기관 및 단체 등으로 구성되는 보험조사협의회를 둘 수 있다. ② 제1항에 따른 보험조사협의회의 구성·운영 등에 관하여 필요한 사항은 대통령령으로 정한다. [전문개정 2010.7.23]	第76조(보험조사협의회의 구성) ① 법 제163조제1항에 따른 보험조사협의회(이하 "협의회"라 한다)는 다음 각 호의 사람 중에서 금융위원회가 임명하거나 위촉하는 15명 이내의 위원으로 구성할 수 있다. 1. 금융위원회가 지정하는 소속 공무원 1명 2. 보건복지부장관이 지정하는 소속 공무원 1명 3. 금융감독원장이 추천하는 사람 1명 4. 생명보험협회의 장, 손해보험협회의 장, 보험요율 산출기관의 장이 추천하는 사람 각 1명 5. 보험사고의 조사를 위하여 필요하다고 금융위원회가 지정하는 보험 관련 기관 및 단체의 장이 추천하는 사람 6. 그 밖에 보험사고의 조사 등 보험에 관한 학식과 경험이 있는 사람 ② 협의회의 의장(이하 "협의회장"이라 한다)은 위원 중에서 호선(互選)한다. ③ 협의회 위원의 임기는 3년으로 한다. ④ 협의회의 구성에 필요한 사항은 금융위원회가 정하여 고시한다. [전문개정 2011.1.24]	
第164조(조사 관련 정보의 공표) 금융위원회는 관계자에 대한 조사실적, 처리결과, 그 밖에 관계자의 위법행위 예방에 필요한 정보 및 자료를 대통령령으로 정하는 바에 따라 공표할 수 있다. [전문개정 2010.7.23]	第79조(조사 관련 정보의 공표) 법 제164조에 따라 금융위원회는 조사대상 행위의 유형 및 조사의 처리결과에 관한 통계자료와 위법행위의 예방에 필요한 홍보자료를 신문, 방송 또는 인터넷 홈페이지 등을 통하여 공표할 수 있다. [전문개정 2011.1.24]	
第10장 손해보험계약의 제3자 보호 〈개정 2010.7.23〉		
第165조(제3자의 보험금 지급보장)		

손해보험회사는 손해보험계약의 제3자가 보험사고로 입은 손해에 대한 보험금의 지급을 이 장에서 정하는 바에 따라 보장하여야 한다. [전문개정 2010.7.23]		
第166조(적용범위) 이 장의 규정은 법령에 따라 가입이 강제되는 손해보험계약(자동차보험계약의 경우에는 법령에 따라 가입이 강제되지 아니하는 보험계약을 포함한다. 이하 이 장에서 같다)으로서 대통령령으로 정하는 손해보험계약에만 적용한다. 다만, 대통령령으로 정하는 법인을 계약자로 하는 손해보험계약에는 적용하지 아니한다. [전문개정 2010.7.23]	第80조(보장대상 손해보험계약의 범위) ① 법 제166조 본문에서 "대통령령으로 정하는 손해보험계약"이란 다음 각 호의 어느 하나에 해당하는 손해보험계약을 말한다. 〈개정 2012. 7.31, 2012. 9.7〉 1. 「자동차손해배상 보장법」 제5조에 따른 책임보험계약 2. 「화재로 인한 재해보상과 보험가입에 관한 법률」 제5조에 따른 신체손해배상특약부화재보험계약 3. 「도시가스사업법」 제43조, 「고압가스 안전관리법」 제25조 및 「액화석유가스의 안전관리 및 사업법」 제33조에 따라 가입이 강제되는 손해보험계약 4. 「선원법」 제98조에 따라 가입이 강제되는 손해보험계약 5. 「체육시설의 설치·이용에 관한 법률」 제26조에 따라 가입이 강제되는 손해보험계약 6. 「유선 및 도선사업법」 제33조에 따라 가입이 강제되는 손해보험계약 7. 「승강기시설 안전관리법」 제11조의3에 따라 가입이 강제되는 손해보험계약 8. 「수상레저안전법」 제34조 및 제44조에 따라 가입이 강제되는 손해보험계약 9. 「청소년활동 진흥법」 제25조에 따라 가입이 강제되는 손해보험계약 10. 「유류오염손해배상 보장법」 제14조에 따라 가입이 강제되는 유류오염 손해배상 보장계약 11. 「항공운송사업 진흥법」 제	

	7조에 따라 가입이 강제되는 항공보험계약 12. 「낚시 관리 및 육성법」 제48조에 따라 가입이 강제되는 손해보험계약 13. 「도로교통법 시행령」 제63조제1항, 제67조제2항 및 별표 5 제9호에 따라 가입이 강제되는 손해보험계약 14. 「국가를 당사자로 하는 계약에 관한 법률 시행령」 제53조에 따라 가입이 강제되는 손해보험계약 15. 「야생생물 보호 및 관리에 관한 법률」 제51조에 따라 가입이 강제되는 손해보험계약 16. 「자동차손해배상 보장법」에 따라 가입이 강제되지 아니한 자동차보험계약 17. 제1호부터 제15호까지 외에 법령에 따라 가입이 강제되는 손해보험으로 총리령으로 정하는 보험계약 ② 법 제166조 단서에서 "대통령령으로 정하는 법인"이란 「예금자보호법 시행령」 제3조제4항제1호에서 수입보험료가 예금등의 범위에 포함되지 아니하는 보험계약의 보험계약자 및 보험납부자인 법인을 말한다. [전문개정 2011.1.24]	
제167조(지급불능의 보고) ① 손해보험회사는 「예금자보호법」 제2조제7호의 사유로 손해보험계약의 제3자에게 보험금을 지급하지 못하게 된 경우에는 즉시 그 사실을 보험협회 중 손해보험회사로 구성된 협회(이하 "손해보험협회"라 한다)의 장에게 보고하여야 한다. ② 손해보험회사는 「예금자보호법」 제2조제7호나목에 따른 보험업 허가취소 등이 있었던 날부터 3개월 이내에 제3자에게 보험금을 지급하여야 할 사유가 발생하면 즉시 그 사실을 손해보험협회의 장에게 보고	제81조(출연 비율 등) ① 법 제168조제1항에 따라 개별 손해보험회사(재보험과 보증보험을 전업으로 하는 손해보험회사는 제외한다. 이하 이 조 및 제82조에서 같다)는 법 제169조제1항에 따라 손해보험계약의 제3자에게 손해보험협회가 지급하여야 하는 금액에 제2항에 따라 산정한 비율을 곱한 금액을 손해보험협회에 출연하여야 한다. ② 법 제168조제1항에서 "대통령령으로 정하는 비율"이란 개별 손해보험회사의 수입보험료(법 제167조에 따른 지급불	

하여야 한다. [전문개정 2010.7.23]	능의 보고가 있은 사업연도의 직전 사업연도 수입보험료를 말한다. 이하 이 조에서 같다)와 책임준비금의 산술평균액을 전체 손해보험회사의 수입보험료와 책임준비금의 산술평균액으로 나눈 비율을 말한다. 다만, 그 비율을 산정할 때 금융위원회가 정하여 고시하는 장기보험계약은 포함하지 아니한다. ③ 제1항 및 제2항에도 불구하고 자동차보험만을 취급하는 손해보험회사는 제80조제1항제1호 및 제16호의 보험계약에 제1항 및 제2항을 적용하여 산정한 금액만을 출연하며, 자동차보험을 취급하지 아니하는 손해보험회사는 제80조제1항제2호부터 제15호까지 및 제17호의 보험계약에 제1항 및 제2항을 적용하여 산정한 금액을 출연한다. ④ 제1항에 따라 손해보험회사가 출연하여야 하는 출연금은 연도별로 분할하여 출연하되, 연간 출연금은 「예금자보호법 시행령」 제16조제1항에 따른 보험료 금액의 범위에서 금융위원회가 정하여 고시한다. ⑤ 손해보험회사는 손해보험협회로부터 출연금 납부 통보를 받은 날부터 1개월 이내에 제1항에 따른 출연금을 손해보험협회에 내야 한다. 다만, 경영상의 문제 등으로 인하여 출연금을 한꺼번에 내기 어렵다고 손해보험협회의 장이 인정하는 경우에는 6개월 이내의 범위에서 출연금의 납부를 유예할 수 있다. ⑥ 제5항에 따른 납부기한까지 출연금을 내지 아니한 경우에는 내야 할 출연금에 대하여 손해보험회사의 일반자금 대출 시의 연체이자율을 기준으로 손해보험협회의 장이 정하는 이자율을 곱한 금액을 지체기간에 따라 가산하여 출연하여야 한다.	

	⑦ 손해보험협회의 장은 출연금의 납부 및 관리에 필요한 세부 기준을 정할 수 있다. [전문개정 2011.1.24] 제82조(지급보험금 등) ① 법 제169조제1항에서 "대통령령으로 정하는 보험금"이란 법 제167조제1항에 따른 지급불능의 보고를 한 손해보험회사가 제80조제1항 각 호에 해당하는 손해보험계약에 따라 피해를 입은 제3자의 신체손해에 대하여 지급하여야 하는 보험금(이하 "지급불능금액"이라 한다)을 다음 각 호의 기준에 따라 산정한 금액에서 「예금자보호법 시행령」 제18조제6항에 따른 보장금액을 뺀 금액을 말한다. 1. 제80조제1항 각 호의 손해보험계약 중 손해보험회사가 지급하여야 할 보험금액의 한도를 해당 법령에서 따로 정하고 있는 보험계약의 경우: 해당 법령에서 정한 보험금액의 한도액 2. 제80조제1항 각 호의 손해보험계약 중 손해보험회사가 지급하여야 할 보험금액의 한도를 해당 법령에서 따로 정하고 있지 아니하는 보험계약의 경우에는 「자동차손해배상 보장법 시행령」 제3조제1항에 따른 금액 ② 제1항에도 불구하고 제80조제1항제16호의 보험계약에 대해서는 피해자 1명당 1억원을 초과하지 아니하는 범위에서 제1항의 지급불능금액의 100분의 80에 해당하는 금액을 지급한다. ③ 손해보험협회의 장은 제1항 및 제2항에 따른 보험금을 지급하기 전에 보험금 지급대상, 보험금 지급 신청기간, 보험금 지급 시기 및 방법 등을 전국적으로 배포되는 둘 이상의 일간신문에 1회 이상 공고	

	하여야 한다. ④ 손해보험협회의 장은 보험금의 지급 방법 및 절차 등에 관하여 필요한 세부 기준을 정할 수 있으며, 세부 기준을 정한 경우에는 그 내용을 지체 없이 금융위원회에 보고하여야 한다. ⑤ 금융위원회는 출연금의 납부로 인하여 여러 손해보험회사의 경영이 부실화되고 보험시장의 혼란이 초래될 수 있다고 판단되는 경우에는 제1항 각 호 및 제2항에 따른 지급보험금을 인하·조정할 수 있다. [전문개정 2011.1.24]	
제168조(출연) ① 손해보험회사는 손해보험계약의 제3자에 대한 보험금의 지급을 보장하기 위하여 수입보험료 및 책임준비금을 고려하여 대통령령으로 정하는 비율을 곱한 금액을 손해보험협회에 출연(出捐)하여야 한다. ② 손해보험회사는 제167조에 따른 지급불능 보고를 한 후 제1항의 출연을 할 수 있다. ③ 제1항과 제2항에 따른 출연금의 납부방법 및 절차에 관하여 필요한 사항은 대통령령으로 정한다. [전문개정 2010.7.23]	제81조(출연 비율 등) ① 법 제168조제1항에 따라 개별 손해보험회사(재보험과 보증보험을 전업으로 하는 손해보험회사는 제외한다. 이하 이 조 및 제82조에서 같다)는 법 제169조제1항에 따라 손해보험계약의 제3자에게 손해보험협회가 지급하여야 하는 금액에 제2항에 따라 산정한 비율을 곱한 금액을 손해보험협회에 출연하여야 한다. ② 법 제168조제1항에서 "대통령령으로 정하는 비율"이란 개별 손해보험회사의 수입보험료(법 제167조에 따른 지급불능의 보고가 있은 사업연도의 직전 사업연도 수입보험료를 말한다. 이하 이 조에서 같다)와 책임준비금의 산술평균액을 전체 손해보험회사의 수입보험료와 책임준비금의 산술평균액으로 나눈 비율을 말한다. 다만, 그 비율을 산정할 때 금융위원회가 정하여 고시하는 장기보험계약은 포함하지 아니한다. ③ 제1항 및 제2항에도 불구하고 자동차보험만을 취급하는 손해보험회사는 제80조제1항제1호 및 제16호의 보험계약에 제1항 및 제2항을 적용하여 산정한 금액만을 출연하며, 자	

	동차보험을 취급하지 아니하는 손해보험회사는 제80조제1항제2호부터 제15호까지 및 제17호의 보험계약에 제1항 및 제2항을 적용하여 산정한 금액을 출연한다. ④ 제1항에 따라 손해보험회사가 출연하여야 하는 출연금은 연도별로 분할하여 출연하되, 연간 출연금은 「예금자보호법 시행령」 제16조제1항에 따른 보험료 금액의 범위에서 금융위원회가 정하여 고시한다. ⑤ 손해보험회사는 손해보험협회로부터 출연금 납부 통보를 받은 날부터 1개월 이내에 제1항에 따른 출연금을 손해보험협회에 내야 한다. 다만, 경영상의 문제 등으로 인하여 출연금을 한꺼번에 내기 어렵다고 손해보험협회의 장이 인정하는 경우에는 6개월 이내의 범위에서 출연금의 납부를 유예할 수 있다. ⑥ 제5항에 따른 납부기한까지 출연금을 내지 아니한 경우에는 내야 할 출연금에 대하여 손해보험회사의 일반자금 대출 시의 연체이자율을 기준으로 손해보험협회의 장이 정하는 이자율을 곱한 금액을 지체기간에 따라 가산하여 출연하여야 한다. ⑦ 손해보험협회의 장은 출연금의 납부 및 관리에 필요한 세부 기준을 정할 수 있다. [전문개정 2011.1.24]	
제169조(보험금의 지급) ① 손해보험협회의 장은 제167조에 따른 보고를 받으면 금융위원회의 확인을 거쳐 손해보험계약의 제3자에게 대통령령으로 정하는 보험금을 지급하여야 한다. ② 제1항에 따른 보험금의 지급방법 및 절차 등에 관하여 필요한 사항은 대통령령으로 정한다. [전문개정 2010.7.23]	제81조(출연 비율 등) ① 법 제168조제1항에 따라 개별 손해보험회사(재보험과 보증보험을 전업으로 하는 손해보험회사는 제외한다. 이하 이 조 및 제82조에서 같다)는 법 제169조제1항에 따라 손해보험계약의 제3자에게 손해보험협회가 지급하여야 하는 금액에 제2항에 따라 산정한 비율을 곱한 금액을 손해보험협회에 출연	

	하여야 한다. ② 법 제168조제1항에서 "대통령령으로 정하는 비율"이란 개별 손해보험회사의 수입보험료(법 제167조에 따른 지급불능의 보고가 있은 사업연도의 직전 사업연도 수입보험료를 말한다. 이하 이 조에서 같다)와 책임준비금의 산술평균액을 전체 손해보험회사의 수입보험료와 책임준비금의 산술평균액으로 나눈 비율을 말한다. 다만, 그 비율을 산정할 때 금융위원회가 정하여 고시하는 장기보험계약은 포함하지 아니한다. ③ 제1항 및 제2항에도 불구하고 자동차보험만을 취급하는 손해보험회사는 제80조제1항제1호 및 제16호의 보험계약에 제1항 및 제2항을 적용하여 산정한 금액만을 출연하며, 자동차보험을 취급하지 아니하는 손해보험회사는 제80조제1항제2호부터 제15호까지 및 제17호의 보험계약에 제1항 및 제2항을 적용하여 산정한 금액을 출연한다. ④ 제1항에 따라 손해보험회사가 출연하여야 하는 출연금은 연도별로 분할하여 출연하되, 연간 출연금은 「예금자보호법 시행령」 제16조제1항에 따른 보험료 금액의 범위에서 금융위원회가 정하여 고시한다. ⑤ 손해보험회사는 손해보험협회로부터 출연금 납부 통보를 받은 날부터 1개월 이내에 제1항에 따른 출연금을 손해보험협회에 내야 한다. 다만, 경영상의 문제 등으로 인하여 출연금을 한꺼번에 내기 어렵다고 손해보험협회의 장이 인정하는 경우에는 6개월 이내의 범위에서 출연금의 납부를 유예할 수 있다. ⑥ 제5항에 따른 납부기한까지 출연금을 내지 아니한 경우에는 내야 할 출연금에 대하여	

	손해보험회사의 일반자금 대출 시의 연체이자율을 기준으로 손해보험협회의 장이 정하는 이자율을 곱한 금액을 지체기간에 따라 가산하여 출연하여야 한다. ⑦ 손해보험협회의 장은 출연금의 납부 및 관리에 필요한 세부 기준을 정할 수 있다. [전문개정 2011.1.24] 제82조(지급보험금 등) ① 법 제169조제1항에서 "대통령령으로 정하는 보험금"이란 법 제167조제1항에 따른 지급불능의 보고를 한 손해보험회사가 제80조제1항 각 호에 해당하는 손해보험계약에 따라 피해를 입은 제3자의 신체손해에 대하여 지급하여야 하는 보험금(이하 "지급불능금액"이라 한다)을 다음 각 호의 기준에 따라 산정한 금액에서 「예금자보호법 시행령」 제18조제6항에 따른 보장금액을 뺀 금액을 말한다. 1. 제80조제1항 각 호의 손해보험계약 중 손해보험회사가 지급하여야 할 보험금액의 한도를 해당 법령에서 따로 정하고 있는 보험계약의 경우: 해당 법령에서 정한 보험금액의 한도액 2. 제80조제1항 각 호의 손해보험계약 중 손해보험회사가 지급하여야 할 보험금액의 한도를 해당 법령에서 따로 정하고 있지 아니하는 보험계약의 경우에는 「자동차손해배상 보장법 시행령」 제3조제1항에 따른 금액 ② 제1항에도 불구하고 제80조제1항제16호의 보험계약에 대해서는 피해자 1명당 1억원을 초과하지 아니하는 범위에서 제1항의 지급불능금액의 100분의 80에 해당하는 금액을 지급한다. ③ 손해보험협회의 장은 제1항 및 제2항에 따른 보험금을	

	지급하기 전에 보험금 지급대상, 보험금 지급 신청기간, 보험금 지급 시기 및 방법 등을 전국적으로 배포되는 둘 이상의 일간신문에 1회 이상 공고하여야 한다. ④ 손해보험협회의 장은 보험금의 지급 방법 및 절차 등에 관하여 필요한 세부 기준을 정할 수 있으며, 세부 기준을 정한 경우에는 그 내용을 지체 없이 금융위원회에 보고하여야 한다. ⑤ 금융위원회는 출연금의 납부로 인하여 여러 손해보험회사의 경영이 부실화되고 보험시장의 혼란이 초래될 수 있다고 판단되는 경우에는 제1항 각 호 및 제2항에 따른 지급보험금을 인하·조정할 수 있다. [전문개정 2011.1.24]	
제170조(자료 제출 요구) 손해보험협회의 장은 제168조에 따른 출연금을 산정하고 제169조에 따른 보험금을 지급하기 위하여 필요한 범위에서 손해보험회사의 업무 및 자산상황에 관한 자료 제출을 요구할 수 있다. [전문개정 2010.7.23]		
제171조(자금의 차입) ① 손해보험협회는 제169조에 따른 보험금의 지급을 위하여 필요한 경우에는 정부, 「예금자보호법」 제3조에 따른 예금보험공사, 그 밖에 대통령령으로 정하는 금융기관으로부터 금융위원회의 승인을 받아 자금을 차입할 수 있다. ② 손해보험회사는 제168조제1항에 따라 그 손해보험회사가 출연하여야 하는 금액의 범위에서 제1항에 따른 손해보험협회의 차입에 대하여 보증할 수 있다. [전문개정 2010.7.23]	제83조(자금차입 금융기관) 법 제171조제1항에서 "대통령령으로 정하는 금융기관"이란 다음 각 호의 어느 하나에 해당하는 금융기관을 말한다. 〈개정 2012. 1.6〉 1. 「은행법」에 따라 인가를 받아 설립된 은행 2. 「한국산업은행법」에 따른 한국산업은행 3. 「중소기업은행법」에 따른 중소기업은행 4. 「농업협동조합법」에 따른 농협은행 5. 「수산업협동조합법」에 따른 수산업협동조합중앙회 6. 보험회사 7. 「상호저축은행법」에 따른 상호저축은행 8. 「신용협동조합법」에 따른 신	제43조(자금차입의 승인신청) 손해보험협회는 법 제171조제1항에 따라 자금의 차입에 대한 승인을 받으려면 신청서에 다음 각 호의 서류를 첨부하여 금융위원회에 제출하여야 한다. 1. 출연금 계정의 재무제표 2. 필요 자금에 대한 추정 근거 3. 차입한 자금에 대한 상환계획 [전문개정 2011.1.24]

	용협동조합 [전문개정 2011.1.24]	
제172조(출연금 등의 구분계리) 제168조에 따른 출연금 및 제171조에 따른 차입금은 손해보험협회의 일반예산과 구분하여 계리하여야 한다. [전문개정 2010.7.23]		
제173조(구상권) 손해보험협회는 제169조에 따라 보험금을 지급한 경우에는 해당 손해보험회사에 대하여 구상권을 가진다. [전문개정 2010.7.23]		
제174조(정산) 손해보험협회는 제168조에 따라 손해보험회사로부터 출연받은 금액으로 제169조에 따른 보험금을 지급하고 남거나 부족한 금액이 있는 경우 또는 제173조에 따른 구상권의 행사로 수입(收入)한 금액이 있는 경우에는 정산하여야 한다. [전문개정 2010.7.23]		
제11장 보험 관계 단체 등 〈개정 2010.7.23〉		
제1절 보험협회 등 〈개정 2010.7.23〉		
제175조(보험협회) ① 보험회사는 상호 간의 업무질서를 유지하고 보험업의 발전에 기여하기 위하여 보험협회를 설립할 수 있다. ② 보험협회는 법인으로 한다. ③ 보험협회는 정관으로 정하는 바에 따라 다음 각 호의 업무를 한다. 1. 보험회사 간의 건전한 업무질서의 유지 1의2. 제85조의3제2항에 따른 보험회사등이 지켜야 할 규약의 제정 · 개정 2. 보험상품의 비교 · 공시 업무 3. 정부로부터 위탁받은 업무 4. 제1호 · 제1호의2 및 제2호의 업무에 부수하는 업무 5. 그 밖에 대통령령으로 정하는 업무 [전문개정 2010.7.23]	제29조(보험설계사의 교차모집) ① 보험설계사가 법 제85조제3항에 따라 소속 보험회사 외의 보험회사를 위하여 모집(이하 이 조에서 "교차모집"이라 한다)하려는 경우에는 교차모집을 하려는 보험회사의 명칭 등 금융위원회가 정하여 고시하는 사항을 적은 서류를 법 제175조에 따라 설립된 보험협회(이하 "보험협회"라 한다)에 제출하여야 한다. ② 교차모집을 하려는 보험설계사(이하 이 조에서 "교차모집보험설계사"라 한다)는 모집하려는 보험계약의 종류에 따라 제27조제1항 및 제2항의 구분에 따른 등록요건을 갖추어 보험협회에 보험설계사 등록을 하여야 한다. ③ 법 제85조제4항에 따라 교	제16조(교차모집에 대한 보험회사 등의 금지행위) ① 영 제29조제3항제6호에서 "총리령으로 정하는 행위"란 다음 각 호의 어느 하나에 해당하는 행위를 말한다. 1. 소속 보험설계사에게 특정 보험회사를 지정하여 영 제29조제1항에 따른 교차모집(이하 "교차모집"이라 한다) 위탁계약의 체결을 강요하는 행위 2. 소속 보험설계사에게 영 제29조제2항에 따른 교차모집보험설계사(이하 "교차모집보험설계사"라 한다)가 될 자의 유치를 강요하는 행위 3. 합리적 근거 없이 교차모집보험설계사를 소속 보험설계사보다 우대하는 행위

	차모집보험설계사의 소속 보험회사 또는 교차모집을 위탁한 보험회사는 다음 각 호의 행위를 하여서는 아니 된다. 1. 교차모집보험설계사에게 자사 소속의 보험설계사로 전환하도록 권유하는 행위 2. 교차모집보험설계사에게 자사를 위하여 모집하는 경우 보험회사가 정한 수수료·수당 외에 추가로 대가를 지급하기로 약속하거나 이를 지급하는 행위 3. 교차모집보험설계사가 다른 보험회사를 위하여 모집한 보험계약을 자사의 보험계약으로 처리하도록 유도하는 행위 4. 교차모집보험설계사에게 정당한 사유 없이 위탁계약 해지, 위탁범위 제한 등 불이익을 주는 행위 5. 교차모집보험설계사의 소속 영업소를 변경하거나 모집한 계약의 관리자를 변경하는 등 교차모집을 제약·방해하는 행위 6. 그 밖에 보험계약자 보호와 모집질서 유지를 위하여 총리령으로 정하는 행위 ④ 교차모집보험설계사는 다음 각 호의 어느 하나에 해당하는 행위를 하여서는 아니 된다. 1. 업무상 알게 된 특정 보험회사의 정보를 다른 보험회사에 제공하는 행위 2. 보험계약을 체결하려는 자의 의사에 반하여 다른 보험회사와의 보험계약 체결을 권유하는 등 모집을 위탁한 보험회사 중 어느 한쪽의 보험회사만을 위하여 모집하는 행위 3. 모집을 위탁한 보험회사에 대하여 회사가 정한 수수료·수당 외에 추가로 대가를 지급하도록 요구하는 행위 4. 그 밖에 보험계약자 보호와 모집질서 유지를 위하여	② 영 제29조제4항제4호에서 "총리령으로 정하는 행위"란 다음 각 호의 어느 하나에 해당하는 행위를 말한다. 1. 교차모집을 위탁한 보험회사에 대하여 합리적 근거 없이 다른 보험설계사보다 우대하여 줄 것을 요구하는 행위 2. 교차모집을 위탁한 보험회사에 대하여 다른 교차모집보험설계사 유치를 조건으로 대가를 요구하는 행위 3. 교차모집 관련 보험계약 정보를 외부에 유출하는 행위 [본조신설 2009.12.31]

	총리령으로 정하는 행위 [전문개정 2011.1.24] 제84조(보험협회의 업무) 법 제175조제3항제5호에서 "대통령령으로 정하는 업무"란 다음 각 호의 업무를 말한다. 1. 법 제194조제1항 및 제4항에 따라 위탁받은 업무 2. 다른 법령에서 보험협회가 할 수 있도록 정하고 있는 업무 3. 보험회사의 경영과 관련된 정보의 수집 및 통계의 작성업무 4. 차량수리비 실태 점검업무 5. 모집 관련 전문자격제도의 운영·관리 업무 6. 보험가입 조회업무 및 「신용정보의 이용 및 보호에 관한 법률」 제25조에 따라 금융위원회에 등록을 하여 수행하는 신용정보업무 7. 설립 목적의 범위에서 보험회사, 그 밖의 보험 관계 단체로부터 위탁받은 업무 8. 보험회사가 공동으로 출연하여 수행하는 사회 공헌에 관한 업무 [전문개정 2011.1.24]	
제176조(보험요율 산출기관) ① 보험회사는 보험금의 지급에 충당되는 보험료(이하 "순보험료"라 한다)를 결정하기 위한 요율(이하 "순보험요율"이라 한다)을 공정하고 합리적으로 산출하고 보험과 관련된 정보를 효율적으로 관리·이용하기 위하여 금융위원회의 인가를 받아 보험요율 산출기관을 설립할 수 있다. ② 보험요율 산출기관은 법인으로 한다. ③ 보험요율 산출기관은 정관으로 정하는 바에 따라 다음 각 호의 업무를 한다. 1. 순보험요율의 산출·검증 및 제공 2. 보험 관련 정보의 수집·제공 및 통계의 작성	제85조(보험요율 산출기관의 설립인가) ① 법 제176조제1항에 따라 보험요율 산출기관의 설립인가를 받으려는 자는 다음 각 호의 사항을 적은 신청서를 금융위원회에 제출하여야 한다. 1. 명칭 2. 설립 목적 3. 사무소의 소재지 4. 발기인과 임원에 관한 사항 ② 제1항의 신청서에는 다음 각 호의 서류를 첨부하여야 한다. 1. 정관 2. 업무 개시 후 2년간의 사업계획서 및 예상 수지계산서 3. 발기인의 이력서 4. 업무의 종류와 방법을 적은 서류	

3. 보험에 대한 조사·연구 4. 설립 목적의 범위에서 정부기관, 보험회사, 그 밖의 보험 관계 단체로부터 위탁받은 업무 5. 제1호부터 제3호까지의 업무에 딸린 업무 6. 그 밖에 대통령령으로 정하는 업무 ④ 보험요율 산출기관은 보험회사가 적용할 수 있는 순보험요율을 산출하여 금융위원회에 신고할 수 있다. ⑤ 보험요율 산출기관은 순보험요율 산출 등 이 법에서 정하는 업무 수행을 위하여 보험 관련 통계를 체계적으로 통합·집적(集積)하여야 하며 필요한 경우 보험회사에 자료의 제출을 요청할 수 있다. 이 경우 보험회사는 이에 따라야 한다. ⑥ 보험회사가 제4항에 따라 보험요율 산출기관이 신고한 순보험요율을 적용하는 경우에는 순보험료에 대하여 제127조제2항에 따른 변경신고를 한 것으로 본다. ⑦ 보험회사는 이 법에 따라 금융위원회에 제출하는 기초서류를 보험요율 산출기관으로 하여금 확인하게 할 수 있다. ⑧ 보험요율 산출기관은 그 업무와 관련하여 정관으로 정하는 바에 따라 보험회사로부터 수수료를 받을 수 있다. ⑨ 보험요율 산출기관은 보험계약자의 권익을 보호하기 위하여 필요하다고 인정되는 경우에는 다음 각 호의 어느 하나에 해당하는 자료를 공표할 수 있다. 1. 순보험요율 산출에 관한 자료 2. 보험 관련 각종 조사·연구 및 통계자료 ⑩ 보험요율 산출기관은 순보험요율을 산출하기 위하여 필요한 경우에는 교통법규 위반에 관한 개인정보를 보유하고 있는 기관의 장으로부터 그 정보를 제공받아 보험회사가 보	5. 그 밖에 금융위원회가 설립인가의 심사에 필요하다고 인정하는 서류 ③ 제1항에 따라 인가신청을 하는 자는 다음 각 호의 요건을 모두 충족하여야 한다. 1. 법 제176조제3항 각 호의 업무 수행에 필요한 전문인력을 확보할 것 2. 임원 등 경영진을 보험사업에 관한 충분한 지식과 경험이 있는 사람들로 구성할 것 3. 제10조제3항제1호 및 제2호의 요건을 충족할 것 [전문개정 2011.1.24] 제86조(보험요율 산출기관의 업무) 법 제176조제3항제6호에서 "대통령령으로 정하는 업무"란 다음 각 호의 업무를 말한다. 〈개정 2012. 7.24〉 1. 보유정보의 활용을 통한 자동차사고 이력 및 자동차 기준가액의 정보 제공 업무 2. 보험회사 등으로부터 제공받은 보험정보 관리를 위한 전산망 운영 업무 3. 보험수리에 관한 업무 4. 법 제125조의 상호협정에 따라 보험회사가 공동으로 인수하는 보험계약(국내 경험통계 등의 부족으로 담보위험에 대한 보험요율을 산출할 수 없는 보험계약은 제외한다)에 대한 보험요율의 산출 5. 법 제194조제4항에 따라 위탁받은 업무 6. 「근로자퇴직급여 보장법」 제28조제2항에 따라 퇴직연금사업자로부터 위탁받은 업무 7. 다른 법령에서 보험요율 산출기관이 할 수 있도록 정하고 있는 업무 [전문개정 2011.1.24] 제88조(통계의 집적 및 관리 등) ① 보험요율 산출기관의 장은 법 제176조제5항에 따라 경험생명표 등 참조순보험요율의	

험계약자에게 적용할 순보험료의 산출에 이용하게 할 수 있다. ⑪ 보험요율 산출기관은 순보험요율을 산출하기 위하여 필요하면 질병에 관한 통계를 보유하고 있는 기관의 장으로부터 그 질병에 관한 통계를 제공받아 보험회사로 하여금 보험계약자에게 적용할 순보험료의 산출에 이용하게 할 수 있다. ⑫ 보험요율 산출기관은 이 법 또는 다른 법률에 따라 제공받아 보유하는 개인정보를 다음 각 호의 어느 하나에 해당하는 경우 외에는 타인에게 제공할 수 없다. 1. 보험회사의 순보험료 산출에 필요한 경우 2. 「신용정보의 이용 및 보호에 관한 법률」 제33조 각 호에서 정하는 사유에 따른 경우 3. 정부로부터 위탁받은 업무를 하기 위하여 필요한 경우 4. 이 법에서 정하고 있는 보험요율 산출기관의 업무를 하기 위하여 필요한 경우로서 대통령령으로 정하는 경우 ⑬ 보험요율 산출기관이 제10항에 따라 제공받는 개인정보와 제11항에 따라 제공받는 질병에 관한 통계 이용의 범위·절차 및 방법 등에 관하여 필요한 사항은 대통령령으로 정한다. ⑭ 보험요율 산출기관이 제12항에 따라 개인정보를 제공하는 절차·방법 등에 관하여 필요한 사항은 대통령령으로 정한다. [전문개정 2010.7.23]	산출·검증을 위하여 연 1회(자동차보험계약 정보의 경우 월 1회)에 한정하여 보험회사에 보험계약 정보의 제공을 요청할 수 있다. 이 경우 제공받은 보험계약 정보는 참조순보험요율을 산출하거나 검증하는 용도로만 활용하여야 한다. ② 법 제176조제12항제4호에서 "대통령령으로 정하는 경우"란 다음 각 호의 어느 하나에 해당하는 경우를 말한다. 1. 보험회사의 보험계약 체결·유지 및 보험금 지급업무에 필요한 경우 2. 법 또는 다른 법률에 따른 보험계약의 이전에 필요한 경우 [전문개정 2011.1.24] 제89조(교통법규 위반에 관한 개인정보의 이용 절차 및 범위) ① 보험요율 산출기관의 장은 법 제176조제10항 및 제13항에 따라 교통법규 위반에 관한 개인정보를 보유하고 있는 기관의 장에게 교통법규 위반과 관련이 있는 다음 각 호의 개인정보(이하 "교통법규 위반에 관한 개인정보"라 한다)의 제공을 요청할 수 있다. 1. 교통법규 위반자의 성명·주민등록번호 및 운전면허번호 2. 교통법규의 위반일시 및 위반 항목 ② 보험요율 산출기관의 장은 제1항에 따라 제공받은 교통법규 위반에 관한 개인정보를 기초로 하여 교통법규 위반자별로 보험요율을 산출하고 이를 보험회사에 제공하거나 보험회사가 열람하도록 할 수 있다. ③ 보험요율 산출기관의 장이 제1항에 따라 제공받은 교통법규 위반에 관한 개인정보는 다음 각 호의 어느 하나에 해당하는 경우에만 이용할 수 있다. 1. 금융위원회 및 금융감독원장이 보험요율의 산출·적용에 관한 감독·검사를	

	위하여 이용하는 경우 2. 보험요율 산출기관이 보험요율을 산출하기 위하여 이용하는 경우 3. 보험회사가 자동차보험계약의 체결·유지 및 관리를 위한 보험요율 적용에 이용하는 경우 [전문개정 2011.1.24] 제90조(질병에 관한 통계의 이용설자 및 범위) ① 보험요율 산출기관의 장은 법 제176조제11항 및 제13항에 따라 질병에 관한 통계를 보유하고 있는 기관의 장에게 질병에 대한 다음 각 호의 자료(이하 "질병에 관한 통계자료"라 한다)의 제공을 요청할 수 있다. 1. 질병의 종류 및 질병 발생자의 성(性)·연령·직업, 그 밖에 보험요율 산출에 필요한 질병의 발생·진행·결과 및 치료비용 등에 관한 통계 2. 보험요율 산출에 필요한 질병의 관리실태에 관한 통계 ② 보험요율 산출기관의 장은 제1항에 따라 제공받은 질병에 관한 통계자료를 기초로 하여 질병에 대한 보험요율을 산출하고 이를 보험회사에 제공하거나 보험회사가 열람하도록 할 수 있다. ③ 보험요율 산출기관의 장이 제1항에 따라 제공받은 질병에 관한 통계자료는 다음 각 호의 어느 하나에 해당하는 경우에만 이용할 수 있다. 1. 금융위원회 및 금융감독원장이 보험요율의 산출·적용에 관한 감독·검사를 위하여 이용하는 경우 2. 보험요율 산출기관이 보험요율을 산출하기 위하여 이용하는 경우 3. 보험회사가 해당 질병을 보장하는 보험계약의 체결·유지 및 관리를 위한 보험요율 적용에 이용하는 경우 [전문개정 2011.1.24]	

	제91조(보험요율 산출기관의 보유정보 제공 방법 및 절차 등) ① 법 제176조제14항에 따라 보험요율 산출기관은 보유하고 있는 개인정보를 타인에게 제공한 경우에는 제공대상자, 제공정보, 제공 목적, 그 밖에 금융위원회가 정하여 고시하는 사항을 기록·관리하여야 한다. ② 보험요율 산출기관은 제89조제1항 및 제90조제1항에 따라 제공받거나 그 밖에 보유하고 있는 개인정보의 보안유지 및 관리를 위하여 필요한 규정을 정하여 운영하여야 한다. ③ 보험요율 산출기관이 보유하고 있는 개인정보의 취급자, 이용 절차 및 방법 등에 관한 세부 사항은 금융위원회가 정하여 고시한다. [전문개정 2011.1.24] 제102조(민감정보 및 고유식별정보의 처리) ① 금융위원회(법 제194조 및 이 영 제100조에 따라 금융위원회의 업무를 위탁받은 자를 포함한다) 또는 금융감독원장(법 제194조 및 이 영 제101조에 따라 금융감독원장의 업무를 위탁받은 자를 포함한다)은 다음 각 호의 사무를 수행하기 위해 불가피한 경우 「개인정보 보호법 시행령」 제19조에 따른 주민등록번호, 여권번호, 운전면허의 면허번호 또는 외국인등록번호가 포함된 자료를 처리할 수 있다. 1. 법 제12조에 따른 국내사무소 설치신고에 관한 사무 2. 법 제89조에 따른 영업보증금 예탁·관리에 관한 사무 3. 법 제93조에 따른 보험설계사 등의 신고사항 처리에 관한 사무 4. 법 제107조에 따른 자산운용비율 한도 초과 예외 승인에 관한 사무 5. 법 제111조에 따른 대주주와의 거래 관련 보고 등에 관한 사무	

	6. 법 제112조에 따른 대주주 등에 대한 자료 제출 요구에 관한 사무 7. 법 제114조에 따른 자산평가의 방법 등에 관한 사무 8. 법 제115조, 제117조에 따른 자회사 소유 승인, 신고 또는 보고에 관한 사무 9. 법 제118조에 따른 재무제표 등의 제출에 관한 사무 10. 법 제120조에 따른 책임준비금 적립 등의 심의에 관한 사무 11. 법 제131조(법 제132조에서 준용하는 경우를 포함한다) 및 제131조의2에 따른 조치, 명령 등에 관한 사무 12. 법 제139조에 따른 해산·합병·계약이전 등의 인가에 관한 사무 13. 법 제150조에 따른 영업양도·양수의 인가에 관한 사무 14. 법 제156조에 따른 청산인의 선임·해임에 관한 사무 15. 법 제160조에 따른 청산인에 대한 감독 등에 관한 사무 16. 법 제163조에 따른 보험조사협의회 구성에 관한 사무 ② 금융위원회(법 제194조 및 이 영 제100조에 따라 금융위원회의 업무를 위탁받은 자를 포함한다) 또는 금융감독원장(법 제194조 및 이 영 제101조에 따라 금융감독원장의 업무를 위탁받은 자를 포함한다)은 다음 각 호의 사무를 수행하기 위해 불가피한 경우 「개인정보 보호법」 제23조에 따른 건강에 관한 정보, 같은 법 시행령 제18조제2호에 따른 범죄경력자료에 해당하는 정보, 같은 영 제19조에 따른 주민등록번호, 여권번호, 운전면허의 면허번호 또는 외국인등록번호가 포함된 자료를 처리할 수 있다. 1. 법 제3조 단서 및 이 영 제7조에 따른 보험계약 체결 승인에 관한 사무	

	2. 법 제4조부터 제7조까지의 규정에 따른 허가, 승인 및 명령, 예비허가 등에 관한 사무 4. 법 제20조제3항에 따른 손실보전 준비금적립액 산정에 관한 사무 5. 법 제74조에 따른 외국보험회사국내지점의 허가취소 등에 관한 사무 6. 법 제84조, 제87조, 제89조, 제182조, 제183조, 제186조 및 제187조에 따른 보험설계사, 보험대리점, 보험중개사, 보험계리사, 보험계리업, 손해사정사 및 손해사정업의 등록에 관한 사무 7. 법 제86조, 제88조, 제90조, 제190조 및 제192조에 따른 보험설계사, 보험대리점, 보험중개사, 보험계리사, 선임계리사, 보험계리업자, 손해사정사, 손해사정업자의 등록취소 및 업무정지 등 제재에 관한 사무 8. 법 제130조에 따른 보고에 관한 사무 9. 법 제133조 · 제134조(법 제136조에서 준용하는 경우를 포함한다), 제135조 및 제179조에 따른 자료 제출, 검사, 제재, 통보 및 이에 따른 사후조치 등에 관한 사무 10. 법 제162조에 따른 조사 및 이에 따른 사후조치 등에 관한 사무 11. 법 제196조에 따른 과징금 부과에 관한 사무 ③ 보험요율 산출기관은 법 제176조제3항제1호 · 제2호 및 이 영 제86조제2호에 따른 사무를 수행하기 위하여 불가피한 경우 제2항 각 호 외의 부분에 따른 개인정보가 포함된 자료를 처리할 수 있다. ④ 보험협회의 장은 다음 각 호의 사무를 수행하기 위하여 불가피한 경우 「개인정보 보호법」 제23조에 따른 건강에	

	관한 정보, 같은 법 시행령 제19조에 따른 주민등록번호, 여권번호, 운전면허의 면허번호 또는 외국인등록번호가 포함된 자료를 처리할 수 있다. 1. 법 제95조의5에 따라 중복계약의 체결을 확인하거나 이 영 제7조제2항에 따라 보험계약을 확인하는 경우 그에 따른 사무 2. 법 제125조에 따라 금융위원회로부터 인가받은 상호협정을 수행하는 경우 그에 따른 사무 3. 법 제169조, 제170조에 따른 보험금 지급 및 자료 제출 요구에 관한 사무 4. 제84조제4호에 따른 차량수리비 실태 점검에 관한 사무 ⑤ 보험회사는 다음 각 호의 사무를 수행하기 위하여 필요한 범위로 한정하여 해당 각 호의 구분에 따라 「개인정보 보호법」 제23조에 따른 민감정보 중 건강에 관한 정보(이하 이 항에서 "건강정보"라 한다)나 같은 법 시행령 제19조에 따른 주민등록번호, 여권번호, 운전면허의 면허번호 또는 외국인등록번호(이하 이 항에서 "고유식별정보"라 한다)가 포함된 자료를 처리할 수 있다. 〈신설 2012.6.1〉 1. 「상법」 제639조에 따른 타인을 위한 보험계약의 체결, 유지·관리, 보험금의 지급 등에 관한 사무: 피보험자에 관한 건강정보 또는 고유식별정보 2. 「상법」 제719조(「상법」 제726조에서 준용하는 재보험계약을 포함한다) 및 제726조의2에 따라 제3자에게 배상할 책임을 이행하기 위한 사무: 제3자에 관한 건강정보 또는 고유식별정보 3. 「상법」 제733조에 따른 보험수익자 지정 또는 변경에 관한 사무: 보험수익자	

	에 관한 고유식별정보 4. 「상법」 제735조의3에 따른 단체보험계약의 체결, 유지·관리, 보험금지급 등에 관한 사무: 피보험자에 관한 건강정보 또는 고유식별정보 [본조신설 2012.1.6]	
제177조(개인정보이용자의 의무) 제176조제10항에 따라 제공받은 교통법규 위반에 관한 개인정보와 그 밖에 보험계약과 관련하여 보험계약자 등으로부터 제공받은 질병에 관한 개인정보를 이용하여 순보험료의 산출 또는 적용 업무에 종사하거나 종사하였던 자는 그 업무상 알게 된 개인정보를 누설하거나 타인에게 이용하도록 제공하는 등 부당한 목적을 위하여 사용하여서는 아니 된다. [전문개정 2010.7.23]		
제178조(그 밖의 보험 관계 단체) ① 보험설계사, 보험대리점, 보험중개사, 보험계리사, 손해사정사, 그 밖에 보험 관계 업무에 종사하는 자는 공익이나 보험계약자 및 피보험자 등을 보호하고 모집질서를 유지하기 위하여 각각 단체를 설립할 수 있다. ② 제1항에 따른 보험 관계 단체는 법인으로 한다. ③ 제1항에 따른 보험 관계 단체는 정관으로 정하는 바에 따라 다음 각 호의 업무를 한다. 1. 회원 간의 건전한 업무질서 유지 2. 회원에 대한 연수·교육 업무 3. 정부·금융감독원 또는 보험협회로부터 위탁받은 업무 4. 제1호 및 제2호에 딸린 업무 5. 그 밖에 대통령령으로 정하는 업무 [전문개정 2010.7.23]	제101조(금융감독원장 업무의 위탁) ① 금융감독원장은 법 제194조제4항에 따라 다음 각 호의 업무를 보험협회의 장에게 위탁한다. 1. 법 제86조제4항에 따른 보험설계사의 등록취소 또는 업무정지 통지에 관한 업무 2. 법 제88조제3항에 따른 보험대리점의 등록취소 또는 업무정지 통지에 관한 업무 3. 법 제93조제1항제1호부터 제6호까지 및 제8호에서 정한 사항 중 보험설계사에 관한 신고의 수리 4. 법 제93조제1항에서 정한 사항 중 보험대리점에 관한 신고의 수리 ② 금융감독원장은 법 제194조제4항에 따라 법 제182조제1항 및 제186조제1항의 시험에 관한 업무 중 다음 각 호의 업무를 보험요율 산출기관의 장에게 위탁한다. 1. 시험 응시원서의 교부 및 접수 2. 시험의 시행 및 그에 부수	

	하는 업무 ③ 금융감독원장은 법 제136조에 따른 보험대리점에 대한 검사업무 중 보험대리점 및 소속 모집인의 영업행위에 대한 검사업무의 일부를 보험협회의 장 또는 법 제178조에 따른 보험 관계 단체의 장에게 위탁한다. 이 경우 검사업무 수탁기관은 위탁받은 검사업무를 공정하고 독립적으로 수행할 수 있는 조직구조를 갖추어 금융감독원장에게 미리 확인을 받아야 한다. ④ 금융감독원장은 제3항에 따른 위탁 검사업무의 대상, 범위, 방법 및 절차 등에 관하여 기준을 정할 수 있다. ⑤ 제3항의 검사업무 위탁에 관하여는 「행정권한의 위임 및 위탁에 관한 규정」 제11조제2항 · 제3항, 제12조제1항 · 제3항 및 제13조부터 제16조까지의 규정을 준용한다. [전문개정 2011.1.24]	
제179조(감독) 보험협회, 보험요율 산출기관 및 제178조에 따른 보험 관계 단체에 관하여는 제131조제1항 · 제133조 · 제134조 및 제135조를 준용한다. [전문개정 2010.7.23]		
제180조(「민법」의 준용) 보험협회, 보험요율 산출기관 및 제178조에 따른 보험 관계 단체에 관하여는 이 법 또는 이 법에 따른 명령에 특별한 규정이 없으면 「민법」 중 사단법인에 관한 규정을 준용한다. [전문개정 2010.7.23]		
제2절 보험계리 및 손해사정 〈개정 2010.7.23〉		
제181조(보험계리) ① 보험회사는 보험계리에 관한 업무(기초서류의 내용 및 배당금 계산 등의 정당성 여부를 확인하는 것을 말한다)를 보험계리사를 고용하여 담당하게 하거나, 보험계리를 업으로 하는 자(이하		제44조(보험계리사 등의 업무) 법 제181조제3항에 따른 보험계리사, 선임계리사 또는 보험계리업자의 업무는 다음 각 호와 같다. 1. 법 제5조제3호에 따른 기초서류(이하 이 조에서 "기초

"보험계리업자"라 한다)에게 위탁하여야 한다. ② 보험회사는 제184조제1항에 따라 보험계리에 관한 업무를 검증하고 확인하는 보험계리사(이하 "선임계리사"라 한다)를 선임하여야 한다. ③ 제1항과 제2항에 따른 보험계리사, 선임계리사 또는 보험계리업자의 구체적인 업무범위와 위탁·선임에 관한 절차는 총리령으로 정한다. [전문개정 2010.7.23]		서류"라 한다)의 작성에 관한 사항 2. 책임준비금, 비상위험준비금 등 준비금의 적립과 준비금에 해당하는 자산의 적정성에 관한 사항 3. 잉여금의 배분·처리 및 보험계약자 배당금의 배분에 관한 사항 4. 지급여력비율 계산 중 보험료 및 책임준비금과 관련된 사항 5. 상품 공시자료 중 기초서류와 관련된 사항 [전문개정 2011.1.24] 제45조(선임계리사의 선임절차 등) ① 법 제181조제3항에 따라 보험회사가 선임계리사를 선임하거나 해임하려는 경우에는 이사회의 의결을 거쳐 다음 각 호의 구분에 따라 금융위원회에 보고하거나 신고하여야 한다. 다만, 외국보험회사의 국내지점의 경우에는 이사회의 의결을 거치지 아니할 수 있다. 1. 선임: 선임 후 보고 2. 해임: 해임 전 신고 ② 보험회사는 다른 보험회사의 선임계리사를 해당 보험회사의 선임계리사로 선임할 수 없다. ③ 보험회사는 제1항에 따른 선임계리사의 해임 신고를 할 때 그 해임사유를 제출하여야 하며, 금융위원회는 해임사유에 대하여 해당 선임계리사의 의견을 들을 수 있다. ④ 보험회사는 선임계리사가 법 제192조제1항에 따라 업무정지명령을 받은 경우에는 업무정지 기간 중 그 업무를 대행할 사람을 선임하여 금융위원회에 보고하여야 한다. [전문개정 2011.1.24]
제182조(보험계리사) ① 보험계리사가 되려는 자는 금융감독원장이 실시하는 시험에 합격하고 일정 기간의 실무수습을 마친 후 금융위원회에 등록하여	제101조(금융감독원장 업무의 위탁) ① 금융감독원장은 법 제194조제4항에 따라 다음 각 호의 업무를 보험협회의 장에게 위탁한다.	제46조(보험계리사의 시험 과목 등) ① 법 제182조제1항에 따른 보험계리사 시험은 제1차 시험과 제2차 시험으로 구분하여 실시한다.

야 한다. ② 제1항에 따른 시험 과목 및 시험 면제와 실무수습 기간 등에 관하여 필요한 사항은 총리령으로 정한다. [전문개정 2010.7.23]	1. 법 제86조제4항에 따른 보험설계사의 등록취소 또는 업무정지 통지에 관한 업무 2. 법 제88조제3항에 따른 보험대리점의 등록취소 또는 업무정지 통지에 관한 업무 3. 법 제93조제1항제1호부터 제6호까지 및 제8호에서 정한 사항 중 보험설계사에 관한 신고의 수리 4. 법 제93조제1항에서 정한 사항 중 보험대리점에 관한 신고의 수리 ② 금융감독원장은 법 제194조제4항에 따라 법 제182조제1항 및 제186조제1항의 시험에 관한 업무 중 다음 각 호의 업무를 보험요율 산출기관의 장에게 위탁한다. 1. 시험 응시원서의 교부 및 접수 2. 시험의 시행 및 그에 부수하는 업무 ③ 금융감독원장은 법 제136조에 따른 보험대리점에 대한 검사업무 중 보험대리점 및 소속 모집인의 영업행위에 대한 검사업무의 일부를 보험협회의 장 또는 법 제178조에 따른 보험 관계 단체의 장에게 위탁한다. 이 경우 검사업무 수탁기관은 위탁받은 검사업무를 공정하고 독립적으로 수행할 수 있는 조직구조를 갖추어 금융감독원장에게 미리 확인을 받아야 한다. ④ 금융감독원장은 제3항에 따른 위탁 검사업무의 대상, 범위, 방법 및 절차 등에 관하여 기준을 정할 수 있다. ⑤ 제3항의 검사업무 위탁에 관하여는 「행정권한의 위임 및 위탁에 관한 규정」 제11조제2항·제3항, 제12조제1항·제3항 및 제13조부터 제16조까지의 규정을 준용한다. [전문개정 2011.1.24]	② 제1차 시험에 합격하지 아니한 사람은 제2차 시험에 응시할 수 없다. 다만, 제1차 시험이 면제되는 사람은 그러하지 아니하다. ③ 시험은 다음 각 호의 방법으로 실시한다. 1. 제1차 시험은 선택형으로 하되, 기입형을 병행할 수 있다. 2. 제2차 시험은 논문형으로 하되, 선택형 또는 기입형을 병행할 수 있다. ④ 보험계리사 시험의 과목은 별표 1과 같다. ⑤ 별표 1에 따른 보험계리사 제1차 시험의 과목 중 영어 과목은 보험계리사 시험 공고일부터 역산(逆算)하여 2년이 되는 날이 속하는 해의 1월 1일 이후에 실시된 다른 시험기관의 영어 시험에서 취득한 성적으로 시험 성적을 대체한다. ⑥ 제5항에 따른 영어 시험의 종류 및 합격에 필요한 점수는 별표 1의2와 같고, 보험계리사 시험에 응시하려는 사람은 응시원서와 다른 시험기관에서 발급한 영어 시험의 성적표를 제출하여야 한다. [전문개정 2011.1.24] 제50조(보험계리사의 실무수습) ① 법 제182조제2항에 따른 보험계리사의 실무수습은 금융감독원, 보험회사, 보험협회, 보험요율 산출기관, 그 밖에 금융위원회가 지정하는 기관에서 보험계리 업무에 관하여 수행하여야 한다. ② 제1항에 따른 실무수습의 기간은 6개월로 한다. ③ 금융위원회가 인정하는 외국의 보험계리사 자격을 가진 사람 및 제1항에 따른 기관에서 보험계리 업무에 2년 이상 종사한 경력이 있는 사람에 대해서는 실무수습을 면제한다. [전문개정 2011.1.24]

第183조(보험계리업) ① 보험계리를 업으로 하려는 자는 금융위원회에 등록하여야 한다. ② 보험계리를 업으로 하려는 법인은 대통령령으로 정하는 수 이상의 보험계리사를 두어야 한다. ③ 제1항에 따른 등록을 하려는 자는 총리령으로 정하는 수수료를 내야 한다. ④ 그 밖에 보험계리업의 등록 및 영업기준 등에 관하여 필요한 사항은 대통령령으로 정한다. [전문개정 2010.7.23]	第71조의3(독립계리업자의 자격 요건) 법 제128조제2항에서 "대통령령으로 정하는 보험계리업자"란 법 제183조제1항에 따라 등록된 법인(5명 이상의 상근 보험계리사를 두고 있는 법인만 해당한다)인 보험계리업자를 말한다. 다만, 다음 각 호의 어느 하나에 해당하는 보험계리업자는 제외한다. 1. 법 제181조제1항에 따라 해당 보험회사로부터 보험계리에 관한 업무를 위탁받아 수행 중인 보험계리업자 2. 대표자가 최근 2년 이내에 해당 보험회사에 고용된 사실이 있는 보험계리업자 3. 대표자나 그 배우자가 해당 보험회사의 대주주인 보험계리업자 4. 보험회사의 자회사인 보험계리업자 5. 보험계리업자 또는 보험계리업자의 대표자가 최근 5년 이내에 다음 각 목의 어느 하나에 해당하는 제재조치를 받은 사실이 있는 경우 해당 보험계리업자 가. 법 제134조제1항제1호에 따른 경고 또는 문책 나. 법 제134조제1항제3호에 따른 해임 또는 직무정지 다. 법 제190조에 따른 보험계리업자 등록의 취소 라. 법 제192조제1항에 따른 업무의 정지 또는 해임 [본조신설 2011.1.24] 第92조(보험계리업의 등록) ① 법 제183조제1항에 따라 보험계리업의 등록을 하려는 자는 다음 각 호의 사항을 적은 신청서를 금융위원회에 제출하여야 한다. 1. 성명(법인인 경우에는 상호 및 대표자의 성명) 2. 사무소의 소재지 3. 수행하려는 업무의 종류와	第56조(등록수수료) 법 제183조제3항 및 법 제187조제3항에 따른 등록수수료는 1만원으로 한다. [전문개정 2011.1.24]

	범위 4. 제93조에 따른 보험계리사의 고용에 관한 사항 ② 제1항에 따른 신청서에는 다음 각 호의 서류를 첨부하여야 한다. 1. 정관(법인인 경우만 해당한다) 2. 대표자(법인인 경우에는 임원을 포함한다) 및 소속 보험계리사의 이력서 3. 영업용 재산상황을 적은 서류 ③ 금융위원회는 제1항에 따른 등록 신청이 다음 각 호의 어느 하나에 해당하는 경우를 제외하고는 등록을 해주어야 한다. 〈신설 2011.12.31〉 1. 법 제190조에서 준용하는 법 제86조제1항제1호에 해당하는 경우 2. 제1항 및 제2항에 따른 등록신청서류를 거짓으로 기재한 경우 3. 그 밖에 법, 이 영 또는 다른 법령에 따른 제한에 위반되는 경우 ④ 제1항 및 제2항에 따라 등록을 한 보험계리업자는 등록한 사항이 변경되었을 때에는 1주일 이내에 그 변경사항을 금융위원회에 신고하여야 한다. 〈개정 2011. 12.31〉 [전문개정 2011.1.24] 제93조(보험계리업의 영업기준) ① 법 제183조제2항에 따라 보험계리를 업(業)으로 하려는 법인은 2명 이상의 상근 보험계리사를 두어야 한다. ② 제1항에 따른 인원에 결원이 생겼을 때에는 2개월(지점·사무소의 경우에는 1개월) 이내에 충원하여야 한다. ③ 제1항에 따른 인원에 결원이 생긴 기간이 제2항에 따른 기간을 초과하는 경우에는 그 기간 동안 보험계리업자는 보험계리업무를 수행할 수 없다. ④ 법 제183조제4항에 따라 개인으로서 보험계리를 업으로	

	하려는 사람은 보험계리사의 자격이 있어야 한다. ⑤ 법 제183조제4항에 따라 보험계리업자는 등록일부터 1개월 내에 업무를 시작하여야 한다. 다만, 불가피한 사유가 있다고 금융위원회가 인정하는 경우는 그 기간을 연장할 수 있다. ⑥ 법 제183조제4항에 따라 보험계리업자가 지켜야 할 영업기준은 다음 각 호와 같다. 1. 상호 중에 "보험계리"라는 글자를 사용할 것 2. 장부폐쇄일은 보험회사의 장부폐쇄일을 따를 것 [전문개정 2011.1.24] 제98조(손해사정업의 영업기준) ① 법 제187조제2항에 따라 손해사정을 업으로 하려는 법인은 2명 이상의 상근 손해사정사를 두어야 한다. 이 경우 총리령으로 정하는 손해사정사의 구분에 따라 수행할 업무의 종류별로 1명 이상의 상근 손해사정사를 두어야 한다. ② 제1항에 따른 법인이 지점 또는 사무소를 설치하려는 경우에는 각 지점 또는 사무소별로 총리령으로 정하는 손해사정사의 구분에 따라 수행할 업무의 종류별로 1명 이상의 손해사정사를 두어야 한다. ③ 제1항 및 제2항에 따른 인원에 결원이 생겼을 때에는 2개월(지점·사무소의 경우 1개월) 이내에 충원하여야 한다. ④ 제1항 및 제2항에 따른 인원에 결원이 생긴 기간이 제3항에 따른 기간을 초과하는 경우에는 그 기간 동안 손해사정업자는 손해사정업무를 할 수 없다. ⑤ 법 제187조제4항에 따라 개인으로서 손해사정을 업으로 하려는 사람은 총리령으로 정하는 구분에 따른 손해사정사의 자격이 있어야 한다. ⑥ 법 제183조제4항에 따라 손해사정업자는 등록일부터 1개	

	월 내에 업무를 시작하여야 한다. 다만, 불가피한 사유가 있다고 금융위원회가 인정하는 경우에는 그 기간을 연장할 수 있다. ⑦ 법 제187조제4항에 따라 손해사정업자가 지켜야 할 영업기준은 다음 각 호와 같다. 1. 상호 중에 "손해사정"이라는 글자를 사용할 것 2. 장부폐쇄일은 보험회사의 장부폐쇄일을 따를 것 [전문개정 2011.1.24]	
제184조(선임계리사의 의무 등) ① 선임계리사는 기초서류의 내용 및 보험계약에 따른 배당금의 계산 등이 정당한지 여부를 검증하고 확인하여야 한다. ② 선임계리사는 보험회사가 기초서류관리기준을 지키는지를 점검하고 이를 위반하는 경우에는 조사하여 그 결과를 이사회에 보고하여야 하며, 기초서류에 법령을 위반한 내용이 있다고 판단하는 경우에는 금융위원회에 보고하여야 한다. ③ 선임계리사·보험계리사 또는 보험계리업자는 그 업무를 할 때 다음 각 호의 행위를 하여서는 아니 된다. 1. 고의로 진실을 숨기거나 거짓으로 보험계리를 하는 행위 2. 업무상 알게 된 비밀을 누설하는 행위 3. 타인으로 하여금 자기의 명의로 보험계리업무를 하게 하는 행위 4. 그 밖에 공정한 보험계리업무의 수행을 해치는 행위로서 대통령령으로 정하는 행위 ④ 보험회사가 선임계리사를 선임한 경우에는 그 선임일이 속한 사업연도의 다음 사업연도부터 연속하는 3개 사업연도가 끝나는 날까지 그 선임계리사를 해임할 수 없다. 다만, 다음 각 호의 어느 하나에 해	제71조(기초서류의 작성 및 변경) ① 법 제127조제2항제3호에 따라 보험회사가 기초서류(법 제5조제3항에 따른 기초서류를 말한다. 이하 같다)를 작성하거나 변경하려는 경우 미리 금융위원회에 신고하여야 하는 사항은 별표 6과 같다. ② 보험회사는 제1항에 따라 기초서류를 신고하는 경우에는 시행예정일 30일 전까지 금융위원회가 정하여 고시하는 보험상품신고서에 다음 각 호의 서류를 첨부하여 제출하여야 한다. 1. 법 제184조제1항에 따라 선임계리사가 검증·확인한 기초서류 2. 보험료, 책임준비금 및 위험률 산출의 변경이 있는 경우에는 그 변경이 적절한지에 대한 보험요율 산출기관 또는 법 제128조제2항에 따른 독립계리업자의 검증확인서 ③ 금융위원회는 법 제127조제3항에 따라 보험계약자 보호 등에 필요하다고 인정되면 보험회사로 하여금 매분기 종료일의 다음 달 10일까지 금융위원회가 정하여 고시하는 바에 따라 분기별 보험상품 판매목록을 제출하게 할 수 있다. ④ 금융위원회는 법 제127조제3항에 따라 보험계약자 보호 등을 위하여 확인이 필요하	

당하는 경우에는 그러하지 아니하다. 1. 선임계리사가 회사의 기밀을 누설한 경우 2. 선임계리사가 그 업무를 게을리하여 회사에 손해를 발생하게 한 경우 3. 선임계리사가 계리업무와 관련하여 부당한 요구를 하거나 압력을 행사한 경우 4. 제192조에 따른 금융위원회의 해임 요구가 있는 경우 ⑤ 선임계리사의 요건 및 권한과 업무 수행의 독립성 보장에 관하여 필요한 사항은 대통령령으로 정한다. ⑥ 금융위원회는 선임계리사에게 그 업무범위에 속하는 사항에 관하여 의견을 제출하게 할 수 있다. [전문개정 2010.7.23]	다고 인정되는 보험상품에 대해서는 그 사유를 적어 서면으로 법 제184조제1항에 따라 선임계리사가 검증·확인한 기초서류를 제출하도록 요구할 수 있다. ⑤ 금융위원회는 제4항에 따라 확인한 보험상품에 대하여 보험료 및 책임준비금의 적절성 검증이 필요하다고 판단한 경우에는 그 사유를 적어 서면으로 제4항의 제출서류 외에 보험요율 산출기관 또는 법 제128조제2항에 따른 독립계리업자의 검증확인서 및 제2항에 따른 보험상품신고서를 제출하도록 요구할 수 있다. 이 경우 보험회사는 제출요구일부터 20일 이내에 검증확인서를 제출하여야 한다. ⑥ 제1항부터 제5항까지의 규정과 관련하여 필요한 세부 사항은 금융위원회가 정하여 고시한다. [전문개정 2011.1.24] 제94조(선임계리사 등의 금지행위) 법 제184조제3항제4호에서 "대통령령으로 정하는 행위"란 다음 각 호의 어느 하나에 해당하는 행위를 말한다. 1. 정당한 이유 없이 보험계리업무를 게을리하는 행위 2. 충분한 조사나 검증을 하지 아니하고 보험계리업무를 수행하는 행위 3. 업무상 제공받은 자료를 무단으로 보험계리업무와 관련이 없는 자에게 제공하는 행위 [전문개정 2011.1.24] 제95조(선임계리사의 자격요건) ① 법 제184조제5항에 따라 선임계리사가 되려는 사람은 다음 각 호의 요건을 모두 갖추어야 한다. 1. 법 제182조제1항에 따라 등록된 보험계리사일 것 2. 보험계리업무에 10년 이상 종사한 경력이 있을 것 3. 최근 5년 이내에 법 제134	

	조제1항제1호(경고 · 문책만 해당한다) 및 제3호, 제190조 또는 제192조제1항에 따른 조치를 받은 사실이 없을 것 ② 보험회사는 선임계리사로 선임된 사람이 선임 당시 제1항에 따른 자격요건을 갖추지 못하였던 것으로 판명되었을 때에는 해임하여야 한다. [전문개정 2011.1.24] 제96조(선임계리사의 권한 및 업무수행의 독립성 보장 등) ① 법 제184조제5항에 따라 선임계리사는 보험회사에 대하여 그 업무 수행에 필요한 정보나 자료의 제공을 요청할 수 있으며, 요청을 받은 보험회사는 정당한 사유 없이 정보나 자료의 제공 및 접근을 거부해서는 아니 된다. ② 선임계리사는 그 업무 수행과 관련하여 이사회(「상법」 제393조의2에 따른 이사회 내 위원회를 포함한다)에 참석할 수 있다. ③ 선임계리사는 법 제184조제1항에 따른 업무와 관련된 사항을 검증 · 확인하였을 때에는 그 의견서(이하 "선임계리사검증의견서"라 한다)를 이사회와 감사 또는 감사위원회(이하 이 조에서 "이사회등"이라 한다)에 제출하여야 한다. 다만, 금융위원회가 정하여 고시하는 사항에 대한 선임계리사검증의견서는 대표이사에게 제출함으로써 이사회등에의 제출을 갈음할 수 있다. ④ 제3항의 보고를 받은 이사회등은 선임계리사검증의견서에 따라 필요한 조치를 하여야 한다. 다만, 선임계리사의 의견이 부적절하다고 판단되는 경우에는 이사회등은 이를 거부할 수 있다. ⑤ 보험회사는 선임계리사가 그 업무를 원활하게 수행할 수 있도록 필요한 인력 및 시설을 지원하여야 하며, 인력 및 시	

	설의 구체적인 기준은 금융위원회가 정하여 고시한다. ⑥ 보험회사는 선임계리사에 대하여 직무 수행과 관련한 사유로 부당한 인사상의 불이익을 주어서는 아니 된다. [전문개정 2011.1.24]	
제185조(손해사정) 대통령령으로 정하는 보험회사는 손해사정사를 고용하여 보험사고에 따른 손해액 및 보험금의 사정(이하 "손해사정"이라 한다)에 관한 업무를 담당하게 하거나 손해사정사 또는 손해사정을 업으로 하는 자(이하 "손해사정업자"라 한다)를 선임하여 그 업무를 위탁하여야 한다. 다만, 보험사고가 외국에서 발생하거나 보험계약자 등이 금융위원회가 정하는 기준에 따라 손해사정사를 따로 선임한 경우에는 그러하지 아니하다. [전문개정 2010.7.23]	제96조의2(손해사정사 고용의무) 법 제185조 본문에서 "대통령령으로 정하는 보험회사"란 다음 각 호의 어느 하나에 해당하는 보험회사를 말한다. 1. 손해보험상품(보증보험계약은 제외한다)을 판매하는 보험회사 2. 제3보험상품을 판매하는 보험회사 [본조신설 2011.1.24]	
제186조(손해사정사) ① 손해사정사가 되려는 자는 금융감독원장이 실시하는 시험에 합격하고 일정 기간의 실무수습을 마친 후 금융위원회에 등록하여야 한다. ② 제1항에 따른 손해사정사의 등록, 시험 과목 및 시험 면제와 실무수습 기간 등에 관하여 필요한 사항은 총리령으로 정한다. ③ 손해사정사는 금융위원회가 정하는 바에 따라 업무와 관련된 보조인을 둘 수 있다. [전문개정 2010.7.23]		제52조(손해사정사의 구분) ①법 제186조의 규정에 의한 손해사정사는 제1종 손해사정사·제2종 손해사정사·제3종 손해사정사 및 제4종 손해사정사로 구분하고, 제3종 손해사정사는 대인손해사정사 및 대물·차량손해사정사로 구분한다. ②제1종 손해사정사는 화재보험·책임보험·기술보험·신용손해보험 및 제3조제1호 내지 제5호의 규정에 의한 보험의 손해액을 사정한다. ③제2종 손해사정사는 해상보험(선박보험·적하보험·항공보험 및 운송보험을 포함한다)의 손해액을 사정한다. ④제3종 손해사정사중 대인손해사정사는 자동차사고로 인한 사람의 신체와 관련된 손해액을 사정하고, 대물·차량손해사정사는 차량 및 그 밖에 재산상의 손해액을 사정한다. ⑤제4종 손해사정사는 상해보험·질병보험 및 간병보험의 손해액을 사정한다.

		第54조(손해사정사의 실무수습) ① 법 제186조제1항에 따른 실무수습은 금융감독원, 손해보험회사, 손해보험협회(신체손해사정사의 경우에는 생명보험회사, 생명보험협회를 포함한다), 그 밖에 금융위원회가 지정하는 기관에서 제52조에 따른 해당 분야의 손해사정 업무에 관하여 수행하여야 한다. ② 제1항에 따른 실무수습의 기간은 6개월로 한다. ③ 금융위원회가 인정하는 외국의 손해사정사 자격을 가진 사람 및 제1항에 따른 기관에서 해당 분야의 손해사정 관련 업무에 2년 이상 종사한 경력이 있는 사람에 대해서는 실무수습을 면제한다. [전문개정 2011.1.24]
第187조(손해사정업) ① 손해사정을 업으로 하려는 자는 금융위원회에 등록하여야 한다. ② 손해사정을 업으로 하려는 법인은 대통령령으로 정하는 수 이상의 손해사정사를 두어야 한다. ③ 제1항에 따른 등록을 하려는 자는 총리령으로 정하는 수수료를 내야 한다. ④ 그 밖에 손해사정업의 등록 및 영업기준 등에 관하여 필요한 사항은 대통령령으로 정한다. [전문개정 2010.7.23]	第97조(손해사정업의 등록) ① 법 제187조제1항에 따라 손해사정업의 등록을 하려는 자는 다음 각 호의 사항을 적은 신청서를 금융위원회에 제출하여야 한다. 1. 성명(법인인 경우에는 상호 및 대표자의 성명) 2. 사무소의 소재지 3. 수행하려는 업무의 종류와 범위 4. 제98조에 따른 손해사정사의 고용에 관한 사항 ② 제1항에 따른 신청서에는 다음 각 호의 서류를 첨부하여야 한다. 1. 정관(법인인 경우만 해당한다) 2. 대표자(법인인 경우에는 임원을 포함한다) 및 소속 손해사정사의 이력서 3. 영업용 재산상황을 적은 서류 ③ 금융위원회는 제1항에 따른 등록 신청이 다음 각 호의 어느 하나에 해당하는 경우를 제외하고는 등록을 해주어야 한다. 〈신설 2011. 12.31〉 1. 법 제190조에서 준용하는	第53조(손해사정사의 시험과목 및 시험면제) ①손해사정사의 시험과목은 별표 2와 같다. ② 금융감독원·손해보험회사·손해보험협회(제4종 손해사정사의 경우 생명보험회사·생명보험협회를 포함한다)·「화재로 인한 재해보상과 보험가입에 관한 법률」 제11조의 규정에 의한 한국화재보험협회 또는 법 제187조제2항의 규정에 의한 손해사정을 업으로 하는 법인에서 손해사정 관련업무에 5년 이상 종사한 경력이 있는 자에 대하여는 제1차시험을 면제한다. 〈개정 2004. 3.25, 2005.3.31〉 ③「국가기술자격법」에 의한 2급 이상의 자동차정비기능사 자격을 가진 자로서 제2항의 규정에 의한 기관에서 해당 분야의 손해사정업무에 3년 이상 종사한 경력이 있는 자에 대하여는 제3종 손해사정사중 대물·차량손해사정사 제1차 시험을 면제한다. 〈개정 2004. 3.25, 2005.3.31〉 ④금융위원회가 인정하는 외국의 손해사정사 자격을 가진

	법 제86조제1항제1호에 해당하는 경우 2. 제1항 및 제2항에 따른 등록신청서류를 거짓으로 기재한 경우 3. 그 밖에 법, 이 영 또는 다른 법령에 따른 제한에 위반되는 경우 ④ 제1항 및 제2항에 따라 등록을 한 손해사정업자는 등록한 사항이 변경되었을 때에는 1주일 이내에 그 변경사항을 금융위원회에 신고하여야 한다. 〈개정 2011. 12.31〉 [전문개정 2011.1.24] 제98조(손해사정업의 영업기준) ① 법 제187조제2항에 따라 손해사정을 업으로 하려는 법인은 2명 이상의 상근 손해사정사를 두어야 한다. 이 경우 총리령으로 정하는 손해사정사의 구분에 따라 수행할 업무의 종류별로 1명 이상의 상근 손해사정사를 두어야 한다. ② 제1항에 따른 법인이 지점 또는 사무소를 설치하려는 경우에는 각 지점 또는 사무소별로 총리령으로 정하는 손해사정사의 구분에 따라 수행할 업무의 종류별로 1명 이상의 손해사정사를 두어야 한다. ③ 제1항 및 제2항에 따른 인원에 결원이 생겼을 때에는 2개월(지점·사무소의 경우 1개월) 이내에 충원하여야 한다. ④ 제1항 및 제2항에 따른 인원에 결원이 생긴 기간이 제3항에 따른 기간을 초과하는 경우에는 그 기간 동안 손해사정업자는 손해사정업무를 할 수 없다. ⑤ 법 제187조제4항에 따라 개인으로서 손해사정을 업으로 하려는 사람은 총리령으로 정하는 구분에 따른 손해사정사의 자격이 있어야 한다. ⑥ 법 제183조제4항에 따라 손해사정업자는 등록일부터 1개월 내에 업무를 시작하여야 한다. 다만, 불가피한 사유가 있	자에 대하여는 제1차시험 및 제2차시험을 면제한다. 〈개정 2008.3.3〉 ⑤ 법률 제10522호 농업협동조합법 일부개정법률의 시행 당시 종전의 「농업협동조합법」에 따른 농업협동조합중앙회에서 손해사정 관련 업무에 종사한 경력은 제2항에 따른 손해사정 관련 업무에 종사한 것으로 본다. 〈신설 2012.2.28〉 ⑥제1차시험에 합격한 자에 대하여는 다음 회의 시험에 한하여 제1차시험을 면제한다. 〈개정 2012.2.28〉 제56조(등록수수료) 법 제183조제3항 및 법 제187조제3항에 따른 등록수수료는 1만원으로 한다. [전문개정 2011.1.24]

	다고 금융위원회가 인정하는 경우에는 그 기간을 연장할 수 있다. ⑦ 법 제187조제4항에 따라 손해사정업자가 지켜야 할 영업기준은 다음 각 호와 같다. 1. 상호 중에 "손해사정"이라는 글자를 사용할 것 2. 장부폐쇄일은 보험회사의 장부폐쇄일을 따를 것 [전문개정 2011.1.24]	
제188조(손해사정사 등의 업무) 손해사정사 또는 손해사정업자의 업무는 다음 각 호와 같다. 1. 손해 발생 사실의 확인 2. 보험약관 및 관계 법규 적용의 적정성 판단 3. 손해액 및 보험금의 사정 4. 제1호부터 제3호까지의 업무와 관련된 서류의 작성·제출의 대행 5. 제1호부터 제3호까지의 업무 수행과 관련된 보험회사에 대한 의견의 진술 [전문개정 2010.7.23]		
제189조(손해사정사의 의무 등) ① 보험회사로부터 손해사정업무를 위탁받은 손해사정사 또는 손해사정업자는 손해사정업무를 수행한 후 지체 없이 손해사정서를 보험회사에 내어 주고, 그 중요한 내용을 알려주어야 한다. ② 보험계약자 등이 선임한 손해사정사 또는 손해사정업자는 손해사정업무를 수행한 후 지체 없이 보험회사 및 보험계약자 등에 대하여 손해사정서를 내어 주고, 그 중요한 내용을 알려주어야 한다. ③ 손해사정사 또는 손해사정업자는 손해사정업무를 수행할 때 보험계약자, 그 밖의 이해관계자들의 이익을 부당하게 침해하여서는 아니 되며, 다음 각 호의 행위를 하여서는 아니 된다. 1. 고의로 진실을 숨기거나 거짓으로 손해사정을 하는 행위	제99조(손해사정사 등의 의무) 법 제189조제3항제6호에서 "대통령령으로 정하는 행위"란 다음 각 호의 어느 하나에 해당하는 행위를 말한다. 1. 등록된 업무범위 외의 손해사정을 하는 행위 2. 자기 또는 자기와 총리령으로 정하는 이해관계를 가진 자의 보험사고에 대하여 손해사정을 하는 행위 3. 자기와 총리령으로 정하는 이해관계를 가진 자가 모집한 보험계약에 관한 보험사고에 대하여 손해사정을 하는 행위(보험회사 또는 보험회사가 출자한 손해사정법인에 소속된 손해사정사가 그 소속 보험회사 또는 출자한 보험회사가 체결한 보험계약에 관한 보험사고에 대하여 손해사정을 하는 행위는 제외한다)	제57조(이해관계자의 범위) ① 영 제99조제2호 및 제3호에서 "총리령으로 정하는 이해관계를 가진 자"란 다음 각 호의 어느 하나에 해당하는 자를 말한다 1. 개인인 손해사정사의 경우 가. 본인의 배우자 및 본인과 생계를 같이하는 친족 나. 본인을 고용하고 있는 개인 또는 본인이 상근 임원으로 있는 법인 또는 단체 다. 본인이 고용하고 있는 개인 또는 본인이 대표자로 있는 법인 또는 단체 라. 본인과 생계를 같이하는 2촌 이내의 친족, 본인의 배우자 또는 배우자의 2촌 이내의 친족이 상근 임원으로 있는 법인 또는 단체 2. 법인인 손해사정업자의 경우 가. 해당 법인의 임직원을

2. 업무상 알게 된 보험계약자 등에 관한 개인정보를 누설하는 행위 3. 타인으로 하여금 자기의 명의로 손해사정업무를 하게 하는 행위 4. 정당한 사유 없이 손해사정업무를 지연하거나 충분한 조사를 하지 아니하고 손해액 또는 보험금을 산정하는 행위 5. 보험회사 및 보험계약자 등에 대하여 이미 제출받은 서류와 중복되는 서류나 손해사정과 관련이 없는 서류를 요청함으로써 손해사정을 지연하는 행위 6. 그 밖에 공정한 손해사정업무의 수행을 해치는 행위로서 대통령령으로 정하는 행위 [전문개정 2010.7.23]	[전문개정 2011.1.24]	고용하고 있는 개인 또는 법인 나. 해당 법인에 대한 출자금액이 전체 출자금액의 100분의 30을 초과하는 자 ② 제1항제2호나목에 따른 출자비율은 출자자가 개인인 경우에는 해당 개인 및 해당 개인과 생계를 같이하는 친족의 출자금액을 합산한 금액의 비율을 말하며, 출자자가 법인인 경우에는 해당 법인 및 해당 법인의 관계 법인(해당 법인과 그 임원 또는 직원의 출자비율의 합이 100분의 30을 초과하는 법인을 말한다)과 그들의 임원 또는 직원의 출자금액을 합산한 금액의 비율을 말한다. [전문개정 2011.1.24]
第190조(등록의 취소) 보험계리사 · 선임계리사 · 보험계리업자 · 손해사정사 및 손해사정업자에 관하여는 제86조를 준용한다. 이 경우 제86조제1항제3호에서 "제84조"는 각각 "제182조제1항" · "제183조제1항" · "제186조제1항" 또는 "제187조제1항"으로 본다. [전문개정 2010.7.23]		
第191조(손해배상의 보장) 금융위원회는 보험계리업자 또는 손해사정업자가 그 업무를 할 때 고의 또는 과실로 타인에게 손해를 발생하게 한 경우 그 손해의 배상을 보장하기 위하여 보험계리업자 또는 손해사정업자에게 금융위원회가 지정하는 기관에의 자산 예탁, 보험 가입, 그 밖에 필요한 조치를 하게 할 수 있다. [전문개정 2010.7.23]		
第192조(감독) ① 금융위원회는 보험계리사 · 선임계리사 · 보험계리업자 · 손해사정사 또는 손해사정업자가 그 직무를 게을리하거나 직무를 수행하면		第45조(선임계리사의 선임절차 등) ① 법 제181조제3항에 따라 보험회사가 선임계리사를 선임하거나 해임하려는 경우에는 이사회의 의결을 거쳐 다음 각

서 부적절한 행위를 하였다고 인정되는 경우에는 기간을 정하여 업무의 정지를 명하거나 해임하게 할 수 있다. ② 보험계리업자 및 손해사정업자에 관하여는 제131조제1항·제133조 및 제134조제1항을 준용한다. 이 경우 "보험회사"는 각각 "보험계리업자", "손해사정업자"로 본다. [전문개정 2010.7.23]		호의 구분에 따라 금융위원회에 보고하거나 신고하여야 한다. 다만, 외국보험회사의 국내지점의 경우에는 이사회의 의결을 거치지 아니할 수 있다. 1. 선임: 선임 후 보고 2. 해임: 해임 전 신고 ② 보험회사는 다른 보험회사의 선임계리사를 해당 보험회사의 선임계리사로 선임할 수 없다. ③ 보험회사는 제1항에 따른 선임계리사의 해임 신고를 할 때 그 해임사유를 제출하여야 하며, 금융위원회는 해임사유에 대하여 해당 선임계리사의 의견을 들을 수 있다. ④ 보험회사는 선임계리사가 법 제192조제1항에 따라 업무정지명령을 받은 경우에는 업무정지 기간 중 그 업무를 대행할 사람을 선임하여 금융위원회에 보고하여야 한다. [전문개정 2011.1.24]
제12장 보칙 〈개정 2010.7.23〉		
제193조(공제에 대한 협의) ① 금융위원회는 법률에 따라 운영되는 공제업과 이 법에 따른 보험업 간의 균형 있는 발전을 위하여 필요하다고 인정하는 경우에는 그 공제업을 운영하는 자에게 기초서류에 해당하는 사항에 관한 협의를 요구할 수 있다. ② 제1항의 요구를 받은 자는 정당한 사유가 없으면 그 요구에 따라야 한다. [전문개정 2010.7.23]		
제194조(업무의 위탁) ① 다음 각 호의 업무는 보험협회에 위탁한다. 1. 제84조에 따른 보험설계사의 등록업무 2. 제87조에 따른 보험대리점의 등록업무 ② 다음 각 호의 업무는 금융감독원장에게 위탁한다. 1. 제89조에 따른 보험중개사의 등록업무	제100조(금융위원회 업무의 위탁) ① 금융위원회는 법 제194조제3항에 따라 별표 8에 따른 업무를 금융감독원장에게 위탁한다. ② 금융감독원장은 제1항에 따라 위탁받은 업무의 처리 내용을 반기별로 금융위원회에 보고하여야 한다. 다만, 금융위원회는 금융위원회가 정하여 고시하는 업무에 대해서는	

2. 제182조에 따른 보험계리사의 등록업무 3. 제183조에 따른 보험계리를 업으로 하려는 자의 등록업무 4. 제186조에 따른 손해사정사의 등록업무 5. 제187조에 따른 손해사정을 업으로 하려는 자의 등록업무 ③ 금융위원회는 이 법에 따른 업무의 일부를 대통령령으로 정하는 바에 따라 금융감독원장에게 위탁할 수 있다. ④ 금융감독원장은 이 법에 따른 업무의 일부를 대통령령으로 정하는 바에 따라 보험협회의 장, 보험요율 산출기관의 장 또는 제178조에 따른 보험 관계 단체의 장, 자격검정 등을 목적으로 설립된 기관에 위탁할 수 있다. [전문개정 2010.7.23]	보고의 시기를 달리 정할 수 있다. [전문개정 2011.1.24] 제101조(금융감독원장 업무의 위탁) ① 금융감독원장은 법 제194조제4항에 따라 다음 각 호의 업무를 보험협회의 장에게 위탁한다. 1. 법 제86조제4항에 따른 보험설계사의 등록취소 또는 업무정지 통지에 관한 업무 2. 법 제88조제3항에 따른 보험대리점의 등록취소 또는 업무정지 통지에 관한 업무 3. 법 제93조제1항제1호부터 제6호까지 및 제8호에서 정한 사항 중 보험설계사에 관한 신고의 수리 4. 법 제93조제1항에서 정한 사항 중 보험대리점에 관한 신고의 수리 ② 금융감독원장은 법 제194조제4항에 따라 법 제182조제1항 및 제186조제1항의 시험에 관한 업무 중 다음 각 호의 업무를 보험요율 산출기관의 장에게 위탁한다. 1. 시험 응시원서의 교부 및 접수 2. 시험의 시행 및 그에 부수하는 업무 ③ 금융감독원장은 법 제136조에 따른 보험대리점에 대한 검사업무 중 보험대리점 및 소속 모집인의 영업행위에 대한 검사업무의 일부를 보험협회의 장 또는 법 제178조에 따른 보험 관계 단체의 장에게 위탁한다. 이 경우 검사업무 수탁기관은 위탁받은 검사업무를 공정하고 독립적으로 수행할 수 있는 조직구조를 갖추어 금융감독원장에게 미리 확인을 받아야 한다. ④ 금융감독원장은 제3항에 따른 위탁 검사업무의 대상, 범위, 방법 및 절차 등에 관하여 기준을 정할 수 있다. ⑤ 제3항의 검사업무 위탁에 관하여는 「행정권한의 위임	

	및 위탁에 관한 규정」 제11조 제2항 · 제3항, 제12조제1항 · 제3항 및 제13조부터 제16조까지의 규정을 준용한다. [전문개정 2011.1.24] 제102조(민감정보 및 고유식별정보의 처리) ① 금융위원회(법 제194조 및 이 영 제100조에 따라 금융위원회의 업무를 위탁받은 자를 포함한다) 또는 금융감독원장(법 제194조 및 이 영 제101조에 따라 금융감독원장의 업무를 위탁받은 자를 포함한다)은 다음 각 호의 사무를 수행하기 위해 불가피한 경우 「개인정보 보호법 시행령」 제19조에 따른 주민등록번호, 여권번호, 운전면허의 면허번호 또는 외국인등록번호가 포함된 자료를 처리할 수 있다. 1. 법 제12조에 따른 국내사무소 설치신고에 관한 사무 2. 법 제89조에 따른 영업보증금 예탁 · 관리에 관한 사무 3. 법 제93조에 따른 보험설계사 등의 신고사항 처리에 관한 사무 4. 법 제107조에 따른 자산운용비율 한도 초과 예외 승인에 관한 사무 5. 법 제111조에 따른 대주주와의 거래 관련 보고 등에 관한 사무 6. 법 제112조에 따른 대주주 등에 대한 자료 제출 요구에 관한 사무 7. 법 제114조에 따른 자산평가의 방법 등에 관한 사무 8. 법 제115조, 제117조에 따른 자회사 소유 승인, 신고 또는 보고에 관한 사무 9. 법 제118조에 따른 재무제표 등의 제출에 관한 사무 10. 법 제120조에 따른 책임준비금 적립 등의 심의에 관한 사무 11. 법 제131조(법 제132조에서 준용하는 경우를 포함한다) 및 제131조의2에 따른 조	

	치, 명령 등에 관한 사무 12. 법 제139조에 따른 해산·합병·계약이전 등의 인가에 관한 사무 13. 법 제150조에 따른 영업양도·양수의 인가에 관한 사무 14. 법 제156조에 따른 청산인의 선임·해임에 관한 사무 15. 법 제160조에 따른 청산인에 대한 감독 등에 관한 사무 16. 법 제163조에 따른 보험조사협의회 구성에 관한 사무 ② 금융위원회(법 제194조 및 이 영 제100조에 따라 금융위원회의 업무를 위탁받은 자를 포함한다) 또는 금융감독원장(법 제194조 및 이 영 제101조에 따라 금융감독원장의 업무를 위탁받은 자를 포함한다)은 다음 각 호의 사무를 수행하기 위해 불가피한 경우 「개인정보 보호법」 제23조에 따른 건강에 관한 정보, 같은 법 시행령 제18조제2호에 따른 범죄경력자료에 해당하는 정보, 같은 영 제19조에 따른 주민등록번호, 여권번호, 운전면허의 면허번호 또는 외국인등록번호가 포함된 자료를 처리할 수 있다. 1. 법 제3조 단서 및 이 영 제7조에 따른 보험계약 체결 승인에 관한 사무 2. 법 제4조부터 제7조까지의 규정에 따른 허가, 승인 및 명령, 예비허가 등에 관한 사무 4. 법 제20조제3항에 따른 손실보전 준비금적립액 산정에 관한 사무 5. 법 제74조에 따른 외국보험회사국내지점의 허가취소 등에 관한 사무 6. 법 제84조, 제87조, 제89조, 제182조, 제183조, 제186조 및 제187조에 따른 보험설계사, 보험대리점, 보험중개사, 보험계리사, 보험계리업, 손해사정사 및 손해사정업	

	의 등록에 관한 사무 7. 법 제86조, 제88조, 제90조, 제190조 및 제192조에 따른 보험설계사, 보험대리점, 보험중개사, 보험계리사, 선임계리사, 보험계리업자, 손해사정사, 손해사정업자의 등록취소 및 업무정지 등 제재에 관한 사무 8. 법 제130조에 따른 보고에 관한 사무 9. 법 제133조 · 제134조(법 제136조에서 준용하는 경우를 포함한다), 제135조 및 제179조에 따른 자료 제출, 검사, 제재, 통보 및 이에 따른 사후조치 등에 관한 사무 10. 법 제162조에 따른 조사 및 이에 따른 사후조치 등에 관한 사무 11. 법 제196조에 따른 과징금 부과에 관한 사무 ③ 보험요율 산출기관은 법 제176조제3항제1호 · 제2호 및 이 영 제86조제2호에 따른 사무를 수행하기 위하여 불가피한 경우 제2항 각 호 외의 부분에 따른 개인정보가 포함된 자료를 처리할 수 있다. ④ 보험협회의 장은 다음 각 호의 사무를 수행하기 위하여 불가피한 경우 「개인정보 보호법」 제23조에 따른 건강에 관한 정보, 같은 법 시행령 제19조에 따른 주민등록번호, 여권번호, 운전면허의 면허번호 또는 외국인등록번호가 포함된 자료를 처리할 수 있다. 1. 법 제95조의5에 따라 중복계약의 체결을 확인하거나 이 영 제7조제2항에 따라 보험계약을 확인하는 경우 그에 따른 사무 2. 법 제125조에 따라 금융위원회로부터 인가받은 상호협정을 수행하는 경우 그에 따른 사무 3. 법 제169조, 제170조에 따른 보험금 지급 및 자료 제	

	출 요구에 관한 사무 4. 제84조제4호에 따른 차량 수리비 실태 점검에 관한 사무 ⑤ 보험회사는 다음 각 호의 사무를 수행하기 위하여 필요한 범위로 한정하여 해당 각 호의 구분에 따라 「개인정보 보호법」 제23조에 따른 민감정보 중 건강에 관한 정보(이하 이 항에서 "건강정보"라 한다)나 같은 법 시행령 제19조에 따른 주민등록번호, 여권번호, 운전면허의 면허번호 또는 외국인등록번호(이하 이 항에서 "고유식별정보"라 한다)가 포함된 자료를 처리할 수 있다. 〈신설 2012.6.1〉 1. 「상법」 제639조에 따른 타인을 위한 보험계약의 체결, 유지·관리, 보험금의 지급 등에 관한 사무: 피보험자에 관한 건강정보 또는 고유식별정보 2. 「상법」 제719조(「상법」 제726조에서 준용하는 재보험계약을 포함한다) 및 제726조의2에 따라 제3자에게 배상할 책임을 이행하기 위한 사무: 제3자에 관한 건강정보 또는 고유식별정보 3. 「상법」 제733조에 따른 보험수익자 지정 또는 변경에 관한 사무: 보험수익자에 관한 고유식별정보 4. 「상법」 제735조의3에 따른 단체보험계약의 체결, 유지·관리, 보험금지급 등에 관한 사무: 피보험자에 관한 건강정보 또는 고유식별정보 [본조신설 2012.1.6]	
제195조(허가 등의 공고) ① 금융위원회는 제4조제1항에 따른 허가를 하거나 제74조제1항 또는 제134조제2항에 따라 허가를 취소한 경우에는 지체 없이 그 내용을 관보에 공고하고		

인터넷 홈페이지 등을 이용하여 일반인에게 알려야 한다. ② 금융위원회는 다음 각 호의 사항을 인터넷 홈페이지 등을 이용하여 일반인에게 알려야 한다. 1. 제4조에 따라 허가받은 보험회사 2. 제12조에 따라 설치된 국내사무소 3. 제125조에 따라 인가된 상호협성 ③ 금융감독원장은 다음 각 호의 사항을 인터넷 홈페이지 등을 이용하여 일반인에게 알려야 한다. 1. 제89조에 따라 등록된 보험중개사 2. 제182조에 따라 등록된 보험계리사 및 제183조에 따라 등록된 보험계리업자 3. 제186조에 따라 등록된 손해사정사 및 제187조에 따라 등록된 손해사정업자 ④ 보험협회는 제87조에 따라 등록된 보험대리점을 인터넷 홈페이지 등을 이용하여 일반인에게 알려야 한다. [전문개정 2010.7.23]		
제196조(과징금) ① 금융위원회는 보험회사가 제95조의4, 제98조, 제99조, 제106조, 제111조, 제127조, 제127조의3, 제128조의3, 제131조를 위반한 경우에는 다음 각 호의 구분에 따라 과징금을 부과할 수 있다. 1. 제95조의4제1항부터 제3항까지를 위반하여 광고하는 경우: 해당 보험계약의 연간 수입보험료의 100분의 20 이하 2. 제98조를 위반하여 특별이익을 제공하거나 제공하기로 약속하는 경우: 특별이익의 제공 대상이 된 해당 보험계약의 연간 수입보험료의 100분의 50 이하 3. 제99조제1항을 위반하여 모집을 할 수 있는 자 이외		

의 자에게 모집을 위탁한 경우: 해당 보험계약의 수입보험료의 100분의 20 이하 4. 제106조제1항제1호부터 제3호까지의 규정에 따른 신용공여 등의 한도를 초과한 경우: 초과한 신용공여액 등의 100분의 10 이하 5. 제106조제1항제5호에 따른 신용공여의 한도를 초과한 경우: 초과한 신용공여액의 100분의 20 이하 6. 제106조제1항제6호에 따른 채권 또는 주식의 소유한도를 초과한 경우: 초과 소유한 채권 또는 주식의 장부가액 합계액의 100분의 20 이하 7. 제111조제1항을 위반하여 신용공여를 하거나 자산의 매매 또는 교환 등을 한 경우: 해당 신용공여액 또는 해당 자산의 장부가액의 100분의 20 이하 8. 제127조를 위반한 경우: 해당 보험계약의 연간 수입보험료의 100분의 20 이하 9. 제127조의3을 위반한 경우: 해당 보험계약의 연간 수입보험료의 100분의 20 이하 10. 제128조의3을 위반하여 기초서류를 작성·변경한 경우: 해당 보험계약의 연간 수입보험료의 100분의 20 이하 11. 제131조제2항 및 제4항에 따라 금융위원회로부터 기초서류의 변경·사용중지 명령 또는 보험료환급·보험금증액 명령을 받은 경우: 해당 보험계약의 연간 수입보험료의 100분의 20 이하 ② 금융위원회는 보험회사의 소속 임직원 또는 소속 보험설계사가 제95조의2·제96조제1항·제97조제1항을 위반한 경우에는 그 보험회사에 대하여 해당 보험계약의 수입보험료의 100분의 20 이하의 범위에		

서 과징금을 부과할 수 있다. 다만, 보험회사가 그 위반행위를 막기 위하여 해당 업무에 관하여 상당한 주의와 감독을 게을리하지 아니한 경우에는 그러하지 아니하다. ③ 제98조, 제106조제1항제1호부터 제3호까지 · 제5호 · 제6호 또는 제111조제1항을 위반한 자에게는 정상(情狀)에 따라 제200조 또는 제202조에 따른 벌칙과 제1항에 따른 과징금을 병과(倂科)할 수 있다. ④ 제1항부터 제3항까지의 규정에 따른 과징금의 부과 및 징수 절차 등에 관하여는 「은행법」 제65조의4부터 제65조의8까지의 규정을 준용한다. [전문개정 2010.7.23]		
제13장 벌칙 〈개정 2010.7.23〉		
제197조(벌칙) ① 보험계리사, 손해사정사 또는 상호회사의 발기인, 제70조제1항에서 준용하는 「상법」 제175조제1항에 따른 설립위원 · 이사 · 감사, 제59조에서 준용하는 「상법」 제386조제2항 및 제407조제1항에 따른 직무대행자나 지배인, 그 밖에 사업에 관하여 어떠한 종류의 사항이나 특정한 사항을 위임받은 사용인이 그 임무를 위반하여 재산상의 이익을 취득하거나 제3자로 하여금 취득하게 하여 보험회사에 재산상의 손해를 입힌 경우에는 10년 이하의 징역 또는 5천만원 이하의 벌금에 처한다. ② 상호회사의 청산인 또는 제73조에서 준용하는 「상법」 제386조제2항 및 제407조제1항에 따른 직무대행자가 제1항에 열거된 행위를 한 경우에도 제1항과 같다. [전문개정 2010.7.23]		
제198조(벌칙) 제25조제1항 또는 제54조제1항의 기관을 구성하는 자가 그 임무를 위반하여 재산상의 이익을 취득하거나 제3자로 하여금 취득하게 하		

여 보험계약자나 사원에게 손해를 입힌 경우에는 7년 이하의 징역 또는 4천만원 이하의 벌금에 처한다. [전문개정 2010.7.23]		
제199조(벌칙) 제197조제1항에 열거된 자 또는 상호회사의 검사인이 다음 각 호의 어느 하나에 해당하는 행위를 한 경우에는 7년 이하의 징역 또는 4천만원 이하의 벌금에 처한다. 1. 상호회사를 설립하면서 사원의 수, 기금총액의 인수, 기금의 납입 또는 제34조제4호부터 제6호까지 및 제9호와 제38조제2항제3호 및 제5호에 열거된 사항에 관하여 법원 또는 총회에 보고를 부실하게 하거나 사실을 숨긴 경우 2. 명의에 관계없이 보험회사의 계산으로 부정하게 그 주식을 취득하거나 질권의 목적으로 받은 경우 3. 법령 또는 정관을 위반하여 기금의 상각, 기금이자의 지급 또는 이익이나 잉여금의 배당을 한 경우 4. 보험업을 하기 위한 목적 이외의 투기거래를 위하여 보험회사의 자산을 처분한 경우 [전문개정 2010.7.23]		
제200조(벌칙) 다음 각 호의 어느 하나에 해당하는 자는 5년 이하의 징역 또는 3천만원 이하의 벌금에 처한다. 1. 제4조제1항을 위반한 자 2. 제106조제1항제4호 및 제5호를 위반하여 신용공여를 한 자 3. 제106조제1항제6호를 위반하여 채권 및 주식을 소유한 자 4. 제111조제1항을 위반하여 같은 항 각 호의 어느 하나에 해당하는 행위를 한 자 5. 제111조제5항을 위반하여 같은 항 각 호의 어느 하나		

에 해당하는 행위를 한 대주주 또는 그의 특수관계인 [전문개정 2010.7.23]		
제201조(벌칙) ① 제197조 및 제198조에 열거된 자 또는 상호회사의 검사인이 그 직무에 관하여 부정한 청탁을 받고 재산상의 이익을 수수·요구 또는 약속한 경우에는 5년 이하의 징역 또는 3천만원 이하의 벌금에 처한다. ② 제1항의 이익을 약속 또는 공여(供與)하거나 공여 의사를 표시한 자도 제1항과 같다. [전문개정 2010.7.23]		
제202조(벌칙) 다음 각 호의 어느 하나에 해당하는 자는 3년 이하의 징역 또는 2천만원 이하의 벌금에 처한다. 1. 제75조를 위반한 자 2. 제98조에서 규정한 금품 등을 제공(같은 조 제3호의 경우에는 보험금액 지급의 약속을 말한다)한 자 또는 이를 요구하여 수수(收受)한 보험계약자 또는 피보험자 3. 제106조제1항제1호부터 제3호까지의 규정을 위반한 자 4. 제177조를 위반한 자 5. 제183조제1항 또는 제187조제1항에 따른 등록을 하지 아니하고 보험계리업 또는 손해사정업을 한 자 6. 거짓이나 그 밖의 부정한 방법으로 제183조제1항 또는 제187조제1항에 따른 등록을 한 자 [전문개정 2010.7.23]		
제203조(벌칙) ① 다음 각 호의 사항에 관하여 부정한 청탁을 받고 재산상의 이익을 수수·요구 또는 약속한 자는 1년 이하의 징역 또는 1천만원 이하의 벌금에 처한다. 1. 보험계약자총회, 상호회사의 창립총회 또는 사원총회에서의 발언이나 의결권 행사		

2. 제3장제2절·제3절 및 제8장제2절에서 규정하는 소(訴)의 제기 또는 자본금의 100분의 5 이상에 상당하는 주주 또는 100분의 5 이상의 사원의 권리의 행사 ② 제1항의 이익을 약속 또는 공여하거나 공여 의사를 표시한 자도 제1항과 같다. [전문개정 2010.7.23]		
제204조(벌칙) ① 다음 각 호의 어느 하나에 해당하는 자는 1년 이하의 징역 또는 1천만원 이하의 벌금에 처한다. 1. 제8조제2항을 위반한 자 2. 제83조제1항을 위반하여 모집을 한 자 3. 거짓이나 그 밖의 부정한 방법으로 보험설계사·보험대리점 또는 보험중개사의 등록을 한 자 4. 제86조제2항, 제88조제2항, 제90조제2항에 따른 업무정지의 명령을 위반하여 모집을 한 자 5. 제120조제1항을 위반하여 고의로 책임준비금이나 비상위험준비금을 과소 또는 과다하게 계상한 자 6. 제150조를 위반한 자 7. 제181조제1항 및 제184조제1항을 위반하여 정당한 사유 없이 확인을 하지 아니하거나 부정한 확인을 한 보험계리사 및 선임계리사 8. 제184조제3항제1호를 위반한 선임계리사 및 보험계리사 9. 제189조제3항제1호를 위반한 손해사정사 ② 보험계리사나 손해사정사에게 제1항제7호부터 제9호까지의 규정에 따른 행위를 하게 하거나 이를 방조한 자는 정범에 준하여 처벌한다. [전문개정 2010.7.23]		
제205조(미수범) 제197조 및 제198조의 미수범은 처벌한다. [전문개정 2010.7.23]		
제206조(병과) 제197조부터 제		

205조까지에 규정된 죄를 범한 자에게는 정상에 따라 징역과 벌금을 병과할 수 있다. [전문개정 2010.7.23]		
제207조(몰수) 제201조 및 제203조의 경우 범인이 수수하였거나 공여하려 한 이익은 몰수한다. 그 전부 또는 일부를 몰수할 수 없는 경우에는 그 가액(價額)을 추징한다. [전문개정 2010.7.23]		
제208조(양벌규정) ① 법인(법인이 아닌 사단 또는 재단으로서 대표자 또는 관리인이 있는 것을 포함한다. 이하 이 항에서 같다)의 대표자나 법인 또는 개인의 대리인, 사용인, 그 밖의 종업원이 그 법인 또는 개인의 업무에 관하여 제200조, 제202조 또는 제204조의 어느 하나에 해당하는 위반행위를 하면 그 행위자를 벌하는 외에 그 법인 또는 개인에게도 해당 조문의 벌금형을 과(科)한다. 다만, 법인 또는 개인이 그 위반행위를 방지하기 위하여 해당 업무에 관하여 상당한 주의와 감독을 게을리하지 아니한 경우에는 그러하지 아니하다. ② 제1항에 따라 법인이 아닌 사단 또는 재단에 대하여 벌금형을 과하는 경우에는 그 대표자 또는 관리인이 그 소송행위에 관하여 그 사단 또는 재단을 대표하는 법인을 피고인으로 하는 경우의 형사소송에 관한 법률을 준용한다. [전문개정 2010.7.23]		
제209조(과태료) ① 보험회사가 다음 각 호의 어느 하나에 해당하는 경우에는 5천만원 이하의 과태료를 부과한다. 1. 제10조 또는 제11조를 위반하여 다른 업무 등을 겸영한 경우 2. 제95조를 위반한 경우 3. 제96조를 위반한 경우 4. 보험회사 소속 임직원 또는 보험설계사가 제99조제2항		

을 위반한 경우 해당 보험회사. 다만, 보험회사가 그 위반행위를 방지하기 위하여 해당 업무에 관하여 상당한 주의와 감독을 게을리하지 아니한 경우는 제외한다. 5. 제106조제1항제7호부터 제10호까지의 규정을 위반한 경우 6. 제109조를 위반하여 다른 회사의 주식을 소유한 경우 7. 제110조를 위반한 경우 7의2. 제110조의2제1항을 위반한 경우 7의3. 제111조제4항을 위반하여 금융위원회에 보고하지 아니하거나 공시하지 아니한 경우 8. 제113조를 위반한 경우 9. 제116조를 위반한 경우 10. 제118조를 위반하여 재무제표 등을 기한까지 제출하지 아니하거나 사실과 다르게 작성된 재무제표 등을 제출한 경우 11. 제124조제1항을 위반하여 공시하지 아니한 경우 12. 제124조제4항을 위반하여 정보를 제공하지 아니하거나 부실한 정보를 제공한 경우 13. 제128조의2를 위반한 경우 14. 제131조제1항 · 제2항 및 제4항에 따른 명령을 위반한 경우 15. 제133조에 따른 검사를 거부 · 방해 또는 기피한 경우 ② 보험회사의 발기인 · 설립위원 · 이사 · 감사 · 검사인 · 청산인, 「상법」 제386조제2항 및 제407조제1항에 따른 직무대행자(제59조 및 제73조에서 준용하는 경우를 포함한다) 또는 지배인이 다음 각 호의 어느 하나에 해당하는 행위를 한 경우에는 2천만원 이하의 과태료를 부과한다. 1. 보험회사가 제10조 또는 제11조를 위반하여 다른 업무 등을 겸영한 경우		

2. 제14조를 위반하여 다른 영리법인의 상무에 종사한 경우 3. 제18조를 위반하여 자본감소의 절차를 밟은 경우 4. 관청 · 총회 또는 제25조제1항 및 제54조제1항의 기관에 보고를 부실하게 하거나 진실을 숨긴 경우 5. 제38조제2항을 위반하여 입사청약서를 작성하지 아니하거나 입사청약서에 적을 사항을 적지 아니하거나 부실하게 적은 경우 6. 정관 · 사원명부 · 의사록 · 자산목록 · 대차대조표 · 사업계획서 · 사무보고서 · 결산보고서, 제44조에서 준용하는 「상법」 제29조제1항의 장부에 적을 사항을 적지 아니하거나 부실하게 직은 경우 7. 제57조제1항(제73조에서 준용하는 경우를 포함한다)이나 제64조 및 제73조에서 준용하는 「상법」 제448조제1항을 위반하여 서류를 비치하지 아니한 경우 8. 사원총회 또는 제54조제1항의 기관을 제59조에서 준용하는 「상법」 제364조를 위반하여 소집하거나 정관으로 정한 지역 이외의 지역에서 소집하거나 제59조에서 준용하는 「상법」 제365조제1항을 위반하여 소집하지 아니한 경우 9. 제60조 또는 제62조를 위반하여 준비금을 적립하지 아니하거나 준비금을 사용한 경우 10. 제69조를 위반하여 해산절차를 밟은 경우 11. 제72조 또는 정관을 위반하여 보험회사의 자산을 처분하거나 그 남은 자산을 배분한 경우 12. 제73조에서 준용하는 「상법」 제254조를 위반하여 파산선고의 신청을 게을리		

한 경우 13. 청산의 종결을 지연시킬 목적으로 제73조에서 준용하는 「상법」 제535조제1항의 기간을 부당하게 정한 경우 14. 제73조에서 준용하는 「상법」 제536조를 위반하여 채무를 변제한 경우 15. 제79조제2항에서 준용하는 「상법」 제619조 또는 제620조를 위반한 경우 16. 제85조제1항을 위반한 경우 17. 보험회사가 제95조를 위반한 경우 18. 보험회사의 임직원이 제95조의2 · 제95조의4 · 제97조를 위반한 경우 19. 보험회사가 제96조를 위반한 경우 20. 제106조제1항제4호 또는 제7호부터 제10호까지의 규정을 위반하여 자산운용을 한 경우 21. 제109조를 위반하여 다른 회사의 주식을 소유한 경우 22. 제110조를 위반한 경우 23. 제113조를 위반한 경우 24. 제116조를 위반한 경우 25. 제118조를 위반하여 재무제표 등의 제출기한을 지키지 아니하거나 사실과 다르게 작성된 재무제표 등을 제출한 경우 26. 제119조를 위반하여 서류의 비치나 열람의 제공을 하지 아니한 경우 27. 제120조제1항을 위반하여 책임준비금 또는 비상위험준비금을 계상하지 아니하거나 장부에 기재하지 아니한 경우 28. 제124조제1항을 위반하여 공시하지 아니한 경우 29. 제124조제4항을 위반하여 정보를 제공하지 아니하거나 부실한 정보를 제공한 경우 30. 제125조를 위반한 경우 31. 제126조를 위반하여 정관변경을 보고하지 아니한		

경우 32. 제127조를 위반한 경우 33. 보험회사가 제127조의3을 위반한 경우 34. 보험회사가 제128조의2를 위반한 경우 35. 보험회사가 제128조의3을 위반하여 기초서류를 작성·변경한 경우 36. 제130조를 위반하여 보고하지 아니한 경우 37. 제131조에 따른 명령을 위반한 경우 38. 제133조에 따른 검사를 거부·방해 또는 기피한 경우 39. 금융위원회가 선임한 청산인 또는 법원이 선임한 관리인이나 청산인에게 사무를 인계하지 아니한 경우 40. 제141조를 위반하여 보험계약의 이전절차를 밟은 경우 41. 제142조를 위반하여 보험계약을 하거나 제144조(제152조제2항에서 준용하는 경우를 포함한다)를 위반하여 자산을 처분하거나 채무를 부담할 행위를 한 경우 42. 제151조제1항·제2항, 제153조제3항 또는 제70조제1항에서 준용하는 「상법」 제232조를 위반하여 합병절차를 밟은 경우 43. 이 법에 따른 등기를 게을리한 경우 44. 이 법 또는 정관에서 정한 이사·감사 또는 보험계리사에 결원이 생긴 경우에 그 선임절차를 게을리한 경우 ③ 다음 각 호의 어느 하나에 해당하는 자에게는 1천만원 이하의 과태료를 부과한다. 1. 제3조를 위반한 자 2. 제85조제2항을 위반한 자 3. 제92조를 위반한 자 4. 제93조에 따른 신고를 게을리한 자 5. 제95조를 위반한 자 6. 제95조의2를 위반한 자 7. 보험대리점·보험중개사 소속 보험설계사가 제95조의		

2 · 제95조의4 · 제96조제1항 · 제97조제1항 · 제99조제2항 및 제3항을 위반한 경우 해당 보험대리점 · 보험중개사. 다만, 보험대리점 · 보험중개사가 그 위반행위를 방지하기 위하여 해당 업무에 관하여 상당한 주의와 감독을 게을리하지 아니한 경우는 제외한다. 8. 제95조의4를 위반한 자 9. 제96조제1항을 위반한 자 10. 제97조제1항을 위반한 자 11. 제99조제2항 및 제3항을 위반한 자 12. 제112조에 따른 자료 제출을 거부한 자 13. 제124조제5항을 위반하여 비교 · 공시한 자 14. 제131조제1항을 준용하는 제132조 · 제179조 · 제192조제2항, 제133조제1항을 준용하는 제136조 · 제179조 · 제192조제2항 및 제192조제1항에 따른 명령을 위반한 자 15. 제133조제3항을 준용하는 제136조 · 제179조 및 제192조제2항에 따른 검사를 거부 · 방해 또는 기피한 자 16. 제133조제3항을 준용하는 제136조 · 제179조 · 제192조제2항에 따른 요구에 응하지 아니한 자 17. 제162조제2항에 따른 요구를 정당한 사유 없이 거부 · 방해 또는 기피한 자 ④ 제91조제1항에 따른 금융기관보험대리점등 또는 금융기관보험대리점등이 되려는 자가 제83조제2항 또는 제100조를 위반한 경우에는 5천만원 이하의 과태료를 부과한다. ⑤ 제1항부터 제4항까지의 과태료는 대통령령으로 정하는 바에 따라 금융위원회가 부과 · 징수한다. [전문개정 2010.7.23]		
제210조 삭제 〈2010.7.23〉		

[색인]